A LIBRARY OF
DOCTORAL
DISSERTATIONS
IN SOCIAL SCIENCES IN CHINA

中国
社会科学
博士论文
文库

缅甸民族国家建设中的族际关系治理研究

A Study on Inter-ethnic Relations Governance in the
Process of Myanmar's Nation-state Construction

钟贵峰　著

导师　周　平

中国社会科学出版社

图书在版编目(CIP)数据

缅甸民族国家建设中的族际关系治理研究／钟贵峰著 . —北京：
中国社会科学出版社，2017.1
（中国社会科学博士论文文库）
ISBN 978 – 7 – 5161 – 9461 – 4

Ⅰ.①缅…　Ⅱ.①钟…　Ⅲ.①民族关系—研究—缅甸
Ⅳ.①D733.762

中国版本图书馆 CIP 数据核字(2016)第 308854 号

出 版 人	赵剑英
责任编辑	刘志兵
特约编辑	张翠萍等
责任校对	张依婧
责任印制	王　超

出　　　版	中国社会科学出版社
社　　　址	北京鼓楼西大街甲 158 号
邮　　　编	100720
网　　　址	http://www.csspw.cn
发 行 部	010 – 84083685
门 市 部	010 – 84029450
经　　　销	新华书店及其他书店

印刷装订	北京君升印刷有限公司
版　　　次	2017 年 1 月第 1 版
印　　　次	2017 年 1 月第 1 次印刷

开　　　本	710×1000　1/16
印　　　张	23
字　　　数	381 千字
定　　　价	86.00 元

总　序

在胡绳同志倡导和主持下，中国社会科学院组成编委会，从全国每年毕业并通过答辩的社会科学博士论文中遴选优秀者纳入《中国社会科学博士论文文库》，由中国社会科学出版社正式出版，这项工作已持续了12年。这12年所出版的论文，代表了这一时期中国社会科学各学科博士学位论文水平，较好地实现了本文库编辑出版的初衷。

编辑出版博士文库，既是培养社会科学各学科学术带头人的有效举措，又是一种重要的文化积累，很有意义。在到中国社会科学院之前，我就曾饶有兴趣地看过文库中的部分论文，到社科院以后，也一直关注和支持文库的出版。新旧世纪之交，原编委会主任胡绳同志仙逝，社科院希望我主持文库编委会的工作，我同意了。社会科学博士都是青年社会科学研究人员，青年是国家的未来，青年社科学者是我们社会科学的未来，我们有责任支持他们更快地成长。

每一个时代总有属于它们自己的问题，"问题就是时代的声音"（马克思语）。坚持理论联系实际，注意研究带全局性的战略问题，是我们党的优良传统。我希望包括博士在内的青年社会科学工作者继承和发扬这一优良传统，密切关注、深入研究21世纪初中国面临的重大时代问题。离开了时代性，脱离了社会潮流，社会科学研究的价值就要受到影响。我是鼓励青年人成名成家的，这是党的需要，国家的需要，人民的需要。但问题在于，什么是名呢？名，就是他的价值得到了社会的承认。如果没有得到社会、人民的承认，他的价值又表现在哪里呢？所以说，价值就在于对社会重大问题的回答和解决。一旦回答了时代性的重大问题，就必然会对社会产生巨大而深刻的影响，你也因此而实现了你的价值。在这方面年轻的博士有很大的优势：精力旺盛，思想敏捷，勤于学习，勇于创新。但青年学者要多向老一辈学者学习，博士尤其要很好地向导师学习，在导师的指导下，发挥自己的优势，研究重大问题，就有可能出好的成果，实现自己的价值。过去 12 年入选文库的论文，也说明了这一点。

什么是当前时代的重大问题呢？纵观当今世界，无外乎两种社会制度，一种是资本主义制度，一种是社会主义制度。所有的世界观问题、政治问题、理论问题都离不开对这两大制度的基本看法。对于社会主义，马克思主义者和资本主义世界的学者都有很多的研究和论述；对于资本主义，马克思主义者和资本主义世界的学者也有过很多研究和论述。面对这些众说纷纭的思潮和学说，我们应该如何认识？从基本倾向看，资本主义国家的学者、政治家论证的是资本主义的合理性和长期存在的"必然性"；中国的马克思主义者，中国的社会科学工作者，当然要向世界、向社会讲清楚，中国坚持走自己的路一定能实现现代化，中华民族一定能通过社会主义来实现全面的振兴。中国的问题只能由中国人用自己的理论来解决，让外国人来解决中国的问题，是行不通的。也许有的同志会说，马克思主义也是外来的。但是，要知道，马克思主义只是在中国化了以后才解决中国的问题的。如果没有马克思主义的普遍原理与中国革命和建设的实际相结合而形成的毛泽东思想、邓小平理论，马克思主义同样不能解决中国的问题。教条主义是不行的，东教条不行，西教条也不行，什么教条都不行。把学问、理论当教条，本身就是反科学的。

在 21 世纪，人类所面对的最重大的问题仍然是两大制度问题：这两大制度的前途、命运如何？资本主义会如何变化？社会主义怎么发展？中国特色的社会主义怎么发展？中国学者无论是研究资本主义，还是研究社会主义，最终总是要落脚到解决中国的现实与未来问题。我看中国的未来就是如何保持长期的稳定和发展。只要能长期稳定，就能长期发展；只要能长期发展，中国的社会主义现代化就能实现。

什么是 21 世纪的重大理论问题？我看还是马克思主义的发展问

题。我们的理论是为中国的发展服务的，绝不是相反。解决中国问题的关键，取决于我们能否更好地坚持和发展马克思主义，特别是发展马克思主义。不能发展马克思主义也就不能坚持马克思主义。一切不发展的、僵化的东西都是坚持不住的，也不可能坚持住。坚持马克思主义，就是要随着实践，随着社会、经济各方面的发展，不断地发展马克思主义。马克思主义没有穷尽真理，也没有包揽一切答案。它所提供给我们的，更多的是认识世界、改造世界的世界观、方法论、价值观，是立场，是方法。我们必须学会运用科学的世界观来认识社会的发展，在实践中不断地丰富和发展马克思主义，只有发展马克思主义才能真正坚持马克思主义。我们年轻的社会科学博士们要以坚持和发展马克思主义为己任，在这方面多出精品力作。我们将优先出版这种成果。

2001 年 8 月 8 日于北戴河

序

周　平

　　在世界近代以来的政治发展中，最为重要和影响最为深远的现象，当数民族国家的建立及全球扩张。民族国家首先出现于西欧，是欧洲国家形态演进过程中的一种形式，是为解决当时根本性的社会历史问题而创设的制度结构或制度框架。民族国家并非单一民族国家，而是建立在民族对国家认同基础上的主权国家。

　　民族国家这种国家形态出现以后，由于实现了国家与民族的统一，两者相得益彰，相互促进。一方面，民族国家为新兴的民族披上了政治的外衣，提供了强大而有力的利益保障，为民族的利益建造了一个坚固的政治屋顶，从而激发了民族共同体巨大的创造活力，促进了民族的强盛；另一方面，日益兴盛起来的民族为国家的发展注入了不竭的动力，推动国家走向强大。于是，民族国家的活力迅速迸发，优势不断显现，对其他国家的发展产生了示范效应。随着工业革命的兴起、资本主义的全球扩张，以及民族国家采取帝国主义的政策而持续进行海外殖民运动，西欧资本主义民族国家不仅深刻地影响着西欧的其他国家，而且快速地扩展到全世界。在这样的条件下，民族国家成为世界体系的基本法律单元和政治单元。近代以来的世界体系，就是建立在民族国家的基础之上的。于是，民族国家成为国家演变和国家建设的典型。其他国家，要么迅速地演变为民族国家，要么继续维持原先的国家形态而徘徊于由民族国家组成的世界体系之外，甚至沦为民族国家的殖民地。为了避免在激烈的国家竞争中被淘汰，其他国家都把建立民族国家作为自己国家建设和发展的目标。

　　亚非国家则是在反抗西方列强的殖民统治、争取民族独立及帝国主义的殖民体系走向瓦解的过程中，逐步建立民族国家的。在西欧各国纷纷建立民族国家的时候，作为人类文明发祥地的亚洲和非洲既没有形成新型的民族，也没有出现现代国家。在西方列强的殖民扩张运动中，亚洲（除日本外）和非洲广大的地区逐步沦为帝国主义的殖民地或半殖民地，原来的民族过程和国家过程都遭到了严重破坏，甚至被彻底地改变了。帝国主义的殖民统治和殖民掠夺，不可避免地促进了亚洲和非洲各民族民族意识的觉醒。进入 20 世纪后，亚洲和非洲的反抗殖民统治，争取民族解放，实现国家独立的民族运动更是蓬勃兴起、方兴未艾。20 世纪的两次世界大战后，尤其是第二次世界大战以后，帝国主义殖民体系逐步走向瓦解。亚洲与非洲的许多国家纷纷获得了民族解放和国家独立，建立了一大批民族国家。全世界的所有国家，都被纳入民族国家的世界体系之中，构成了一个遍及全球的民族国家体系。

民族国家向全球扩展以后，民族国家的情况就变得复杂了，出现了多种形态的民族国家。许多民族国家与西欧最早的民族国家相比，已经相去甚远。由于没有经历西欧那样的社会过程和政治过程，那些在长期历史发展过程中形成的以共同的历史文化为纽带的传统民族虽然已经有了相当程度的融合，但各自还保留着相对独立的形态。由于这些国家的各个民族在整合为统一的国家民族并建立了民族国家以后国内仍然存在着多样性的民族形态，这些国家也往往自称或被称为多民族国家。正如本书作者所言，"在多民族国家中，多个民族共处于同一个国家政治共同体中，各民族在相互交流和互动的过程中，形成了内容丰富和形式多样的族际关系。基于民族利益的族际互动，民族与民族之间往往产生各种摩擦、矛盾和冲突，从而使族际关系处于紧张的态势，甚至使其朝着恶性方向演进，继而危及多民族国家的统一和稳定，动摇民族国家的制度架构的根基"。因此，族际关系治理对多民族国家的统一和稳定具有重大的意义。

本书的作者钟贵峰是我指导的博士研究生。他硕士阶段的专业是国际关系，研究方向是东南亚问题，博士阶段的专业是民族政治与公共行政。在博士论文研究阶段，他根据自己硕士阶段和博士阶段专业的实际，选取"缅甸民族国家建设中的族际关系治理研究"作为博士学位论文的选题。他经过认真的研究，完成了一篇具有较高质量的博士学位论文。在匿名评审和答辩中，论文皆被评定为优秀。获得法学博士学位后，他对博士学位论文进行了修改、补充和完善，遂成此书。

本书在选题方面有新意，具有独特性，其学术价值和社会价值都是值得肯定的。本书选取具有典型性和代表性的缅甸民族国家建设中的族际关系治理作为个案研究，探讨多民族国家族际关系治理成败得失，丰富了民族国家建设的研究，补充并完善了民族国家建设和族际关系治理的基本理论框架，是一部值得一读的民族政治学著作。

2016 年春

摘　　要

　　民族国家是近代以来基本的国家形态，也是当今国际关系的基本行为主体。相对于王朝国家而言，民族国家是一种更为先进、更符合时代发展要求的国家形态。西欧资产阶级高举代表"全民族"利益的大旗，向封建专制主义发起了猛烈的冲击，王朝国家最终被民族国家取而代之，实现了民族与国家的统一。自从西欧民族国家建立后，民族国家的制度优势就不断彰显，这些国家迅速走向强大并向世界各地不断扩张。于是，世界各国开始纷纷效仿进行民族国家的构建。最早建立民族国家的西欧国家可以称为原生性民族国家，它们的民族成分单一，基本上属于单一民族国家。而后来仿效原生性民族国家的发展中民族国家，它们的民族成分不再单一，有的甚至复杂多样，它们基本上都是多民族国家。

　　由于原生性民族国家建立时间较为久远，制度架构比较成熟和完备，它们基本上进入现代国家发展时期。而对于众多的发展中民族国家而言，它们中的大多数，要么是在反抗殖民统治和争取民族解放的民族主义运动中逐渐建立民族国家，要么是在冷战后随着第三次民族主义浪潮的兴起而纷纷建立民族国家。发展中国家是在复杂的国内外环境中构建民族国家的，而且建立时间较为短暂，可以说大部分民族国家的制度根基并不稳固，有些国家只是具有民族国家的外壳形态，却缺乏民族国家的真正内涵，因而这些民族国家的制度架构的根基总体比较松散、脆弱。因此，民族国家建设必然成为发展中民族国家必须面对的基础性安全工程建设。民族国家建设不仅是发展中民族国家对内部政治问题的理想之道，也是维持和巩固民族国家制度的必由之路，还是维护多民族国家统一和稳定的有效途径。

　　在多民族国家中，多个民族共处于同一个国家政治共同体中，各民族在相互交流和互动的过程中，形成了内容丰富和形式多样的族际关系。基于民族利益的族际互动，民族与民族之间往往产生各种摩擦、矛盾和冲突，从而使族际关系处于紧张的态势，甚至使其朝着恶性方向演进，继而危及多民族国家的统一和稳定，动摇民族国家的制度架构的根基。因此，族际关系治理对民族国家的重大意义不彰自显。族际关系治理成功，就能有力地维护多民族国家的统一和稳定，巩固民族国家的制度根基，但族际关系治理一旦失败，多民族国家便会陷入族际纷争的泥沼之中，甚至难逃解体的厄运。

缅甸在很长一段时期都是英属殖民地，不建立民族国家就会在世界体系中销声匿迹。缅甸各族人民在反抗殖民侵略、争取民族解放和实现国家独立的民族主义运动中，逐渐构建起了民族国家。1948 年缅甸民族国家的建立，意味着民族构建历史进程的结束，同时也标志着民族国家建设历史进程的开始。由于历史和现实因素的影响，缅甸民族国家只具备了民族国家的外壳形态，而缺乏民族国家的真正内涵，这决定了缅甸民族国家建设必然是艰巨而长期的历史任务。由于英国殖民者的别有用心、民族矛盾的历史隔阂，以及民族利益的争夺，刚刚建立民族国家的缅甸却面临着此起彼伏的族际摩擦、频频出现的族际矛盾及接二连三的族际冲突。可以说，缅甸民族国家建立伊始，族际关系问题在东南亚是独一无二的，在世界上也是实属罕见的。

在吴努政府时期，根据宪法的规定，议会民主制被定为推动国家走向民主富强和实现民族团结大局的政治制度，却由于各种原因最终崩溃了，这种族际关系政治治理的基本政治制度不复存在了。在族际关系政治治理中，吴努政府还设置了民族自治邦，作为专门治理少数民族事务的制度，但由于这种制度设计违背了民族平等原则，最终引发了旷日持久的族际冲突。在族际关系经济治理中，吴努政府实施了经济发展规划并执行了土地改革政策，试图以此来提高各族人民的生活水平，缓和各民族内部的阶层关系，但令人遗憾的是，在多种因素的作用下，这些规划和政策并没有收到预期的效果。在族际关系文化治理中，吴努政府出台了佛教国教化等民族政策，同时也开展了民族文化工作，但由于"大缅族主义"取向浓厚，这种民族同化的政策和工作加剧了民族矛盾。在族际关系社会治理中，吴努政府采取了一些具有"大缅族主义"取向的教育政策，因而治理效果大打折扣，而政府执行的卫生政策也由于经济落后和政府执政能力不足等原因，少数民族卫生事业发展水平依然低下。该时期的族际关系治理始终蕴含着强烈的"大缅族主义"和加强中央集权取向。在这种治理理路下，缅甸少数民族分离运动此起彼伏，少数民族国家认同危机不断凸显，各种矛盾错综复杂，多民族国家的统一和稳定面临着严峻的挑战。

奈温集团发动政变上台执政后，在族际关系政治治理中，作为国家基本政治制度的联邦委员会加大了对少数民族的控制力度，却得不到各族人民的认可和支持。在一党制和宪法的框架下，少数民族的特殊性和自治权完全被忽视了，这激起了少数民族的严重不满。在族际关系经济治理中，奈温政府执行国有化政策和民族经济政策，但族际经济差异并没有缩小，各族生产水平依然低下，影响族际关系的经济因素依然存在。在族际关系文化治理中，奈温政府推行宗教信仰自由和发展少数民族文化的政策，但执行中却存在政策与操作的矛盾，这些政策方针也只能是一堆摆设。在族际关系社会治理中，奈温政府推行的发展教育的政策，一方面提升了少数民族地区的民众文化水平，另一方面又搞民族歧视政策影响了族际关系，而奈温政府实施的公民类型划分则完全违背了民族平等原则。另外，奈温政府力推的卫生政策中，山区少数民族并未因此得到多少实惠。奈温政府的族际关系治理始终蕴含着强烈的民族一体化和国家主义取向，而且这两种价值取向都有"大缅族主义"的深刻烙印。经过奈温政府26年的治理，缅甸少数民族反政府武装纷纷兴起并迅速发展，最终酿成了"有多少个民族就有多少支反政府武装"的奈温式悲叹，可以说族际关系全面恶化，少数民族的国家认同危机相当严峻。

新军人政府上台执政后，调整了族际关系治理的理路与路径。在族际关系政治治理中，政府先后通过"恢委会"与"和发委"这种制度框架，很大程度上维护了少数民族地区政治的稳定，缓和了族际矛盾。另外，新军人政府通过举行多党制大选、制定新的宪法，把少数民族政治力量纳入国家法律框架之中，推动了族际关系治理的良性发展。在族际关系经济治理中，新军人政府通过构建市场经济体制、开发民族地区经济等政策举措，有力地推动了少数民族地区经济的发展，不断消除影响族际关系的经济因素。在族际关系文化治理中，新军人政府通过弘扬佛教和控制僧侣、保护各民族文化遗产的政策和举措，有力地促进了各民族的团结和国家的统一。在族际关系社会治理中，新军人政府积极推动少数民族教育事业和医疗卫生事业的发展，并且通过加强禁毒工作，迫使越来越多的少数民族反政府武装向政府投诚，这些对推动族际关系健康发展具有十分重要的意义。新军人政府的族际关系治理蕴含着民族国家建设取向和民主化取向，正是在这两种价值取向指引下，该时期的族际关系治理的路径和方式才有了很大的调整，最终推动族际和解取得重大突破，增强了少数的国家认同，提升了多民族国家的整合水平。

2011 年登盛政府上台后，开启了族际关系治理的新进程。在基本上延续前政府的族际关系治理框架下，登盛政府秉持民主化取向和现代国家建设取向，族际和解取得了历史性突破，各少数民族地方武装纷纷回到国家法律框架之中，族际关系正朝着正常化方向发展，民族国家建设必将继续取得可喜的进展。

缅甸民族国家建设中的族际关系治理历经数届政府，各个历史时期的族际关系治理的价值取向、路径方法及治理效果都有较大的不同。从治理效果而言，族际关系治理的成效呈"U形曲线"走向，吴努政府时期的族际关系治理成效呈下降趋势，奈温政府时期的族际关系治理效果最不理想，新军人政府时期的族际关系治理的成效逐渐提升，登盛政府上台后的族际关系治理继续发展。从根本上讲，族际关系治理价值取向的选取和调整、治理路径的选择与运用，是族际关系治理成效发生变化的最深层次原因。可以说，族际关系价值取向的选取和治理路径的运用，决定了族际关系治理的成败得失。在整个缅甸民族国家建设的进程中，族际关系治理始终面临着政权更迭频繁化、族际差异分殊化和族际关系国际化等方面的挑战和问题。纵观缅甸族际关系治理的进程，不难发现，缅甸族际关系治理具有一些明显的特点，比如治理主体的一元化、族际环境的封闭化、价值取向的同质化、治理进路的单向化等，这些特点基本上构成了缅甸族际关系治理的特质。

族际关系治理的效度决定了民族国家建设的高度和多民族国家整合的程度。缅甸族际关系治理对民族国家建设产生了重要的影响，不同时期的族际关系治理对民族国家建设的影响也有很大不同。历经吴努政府时期、奈温政府时期、新军人政府时期及登盛政府上台后的族际关系治理，缅甸多民族国家的政治整合经历了一个从政治局面离散到政治力量聚合的过程，国族建设经历了一个从国族涣散到国族认同增强的过程，国家认同建设经历了一个从国家认同弱化到国家认同强化的过程，而现代国家建设则经历了一个从停滞到开启的过程。

关键词：缅甸；民族国家建设；族际关系治理；价值取向；治理路径

Abstract

Nation-state has been becoming a basic state form since the modern times as well as a basic behavioral agent in international relations nowadays. Relative to dynastic state, nation-state is a state form of more advanced and adaptable to the development of the era. The bourgeoisie of Western Europe led the campaigns against the feudal autocracy violently under the big flag which was on behalf of the interest of the whole nation. In the end, dynastic state was replaced by nation-state, which realizing the unification between the nationality and the state. Since the Western European nation-states were built, the systems superiority of the nation-states has begun to manifest, so these states were getting more powerful and began to expand all over the world. As a result, other states began to build the nation-states one after another, following the examples of the Western European nation-states. The earliest Western European nation-states, which could be called as original nation-states, had single ethnic composition, so they were almost single-nationality states. However, those that followed to the original nation-states have diversified or complicated ethnic compositions, so they are almost multinational states.

Because the original nation-states were built a long time ago, their system frames were comparative mature and complete, and they entered into the modern state development times. However, most of the developing nation-states were built in the nationalism campaigns against colonial rule, or along with the third time nationalism wave afterthe post-cold-war. The developing countries built their nation-states in a short duration as well as in the complicatedly domestic and overseas environment, so their system basis are not firm and steady, even some only have the shell forms without the real connotation of the nation-state. Therefore, nation-state construction inevitably becomes to be the basic safety engineering construction which the developing nation-states should face to. Nation-state construction is not only the ideal way to solve the political issues in developing nation-states, but also the only road to maintain and consolidate the nation-states systems, and also it's the effective path to safeguard the unification and stabilization for the multinational states.

In a multinational state, many ethnic groups are in a one and the same state political community. In the course of the mutual communication and interaction by ethnic groups, the inter-ethnic relations is formed with rich content and multitudinousness. Basing on the inter-ethnic interaction of the ethnic interest, various kinds of frictions, contradictions and conflicts are frequently generated among the ethnic groups, which makes the inter-ethnic relations be in a tense situation, even towards to vicious direction. Such situationes will imperil the unification and stabilization of the multination state and shake the foundation of the system frame of the nation-state. Therefore, the significance of inter-ethnic relations governance to nation-state is conspicuous without any words. The successful inter-ethnic relations governance will strongly maintain the unification and stabilization of the multinational state, and consolidate the system foundation of the nation-state. Nevertheless, once the inter-ethnic relations governance is failed, the multinational state will bog down in the mud of the inter-ethnic contradictions, or even can't avoid the misfortune of collapse.

Myanmar was the British colony in a fairly long time. If Myanmar didn't build the nation-state, it would be disappeared in the world system. Myanmar's nation-state was gradually built in the course of fighting against British colonial domination, striving for national liberation, and realizing state independence. Myanmar's nation-state was built in 1948, which meant the end of the nation-state building course and marked the start of the nation-state construction course. Because of the influences of the historical and realistic factors, Myanmar's nation-state only has the shell forms without the real connotation of the nation-state, which shows that Myanmar's nation-state construction is inevitably a arduous and long-term historical task. For the British ulterior motives, misunderstandings among the ethnic groups and ethnic interest contention, Myanmar which just finished the nation-state building had to confront with the frequent inter-ethnic frictions, contradictions and conflicts. So to speak, at the very beginning of the building of Myanmar's nation-state, inter-ethnic issue is unique in Southeast Asia and peculiar in the world. Thus, the significance of the inter-ethnic relations governance to Myanmar's multinational state is conspicuous without any words.

In the period of the U Nu's Government, Parliamentary Democracy which was regarded as the political system for driving the state to move towards democracy and realizing the overall situation of the national unity was collapsed in the end for various reasons. It meat that the basic political system for political governance of the inter-ethnic relations was no longer in existence. In the political governance of inter-ethnic relations, U Nu's Government also setup the National Autonomy State which used as the system for specialized governing the national minority affairs. However, the National Autonomy system design violated the principle of equality of ethnic groups, so it triggered the time-consuming inter-ethnic conflicts. In the economic governance of inter-ethnic relations, U Nu's Government carried out the economic development program and executed the agrarian reform policy, which trying to enhance the people's living standard and alleviate the strata relations among the ethnic groups. The unfortunate reality is that these measures didn't come into effect for the reasons of functions of multi-factors. In the cultural governance of inter-ethnic relations, U Nu's Government carried out the nationalized Buddhism policy and other ethnic policies. Meanwhile, the government carried out the ethnic cultural work. However, because the policies and work contained the value orientation of Burman Chauvinism, they aggravated the national conflicts. In the social governance of inter-ethnic relations, U Nu's Government adopted some educational policies which contained the value orientation of Burman Chauvinism, so results could not achieve the ideal governance effect. At the same time, the health policy executed by the government also could not achieve the ideal effect for the reasons of economic backwardness and the scarce governing abilities. In the period of U Nu's Government, the inter-ethnic relations governance contained the strong value orientation of Burman Chauvinism and Centralization of Authority. Under such kind of governance arrangements, Myanmar's national minorities separation movements happened as one falls another rises, national minorities state identity crisis unceasingly protruded, and the unification and stabilization of the multinational state confronted with severe challenges.

After Ne Win Group took over the state power, the federation committee, as the state basic political system, strengthened the controlling to the national minorities, which could not get the recognition and support from the people of national minorities. Under the single-party system and constitutionalframework, the particularity and the right of autonomy were left in the basket, which stirred up the serious dissatisfaction of the national minorities. In the economic governance of inter-ethnic relations, Ne Win's Government carried out the nationalization policy and ethnic economic policy, which could not shrink the inter-ethnic economic disparity. The result was that the level of production of each nationality was still low and the factors which influenced the inter-ethnic relations still existed. In the cultural governance of inter-ethnic relations, the government practiced the policy of freedom of religious belief and the policy of developing the minority culture. Unfortunately, there existed the contradiction between the execution and the policies, so the policies were only a heap of furnishings. In the social governance of inter-ethnic relations, the government carried out the education developing policy. On one hand, the policy promoted the people's educational level in the minority area, and on the other hand, the ethnic discrimination policy influenced the inter-ethnic relations. Meanwhile, the policy of the type division for citizens executed by Ne Win's Government violated the principle of national equality. In addition, the health policy by the government did not make the minority gain much benefit in the mountainous area. In the period of Ne Win's Government, the inter-ethnic relations governance still contained the strong value orientation of nationality integration and statism that had the profound stigma of Burman Chauvinism. After 26 years' governance by Ne Win's Government, Myanmar's anti-government armed forces of minorities rose one after another and developed rapidly. As a result, the Ne Win's lament which was "how many minorities to be able to have how many anti-government armed forces" was occurred. So to speak, the inter-ethnic relations became worsened entirely and the state identity crisis of minorities turned into severity.

The New Military Government adjust the governance arrangements and paths of the inter-ethnic relations when it took over the state power. In political governance of inter-ethnic relations, the government maintained the political stabilization and alleviated the inter-ethnic contradiction in the minority area by the means of setting the system framework of the State Law and Order Restoration Council (SLORC) and the State Peace and Development Council (SPDC). In addition, the New Military Government brought the minority political forces into the state legal framework by the means of holding the general election of multi-party system and formulating the new constitution, which effectively promoted the benign development of inter-ethnic relations governance. In the economic governance of inter-ethnic relations, the government strongly promoted the economic development in the minority area by means of building market economic system and exploiting the economy in the minority area, which unceasingly eliminated the economic factors influencing the inter-ethnic relations. In the cultural governance of inter-ethnic relations, the government effectively promoted the national unity and state unification by means of spreading Buddhism and controlling monkhood as well as protecting the cultural heritage of each nationality. In the social governance of inter-ethnic relations, the government actively promoted the educational enterprise and medical and health services in minority area, and compelled more and more anti-government armed forces of minorities to surrender by strengthening anti-drug work, which exerting active impact on promoting the development of inter-ethnic relations soundly. In the period of the New Military Government, the inter-ethnic relations governance contained the value orientation of nation-state construction and democratization. Just because the above value orientations, the governance path and pattern of inter-ethnic relations were adjusted greatly. In a result, the inter-ethnic reconciliation was obtained great breakthrough, the state identity of minority was strengthened, and the integration of the multinational state was enhanced.

After taking over the state power in 2011, the New Government opened the new process of the inter-ethnic relations governance. Continuing the framework of the inter-ethnic relations governance of the former government, the New Government adheres to the value orientation of democratization and modern state construction, obtaining the historical breakthrough in inter-ethnic reconciliation. In these years, many minority local armed forces came into the state legal framework one after another, which promoting the inter-ethnic relations toward to normalized direction. Myanmar's nation-state construction will make delightful progress continually.

The inter-ethnic relations governance in Myanmar's nation-state construction has gone through several periods of governments. The value orientations, paths and methods and effects of inter-ethnic relations governance in each historical period were quite different. From the aspect of governance effects, the governance effects presented the trend of "U-bend". More specifically, the inter-ethnic relations governance effect in U Nu's government presented on a declining curve, the inter-ethnic relations governance effect in Ne Win's government was the least unsatisfactory point, and the inter-ethnic relations governance effect in the new military government presented the trend of promoting gradually. So basically, the selection and adjustment of the value orientation and the choice and application of the governance path were the most deeply-implied cause for the changes of the inter-ethnic relations governance effects. Therefore, the selection of the value orientation and the application of the governance path determine the success and failure of the inter-ethnic relations governance. In the course of Myanmar's nation-state construction, the inter-ethnic relations governance confronted with the challenges and issues of the frequent regime change, the magnified inter-ethnic discrepancy, and of the internationalization of the inter-ethnic relations. Making a general survey of the course of Myanmar's inter-ethnic relations governance, some obvious characteristics can be found easily, such as the centralization of the governance subject, the obturation of the inter-ethnic environment, the homogenization of the value orientations, and the unidirection of the governance access. These characteristics are composed of the peculiarities of Myanmar's inter-ethnic relations governance.

The effect of the inter-ethnic relations governance determines the height of the nation-state construction and the degree of the multinational state integra-

tion. Myanmar's inter-ethnic relations governance exerts great impact on the na-
tion-state construction. The inter-ethnic relations governance in each period
makes different impacts on nation-state construction. Going through the inter-
ethnic relations governance in the periods of U Nu's Government, Ne Win's Gov-
ernment, the New Military Government, and the New Government, the political
integration of Myanmar's multinational state has been experiencing the course
from dissociation to aggregation of the political situation, the state nation con-
struction has been experiencing the course from the decentering to intension of
the state nation, the state identity construction has been experiencing the course
from the weakening to strengthening of state identity, and the modern state con-
struction has been experiencing the course from the stagnation to start.

Key words: Myanmar; nation-state construction; inter-ethnic relations
governance; value orientation; governance path

目　录

导　论 ……………………………………………………………（1）

第一节　研究的缘起及研究的意义 ……………………………（1）

　　一　研究的缘起 …………………………………………（1）

　　二　研究的意义 …………………………………………（4）

第二节　研究综述及研究评析 …………………………………（7）

　　一　民族国家理论研究述评 ……………………………（8）

　　二　族际关系治理研究述评 ……………………………（19）

　　三　缅甸民族国家构建及建设研究述评 ………………（23）

　　四　缅甸族际关系及其治理研究述评 …………………（26）

第三节　研究理论及研究方法 …………………………………（28）

　　一　理论框架 ……………………………………………（28）

　　二　研究方法 ……………………………………………（31）

第四节　核心概念及概念工具 …………………………………（33）

　　一　民族国家 ……………………………………………（33）

　　二　多民族国家 …………………………………………（35）

　　三　民族国家建设 ………………………………………（36）

　　四　族际关系治理 ………………………………………（39）

第一章　民族国家视域中的缅甸族际关系 …………………（43）

第一节　缅甸民族国家建设的自然历史条件 ………………（43）

　　一　自然地理环境 ………………………………………（44）

　　二　政治环境——民族国家的历史构建 ………………（50）

　　三　经济环境 ……………………………………………（60）

  四 文化环境 ……………………………………………… (65)

第二节 缅甸民族国家面临的族际关系 ………………………… (68)

  一 主要民族概况 …………………………………………… (68)

  二 族际关系类型 …………………………………………… (72)

第二章 吴努政府时期的族际关系治理(1948—1962) ……… (86)

第一节 吴努政府时期族际关系治理的多维向度 ………… (86)

  一 族际关系政治治理 ……………………………………… (87)

  二 族际关系经济治理 ……………………………………… (93)

  三 族际关系文化治理 ……………………………………… (101)

  四 族际关系社会治理 ……………………………………… (109)

第二节 吴努政府时期族际关系治理的价值取向 ………… (113)

  一 "大缅族主义"取向 …………………………………… (114)

  二 加强中央集权取向 ……………………………………… (119)

第三节 吴努政府时期族际关系治理的效度 ……………… (124)

  一 少数民族分离运动此起彼伏 …………………………… (125)

  二 民族国家认同危机日益凸显 …………………………… (127)

  三 多重交织矛盾越发错综复杂 …………………………… (129)

第三章 奈温政府时期的族际关系治理(1962—1988) ……… (133)

第一节 奈温政府时期族际关系治理的多维向度 ………… (133)

  一 族际关系政治治理 ……………………………………… (134)

  二 族际关系经济治理 ……………………………………… (142)

  三 族际关系文化治理 ……………………………………… (148)

  四 族际关系社会治理 ……………………………………… (153)

第二节 奈温政府时期族际关系治理的价值取向 ………… (161)

  一 民族一体化取向 ………………………………………… (161)

  二 国家主义的取向 ………………………………………… (166)

第三节 奈温政府时期族际关系治理的效度 ……………… (172)

  一 少数民族反政府武装的兴起与发展 …………………… (172)

  二 族际关系全面恶化 ……………………………………… (178)

第四章　新军人政府时期的族际关系治理(1988—2011) ………… （182）

　第一节　新军人政府时期族际关系治理的多维向度 ………… （183）

　　一　族际关系政治治理 ………… （183）

　　二　族际关系经济治理 ………… （195）

　　三　族际关系文化治理 ………… （202）

　　四　族际关系社会治理 ………… （208）

　第二节　新军人政府时期族际关系治理的价值取向 ………… （218）

　　一　民族国家建设取向 ………… （218）

　　二　民主化取向 ………… （223）

　第三节　新军人政府时期族际关系治理的效度 ………… （231）

　　一　族际和解取得重大突破 ………… （231）

　　二　少数民族国家认同有所增强 ………… （238）

　　三　多民族国家整合程度明显提高 ………… （248）

第五章　登盛政府时期的族际关系治理(2011—2015) ………… （253）

　第一节　登盛政府时期族际关系治理的多维向度 ………… （253）

　　一　族际关系政治治理 ………… （254）

　　二　族际关系经济治理 ………… （256）

　　三　族际关系文化治理 ………… （258）

　　四　族际关系社会治理 ………… （259）

　第二节　登盛政府时期族际关系治理的价值取向 ………… （260）

　　一　民主化取向 ………… （261）

　　二　现代国家建设取向 ………… （261）

　第三节　登盛政府时期族际关系治理的效度 ………… （262）

第六章　缅甸族际关系治理的逻辑诠解 ………… （265）

　第一节　缅甸族际关系治理的取向与路径 ………… （265）

　　一　价值取向的选取与调整 ………… （265）

　　二　治理路径的选择与运用 ………… （269）

　第二节　缅甸族际关系治理中的主要挑战与问题 ………… （272）

　　一　政权更迭频繁化 ………… （273）

　　二　族际差异分殊化 ………… （274）

三　族际关系国际化 ……………………………………（276）

第三节　缅甸族际关系治理的基本特点 ……………………（280）

一　治理主体一元化 ……………………………………（280）

二　治理环境封闭化 ……………………………………（282）

三　治理取向同质化 ……………………………………（283）

四　治理进路单向化 ……………………………………（285）

第四节　缅甸族际关系治理对民族国家建设的影响 …………（286）

一　政治整合：从离散到聚合 …………………………（287）

二　国族建设：从涣散到融集 …………………………（290）

三　国家认同建设：从弱化到强化 ……………………（293）

四　现代国家建设：从停滞到开启 ……………………（298）

结　语 ………………………………………………………（302）

参考文献 ……………………………………………………（308）

索　引 ………………………………………………………（324）

后　记 ………………………………………………………（329）

Contents

Introduction ·· (1)

  Section Ⅰ   Research origin and research significance ··············· (1)

    1. Research origin ·· (1)

    2. Research significance ·· (4)

  Section Ⅱ   Research review and research comment ··············· (7)

    1. Comments on the research of the theory of nation-

       state ··· (8)

    2. Comments on the research of the inter-ethnic relations

       governance ··· (19)

    3. Comments on the research of the Myanmar nation-state

       building and construction ·· (23)

    4. Comments on the research of the inter-ethnic relations

       and governance in Myanmar ·· (26)

  Section Ⅲ   Research theory and research methods ··············· (28)

    1. Theoretical framework ·· (28)

    2. Research method ·· (31)

  Section Ⅳ   Core concepts and conceptual tools ··············· (33)

    1. Nation-state ·· (33)

    2. Multinational state ·· (35)

    3. Nation-state construction ·· (36)

    4. Inter-ethnic relations governance ·· (39)

Chapter Ⅰ　The ethnic relations of Myanmar in the view of
nation-state ⋯⋯⋯⋯⋯⋯⋯⋯⋯⋯⋯⋯⋯⋯⋯⋯⋯⋯ （43）

Section Ⅰ　The natural and historical conditions for the construction
of the nation-state of Myanmar ⋯⋯⋯⋯⋯⋯⋯⋯⋯ （43）
1. The natural and geographical environment ⋯⋯⋯⋯⋯⋯ （44）
2. Political environment: From the perspective of historical
building of nation-state ⋯⋯⋯⋯⋯⋯⋯⋯⋯⋯⋯⋯⋯ （50）
3. Economic environment ⋯⋯⋯⋯⋯⋯⋯⋯⋯⋯⋯⋯⋯⋯ （60）
4. Cultural environment ⋯⋯⋯⋯⋯⋯⋯⋯⋯⋯⋯⋯⋯⋯⋯ （65）
Section Ⅱ　The inter-ethnic relations before Myanmar's nation-state
was built ⋯⋯⋯⋯⋯⋯⋯⋯⋯⋯⋯⋯⋯⋯⋯⋯⋯⋯ （68）
1. Major ethnic profile ⋯⋯⋯⋯⋯⋯⋯⋯⋯⋯⋯⋯⋯⋯⋯ （68）
2. Inter-ethnic relation types ⋯⋯⋯⋯⋯⋯⋯⋯⋯⋯⋯⋯ （72）

Chapter Ⅱ　The inter-ethnic relations governance during the period
of the U Nu's Government(1948 – 1962) ⋯⋯⋯⋯⋯ （86）

Section Ⅰ　Multi-dimensions of inter-ethnic relations governance
in the period of the U Nu's Government ⋯⋯⋯⋯⋯ （86）
1. The political governance of inter-ethnic relations ⋯⋯⋯ （87）
2. The economic governance of inter-ethnic relations ⋯⋯⋯ （93）
3. The cultural governance of inter-ethnic relations ⋯⋯⋯ （101）
4. The social governance of inter-ethnic relations ⋯⋯⋯⋯ （109）
Section Ⅱ　The value orientations of the inter-ethnic relations gover-
nance in the period of the U Nu's Government ⋯⋯ （113）
1. The orientation of Burman Chauvinism ⋯⋯⋯⋯⋯⋯⋯ （114）
2. The orientation of strengthening centralization of
authority ⋯⋯⋯⋯⋯⋯⋯⋯⋯⋯⋯⋯⋯⋯⋯⋯⋯⋯⋯ （119）
Section Ⅲ　The validity of the inter-ethnic relations governance
during the period of the U Nu's Government ⋯⋯⋯ （124）
1. National minorities separation movements happened as one
falls another rises ⋯⋯⋯⋯⋯⋯⋯⋯⋯⋯⋯⋯⋯⋯⋯ （125）
2. Nation-state identity crisis unceasingly protruded ⋯⋯⋯ （127）

3. Multiple Interlacing contradictions increasingly

intricate ·· (129)

Chapter Ⅲ   The inter-ethnic relations governance during the period

of the Ne Win's government(1962 – 1988) ·············· (133)

Section Ⅰ   Multi-dimensions of inter-ethnic relations governance in

the period of the Ne Win's Government ················· (133)

1. The political governance of inter-ethnic relations ············· (134)

2. The economic governance of inter-ethnic relations ·········· (142)

3. The cultural governance of inter-ethnic relations ············· (148)

4. The social governance of inter-ethnic relations ··············· (153)

Section Ⅱ   The value orientation of the inter-ethnic relations gover-

nancein the period of the Ne Win's Government ······ (161)

1. The orientation of nationality integration ····················· (161)

2. The orientation of statism ··· (166)

Section Ⅲ   The validity of the inter-ethnic relations governance

during the period of the Ne Win's Government ······ (172)

1. The origin and development of the anti-government armed

forces of minorities ··· (172)

2. The inter-ethnic relations became worsened entirely ········· (178)

Chapter Ⅳ   The inter-ethnic relations governance during the period

of the New Military Government(1988 – 2011) ······ (182)

Section Ⅰ   Multi-dimensions of inter-ethnic relations governance in

the period of the New Military Government ············· (183)

1. The political governance of inter-ethnic relations ············· (183)

2. The economic governance of inter-ethnic relations ·········· (195)

3. The cultural governance of inter-ethnic relations ············· (202)

4. The social governance of inter-ethnic relations ··············· (208)

Section Ⅱ   The value orientation of the inter-ethnic relations gover-

nance in the period of the New Military Government ··· (218)

1. The orientation of nation-state construction ···················· (218)

2. The orientation of democratization ┄┄┄┄┄┄┄┄ (223)

Section Ⅲ　The validity of the inter-ethnic relations governance during

the period of the New Military Government ┄┄┄┄┄ (231)

1. The inter-ethnic reconciliation was obtained great

breakthrough ┄┄┄┄┄┄┄┄┄┄┄┄┄┄┄┄┄┄┄ (231)

2. The state identity of minority was strengthened ┄┄┄┄ (238)

3. The integration of the multinational state was enhanced ┄┄ (248)

Chapter Ⅴ　The inter-ethnic relations governance during the period

of the Thein Sein Government(2011 – 2015) ┄┄┄┄ (253)

Section Ⅰ　Multi-dimension of inter-ethnic relations governance

in the period of the Thein Sein Government ┄┄┄┄ (253)

1. The political governance of inter-ethnic relations ┄┄┄┄ (254)

2. The economic governance of inter-ethnic relations ┄┄┄ (256)

3. The cultural governance of inter-ethnic relations ┄┄┄┄ (258)

4. The social governance of inter-ethnic relations ┄┄┄┄┄ (259)

Section Ⅱ　The value orientation of the inter-ethnic relations

governance in the period of the New Government ┄ (260)

1. The orientation of democratization ┄┄┄┄┄┄┄┄┄┄ (261)

2. The orientation of modern state construction ┄┄┄┄┄┄ (261)

Section Ⅲ　The validity of the inter-ethnic relations governance

during the period of the New Government ┄┄┄┄┄ (262)

Chapter Ⅵ　The logical interpretation of Myanmar's inter-ethnic

relations governance ┄┄┄┄┄┄┄┄┄┄┄┄┄┄┄┄ (265)

Section Ⅰ　The orientation and path of Myanmar's inter-ethnic

relations governance ┄┄┄┄┄┄┄┄┄┄┄┄┄┄┄ (265)

1. The selection and adjustment of value orientation ┄┄┄┄ (265)

2. The choice and application of the governance path ┄┄┄ (269)

Section Ⅱ　The major challenges and problems of Myanmar's inter-

ethnic relations governance ┄┄┄┄┄┄┄┄┄┄┄┄ (272)

1. The frequent regime change ┄┄┄┄┄┄┄┄┄┄┄┄┄ (273)

2. The magnified inter-ethnic discrepancy .... (274)

3. The internationalization of the inter-ethnic relations ...... (276)

Section Ⅲ   The basic characteristics of Myanmar's inter-ethnic

relations governance .... (280)

1. The centralization of the governance subject .... (280)

2. The obturation of the inter-ethnic environment .... (282)

3. The homogenization of the value orientations .... (283)

4. The unidirection of the governance access .... (285)

Section Ⅳ   The influence of Myanmar's inter-ethnic relations

governance on the nation-state construction .... (286)

1. Political integration : From dissociation to aggregation ...... (287)

2. The state nation construction : From decentering to

Intension .... (290)

3. The state identity construction : From weakening to

strengthening .... (293)

4. The modern state construction : From stagnation to start ...... (298)

Epilogue .... (302)

References .... (308)

Index .... (324)

Postscript .... (329)

导　　论

一切学术研究莫不发端于问题，对理论与现实的问题的求解、探讨、预测及回答是学术研究的基本品格。民族国家建设研究是当前非常前沿的、重大的理论与现实课题，而民族国家建设进程中的族际关系治理研究的兴起，是如何维护多民族国家统一、稳定和发展这一重大问题的必然要求与历史使命。

第一节　研究的缘起及研究的意义

研究的缘起和研究的意义是本命题研究的逻辑基点，由此展开了本研究中问题的提出、问题的解剖、问题的回答、观点的论证及立论的依托。

一　研究的缘起

选择"缅甸民族国家建设中的族际关系治理研究"作为命题，是笔者在结合个人学科背景、研究兴趣、研究经历及博士生导师在该领域的前沿理论研究和深厚学术造诣的强大示范效应下逐渐形成并最终确定下来的。之所以以"缅甸民族国家建设中的族际关系治理"作为研究对象，具体来讲，主要有以下几个重要的考虑：

首先，民族国家建设问题是当前学术界一个非常前沿的、重大的理论与现实课题。从现代意义上讲，民族国家①是一种发轫于西欧，并经过长

---

① 学界对于"民族国家"的概念有许多争论，民族学、政治学及其他学科对"民族国家"的本质特征存在诸多解读，具体参见"研究综述"，本书采用政治学，特别是民族政治学的理论视角，对"民族国家"的概念及其本质特征的阐述，可参见周平教授的《对民族国家的再认识》一文（载《政治学研究》2009 年第 4 期）。

期的演进形成的国家形态，它既是世界体系的基本单元，也是当今国际关系的基本行为体。民族国家"是政治实体的最高形式，是民族精神的政治外壳，是民族意志和命运的物质体现"①，它"标志着一个新起点的开始"②。民族国家既是"法国大革命的精神遗产"③，也是"典型的正常的国家形式"④。"作为一种国家制度架构，民族国家调适民族与国家之间二元关系的方式，就是确立民族对国家的认同"。⑤ 因此，"从本质上看，民族国家就是以民族对国家的认同为基础的主权国家"⑥。最早构建民族国家的西欧国家是在长期的历史过程中，不断解决民族对国家认同问题的基础之上逐渐沉淀并形成的。西欧民族国家建立后，实现了民族和国家的统一，民族获得了国家的保障，而民族又给国家注入了活力，两者相得益彰，立即发挥了巨大的优势，于是"他们跨出海洋、走出国门、角逐海洋"⑦，这些西欧民族国家随即走上了强国之路，而且还"迅速成为一种具有典型性和示范性的国家形态，成为其他国家发展和演变过程中的目标形态，逐步扩大到全世界，成为具有世界意义的国家形态"⑧。随着资本主义的发展，民族国家与资本主义实现了有效的结合和有机的统一，民族国家为资本主义的扩张提供了有效的保障，而资本主义又为民族国家的强盛奠定了坚实的物质基础和思想基础。西欧民族国家建立后，首先是北欧和南欧国家纷纷效仿，继而是北美国家争相构建，整个世界随即进入了民族国家时代，民族国家世界体系逐渐形成。面对世界民族国家建构的浪潮，没有建立民族国家的缅甸面临着重重压力和诸多挑战，在未来的道路上如何抉择，应该何去何从？"看遍世界民族问题和民族国家的关系，我们可以断定的说，无国家的民族是最痛苦的，只有民族的国家是最理想的组织。"⑨ 缅甸是英属殖民地国家，1885 年被英国完全控制。缅甸必须建

① George Holland Sabine, *A History of Political Theory*, New York: Holt Rinehart & Winston, 1961, p. 306.

② ［美］莱斯利·里普森：《政治学的重大问题——政治学导论》，刘晓译，华夏出版社 2001 年版，第 278 页。

③ 关凯：《族群政治》，中央民族大学出版社 2009 年版，第 45 页。

④ 列宁：《论民族自决权》，《列宁全集》第 25 卷，人民出版社 1988 年第 2 版，第 225 页。

⑤ 周平：《多民族国家的族际政治整合》，中央编译出版社 2012 年版，内容摘要，第 2 页。

⑥ 周平：《对民族国家的再认识》，《政治学研究》2009 年第 4 期。

⑦ 王宇博：《〈从民族国家走向帝国之路〉评介》，《世界历史》2003 年第 1 期。

⑧ 周平：《对民族国家的再认识》，《政治学研究》2009 年第 4 期。

⑨ 《罗家伦先生文存》，中国国民党革命委员会党史委员会，1989 年。

立民族国家，否则就会在世界体系竞争中走向没落，甚至走向消亡。由于英国殖民者的侵略和统治，缅甸民族国家形态的演进的路径不能按照自身演进的逻辑从王朝国家演变而来，而是在外力的作用下做出权变选择的。在反抗殖民统治、争取民族解放、实现国家独立的民族主义运动中，缅甸民族国家才逐渐构建起来。缅甸构建民族国家的历史起点、演进路径及延续时间与最早的欧洲民族国家和北美民族国家相比，已有很大不同，甚至可以说是大相径庭。

　　缅甸民族国家的建立，意味着民族国家构建进程的结束，同时也标志着民族国家建设的开始。在客观的历史条件和复杂的国内外背景影响下，缅甸虽然建立了民族国家，但其本质上是十分脆弱的，只是具备了民族国家的外壳形态，而缺乏民族国家的真正内涵。因此，民族国家建设的历史重任就摆在缅甸的面前，它像其他多数亚非拉民族国家一样，立刻面临着"如何……整合各种政治力量和社会力量、如何巩固民族国家、如何释放新的民族共同体所蕴含的创造性力量、如何在与其他民族国家的竞争中有效地维护新兴的民族共同体的利益等一系列重大的现实问题"①，同时她还面临着国家现代化的历史重任。民族国家建设是一个前沿的、重大的理论和现实课题，不仅需要学界在理论上进行深刻的思考及体系上的完善和创新，还应该就当今现实问题进行有效的探求和解读。这是笔者选择该范本作为研究对象的一个理性的学术思考。

　　其次，族际关系治理贯穿了整个民族国家建设的进程，它对民族国家建设的进程究竟有何影响？这是笔者一直试图求解的问题。"20世纪90年代以来出现的国家裂变、领土争端、地区冲突、部族仇杀、种族排斥、宗教纷争、霸权干预等一系列现象基本上都有民族问题的背景或直接来源于民族问题。"② 当今世界还有许多国家处于动荡不安之中，究其根源，民族因素或民族问题最为凸显，这是影响这些国家局势的最重要的因素。因而，族际关系治理对于民族国家来说是极为重要的，有效的族际关系治理必然会促进民族国家建设、民族国家的进一步巩固，又为族际关系治理的有效性提供重要的支撑。自从缅甸建立民族国家后，族际摩擦此起彼

---

① 周平：《对民族国家的再认识》，《政治学研究》2009年第4期。
② 郝时远：《21世纪民族问题的基本走向》，《国外社会科学》2001年第1期。

伏，族际矛盾频频出现，族际冲突接二连三。缅甸族际关系的紧张态势，吸引了世人的眼球。缅甸主体民族缅甸族与克伦族、克钦族、掸族等少数民族的矛盾似乎不可调和，冲突似乎难以避免，民族国家建设步履蹒跚、困难重重。可以说，族际关系治理的效度，决定了民族国家建设的高度和国家整合的程度，族际关系治理究竟是如何影响民族国家建设这一问题的，一直是笔者兴趣浓厚并孜孜探索的问题。

最后，出于笔者专业背景和研究兴趣的原因。笔者硕士期间主要研究东南亚国际关系，自从攻读民族政治学专业博士学位以来，就试图将民族政治学理论引入东南亚问题研究。在东南亚问题研究中采用全新的民族政治学理论透视和分析框架，往往能使笔者在钝刀破竹、困惑不解的时候达到豁然开朗的效果，很多复杂的问题就会迎刃而解。在东南亚诸多国家中，越南、马来西亚、泰国、新加坡、印度尼西亚及缅甸在民族国家建设和族际关系治理方面都各具特色。越南、马来西亚、新加坡、泰国的民族国家建设及其族际关系治理方面相对是比较成功的。之所以选择缅甸作为个案，主要考虑缅甸是东南亚各国中非常特别的国家，其民族国家建设的历史任务可谓任重道远，面临的困难可谓艰巨异常，族际关系最为紧张尖锐，治理难度也相当巨大。缅甸族际关系的矛盾在东南亚是独一无二的，在世界上也是实属罕见的，因而它的民族国家建设与族际关系治理具有典型性和代表性的意义。因此，选择"缅甸民族国家建设中的族际关系治理"作为研究范本，可为笔者探求"族际关系治理对民族国家建设的进程影响如何"这一问题得到理论层面的阐释和现实层面的求解。

二　研究的意义

研究意义应该充分体现学术价值和社会价值。学术价值是学术研究独特的灵魂和创新的生命力所在，它要求在学术研究中或提出新的问题，或挖掘新的领域，或采用新的方法，或阐述新的观点，甚至是补充、修改和构建新的理论。社会价值要求学术研究应该体现对解决当前国际、国内社会重大问题有积极的作用，这是把握时代脉搏和指导社会实践的充分表现，"一部社会科学特别是政治学科的著作，其生命力和意义则主要表现为对现实社会问题的理性关怀"[1]。

---

[1]　于建嵘：《岳村政治》，商务印书馆 2005 年版，第 12 页。

（一）学术价值

首先，"缅甸民族国家建设中的族际关系治理"这一命题，是学界未曾专门研究探讨的一个问题。对于族际关系治理对民族国家建设进程有何影响这一问题，不论是国际关系学学者、民族学学者，还是政治学学者，都未曾对这个理论问题给出一个明确的答案或者是相关的解答。一切学术研究莫不发端于问题，提出新的问题，挖掘新的领域，这本身就是学术价值的一种有效的体现。对"缅甸民族国家建设中的族际关系治理"这一范本的研究，将始终围绕"两个方面、一个问题"进行探讨，"两个方面"是指缅甸民族国家建设和族际关系治理，"一个问题"是指缅甸族际关系治理对其民族国家建设进程的影响。

其次，该研究范本将采用多种研究方法和多维研究范式。缅甸族际关系问题是一个盘根错节、纷繁复杂的问题，而民族国家建设也面临着诸多困难，这些困难既涉及政治层面和经济层面的，也涉及社会层面和民族层面的，还涉及文化层面和军事层面的，多种因素交织揉搓在一起，可谓难解难分。缅甸民族国家的"族际关系问题"不仅仅是各民族本身发展的问题，或是族际之间互动的问题，还涉及国家政权对族际关系问题的控制和治理，以及民族认同与国家认同如何统一的问题。因此，仅仅用民族学的研究方法来探讨如此复杂的问题，论证必然会显得很不充分，因而"必然要求多种学科、多维研究范式的共同担当"①。采用民族政治学的理论视角，引入民族政治学的研究方法，不但是突破民族国家建设和族际关系治理研究瓶颈的可贵尝试，而且是深化缅甸问题研究的另辟蹊径的有益探索。引入民族政治学研究范式，从族际关系治理来观照缅甸民族国家建设是一种学术尝试，这应该会推动缅甸问题研究向前发展。

再次，通过对缅甸族际关系治理的个案研究，探讨多民族国家族际关系治理成败得失，既可以提炼民族国家建设的规律性、特殊性和普遍性，进而丰富民族国家建设的研究，也可以深化对如何维护多民族国家统一、稳定和发展的研究。一方面，当前学界对多民族国家族际关系治理的研究刚刚起步，不论是在抽象的理论思考方面，还是在现实问题解读方面，都显得比较稚嫩，因而要探讨和总结多民族国家族际关系治理的成败得失还显得不够充分。另一方面，学界对于民族国家建设的研究也尚待丰富和完

---

① 朱碧波：《苏联族际政治整合模式研究》，博士学位论文，云南大学，2011年，第4页。

善，要提炼世界各民族国家建设的规律性、特殊性，乃至普遍性，就需要多选取有代表性和典型意义的国家进行研究。缅甸族际关系长期处于紧张状态，缅甸民族国家建设也处于步履蹒跚、举步维艰的状况，而且缅甸多民族国家的统一和稳定存在诸多隐忧，因而缅甸具有代表性和典型性意义。选取"缅甸民族国家建设中的族际关系治理"作为笔者博士学位论文的研究范本，可以总结多民族国家族际关系治理成败得失的经验，提炼民族国家建设的规律性、特殊性和普遍性，为民族国家建设的进一步研究添砖加瓦。

（二）社会价值

首先，本研究可以为中国想了解、研究缅甸的相关人士和部门提供新的视角和参考。缅甸对于很多人来说，既熟悉又陌生。由于缅甸是中国重要的邻邦，与中国田埂交错、山水相连，我们经常可以听到关于缅甸局势的报道，因而缅甸对于我们来说是熟悉的。然而，由于缅甸（族际）问题具有相当的复杂性，涉及政治、经济、军事、社会、毒品、文化、宗教等问题，诸多方面交织揉搓在一起，难解难分，使人看缅甸有雾里看花、影影绰绰之感。一般情况下，了解缅甸、研究缅甸多从历史学角度出发，纵向考察缅甸历史的发展，研究缅甸政治、经济、军事、民族等问题，这不失为一个好的分析和研究视角。但如果仅仅从历史学角度来把握缅甸的方方面面，终究有"举一隅不以三隅反"之嫌。本研究将从民族政治学角度论述缅甸民族国家的建设进程，探析缅甸族际关系治理的过程，并揭示族际关系治理与民族国家建设进程的横向关系。在这样一种认识和分析框架下，可以让认识缅甸、研究缅甸的相关人员耳目一新。

其次，本研究可以为中国在处理与缅甸的关系，特别是分别处理与中央政府、民族地方武装的关系上，提供一定的借鉴和参考。一直以来，中国在处理与缅甸的关系上，既缺乏长远的外交战略，又没有灵活的外交策略。同时，由于缺乏前瞻性的眼光，中国在对与缅甸关系上一度处于非常被动、相当尴尬的状态。自从缅甸独立以来，缅甸各派的政治势力分封割据，新中国奉行"不干涉内政"的原则，分别与缅甸政府、民族地方武装发展双边关系。然而，当前缅甸的国内局势和对外政策发生了重大的变化，如果中国依然奉行这种外交政策，显然不合时宜，势必影响中国的国家利益和国际形象。本书将比较全面地分析缅甸族际关系的态势及其治理的效度，探讨缅甸民族国家建设的进程，这可以为中国相关部门在对缅甸关系上提供一些有益的借鉴和参考。

最后，本研究可以为中国的边疆治理提供有益的参考。"中国的边疆问题内容繁多，表现形式也复杂多样。边疆安全、边疆稳定及边疆发展构成了中国边疆问题的三大主要内容。"[1] 中国与缅甸山水相连、田埂交错，两国边界线上没有天然屏障或地理障碍，两国民众进出非常方便。由缅甸国内族际摩擦、族际矛盾、族际冲突而造成涌入中国西南边疆地区的难民问题，对中国的边疆安全、边疆稳定及边疆发展造成了比较严重的影响。缅甸北部的克钦族、果敢族与缅甸中央政府经常发生武装冲突，往往使难民越过中缅边境进入中国云南省躲避战火。涌入中国境内的难民，既有普通百姓，也有缴械作为难民身份处置的民族地方武装人员。这考验着中国在处理边境突发事件时的应对机制，给中国的边疆治理带来了新的困难和挑战。有效治理诸如此类的问题，有利于确保中国西南边疆的安全、稳定和发展。因此，通过本研究，可以为中国的边疆治理提供一些有益的参考。

第二节　研究综述及研究评析

长期以来，民族与国家、民族与民族之间的张力使得民族国家内部的族际摩擦此起彼伏，族际矛盾频频发生，族际冲突接二连三。民族国家本身就是一种协调民族与国家二元的关系而创造的一种制度模式，在这种全新的制度模式下，民族认同与国家认同需要进行有效的整合，使民族与国家的二元张力得到有效的消解。民族国家建立后，就立刻面临民族国家建设的问题，比如如何整合民族国家构建进程中形成并不断涌现出来的各种政治力量和社会力量，如何巩固新兴的民族国家，如何治理由于各种原因造成的复杂的族际关系，如何建设一个现代国家，等等。诸如此类，不胜枚举，其中族际关系治理贯穿了整个民族国家建设的进程，族际关系治理的效度，决定了民族国家建设的高度和国家整合的程度。因而，民族国家建设便成为学界探讨的一个重大的理论和现实课题，而从族际关系治理的角度去探讨民族国家建设就成为一个有效的研究视角。

---

① 周平：《我国的边疆与边疆治理》，《政治学研究》2008年第2期。

一　民族国家理论研究述评

学界对民族国家（Nation-state）的探讨由来已久，近年来，民族学、政治学、法学及其他学科的学者对民族国家的探讨热情方兴未艾，研究兴趣与日俱增。由于民族国家本身的复杂性，学界对民族国家的概念及其本质特征的解读至今仍然是莫衷一是，一直没有统一的认识，因而学界对民族国家构建与建设探讨的逻辑起点和研究范式不尽相同，所采用的理论范式也可谓是大相径庭。学界各派对民族国家的含义做出自己需要的解释，使得民族国家披上了神秘的面纱，人们对民族国家的认识显得迷雾重重。

（一）对民族国家的概念、内涵及其本质特征的研究

学界对于"民族国家"的概念有不同的争论，民族学、政治学、历史学、法学及其他学科对于"民族国家"的概念有不同的阐述，学界尚未达成全面的、一致的认识。对"民族国家"的概念没有清晰的界定，对其本质特征没有准确的把握，就无法探讨民族国家的建设。对于"是什么""为什么"都尚未探讨清楚，那么对于"怎么做"只会是徒劳无功、白费力气，可以说，没有准确把握民族国家的概念、内涵及其本质特征，民族国家建设研究就会因为方向不对、思路不清而沦为空谈。在多种学科对民族国家的概念理解及其使用中，以下观点值得注意和探讨：

第一，把民族国家看成单一民族国家。民族学及一些民族法学和历史学学者对民族国家作此论断。他们较为侧重从"民族"的角度进行探讨民族国家，把"民族属性"作为研究的逻辑起点，把民族国家看作与多民族国家相对应的一种形式，换言之，民族国家就是单一民族的国家。比如：（1）中国民族学学者陈永龄认为，"民族国家一般指由单一民族组成的国家"①。（2）著名历史学家陈乐民认为"欧洲的'民族国家'不是一个普世性的概念……Nation-state 指基本上一个民族构成一个国家的那种国家形态……'民族国家'是一个欧洲概念"②。（3）英国学者克雷伊奇、韦利姆斯库指出，"民族国家是以一个民族为基础组成的国家"③。（4）美国民族学学者科奈里亚·纳瓦里认为，"民族国家是具有相同的文化和相

---

① 陈永龄主编：《民族词典》，上海辞书出版社 1987 年版，第 351 页。
② 陈乐民、周弘：《欧洲文明的扩张史》，东方出版中心 1999 年版，第 82 页。
③ ［英］雅·克雷伊奇、维·韦利姆斯库：《欧洲的民族和政治国家》，伦敦，1981 年，第 25 页。

同的语言、由他们自己的同胞中的一些人治理并为他们的利益服务的同质的人民的主权单位"①。（5）美国民族学学者 J. M. 布劳特指出"大多数情况下，把不同的群众结合在一起的因素是共同的历史遗迹对未来的共同愿望或对共同命运的信念。只有像这样的因素，才能解释比利时、瑞士和加拿大都是民族国家"②。（6）著名的西方民族问题学者史密斯（Anthony Smith）认为，"民族国家实际上既是现代性的内容之一，又是与民族的历史传统相连的共同体观念"③。（7）中国民族学学者朱伦也曾提出"民族国家就是一个民族一个国家，它是与多民族国家根本对立的"④，他还认为"民族国家（Nation-state）应该译为'国民国家'"⑤，从而否定"民族国家"这一概念的叫法。（8）与朱伦持相同或相似观点的还有张树青、刘光华⑥等学者。

第二，民族国家等同于主权国家或是国际关系行为主体。政治学学科，特别是国际关系学⑦，把"民族国家"几乎等同于"主权国家"，认为民族国家是国际关系行为主体，一切有主权的国家都是民族国家。西方国际关系学学者通常喜欢用民族国家来界定现代国家、主权国家和国际关系行为主体。比如，西方（新）现实主义和自由主义学派持这样的观点："民族国家是国际体系最基本、最重要的构成单位，尽管国际体系具有多层次结构，但国家都表现为核心要素，占据中心位置，起着决定性的作用……能反映国际关系本质规定，成为国际关系行为主体多样性统一的，只能是民族国家，民族国家依然是国际体系中最主要、最基本、最活跃、最富有能量的行为主体。"⑧ 西方新现实主义学者认为，后冷战时代依然是冲突的世界，一超多强格局代替了冷战时代的两极格局，但仅仅是国家

---

①　[美] 科奈里亚·纳瓦里：《民族国家的起源》，转引自宁骚《民族与国家：民族关系与民族政策的国际比较》，北京大学出版社 1995 年版，第 266 页。

②　[美] J. M. 布劳特：《略谈民族主义理论》，转引自宁骚《民族与国家：民族关系与民族政策的国际比较》，北京大学出版社 1995 年版，第 267—268 页。

③　Anthony D. Smith, *Nationalism and Modernism*, New York：Routledge, 1998.

④　朱伦：《走出"民族—国家"古典理论的误区》，《西域研究》2000 年第 2 期。

⑤　朱伦：《论"民族—国家"与"多民族国家"》，《世界民族》1997 年第 3 期。

⑥　参见张树青、刘光华《关于民族国家的思考》，《兰州大学学报》（社会科学版）1999 年第 4 期。

⑦　从一定意义上讲，国际关系与国际政治并没有什么区别，但国际关系研究包括国际问题研究，从这个层面讲，国际关系的范围比国际政治的内涵更为广泛，对此本书不做过多的论述。

⑧　俞正梁：《当代国际关系学导论》，复旦大学出版社 1996 年版，第 64—65 页。

间冲突的背景和作用方式发生了变化而已。自由主义在理论范式上强调国际关系中的合作和机制方面，但就其本质而论，新现实主义和自由主义都认为国家是国际政治的主要行为体，都坚持"国家中心论"①。著名学者摩根索曾表示，"国际体系的稳定和世界和平在维护民族国家独立和安全的基础上才得以出现"②。美国学者詹姆斯·罗斯诺在他的"后国际政治"（Post-international Politics）和"两极世界政治"理论中，他认为国际政治时代正在被后国际政治时代所取代，也是把民族国家当成主权国家来论述。③ 德国慕尼黑大学教授乔格·弗里德里希在全面阐述美国学者阿诺德·沃尔弗斯提出"新中世纪主义"一词时，他认为新中世纪主义是一个由民族国家体系和跨国市场经济相互竞争的二元体系④，在论述中，他也是把民族国家等同于主权国家。至于其他西方国际关系学学者，他们亦是把民族国家与主权国家等同，或是把民族国家当成最基本、最活跃、最重要的国际关系行为体，在此笔者不再罗列赘述。

从国内来看，（1）国际政治学学者宁骚认为"所谓民族国家，就是建立起统一的中央集权制政府的、具有统一的民族阶级利益以及同质的国民文化的、由本国的统治阶级治理并在法律上代表全体国民的主权国家"⑤，他对民族国家的理解比较全面，与其他国际政治学学者有一些不同，但仍然可以看到他把民族国家类同于主权国家的影子，而且阶级意识形态也比较浓厚。（2）国际政治学学者曹泳鑫认为，"作为当今世界国际社会主体的民族国家，它的职能主要是通过各种方式参与国际政治经济秩序的构建，在国际交往中维护自身安全，保护并强调自身所代表的人群的利益，因为国际交往中主权的伸张和维护是至关重要的，所以此时的民族国家应称为主权国家"⑥。（3）国际问题研究学者李云龙认为，"通过确

---

① 参见倪世雄等《当代西方国际关系理论》，复旦大学出版社2001年版，第410—412页。

② ［美］汉斯·摩根索：《国际纵横策论——争强权、求和平》，卢明华译，上海译文出版社1995年版，第8页。

③ 参见 James Rosenau, *Turbulence in World Politics: A Theory of Change and Continuity*, Princeton University Press, 1990。

④ 参见 Jrg Friedrichs, "The Meaning of New Medievalism", *European Journal of International Relations*, Vol. 7, No. 4, December 2001。

⑤ 宁骚：《民族与国家：民族关系与民族政策的国际比较》，北京大学出版社1995年版，第269页。

⑥ 曹泳鑫：《从现代化的全球推动看民族国家关系的发生与发展》，《国际观察》1999年第3期。

立国家主权原则，各个民族国家终于找到了实现和平相处的理据与依凭。每个民族国家都拥有最高的权威，都是一个独立自主的政治主体，同时它也承认其他国家在其本国的最高权威地位。这样，国际政治就获得了相对的稳定性和可预见性……民族国家拥有完全的主权，它在国内是一切事务的最高权威和最高裁决者，在国外是没有任何约束的自由行动者"①。(4) 国际政治学研究学者朱毓朝否定了民族在民族国家建立之前就存在的事实，他认为，"现代民族国家的形成和现代主权观的建立基本上是同步的，没有现代民族国家就没有现代国家主权观"②。(5) 国际关系学学者初育国认为，"民族国家起源的理论可以概括为四种：即融合论、冲突论、折衷论和权力中心论"③，他还强调"国家是拥有主权这一特殊地位的法律实体……'主权'概念在民族国家的研究中是一个核心问题"④。在对民族国家起源的论述中，他把国家概念与民族国家的概念相等同使用。(6) 国际关系学学者姜鹏甚为赞同"西方学者所言的 Nation-state（民族国家）在大多数情况下是指主权国家"⑤。此外，研究国际政治或国际关系的学者几乎都喜欢把民族国家等同于主权国家或是国际关系行为体使用，在此不再一一赘述。⑥

在使用"民族国家"概念时，国内外国际关系学学者几乎都侧重民族国家的"国家属性"，把民族国家完全等同于主权国家，否定了国家主

① 李云龙：《21世纪民族国家的命运》，《东南亚研究》2001年第6期。

② 朱毓朝：《民族国家、民族主义与国际政治》，转引自王建伟编《国际政治学》，中国人民大学出版社2010年版。

③ 初育国：《试论民族国家的演进及现状》，《北京大学学报》（哲学社会科学版）2003年第4期。关于这四种观点，它们的主要论调是：融合论的中心思想即社会契约论，以洛克为代表；冲突论的鼻祖是卢梭；折衷论是调和融合论与冲突论的国家起源观；权力中心论是哈斯在总结分析启蒙学者关于国家起源理论并对美洲国家进行系统分析后提出来的，他提出所有国家形成的理论的中心点是由社会首领发展的一个新的经济权力基础。

④ 初育国：《试论民族国家的演进及现状》，《北京大学学报》（哲学社会科学版）2003年第4期。

⑤ 姜鹏：《民族主义与民族、民族国家——对欧洲现代民族主义的考察》，《欧洲》2000年第3期。

⑥ 国内其他国际政治学或国际关系学学者在表达主权国家或国际关系行为体时也喜欢用民族国家这一概念，诸如：(1) 刘飞涛：《全球化与民族国家全球关系辨析》，《世界经济与政治论坛》2000年第5期；(2) 澎湃：《驳"有限主权论"及"民族国家的终结"》，《现代法学》1999年第4期；(3) 王新谦：《对后现代视野中民族国家定位的思考》，《史学月刊》2004年第7期；(4) 郑雪飞：《试析当前国际关系理论中的民族国家定位：一种比较视角》，《河南大学学报》（社会科学版）2005年第2期，等等。

权在民族国家产生前就存在的事实。他们大都不注重民族国家中的民族的
因素及内涵，这应该是国际关系学学科性质之使然。

　　第三，民族国家就是以民族对国家的认同为基础的主权国家。同属
政治学学科，民族政治学与国际政治学对于民族国家的概念及其本质特
征的解读有些差异，民族政治学对民族国家的理解和解读相当独特，具
有很强的学术解释力。云南大学教授周平以极大的开拓勇气和学术睿智
创建了民族政治学学科体系，虽历经筚路蓝缕之艰辛，却已有以启山林
之成效。对于民族国家概念及其本质特征的阐述，周平自 2009 年以来，
在《政治学研究》刊物上发表了两篇具有重大影响力的文章。在《对
民族国家的再认识》一文中，他认为，"民族国家首先出现于西欧，是
欧洲国家形态演进过程中的一种形式，民族国家并非单一民族国家，从
本质上看，民族国家就是以民族对国家的认同为基础的主权国家"①。
对于民族国家的本质特征，他强调，民族国家具有三个基本的特征，即
民族国家是主权国家、民族国家是民族认同与国家认同相统一的国家、
民族国家是人民的国家。② 对于民族国家的产生和发展、民族国家世界
体系的形成，他在该文中也做了精彩的论述。这篇文章自公开发表三年
以来，学界纷纷转载或引用，据统计目前已经被引用 100 余次。这标志
着学界对民族国家概念的认识达到了一定的高度，对民族国家的研究也
达到了一定的深度。

　　在《对民族国家的再认识》的文章公开发表不到一年时，周平又在
《政治学研究》上发表了《民族国家与国族建设》，他指出"民族国家
的根本在于，它通过一套制度安排实现和保障了民族国家的认同……民
族国家制度内涵、制度优势等，都依托于国族。国族是民族国家的根
基"③。这表明，学界对民族国家的内涵的理解又在不断地深入。在
《民族国家与国族建设中》中，作者在概括民族国家的性质和特点的基
础之上，对民族国家的概念做了一个精彩的诠释，他指出"这个新的民
族共同体形成以后，就成为国家共同体内一股足以抗衡国家政权的强大
社会力量，并常常与王朝政权发生摩擦和冲突。为了解决逐渐形成和觉

① 周平：《对民族国家的再认识》，《政治学研究》2009 年第 4 期。
② 同上。
③ 周平：《民族国家与国族建设》，《政治学研究》2010 年第 3 期。

醒的民族与王朝国家之间的矛盾，一种以实现国家与民族的统一为目的的制度框架被创造出来了。这种新的国家制度结构就是民族国家"①。他把民族国家看成一种国家制度架构，调适民族与国家之间二元关系的方式就确立了民族对国家的认同，这与他在《对民族国家的再认识》一文中所提到的"民族国家就是以民族对国家的认同为基础的主权国家"的观点一脉相承。这是当前学界对民族国家概念及其内涵的深刻梳理和全新把握，它在学界具有重大的学术影响力和解释力，从被引率就可以证明这一点。

第四，民族国家过时论。学界一些学者提出和宣传"民族国家的时代已经过去"或"民族国家的传统思维方式、行为模式已经过时"等观点，一度在学界激起轩然大波，褒贬之声不绝于耳，争论甚为激烈。全球化时代的来临，一些西方国际关系学者随即对民族国家持批评的态度，他们认为民族国家已经无法应对全球化和经济一体化带来的种种挑战，必然要走向灭亡或被替代，民族国家时代已经一去不复返。而有些学者则认为民族国家时代过时，是因为随着现在文化的多元化发展，需要用"多民族国家"来替代，这种观点其实仍然逃不出把民族国家定性为单一民族国家论调的藩篱。

著名的法国学者阿兰·伯努瓦表示，"全球化的最终结果就是民族国家逐渐失去权力"②，这是全球化对民族国家权力被侵蚀的典型言论。美国学者的文章《复苏还是衰弱？——欧洲民族国家的命运》提出疑问："欧洲民族国家是有生命力的还是已经过时的？"他在文章中认为，在这个核时代，民族国家已经过时了，而不再具有顽强的生命力。③ 日本学者大前研一在《民族国家的终结：区域经济学的崛起》的著作中，他认为"民族国家正如恐龙一样在等待死亡，他们没有能力控制汇率和保护他们的货币，他们也不再发起真正的经济活动"④。美国著名学者莱斯利·里普森认为，民族国家"现在已经过时，正在被人们遗弃，并

---

① 周平：《民族国家与国族建设》，《政治学研究》2010 年第 3 期。

② ［法］阿兰·伯努瓦：《面向全球化》，载王列、杨雪冬编译《全球化与世界》，中央编译出版社 1998 年版，第 16 页。

③ Stanley Hoffmann, "Obstinate or Obsolete? The Fate of the Nation-State and the Case of Western Europe", *Tradition and Change*, Vol. 95, No. 3, Summer 1966, pp. 862 – 915.

④ Kenichi Ohmae, *The End of the Nation state: The Rise of Regional Economics*, Harper Collins Publishers Limited, 2008.

且将被废止。……当今世界已有许多现象表明这种落伍的民族国家形式正在向某些新单位演变"①。莱斯利·里普森认为，民族国家已经存在四个多世纪，但国家与民族的二元关系却始终还很不完美、不和谐，国家与民族的二元张力依然存在，据此他推断民族国家也会重蹈希腊城邦消亡和罗马帝国崩溃的覆辙。尤尔根·哈贝马斯说过，在全球化中，民族国家将丧失三个方面的权力："（1）丧失国家进行控制的能力；（2）在做出决断的过程中所出现的不断增长的合法性论证的亏空；（3）在提供合法性和有效性的控制和组织工作方面表现出的愈加增长的无能为力。"② 因此，他认为，在不久的将来，民族国家必然会完成自己的历史使命而彻底消亡。哈贝马斯从全球化对民族国家的诸多冲击角度，认为传统的国家主权观念已经过时，不应当再继续坚持，民族国家需要被超越。③ 以美国学者理查德·弗尔克为代表的世界秩序论认为，国际社会是不同民族国家的"人类共同体"，批评民族国家使世界变得四分五裂，阻碍了人类的团结和繁荣，与世界秩序的价值取向相悖。④ 法国学者盖埃诺·让－马力在《民族国家的终结》一书中认为，"柏林墙的倒塌标志着一个时代的结束……也导致了民族国家时代的终结"⑤。让－马力的这本著作引起了学界对民族国家终结讨论的兴趣。美国学者阿尔温·托夫勒在《第三次浪潮》中认为，"民族国家的萎缩，反映了一种新型的全球经济的问世，这种经济从第三次浪潮开始冲击时起，就已经出现"⑥，随着国家本身被迫建立超国家组织，民族国家的作用进一步削弱了，民族国家就要崩溃了。⑦

　　国内也有不少学者持相同或类似的观点。如阮西湖在《关于术语"民族国家"》一文中，他认为"随着'民族国家'理论的衰落与多元文

---

① ［美］莱斯利·里普森：《政治学的重大问题——政治学导论》，刘晓译，华夏出版社2001年版，第290页。

② ［德］尤尔根·哈贝马斯：《全球化压力下的欧洲民族国家》，张慎译，载《哈贝马斯在华讲演集》，人民出版社2002年版，第109页。

③ 同上书，第106—111页。

④ 参见 Richard Falk, *The Promise of World Order*, Philadelphia, 1987（注：理查德·弗尔克是美国著名的国际法学家）。

⑤ Guehenno, Jean-Marie, *The End of the Nation-State*, Minneapolis, MN：the University of Minnesota Press, 1995, preface.

⑥ ［美］阿尔温·托夫勒：《第三次浪潮》，三联书店1984年版，第425页。

⑦ 同上书，第409—429页。

化的兴起和发展，'多民族国家'（multinational state）理论将替代过时的'民族国家'理论。相信在 21 世纪'多民族国家'这一术语将会普遍使用……'民族国家'这个术语已不适应日益发展的多元文化社会、多元文化城市和多元文化国家，其理论基础是违反社会发展趋势的"①。他还声称，用"多民族国家"来描述不同民族的国家，"中国学者已走在世界前列"。阮西湖的观点，其实还是把民族国家界定为单一民族国家，把民族国家与多民族国家对立起来，因此得出了民族国家时代过时的论调。由于来自区域集团对民族国家的挑战，李云龙在《21 世纪民族国家的命运》中指出，"从发展趋势上看，欧洲政治走向超级国家，欧洲的各个民族国家有消失的可能"。不过，李云龙对此还是做出了保守的判断，虽然欧洲的各个民族国家正在被超级国家——欧盟所替代，但从整个世界体系来看，民族主义依然十分强烈，民族国家的生命力还是相当旺盛的。

　　对于民族国家过时论等论调，中国学者总体上持批判态度，有的言辞犀利，相当雄辩，他们认为这是西方高举民族国家终结论的旗帜，为干涉发展中民族国家内政而抛出的言论。如北京大学教授钟哲明在《评民族国家"过时"、"人权高于主权"论》②的雄文中，力图从马克思主义、列宁主义中寻找思想的火花，旁征博引，言辞犀利，似乎是狭路相逢勇者胜，尝有一语驳倒民族国家过时论及致其死地而后快之决心。虽然他的一些言辞过于偏激，但其学术批判的精神却难能可贵。澎湃在《驳"有限主权论"及"民族国家的终结"》③一文中，试图占据政治道德的高地，对西方抛出的"民族国家终结论"进行了刀光剑影般的反驳，令人深感居道德之高地，才有口若悬河之雄辩。刘明亮在《当前西方国家经济竞争的特点及趋势——兼评"民族国家过时论"》④中，论述了经济全球化的大趋势，批评了"民族国家已经过时"的观点，认为这种观点并没有反映西方经济的现实。艾四林、曲伟杰在《民族国家是否已经过时——

---

① 阮西湖：《关于术语"民族国家"》，《世界民族》1999 年第 2 期。
② 参见钟哲明《评民族国家"过时"、"人权高于主权"论》，《北京大学学报》（哲学社会科学版）1999 年第 6 期。
③ 参见澎湃《驳"有限主权论"及"民族国家的终结"》，《现代法学》1999 年第 4 期。
④ 参见刘明亮《当前西方国家经济竞争的特点及趋势——兼评"民族国家过时论"》，《解放军外语学院学报》1997 年第 5 期。

对全球正义的一种批判性考察》① 一文中，认为构成全球正义观念的基础在理论上是不能成立的，因而研究全球正义的学者认为民族国家过时的论调是错误的，他认为民族国家依然正在发挥积极的、不可替代的作用。国内其他学者对民族国家过时论的批评，笔者不再一一罗列评述。

美国著名学者兹比格涅夫·布热津斯基对民族国家过时论也持否定态度，他在具有重要影响力的《大失控与大混乱》一书中明确指出，"在相当长的时间内，民族国家仍是公民效忠的基本中心，历史和文化多样性的基本源泉，是动员个人献身的基本力量"②。当然，他也认为，"今日之世界要实现全球和平，要促进全球福利，要在全球普及科学和技术成果，要对付全球环境问题，则不能仅仅依靠民族国家"③，他鼓励民族国家联结在一起进行合作。总之，民族国家是否过时的论调至今仍然是学界争论不休的话题，学者们仁者见仁、智者见智，双方从逻辑起点的争论上升到政治伦理的交锋。

（二）对民族国家构建与建设的研究

1. 学界对于民族国家构建的研究

首先，学界对西欧民族国家构建的研究。早先建立民族国家的英、法、西班牙等国，其民族国家的构建经历了较为长期的历史过程，并成为后来诸多民族国家构建的蓝本。因而，对于最早出现的民族国家是如何构建的问题，学界对此兴趣浓厚，学术成果较多，有典型意义的论著有：安东尼·吉登斯的《民族—国家与暴力》一书中对西方民族国家的构建做了精彩的论述，他认为"民族国家构建"其实是"国家构建"与"民族构建"齐头并进的历史过程。④《西欧民族国家的建立》（Charles Tilly）一书对"资本主义的扩张与民族国家国际体系的形成"做了精辟的论述。德国学者（Norbert Elias）在《文明的进程》（J. Breuilly, *Nationalism and the State*）中从社会发生学的角度讨论了民族国家构建的历史进程。有学者从民族主义的角度阐述了民族国家的建立。

---

① 参见艾四林、曲伟杰《民族国家是否已经过时——对全球正义的一种批判性考察》，《清华大学学报》（哲学社会科学版）2012 年第 2 期。

② ［美］兹比格涅夫·布热津斯基：《大失控与大混乱》，潘嘉玢等译，中国社会科学出版社 1995 年版，第 235 页。

③ 同上书，第 235—236 页。

④ 参见［英］安东尼·吉登斯《民族—国家与暴力》，胡宗泽等译，三联书店 1998 年版，第 140—147 页。

　　中国政治学学者徐勇在《"回归国家"与现代国家的建构》一文中，认为"民族国家的构建是一个过程。它是历史与逻辑的统一体，既是历史的发展过程，同时也是根据人的理性建构的过程"①。他在该文中也阐述了欧洲民族国家构建的军事暴力、经济暴力等原始动力。王文奇在《民族主义与民族国家构建析论》②一文中，强调民族主义在推动民族国家构建中的重大作用。岳蓉的《英国民族国家研究》一书勾勒和梳理了英国民族国家形成的历史过程，探讨了民族国家发展的问题，并分析了民族国家的历史地位是否会改变。可以说，这本书是中国专门研究欧洲民族国家构建的一大力作。李宏图的《论近代西欧民族主义和民族国家》一文中，认为民族主义对民族国家构建的作用具有十分重要的意义。姜守明在《英国民族国家形成过程中的宗教因素》一文中，探讨了宗教因素对民族国家构建的影响。

　　其次，学界对中国民族国家构建的研究。具有代表性的著作首先要数周平的《论中国民族国家的构建》③，作者在该文中系统全面地阐述了"中国是如何构建民族国家的？"这一重大问题，对中国民族国家构建的历史进程做了精彩的论述。孙岩在《从民族国家建构到民生国家建设——近代以来中国现代国家建设维度的嬗变》④中也谈到了中国民族国家构建的问题，作者是从现代国家建设的角度论述的。冯建勇在《构建民族国家：辛亥革命前后的中国边疆》⑤中，从民族国家构建的角度探讨了辛亥革命前后边疆地区的政治变迁问题。郭世佑教授的《孙中山的民族主义与现代民族国家的创建》⑥一文中，认为中国现代意义上的民族国家的构建与孙中山的三民主义理论是分不开的，各时期的民族主义对中国民族国家的构建具有重大意义。郑大华的《辛亥革命与中国近代民族国家的初步建立》一文中，把中国民族国家初步建立分为三个阶段，认为

---

　　①　徐勇：《"回归国家"与现代国家的建构》，《东南学术》2006 年第 4 期。

　　②　参见王文奇《民族主义与民族国家构建析论》，《史学集刊》2011 年第 3 期。

　　③　参见周平《论中国民族国家的构建》，《当代中国政治研究报告》2008 年。

　　④　参见孙岩《从民族国家建构到民生国家建设——近代以来中国现代国家建设维度的嬗变》，《湖北社会科学》2011 年第 9 期。

　　⑤　参见冯建勇《构建民族国家：辛亥革命前后的中国边疆》，《中国边疆史地研究》2011年第 3 期。

　　⑥　参见郭世佑《孙中山的民族主义与现代民族国家的创建》，《湘潭大学学报》（哲学社会科学版）2005 年第 1 期。

中华民国的成立就标志着中国近代"民族国家"的初步建立。①

再次，学界对其他国家，特别是对殖民地半殖民地国家的民族国家构建的研究。欧洲民族国家建立后逐渐成为其他国家效仿的对象，美国、加拿大、澳大利亚、日本等国纷纷效仿，当民族国家向全世界扩张时，亚非拉殖民地半殖民地国家也面临着民族国家构建的历史任务，但这些国家的民族国家构建的历史起点、采取的方式及延续的时间却与欧美民族国家大不一样，民族国家的形态也大相径庭，形成了各自的特色。因此，学界也兴起了对亚非拉国家的民族国家构建的探讨，特别是对非洲民族国家构建的研究。刘鸿武作为一个非洲问题研究的学者，他的《从部族社会到民族国家——尼日利亚发展史纲》就是一部关于民族国家构建的巨著，该著作全面系统地论述了尼日利亚民族国家构建的历史进程；在《撒哈拉以南非洲民族国家统一构建进程》一文中，他还阐述了撒哈拉以南非洲各国的民族国家统一构建的时代任务。刘辉在《苏丹民族国家构建初探》中，探讨了苏丹面临民族国家构建进程中的种种困难和历史重任。李伯军在《非洲民族国家建构中的"失败国家"与国际法》一文中，论述了非洲民族国家构建中所谓"失败国家"历史和现实原因，该文主要从国际法的角度进行阐述。钟志清在《希伯来语复兴与犹太民族国家建立》中，探讨了希伯来语的复兴对以色列民族国家创建的重大推动作用。任泽民的《亚洲崛起——战后初期东南亚南亚民族国家的涌现》讲座稿中，讨论了随着帝国主义殖民体系的瓦解，出现了一批新兴的民族国家，但囿于篇幅的原因，给人以浮光掠影的印象。乔印伟在《论新加坡民族国家创建的基础》一文中，讨论了新加坡复杂的族群关系对其民族国家构建的积极和消极影响。

2. 对民族国家建设的研究

民族国家构建进程的结束，就是民族国家建设进程的开始。由于学界对民族国家概念尚未达成一致的认识，国内较少学者能抽象地对民族国家建设进行纯理论分析，把民族国家建设理论运用于对现实问题的解读就更少了。张寅的博士论文《多元文化背景下的民族国家建构研究》中讨论的民族国家建构其实是指民族国家建设，他认为民族国家都面临着多元文化

---

① 参见郑大华《辛亥革命与中国近代民族国家的初步建立》，《教学与研究》2011 年第 9 期。注：郑大华研究员认为"中华民国的成立标志着中国民族国家的初步建立"，周平教授则认为"中华人民共和国的成立是中国民族国家构建的完成"，详文请参见周平《论中国民族国家的构建》（载《当代中国政治研究报告》2008 年）。

背景下的民族国家建构（建设）问题。在论文中，他以加拿大为例探讨了多元文化主义背景下的民族国家建构（建设）。美国丹佛大学国际关系学院华裔教授赵穗生的《民族国家建设：当代中国民族主义力量》（*A Nation-State by Construction：Dynamics of Modern Chinese Nationalism*）一书中，从中国的民族主义崛起的角度阐述了中国民族国家的构建与建设进程。有的著作（*Maurice Goldring，Pleasant the Scholar's Life：Irish Intellectuals and the Construction of the Nation State*），谈到了知识分子和民族主义对爱尔兰民族国家的建设的影响。美国学者杜赞奇在《从民族国家拯救历史》的著作中指出："国家从来就没能根除存在于新旧共同体中替代性的民族建构。最成功的政权能够把这些建构控制在较为非政治化的空间里，即使在老牌的民族国家如西欧诸国，仍然存在着对既定民族形式的公然挑战——无论发达与不发达——遭遇族群动员对民族国家的挑战。"① 杜赞奇分析了民族国家如何应对诸多挑战，事实上，这就是作者对民族国家建设的深邃思考。

关于民族国家建设这一重大的理论和现实问题，中国政治学学者周平在《论中国民族国家的构建》《对民族国家的再认识》《民族国家与国族建设》和《论中华民族建设》② 等文章中，都从不同层面、侧面谈到了民族国家建设的问题，他认为诸多亚非拉国家在民族国家建立后"必须把民族国家建设的任务与国家现代化的任务结合起来"③。他还指出，民族国家建设面临着四个无法回避的历史主题，即政治统一、政治整合、国家认同和现代国家。④ 但囿于篇幅的原因，作者对民族国家建设没有展开详细的论述，民族国家建设的总体方向和历史主题已经提出，更加深入细致的研究则需学界同仁共同来推进。其他学者在国家认同、国族建设、族际整合方面也有一些研究，但显得较为零碎，在此笔者不作评述。

二　族际关系治理研究述评

（一）对族际关系的研究

族际关系是一个古老的话题，人类对于族际关系的认识由来已久，但

---

① ［美］杜赞奇：《从民族国家拯救历史》，王宪明等译，江苏人民出版社 2009 年版，第 8 页。

② 周平：《论中华民族建设》，《思想战线》2011 年第 5 期。

③ 周平：《对民族国家的再认识》，《政治学研究》2009 年第 4 期。

④ 同上。

是直到第二次世界大战之后，族际矛盾、族际冲突、族际仇杀的频频出
现、此起彼伏，人类才对族际关系的认识慢慢清晰起来，随后族际关系也
逐渐进入学术的领域。第二次世界大战之前，族际关系方面的资料是零碎
不堪、残缺不全的，诸如《罗马史》《旧约全书·出埃及记》和孟德斯鸠
的《波斯人札记》，甚至是古代神话故事《荷马史诗》等也涉及族际关系
方面的内容，但这些史书和故事仅仅反映人们对族际关系朦胧的认识。第
二次世界大战后，社会学、人类学和民族学等学科的学者对族际关系开始
理性思考，体现出学者的人文关怀，相关研究才慢慢起步。直到冷战结
束，世界民族问题的凸显，学界对族际关系的认识才逐渐变得更为理性
成熟。

　　国内学者对族际关系系统研究的开山之作是罗康隆的《族际关系
论》，它是第一部对族际关系做出全面系统研究的著作。罗康隆是一位民
族学学者，他从民族学、文化人类学的视角，探讨了人类各个时期对族际
关系的认识，分析了族际关系的实质，研究了族际关系的演变规律，提出
了族际关系与人类和谐家园如何协调的问题。他对该著作所探讨的族际关
系作此定义："族际关系是人类社会针对特定的需要构建起来的个人行为
系统，即也是这种不同系统之间的界而互动与调适的复杂依存与制约关系
的总和。"[1] 他还认为，族际关系包括互为依存、互为利用、互为制约这
样一系列非线性的多因果关系。同时，他把族际关系区分为"并存关系、
互补关系、连动关系、依附关系、包裹关系、同化关系、涵化关系、融合
关系、分裂关系"。该著作是国内关于族际关系研究的第一部力作，且不
论在文中族际关系的概念是否厘清，实质是否把握，规律是否清楚，但它
在该学术领域的重要地位和重大作用是不容置疑的。周平在《多民族国
家的族际政治整合》一书中，对族际关系作此论述："……在族际互动过
程中，相关民族间不可避免地形成或构建起某种具有一定稳定性的关系模
式，这就是族际关系"[2]，同时，他在该书中多次对族际关系进行论述。
黄岩认为"多民族国家的族际关系，主要是主体民族与少数民族的关
系"[3]，这种观点完全是符合多民族国家的特殊属性的。陈衍德教授在

---

[1]　罗康隆：《族际关系论》，贵州民族出版社 1998 年版，第 19 页。
[2]　周平：《多民族国家的族际政治整合》，中央编译出版社 2012 年版，第 36 页。
[3]　黄岩：《国家认同——民族发展政治的目标建构》，民族出版社 2011 年版，第 73 页。

《对抗、适应与融合：东南亚的民族主义与族际关系》一书中，从族际关系的演变来观照民族之间历经的对抗、适应到融合的过程。赵龙庚在《俄罗斯独立后的族际关系》一文中，分析了苏联解体后，俄罗斯族际关系的矛盾、冲突和战争，一场深刻的民族危机几乎使俄罗斯联邦步苏联解体的后尘。近些年，王建娥学者对族际关系方面的研究成果较多，如《多民族国家内的族际关系和政治构建》，这篇文章中，作者探讨了在多民族国家内如何构建和谐的族际关系。此外，她还有涉及族际政治关系的合著——《族际政治与现代民族国家》，作者从族际政治的角度出发探讨了世界历史的进程对于民族关系的影响。国外学者理查德·杰金斯的文章《族际关系的社会人类学模型》[1]，从社会学和人类学的角度讨论了族际关系的模式。安东·J. 狄克、威廉·库门等学者的《祖先的族际情感反应》[2] 从心理学角度阐述了族群关系的情感反应。总体而言，对于族际关系的研究，散见于社会学、人类学、民族学，甚至是心理学的相关论著中。

（二）对族际关系治理的研究

随着帝国霸权的衰落和冷战的结束，第三次民族主义浪潮迅速高涨，长期被两极对抗格局掩盖压制下的错综复杂的世界民族问题不断释放，族际纷争随即层出不穷。民族国家族际矛盾的现实凸显，使得诸多民族国家处于国际分裂、族际纷争、族群混战的混乱局面，这些不断侵蚀着民族国家的制度结构。如何进行族际关系治理已经摆在了民族国家的眼前，这决定了族际关系治理研究的必然兴起。在一个民族国家形态下的多民族国家中，如何运用国家权力和一切资源，将各个民族共同体整合在一个政治共同体的屋顶之下，自然就进入了民族政治学研究的视域之中。

作为族际关系治理重要途径和方式之一的"族际政治整合"，是民族政治学学科的创建者和奠基人周平在《中国族际政治整合模式》[3] 一文中首创的概念。之后在《论构建我国完善的族际政治整合模式》中，他对"族际政治整合"的概念作此论述："族际政治整合是多民族国家运用国

[1]　Richard Jenkins, "Social Anthropological Models of Inter-Ethnic Relations", *Theories of Race and Ethnic Relations*, ed. by J. Rexand and D. Mason, Cambridge: Cambridge University Press, 1986.

[2]　Anton J. Dijker, Willem Koomen, "Perceived Antecedents of Emotional Reactions in Inter-ethnic Relations", *British Journal of Social Psychology*, Vol. 35, Is. 2, June 1996, pp. 313–329.

[3]　参见周平《中国族际政治整合模式》，《政治学研究》2005 年第 2 期。

家权力，将国内各民族结合成一个统一的政治共同体，以及维护这个共同体的政治过程。"① 随后他不断完善族际政治整合的理论体系，《论多民族国家的族际政治整合》② 一文的公开发表标志着族际政治整合理论体系的初步构建，而他的《多民族国家的族际政治整合》③ 一书的出版则标志着族际政治整合理论体系和理论框架的初步形成。自 2005 年周平提出族际政治整合概念的短短几年，族际政治整合的研究就开始风生水起。如今，族际政治整合得到了学界热烈的讨论并得到了广泛的认同，很多学者纷纷使用"族际政治整合"这一概念，并从族际政治整合的机制、模式、方式、价值取向等不同维度进行探讨。学界的侯万锋、陈纪、常士𬤊、张会龙、朱碧波等对族际政治整合产生了极大的研究兴趣，并陆续取得了一批颇有价值的学术成果，对此笔者不再赘述。族际政治整合作为族际关系治理的重要途径，在族际关系的治理中起到了主导作用，并对族际关系的经济治理、族际关系的文化治理及族际关系的社会治理起到了决定性的作用。一言以蔽之，族际政治整合的程度决定了其他族际关系治理方式的高度。

可以说，族际关系治理研究是一个全新的课题。周平在《多民族国家的族际政治整合》一书中，多次论及族际关系治理，囿于研究的对象是族际政治整合，作者尚未展开详细讨论。2011 年，欧黎明在《当代中国族际关系治理分析》④ 中，首次使用"族际关系治理"这一概念，用"族际关系治理"来表述国家运用国家权力对族际关系的处理过程，这意味着政治学研究范式的引入。事实上，政治学研究范式的引入，是族际关系的内涵和本质特征的必然要求。民族国家内部的族际问题，不仅仅是民族本身的问题，或是族际之间互动的问题，它还涉及关乎更高层面的民族国家运用国家政权对族际问题的控制、对民族认同与国家认同的整合以及对族际关系的治理的问题。欧黎明在他的博士学位论文《当代中国族际关系治理分析》中，以中国作为个案探讨族际关系治理，对族际关系的政治治理、经济治理、文化治理和社会治理进行了全面的分析。应该讲，欧黎明的这篇博士学位论文是对族际关系治理研究

---

① 周平：《论构建我国完善的族际政治整合模式》，《当代中国政治研究报告》2005 年。
② 参见周平、贺琳凯《论多民族国家的族际政治整合》，《思想战线》2010 年第 4 期。
③ 参见周平《多民族国家的族际政治整合》，中央编译出版社 2012 年版。
④ 参见欧黎明《当代中国族际关系治理分析》，博士学位论文，云南大学，2011 年。

的第一部力作，在该领域的研究中具有开创性的意义。

然而，理论本身具有普遍适用性，而且来源于诸多实践的提炼和概括，如果仅仅以中国作为个案，并不能构建族际关系治理理论，即使形成一定的理论，也不能充分体现理论的普适性。因此，要构建族际关系治理理论体系，就必然要求学界同仁对民族国家内部具有典型意义的族际关系治理进行探讨和研究。放眼世界，还有很多国家，尤其是亚非拉国家，长期处于国家分裂、族际纷争之中，由于客观的历史条件和国际因素的影响，它们中的很多还处在民族国家建设的初级阶段，抑或是民族国家的重构之中。比如，非洲布隆迪、卢旺达的部族仇杀的罪恶阴影依然没有消除，西亚德政权被推翻后的索马里族际纷争、军阀混战的混乱状态依然存在，苏丹部族依然与民族国家分庭抗礼，在中国周边的缅甸因族际矛盾和冲突导致民族国家建设步履蹒跚、困难重重，等等。从诸多个性中，可以提炼共性，因而要构建族际关系治理理论，就需要从诸多个案中进行深入的探讨并提炼族际关系治理的共性，如此才能有效构建族际关系治理理论。

三　缅甸民族国家构建及建设研究述评

一直以来，缅甸比较封闭，相关资料较难获取，特别是奈温执政以来，很不重视学术研究，可以说，1988 年以前缅甸的学术研究几乎是空白的。1988 年以来，缅甸才较为重视学术研究，特别是对国家发展和国家建设方面的研究，但成果也十分有限。缅甸越是戴着神秘的面纱，中国学者和西方学者越是想揭开这神秘的面纱。中西方学者对缅甸研究得兴趣盎然，也产生了一批有一定影响力的研究成果。对于缅甸民族国家的构建和建设的研究，中外学者在诸多论著中都有涉及，但未有专题研究。

民族国家的构建与建设不仅是一个国家现代化的重要内容，也是影响一个国家发展进程的重要因素。缅甸问题研究的学者，虽然没有专门探讨缅甸民族国家构建和建设，但是从笔者所掌握的资料来看，相关研究成果不少。

就笔者所查阅的资料来看，中国学者对缅甸民族国家的探讨显得比较欠缺。有一部分论著涉及缅甸民族国家的构建或建设，但较少有专题研究。李晨阳博士在《军人政权与缅甸现代化进程研究》（博士学位论文，云南大学，2006 年）中，有若干章节谈到了缅甸民族国家的构建[①]，其中第 235 页谈到了在奈温时期，"民族国家的构建陷入困境"，以及在第 290 页分析了新军人政府时期，"民族国家的构建取得了新进展"。但囿于研究对象的原因，作者在论及民族国家构建的时候并未作详细的论述，然而仍然具有重要的参考价值。祝湘辉博士在《山区少数民族与现代联邦的建立》一书中，分析了掸族、克钦族、钦族等缅甸重要的山区少数民族的历史发展及其与缅甸联邦建立的关系，从理论上探讨了缅甸少数民族问题与现代缅甸民族国家的构建与建设。祝湘辉博士的这部著作在一定程度上可以深化我们对缅甸民族问题和现代国家形成和发展的认识。刘务在他的博士学位论文《缅甸自 1988 年以来的民族国家构建研究》[②] 中，阐述了缅甸自 1988 年以来的民族国家（构建）建设，他在文中论述了三个方面的内容：一是以"政令军令统一"为主要内容的国家构建；二是多元民族整合为国族的民族构建；三是少数民族国家认同的变化。[③] 这是中国学者第一篇专门探讨缅甸民族国家构建（建设）的文章，具有开创性意义，但是该文如果能建立一个有说服力的理论框架和分析框架则更有意义，民族国家建设涉及的不仅仅是政令军令统一、多元民族整合、国家认同，还涉及现代国家建设，其中包括民主制度建设、宪政制度建设、公民社会建设、政党制度构建等一系列具体内容。其他涉及民族国家构建或建设的论著比较少，有的只是一笔带过，并无详细论述，在此不一一列举。

　　国外学者对缅甸研究一直情有独钟，不同角度论及缅甸民族国家构建或建设的论著也并不少见。玛丽·P. 克拉汉在论文《树立敌人：缅甸战争和国家的构建》[④] 中，讨论了殖民时期的缅甸战争和民族国家的建立，因作者是第一个能够接触缅甸国防服务机构 1962 年之前的保密档案材料的西方学者，不论是研究视角还是文献资料，都是值得肯定的，该文极具参考价值。鲁恂·派伊在 1962 年就出版了《政治、个性与国家建设：缅

---

　　① "民族国家构建"与"民族国家建设"是不一样的概念，两者有各自的内涵。笔者认为缅甸独立后民族国家构建的进程就已经结束，缅甸在独立后就开始了民族国家建设的历史进程。笔者认为李晨阳博士所使用的"民族国家构建"其实是"民族国家建设"。

　　② 该博士学位论文中所指"民族国家构建"其实也是"民族国家建设"之意。

　　③ 参见刘务《缅甸 1988 年以来的民族国家构建研究》，博士学位论文，云南大学，2013 年，摘要第 I 页。

　　④ Mary P. Callahan, *Making Enemies: War and State Building in Burma*, Institute of Southeast Asian Studies, 2004.

甸寻求身份》，该著作论及了议会民主时期民族国家建设的问题，对于民族国家建设研究来说，无疑具有很大的参考价值。唐纳德·斯金斯在《秩序中的混乱：1962年以来缅甸的军人国家》中，专门探讨了缅甸军人政治，深入分析了军人统治的历史根源，介绍了军人国家的基本情况，在一定程度上讨论了缅甸国家的建设。1980年，约瑟夫·西尔维斯坦出版了《缅甸政治：国家统一的困境》，他在该著作中探讨了缅甸国家政治统一的问题，缅甸少数民族地方武装与中央政府的分庭抗礼是国家统一进程中最大的问题，分裂的政治是国家统一的困境。1987年，著名缅甸问题专家罗伯特·泰勒出版了《缅甸的国家》，这是一部对缅甸全面研究的著作，其中也论及了缅甸国家的建设问题。彼得·凯里主编的《缅甸：分裂社会中变化的挑战》中，分析了族际关系紧张、民族矛盾凸显、族际冲突频繁的缅甸，面临着四分五裂的挑战，这对于国家统一来说无疑面临着重重的艰难险阻。1999年，著名的缅甸问题学者马丁·斯密斯在《缅甸：叛乱与少数民族政治》一书中，分析了缅甸族际关系的矛盾与冲突的态势，进而探讨了缅甸叛乱和种族政治及其对缅甸国家的影响。学者伯蒂尔·林纳特在《反抗中的缅甸：鸦片与1948年以来的叛乱》中，通过实地调查，探讨了命运多舛的缅甸毒品生产、族际分裂、政治反叛之间的复杂关系，进而讨论了这些因素对缅甸国家构建的影响。博士学位论文《威权主义政治：缅甸、印尼和泰国的政治军人与国家》（*Chao-Tzang Yawnghwe*），有专门的章节论述缅甸军人统治与国家建设的关系。

进入21世纪以来，或多或少涉及缅甸民族国家的论著也不断出现。2001年，大卫·I.斯坦因伯格在《缅甸：缅玛的国家》一书中，全面分析了1988年危机的原因，探讨了新军人政权执政后，缅甸在政治、经济、社会、文化、民族、外交等方面取得的进展及存在的问题，进一步分析了国家建设面临的诸多问题。缅甸学者丹敏吴的《现代缅甸的形成》，也是探讨缅甸民族国家的一大力作，作者分析了现代缅甸形成的时代背景、历史进程、影响因素等。美国学者克里斯蒂安·芬克在《缅甸：军权下的沉默国度》一文中，从缅甸民众为了自身和家人安全的角度，分析了军人统治下的民众选择沉默和消极应对极权统治的历史背景和现实原因，反射了人民对国家认同的弱化，提出了国家认同构建应该解决民主问题和族际和解。

有部分学者从亚太或亚洲范围内也讨论了缅甸民族国家问题，如基斯·库宁与德克·克勒伊基特主编的《政治武装：民主时代的军人与国家建设》，以及维贝托·塞洛占主编的《亚太地区的军人、国家与发展》，都从军人统治的角度，部分章节分析了缅甸军人政治与国家建设的关系。

四　缅甸族际关系及其治理研究述评

对于缅甸族际关系的研究，中外学者主要侧重于缅甸民族问题和民族关系[①]，这些方面的成果比较丰硕。对于族际关系治理的研究，中外学者尚未有专门的探讨，有的仅仅从族际关系治理中的民族政策机制的角度进行探讨，这也许是学科性质使然。这是因为，缅甸问题研究的学者，起初主要是具有历史学（特别是世界史）、民族学学科背景。自20世纪90年代以来，国际关系学学者开始涉足缅甸问题的研究，研究视角有所拓宽。因此，从民族政治学的角度来探讨缅甸的族际关系及其治理，无疑是一个全新的理论透视和研究视角。

国内学者发表和出版的论著中涉及大量关于缅甸民族问题和民族关系的论述。张旭东在《缅甸近代民族主义运动研究》一书中，分析了缅甸近代民族主义运动的孕育、产生、发展、成熟，以及华侨华人与缅甸近代民族主义运动的关系，该著作很多章节都涉及了独立前缅甸族际关系的现状和特点。其他论著如：杨长源等主编的《缅甸概览》，贺圣达主编的《当代缅甸》，钟智翔主编的《缅甸研究》，余定邦等编著的《缅甸》，贺圣达、王文良、何平著的《战后东南亚历史发展》，韦红著的《东南亚五国民族问题研究》，钟智翔、李晨阳的《缅甸武装力量研究》，贺圣达、李晨阳的《列国志·缅甸》，林锡星著的《揭开缅甸神秘的面纱》，等等，在这些著作中，都不同层面或不同角度地介绍、讨论、分析了缅甸的民族问题、民族主义与民族关系。

---

① 民族关系与族际关系既有联系也有区别，在本书研究综述中已有论及。周平在《多民族国家的族际政治整合》一书中，对族际关系作此定义"在族际互动过程中，相关民族间不可避免地形成或构建起某种具有一定稳定性的关系模式，这就是族际关系"。对于民族关系和族际关系的区别，他还指出："在民族间的关系上，通常用'民族关系'进行概括和指称，但'民族关系'是一个内容较为宽泛的概念。除了描述和分析民族之间的关系之外，描述和分析民族内部的支系间的关系以及某一民族的个别或少数成员与另一民族的成员之间的矛盾和冲突等，都使用'民族关系'的概念。"在本书中，研究对象为缅甸不同民族之间的关系，而且是处于动态中不同的民族关系，因而不用"民族关系"的概念，而采用"族际关系"的概念。

　　部分高校研究生的硕士和博士学位论文论及民族问题与民族关系的有：曾庆轲的《试论缅甸的大缅族主义与地方民族主义》（硕士学位论文，云南大学，1998 年），李红英的《缅甸少数民族反政府武装问题研究》（硕士学位论文，云南师范大学，1999 年），张旭东的《缅甸近代民族主义运动研究》（博士学位论文，北京大学，2002 年），祝湘辉的《山区少数民族与现代缅甸联邦的建立》（博士学位论文，北京大学，2004 年），李晨阳的《军人政权与缅甸现代化进程研究》（博士学位论文，云南大学，2006 年），陈真波的《独立以来缅甸民族关系研究（1948—1988）》（博士学位论文，云南大学，2008 年），刘务的《缅甸1988 年以来的民族国家构建研究》（博士学位论文，云南大学，2013 年），等等，这些学位论文也对缅甸的民族问题、民族关系与民族主义开展了不同角度的研究。

　　国外学者对缅甸民族问题、民族主义及民族关系的研究是随着西方殖民者对缅甸的殖民统治活动的开始而开始的，因而成果甚为丰富。迈克尔·格雷弗士在《缅甸民族主义的偏执：强权历史》一书中，论及了缅甸军人集团的极端独裁成为缅甸族际关系紧张和暴力无处不在的主要原因。阿什利·苏斯的《缅甸的民族政治：冲突的联邦》，分析了缅甸族际冲突的状况，作者以孟族、克伦族和克钦族作为案例研究，深度剖析了缅族与各少数民族的国家认同、民族认同、民族主义等被民族精英利用的过程，他认为要构建和平就要求各民族增强对国家的认同，而不是对族群的迷恋。圣·西·波在《缅族与克钦族》中，分析了两个民族之间的关系。此外，迈克尔·格雷弗士主编的《缅甸族群多样性的探讨》，侧重民族主义的价值取向，对缅甸少数民族如克钦族、克伦族、克伦尼族、克耶族的族性做了深入的分析。其他一些论著论述缅甸军人政权与国家建设时也对缅甸民族问题、民族主义和民族关系做了一定程度的论述，可以参见本书"缅甸民族国家构建及建设研究述评"，在此罗列评述可能会有重复之嫌，因而不再赘述。

　　至于对族际关系治理的研究，不论是国内学者还是国外学者，有一部分仅从族际关系治理的政策机制、国家制度机制层面分析，但都未作专门的探讨。因此，缅甸族际关系治理研究是一个全新的课题。

第三节　研究理论及研究方法

理论与方法是学术研究的基础和工具，是学术研究中理论范式、立论基础及研究成果质量的基本前提条件。

一　理论框架

理论框架是定性研究中重要的理论范式，在政治学中，学者往往使用特定的理论诠释框架来解读政治角色、政治秩序、政治发展等政治学的相关问题。分析框架和理论运用构成了理论框架的基本内涵和结构。

（一）分析框架

分析框架在科学研究中是理论模型，更为具体的方面则体现在思维方式和分析工具层面。一个大框架和一个小框架构成了本书立体化分析框架。对"缅甸民族国家建设中的族际关系治理"的研究首先是在民族国家建设框架下进行探讨和分析，民族国家建设框架是本书的总体框架，也就是大框架。有一位政治学家曾指出，"政治学分析始于国家，终于国家"。这句名言在本书中将得到最充分的体现，因为本书的研究始于民族国家，终于民族国家。在民族国家建设的总体框架下，本书首先探讨缅甸民族国家建设的背景，为族际关系治理的探讨作铺垫，而最终落脚点还是放在族际关系治理对民族国家建设进程的影响上。换言之，在民族国家建设总体框架下，本书的演绎逻辑为：缅甸民族国家建设背景→族际关系治理→族际关系治理如何影响民族国家建设进程。

治理理论是一种全新的政治分析框架[①]，西方学者探讨的"治理"基本上是指公共治理，中国学者讨论的"治理"则大都是指国家治理。本书将适当采用中国式的国家治理概念和理论，并以此治理理论作为分析框架，这是本书整体分析框架中的小框架。治理和善治既是国家和政府现实的政治实践，也是反映政治现实的诠释理论，还是一种分析政治现实的有效途径。作为一种理论，治理理论目前还不完全成熟，学界对它的基本概念也尚未厘清，甚至还有一些学者认为治理理论是"一套十分复杂且充

---

① 参见俞可平《治理和善治：一种新的政治分析框架》，《南京社会科学》2001 年第 9 期。

满争议的思想体系"①，但是它仍然可以被视作一种政治理论的分析框架。一般来讲，治理理论主要关注一个地区和国家的几个方面："（1）治理的环境；（2）治理的结构；（3）治理的过程或程序；（4）治理的方式；（5）治理的内容；（6）治理者和被治理者；（7）治理的意义。"② 对于治理理论，概念尚未厘清也好，理论存在争议也罢，但作为一种正在形成并完善的思想体系，它完全可以作为一种政治分析框架。治理理论提供了一种全新的分析视角和范畴，这是不容争议的事实。根据本书对"缅甸民族国家建设中的族际关系治理"的研究，在符合本书需要的基础之上，适当采用治理理论分析框架对族际关系治理的分析是很有裨益的。在文章结构的安排上，笔者可以对族际关系治理研究进行逻辑推演：族际关系的治理方式和路径→治理路的价值取向→治理的成效、特点及意义。

（二）理论运用

1. 政治权力理论

政治权力（political power）不仅是最为基本的政治概念，而且是最为基本的政治现象，马基雅维里曾用人的眼光看待政治现象，将民族国家的权力活动和个人的美德追求区分开来，之后政治权力便引起了政治思想家极大的兴趣。"在政治生活与物质利益结合愈趋紧密的现代社会，政治权力俨然成为政治生活的最为普遍、最为一般的特征。"③ 政治权力就是"在政治关系中，权力主体依靠一定的政治强制力，为实现某种利益而作用于权力客体的一种政治力量"④。政治权力的本质是"特定的力量制约关系，在常态下必然是公共力量，政治权力由此成为特定的公共权力"⑤。政治权力在国家政治活动中的作用是十分重大的，是探讨政治生活和解开政治之谜的钥匙。民族国家内部的族际关系的矛盾、摩擦和冲突等错综复杂的乱象，使我们对族际关系的认识迷雾重重，因而运用政治权力去分析诸多因素揉搓在一起的族际关系，就可以洞悉族际关系矛盾、摩擦和冲突的本质。

---

① 陈钦春：《治理的语言与转折：系谱学观点之剖析》，铭传大学 2005 年国际学术研讨会（www. mcu. edu. tw/department/pubaffair）。

② 俞可平：《当代西方政治思潮概述》，《教学与研究》2004 年第 6 期。

③ 孙关宏等主编：《政治学概论》，复旦大学出版社 2004 年版，第 44 页。

④ 杨光斌：《政治学导论》（第 2 版），中国人民大学出版社 2004 年版，第 25 页。

⑤ 王浦劬等：《政治学基础》，北京大学出版社 2006 年版，第 67 页。

缅甸族际关系以纷繁复杂的特点而吸引世人的眼球，缅甸于 1948 年独立至今，其族际关系的乱象令人眼花缭乱，主体民族缅族与一些民族地方武装的矛盾尚未调和，战争的硝烟还在弥漫。缅甸中央政府通过运用政治权力对少数民族进行施压，在族际关系治理的整个过程中，政治权力的影响无处不在，所起的作用无时不有。借用政治权力理论，有助于我们理解对作为政治权力主体的中央政府是如何依靠政治强制力对作为客体的各民族形成制约关系的。面对复杂的族际关系态势，缅甸中央政府必然要使用政治权力的特殊影响力，对族际关系进行治理。运用政治权力理论，我们可以非常清晰地观照缅甸族际关系治理的全过程，而不会是雾里看花、影影绰绰。

2. 政治参与理论

政治参与（political participation）是一个近代才出现的政治话语，被认为是"政治文明进程的一个重要变量"，而政治参与理论可以看成政治发展理论①的范畴。所谓政治参与，就是"特定体制框架内普通公民或公民团体试图影响政府人事构成和政府政策制定的各种行为。它是沟通政治意愿、制约政府行为，从而实现公民政治权利的重要手段"②。20 世纪 60 年代，随着西方行为主义政治学的兴起，研究对象从发达国家公民参与行为拓展到广大发展中国家。至今，发展中国家的政治参与问题仍然是政治学研究的一个重要领域。政治参与的主体呈多元化，有公民、政党、利益集团、非政府组织等，政治参与的主要方式有政治投票、政治选举、政治结社、政治表达、政治接触、政治冷漠等。③ 随着发展中国家的社会经济的发展，公民教育程度的提升，社会信息流通水平的提高，以及公民政治功效意识的提高和利益维护需求的增长，政治参与的呼声日渐高涨，要求改变原有"价值的权威性分配"的格局。如果政府不进行适时的回应，

---

① 政治发展理论也是本书在研究中需要运用的理论，但更侧重政治参与理论，因此在此不再过多论述。政治发展理论是比较政治学的分支学科，肇始于 20 世纪 50—60 年代的美国，第二次世界大战后旧殖民体系的彻底瓦解，亚非拉相继出现新兴的独立国家，它们在获得独立后，面临着如何实现国家现代化的问题，因而美国社会科学界把研究的事业拓展到发展中国家和地区，政治发展理论便应运而生。塞缪尔·亨廷顿是政治发展理论中一个流派的代表人物，他撰写过三本关于政治发展理论方面的专著，即《变革社会中的政治秩序》《现代社会中的专制政治》和《困难的抉择：发展中国家的政治参与》。

② 孙关宏等主编：《政治学概论》，复旦大学出版社 2004 年版，第 279 页。

③ 参见王浦劬等《政治学基础》，北京大学出版社 2006 年版，第 171—175 页。

国家与社会的二元张力就会呈现愈加紧张的态势。如果能在一定的制度化中进行，"民主的政治参与可以在国家和社会之间稳妥地矫正政府的行为与公民意愿和选择之间的矛盾"①。

自独立以来，缅甸国内一直存在着复杂的政治斗争和民族矛盾，导致国内政局动荡、发展滞后，最终沦落为最不发达国家之一。吴努政府、奈温政府均采用高压政策，使缅甸国内的政治参与受到严重的打压，但政治参与的呼声始终没有停止。随着经济的恶化、人民生活的困苦、西方民主化的影响及政治参与呼声的高涨，后来执掌政权的军政府不得不推动政治发展，依据宪法于 2011 年 7 月举行多党制全国大选。借用政治参与理论，我们可以对缅甸的政治发展进行剖析，从而可以洞悉其族际关系治理和民族国家建设之情势。

二　研究方法

研究方法是人们运用智慧进行科学思维的技巧、手段和工具，是人们在长期的科学研究实践中总结提炼出来的。斯蒂芬曾指出，"研究方法是决定一项政治学研究成果质量高低的基本前提"②。"工欲善其事，必先利其器"，根据"缅甸民族国家建设中的族际关系治理"研究的性质和对象，在多种多样的研究方法中需要选取适合的方法。因为本书研究对象的复杂性，所以笔者将采用文献分析法、精英分析法、利益分析法和访谈法，并对这四种方法综合交错使用，以期达到研究的科学性和艺术性。

（一）文献分析法

文献分析法是指搜集、辨别、整理文献，并对文献进行分析、考订和归纳，形成对研究对象科学认识的方法。梁启超曾言"凡立一义，必凭证据，无证据而以臆度者，在所必摒"。全面搜集、检索关于（缅甸）民族国家建设、族际关系及其治理方面的中英文文献资料，为本研究的论证做好铺垫。本研究将站在前人研究的基础上展开，不作天马行空之想象，对前人已有的研究成果进行学习、解读、批判和借鉴，以期达到明辨真

假、去伪存真，取之精华、剔去糟粕之效果。在研究过程中，力求采用旧说、佐证新论，不以人蔽己、不以己自蔽，这既是学术研究的基本品格，也是深化学术研究的基本方法。

（二）精英分析法

精英分析法主要是指对政治精英的分析，在人类历史上，政治权力始终集中在少数社会成员手中，这些少数人就是政治精英。在民族国家中，"民族的政治结构和政治生活的基本单元，是民族政治人，即民族政治生活中存在和活跃着的各种具有明确的政治人格特征的个体政治角色"[①]。在民族政治人中，民族政治精英在民族政治生活中的地位和作用是十分特别的。民族政治精英作为民族共同体利益的捍卫者、实现者及民族成员中的先进分子，在民族国家的构建和建设中具有举足轻重的作用，因而研究民族政治精英的特征和行为，对于我们分析一个政治体系的运作有至关重要的作用。缅甸的民族政治精英昂山将军就是一个非常典型的人物，他个人对民族问题的态度和喜好很大程度上影响了族际关系的发展态势，乃至整个民族国家建设的进程。其他民族精英，如吴努、奈温等也对缅甸独立后的国家发展道路、国家政治制度及经济发展思路等方面做了各种探索、设计与规划。对缅甸民族政治精英的分析，使我们在认识缅甸民族国家建设和族际关系治理中可以起到提要钩玄、提纲挈领之效果。

（三）利益分析法

利益分析法是指把利益主体看成"理性经济人"，从利益作为研究的出发点，分析利益主体为实现利益的最大化而促使他们引发动机和采取行为的一种基本方法。"一切民族都曾以为上帝支配他们的历史"，事实上，支配民族历史的不是上帝，而是利益。利益分配和争夺是一切社会矛盾和运动的根源，族际关系的矛盾、摩擦和冲突最根本原因也是利益分配、博弈和争夺的问题。一言以蔽之，无论族际关系是和谐还是紧张，始终都是围绕相关民族的根本利益而展开的。可以说，民族就是"理性经济人"，所追求的目标就是使自己的利益最大化。一直以来，缅甸以族际关系紧张、族际矛盾突出、族际冲突频繁而著称，其根源在于政治利益、经济利益等方面的分配和争夺。因此，运用利益分析法，对缅甸族际关系的矛盾、摩擦和冲突可以进行纲举目张的解读。

---

① 周平：《民族政治学》（第 2 版），高等教育出版社 2007 年版，第 181 页。

（四）访谈法

访谈法是指访员与受访人进行面对面交流来了解受访人的心理、行为和思想的一种基本的研究方法。本研究也建立在对国内外专家的访谈上，利用收集资料和其他可资利用的时机。笔者与新加坡国立大学、厦门大学、北京大学、云南大学等高校的东南亚（缅甸）问题研究的学者进行了访谈，也利用各种东南亚学术会议或论坛，对东南亚（缅甸）问题研究学者进行了访谈。同时，本研究也访谈了一些缅甸的留学生和缅甸人士。通过访谈这些人士，笔者获得了对缅甸问题的一定程度的感性和理性认识，也从他们那里获得了许多建设性的建议或意见，这对本研究来说无疑是大有裨益的。

第四节　核心概念及概念工具

概念是一种思维形式，人类在认识事物的过程中，从感性认识到理性认识，把事物的本质属性加以抽象和概括，就形成了概念。由于事物本身的复杂性，人类要透过事物的表象去认识本质就绝非易事，因此，同一事物往往存在多种概念，有些概念的含义大相径庭，有些甚至是相左、歧义。学界对民族国家和多民族国家的概念及其本质特征的认识不尽相同，在众多繁杂的认识中，本研究有必要对它们作概念上的辨析，否则本书对民族国家建设与族际关系治理的探讨就缺乏研究的逻辑基点。

一　民族国家

作为一种学术概念，"民族"近代才出现，并随着民族问题在国家共同体和国际关系中的不断凸显，这一概念变得越来越流行。事实上，民族是一种社会历史现象，是人类在生存和发展中形成的最稳定、最持久的人类的群体形式，即人群共同体。马克思指出，人是类存在物[①]，而莱斯利·里普森再次论证和拓展了马克思的这一著名论断的内涵，"没有联合成为群体，我们绝不会变得更有人性，也不会生存下来"[②]。人需要与他

---

① 参见［德］马克思《1844年经济学哲学手稿》，人民出版社2000年版，第56页。
② ［美］莱斯利·里普森：《政治学的重大问题——政治学导论》，刘晓等译，华夏出版社2001年版，第27页。

人结伴，才能满足衣、食、住等需求，还有"不断拓展的以文明进步为标志的需求"①，也就是说，人类只有在群体中才能生存和发展。在人类生存和发展的历史长河中，处于相同或相似的生产和生活方式，以及语言交流方式的人群，他们中间自然就形成了一条无形的却强有力的纽带，也就是文化。正是这条文化纽带，使该人群紧密地联系在一起，形成了关系紧密、情感深厚的人群共同体，即"民族"。根据现实中的各种民族现象，我们可以将民族划分为两种基本类型："一类是历史悠久的、有共同的历史和文化凝聚和维系的人群共同体；一类是近代以来取得国家形态的人群共同体"②，前者可以称为文化民族，后者可以称为政治民族。对于民族的含义，在政治学研究中，往往更为重视民族与政治共同体之间的关系，"'民族'最重要的含义，是它在政治上所彰显的意义，这也是多数文献着力探讨的主题"③。

剖析民族共同体与政治共同体（国家）之间的关系，不但有助于我们对民族与国家的二元关系的本质的探讨，更加有助于我们对民族国家的本质及其特征的把握。王朝国家取代基督教普世世界国家之后，在对国内进行经济整合和文化整合的过程中，逐渐塑造了新的民族共同体。新的民族形成以后，由于民族意识的觉醒和增强，民族的力量逐渐明朗并日渐强大，以至于成为"一种能够与国家抗衡的巨大社会力量，并与国家构成一种特殊的二元关系"④。而且，民族与国家的二元张力越发变得紧张，因为王朝国家代表的是国王和王朝的利益，而不是民族的利益，这样就阻碍了民族对王朝国家的认同。这种二元矛盾变得十分尖锐的情况下，资产阶级举起了民族的大旗，使人们在民族符号中聚集和联结，共同反对封建王朝的专制。资产阶级革命胜利后，实行了宪政制度，如此就实现了民族对国家的认同，此时民族国家就诞生了。从民族国家诞生的历程上不难看出，民族国家具有三个鲜明的特征，即主权性、民族性和人民性。换言之，民族国家是主权国家，是民族认同与国家认同相统一的国家，是人民

---

① [美] 莱斯利·里普森：《政治学的重大问题——政治学导论》，刘晓等译，华夏出版社2001年版，第26页。

② 周平：《多民族国家的族际政治整合》，中央编译出版社2012年版，第8页。

③ [英] 埃里克·霍布斯鲍威姆：《民族与民族主义》，李金梅译，上海世纪出版集团2006年版，第17页。

④ 周平：《多民族国家的族际政治整合》，中央编译出版社2012年版，第15页。

的国家。

民族国家诞生后，其活力迅速迸发，优势不断显现。最早建立民族国家的西欧诸国，如西班牙、葡萄牙、英国、法国和荷兰，都一度崛起为全球大国和强国。因而，民族国家这种全新的国家形态很快扩展到全世界，其他国家纷纷效仿，最终形成了民族国家的世界体系，全球随即进入了一个民族国家时代。

目前有很多学者认为，民族国家已经过时，或者被取代，对于这样的观点，本书在研究综述已有论及和评析。笔者认为，民族国家将长期存在，而且世界上还有很多国家正面临着民族国家建设的历史重任，如缅甸，这个国家的民族国家建设举步维艰、困难重重，这正是本书需要探讨的重要内容。

二　多民族国家

多民族国家是从国家的民族成分的角度而划分的一种国家类型，其前提是国家的范围内居住着多个民族。多民族国家与民族国家划分的维度是不一样的，前面已经论及，王朝国家取代了基督教普世世界国家，而民族国家又取代了王朝国家。多民族国家不是针对民族国家而言的，是相对单一民族国家而言的。虽然不是相对于民族国家而言，但却"与民族国家相联系，至少是与民族国家的这种现象相关联"①。当今世界的很多国家的不稳定或是动乱，大都与民族问题或民族因素有关。正是由于民族问题的不断凸显，多民族国家这一概念才开始盛行并引起学界的兴趣和重视。

综观当今世界的民族国家，许多国家内部生活着多个民族，大多都是属于民族国家形态下的多民族国家。由一个民族构成的单一民族国家毕竟是少数，多民族国家是一种非常普遍的现象。多民族国家作为一种国家类型，多个民族共处于统一的国家政治共同体中。族际关系是多民族国家最为重要的社会、政治、经济和文化关系，并对多民族国家的国家统一、稳定和发展产生重大而深刻的影响。多民族国家内部的族际关系往往相当复杂，政治、经济、社会、文化、历史，以及其他客观因素相互交织并揉搓在一起，因此，多民族国家的族际关系治理不好，常常使国家统一和稳定受到挑战和冲击。

---

① 周平：《多民族国家的族际政治整合》，中央编译出版社 2012 年版，第 24 页。

多民族国家与民族国家是依据不同标准划分出来的。民族国家的演变进程是按历史发展阶段划分出来的，而多民族国家却并不重视国家形态的纵向演进过程，它侧重的是横向的民族构成。因此，从民族构成的角度来看，既有王朝国家形态下的多民族国家，也有民族国家形态下的多民族国家。

本研究中，要讨论的就是缅甸民族国家形态下的多民族国家的族际关系治理，以及族际关系治理对缅甸民族国家建设进程的影响。要讨论缅甸民族国家建设中的族际关系治理问题，始终绕不开缅甸是多民族国家的事实，因此既要在民族国家的分析框架下讨论族际关系治理，又要在多民族国家的框架下讨论族际关系治理。但是，这两种分析框架并不冲突，而是相互补充、相得益彰。

三　民族国家建设

民族国家建设是当前学界一个重大的、前沿的理论与现实课题。对于民族国家的发端，前已论述，为了对民族国家建设进行解剖，这里对民族国家仅做一个简单的梳理。从现代意义上讲，民族国家是一种发轫于西欧，并经过长期的演进形成的国家形态，它既是世界体系的基本单元，也是当今国际关系的基本行为主体。西欧民族国家建立后，实现了民族和国家的有效整合，民族与国家达到了统一，民族国家为民族披上了国家的外衣并为其提供强大有力的利益保障，为民族建造了一个可以遮风挡雨的坚固政治屋顶。与此同时，日渐强大的民族又给国家注入了发展的活力，推动国家走向强大。可以说，民族与国家相得益彰、相互促进。

民族与国家相互促进和相互推动的情况下，民族国家迅速迸发出巨大的优势，于是"他们跨出海洋、走出国门、角逐海洋"[1]，西欧民族国家随即走上了强国之路，而且还"迅速成为一种具有典型性和示范性的国家形态，成为其他国家发展和演变过程中的目标形态，逐步扩大到全世界，成为具有世界意义的国家形态"[2]。西欧民族国家自然就成为原生性民族国家，而北欧、南欧和北美，以及世界其他区域国家构建的民族国家，都可以称为模仿性民族国家。当民族国家扩展到北美的时候，世界就

---

① 王宇博：《〈从民族国家走向帝国之路〉评介》，《世界历史》2003 年第 1 期。

② 周平：《对民族国家的再认识》，《政治学研究》2009 年第 4 期。

初步地进入了民族国家时代，民族国家世界体系的雏形已经形成。面对世界民族国家建构的浪潮，"其他的国家，要么迅速地演变为民族国家并成为民族国家世界体系的一员，要么继续维持原先的国家形态而徘徊于民族国家组成的世界体系之外，甚至沦落为民族国家的殖民地，受苦于统治和压迫"①。于是，还没有构建民族国家的国家就把建立民族国家作为国家发展的目标任务。

那些迫于压力必须建立民族国家的国家，特别是亚非拉殖民地或半殖民地国家，在反抗殖民统治、争取民族解放和实现国家独立的民族主义运动中，民族国家才逐渐建立起来。而这些民族国家构建的道路与最早构建民族国家的道路可谓是大相径庭，它们并没有像西欧国家那样按照自身演绎的逻辑进行有规律的演变，即从王朝国家演变而来，而是在外力的压力下作出权变选择的。因此，这些民族国家构建的历史起点、演变路径及延续时间都与最早的欧洲国家，甚至与北美民族国家迥然不同。

原生性民族国家建立至今已有较长的历史，但模仿性民族国家建立至今却是十分短暂的。民族国家的建立，标志着民族国家构建进程的结束，同时也标志着民族国家建设进程的开始。很多民族国家建立后，虽然具备了民族国家的外壳形态，但仍然没有民族国家所蕴含的真正内涵，本质上是相当脆弱的。而且，对于那些经过民族主义解放运动获得独立和建立民族国家的国家来说，民族国家建立后面临着国家现代化的艰巨任务，因而民族国家建设与国家现代化建设必须有效地结合起来。因此，从建立伊始，这些民族国家就面临着重大的建设任务。总体来讲，民族国家建设任务主要体现在以下几个方面。

第一，政治整合。在一些长期处于传统社会的国家，部落或宗族与宗教对国家和社会生活的影响是十分巨大的。在一些国家，宗教势力往往成为制约国家政治共同体的强大力量，这些宗教势力往往使政府权力受到严重的挑战。另外，在一些国家，部落或宗族影响力也十分大，它们在地方政治和村社政治中发挥重要的甚至是主导的作用，对此政府权力往往无能为力，常常是鞭长莫及。部落或宗族及宗教势力挑战着国家政治共同体的稳定和统一，甚至出现分庭抗礼的状况。因此，民族国家建立后必须进行政治整合，把各种社会政治力量整合在统一的政治共同体中。但是，由于

---

① 周平：《多民族国家的族际政治整合》，中央编译出版社 2012 年版，第 17 页。

历史和客观原因，要整合各种社会政治力量于同一政治共同体中，是不可能一蹴而就的，需要长时间的坚持才能取得成效。

第二，国家认同。对于民族国家的本质特征，前已论及，简言之，民族国家的本质要求就是民族对国家的认同。"没有一定程度的国家认同，一个国家就不可能取得民族国家的形式。"[1] 对于民族国家而言，国家认同具有十分重要的意义。民族国家的建立，离不开民族对国家的认同，没有国家认同，可以说民族国家只是虚构的产物。民族国家建立后，民族国家的统一和巩固，同样离不开一定程度的国家认同，可以说，国家认同建设是民族国家建设的重要任务。"国家认同的程度越高，国家统一和稳定的心理基础就越是厚实"[2]，要夯实民族国家统一和稳定的基础，就要加强作为政治文化之核心内容的国家认同的建设，就必须有效整合民族认同与国家认同，使两者达到有效的统一。因此，国家认同建设是民族国家建设中的重大的历史性课题。

第三，国族建设。民族国家在实现和确保民族对国家的认同过程中，构建了一个国族。没有民族国家，就没有国族；没有国族，民族国家只会是徒其形式。民族国家丰富的内涵及制度优势，只能依托国族才能充分体现和发挥。在民族国家建立后，特别是在民族构成复杂的国家，国族建设就构成了民族国家政治建设的重要任务，并且其意义重大而深远。"多民族国家这个政治共同体不仅为国家内各个民族的交往提供了有利的条件，而且通过国族建设等一系列的制度安排和具体措施促进国族的巩固和发展，会使文化民族间的融合的面貌大为改观，大大加快民族融合的进程。"[3] 民族融合对于多民族国家的统一和稳定具有十分重要的意义，民族融合程度越高，处于多民族国家共同体的各个民族的共性越大，族际关系越发和谐。通过国族建设促进民族融合的重大作用是不容置疑的。因此，国族建设就成为民族国家形态下的多民族国家建设的基脚，能否建设一个强健的国族，直接影响着民族国家建设目标的实现。而国族建设的根本问题，是价值取向的问题，即是"求同"还是"存异"的问题。国族建设必然要求扩大国族的同质性，也就必然要选取"求同"的价值底蕴。

---

① 周平：《论中国的国家认同建设》，《学术探索》2009 年第 6 期。

② 同上。

③ 周平：《多民族国家的族际政治整合》，中央编译出版社 2012 年版，第 57—58 页。

要扩大国族的同质性，就要涉及三个基本的命题："一是要建立国族文化，打牢国族的基础；二是要强化国族意识，增强国族的凝聚力；三是要强化国族成员社会身份的统一性，巩固国族认同。"①

第四，现代国家。模仿性民族国家建立后，特别是那些通过开展民族主义运动争取民族解放和实现国家独立的模仿性民族国家建立后，除了面临着如何整合各种政治和社会力量、如何巩固民族国家制度框架之外，还面临着国家现代化的历史重任，即要建立一个现代国家。从政治学层面来看，现代国家基本特征具体体现在国家权力结构、国家制度架构、国家权力运行方式、国家与社会的关系等方面都达到了现代水平。那些从殖民统治下取得民族解放和国家独立的国家，在建立民族国家之后，既要巩固民族国家，又要进行现代国家建设。现代国家建设主要围绕民主制度建设、宪政制度建设、公民社会建设和政党政治构建等主题而展开。

四　族际关系治理

族际关系治理是一个全新的课题，当前学界对族际关系治理不但现实解读不够深入，而且理论体系也尚未构建。因此，对族际关系治理进行概念辨析，对于本研究的开展具有十分重要的意义。要探讨族际关系治理，就必然要探讨族际关系与治理的基本概念及内涵，以及在本研究中所选取的分析视角。

（一）族际关系的基本内涵

人类对于"族际关系"的认识可谓相当久远，但是进入学术领域，却是在第二次世界大战之后。第二次世界大战之后令人眼花缭乱且纷繁复杂的族际矛盾、族际冲突和族际仇杀引起了社会学、民族学和人类学等学科的学者的极大关注和重视。冷战结束后，由于两极对抗所掩盖的民族问题开始凸显，立刻像潮水一般一浪高过一浪，学界对族际关系的认识日渐明朗。国内学者罗康隆对族际关系的概念首次作出了较为全面的论述，他认为："族际关系是人类社会针对特定的需要构建起来的个人行为系统，即也是这种不同系统之间的界面互动与调适的复杂依存与制约关系的总和。"② 罗康隆进一步阐述其内涵，认为族际关系包括"互为依存、互为

---

① 周平：《民族国家与国族建设》，《政治学研究》2010 年第 3 期。
② 罗康隆：《族际关系论》，贵州民族出版社 1998 年版，第 19 页。

利用、互为制约"这样一系列非线性的多因果关系。同时，他把族际关系区分为"并存关系、互补关系、连动关系、依附关系、包裹关系、同化关系、涵化关系、融合关系、分裂关系"。从民族学的视角来界定族际关系，总体来说是比较全面的。

周平从政治学的视角，确切地说是从民族政治学的视角，对族际关系的概念作了详细的论述。他认为："在民族共同体存在的条件下，民族间的交往和相互作用就不可避免。随着民族意识的增长，民族的自我意识和分界意识越来越明显，民族共同体对本民族的利益意识也越来越清晰，因此，以主动为特征的族际互动越来越多，并逐步由开始同一地域范围内相邻民族间的族际互动朝着跨地域、跨国界的族际互动发展。在族际互动越来越经常化的情况下，族际互动的内容越来越丰富，整体性不断增强，与民族利益的联系越来越紧密。在族际互动的过程中，相关民族间不可避免地形成或构建起某种具有一定稳定性的关系模式，这就是族际关系。"[1]此外，他还对族际关系的具体领域作了论述。黄岩在《国家认同——民族发展政治的目标建构》一书中，对族际关系作此定义"多民族国家的族际关系，主要是指主体民族与少数民族的关系"[2]，这种观点符合缅甸多民族国家的族际关系的特性，对本研究有重要的参考意义。

结合已有学者对族际关系概念的描述和界定，笔者根据本书的研究实践及理论思考，对族际关系的概念作此定义：在多民族国家内，民族与民族在互动中所形成的具有一定稳定性和动态特征的关系模式就是族际关系，它包括族际政治关系、族际经济关系、族际社会关系及族际文化关系等基本内容。

（二）治理的基本内涵

从 20 世纪 90 年代开始，治理（governance）一词便成为西方社会科学的流行术语，进入 21 世纪后它已开始成为中国学术的重要话语。在中国，"治理"一词首先被经济学家引入，"公司治理"（corporation governance）或"公司治理结构"（corporation governance structure）这类术语在讨论公司转型和企业改制中被广泛使用。之后，"治理"一词相继被政治学家和社会学家采用，分别指政府治理和公共治理。政治学意义上的治

---

[1]　周平：《多民族国家的族际政治整合》，中央编译出版社 2012 年版，第 36 页。

[2]　黄岩：《国家认同——民族发展政治的目标建构》，民族出版社 2011 年版，第 73 页。

理，其含义值得探讨和深究。一般而言，治理指的是公共权威为实现公共利益而进行的管理活动和管理过程。在社会政治生活中，治理是一种偏重于技术性的政治行为，政府只有通过不断地进行自身的改革和创新才能达到有效治理。

学者吴志成认为，"治理理论有四个规定性特征：治理不是一套规则条例，也不是一种活动，而是一个过程；治理过程的基础不是控制和支配，而是协调；治理既涉及公共部门，也包括私人部门；它不意味着一种正式的制度，而是持续的互动"①。他还认为，治理理论可以成为理解当代社会现实的一种重要而有益的方法工具和分析框架。

俞可平极为推崇治理和善治，而且在该领域取得了诸多成果。他认为，治理和善治理论是一种新的政治分析框架，也是可以使用的重要的分析方法。对于治理的基本概念，他作此论述："与此（统治）不同，治理则是一个上下左右互动的管理过程，它主要通过合作、协商、确立认同等方式实施对公共事务的管理。"② 根据他对治理理论的阐述，治理理论主要关注一个地区和国家的几个方面："①治理的环境；②治理的结构；③治理的过程或程序；④治理的方式；⑤治理的内容；⑥治理者和被治理者；⑦治理的意义。"③

当然，学界也有一些学者认为治理理论是"一套十分复杂且充满争议的思想体系"④，而且持同样观点的学者为数还不少。笔者认为，中国学者对治理的解读基本上属于国家治理的范畴。对于治理理论，不论其概念尚未厘清也好，理论存在争议也罢，但作为一种正在形成并逐渐完善的思想体系，它完全可以作为一种政治分析框架，亦可作为分析的概念工具。

（三）族际关系治理的基本内涵

通过上述对族际关系及治理基本内涵的探讨和界定，族际关系治理的基本内涵就不难辨析了。族际关系治理主要是指国家权力机构组织运用国家政权的力量，动员其他社会力量，运用国家和社会的资源，通过采取政治、经济、文化和社会发展或管理等方式对族际关系进行控制、协调和管

---

① 吴志成：《西方治理理论评述》，《教学与研究》2004 年第 6 期。
② 俞可平、徐秀丽：《中国农村治理的历史与现状》，中国农村发展网，2007 年 5 月。
③ 俞可平：《当代西方政治思潮概述》，《教学与研究》2004 年第 6 期。
④ 陈钦春：《治理的语言与转折：系谱学观点之剖析》，铭传大学 2005 年国际学术研讨会（www.mcu.edu.tw/department/pubaffair）。

理的过程，当然其他一些社会组织和民族组织在此过程中也发挥了重要的作用，亦可视为治理的次要主体。在本研究中，为了更好地分析族际关系治理，把族际关系治理的方式分解成族际关系政治治理、族际关系经济治理、族际关系文化治理及族际关系社会治理四个部分。按历史发展阶段，本研究分别对吴努政府时期、奈温政府时期、新军人政权时期、登盛政府时期进行分阶段解析。通过对治理的方式和路径、治理的价值取向、治理的效度、特点和意义进行探讨，以期充分把握缅甸各历史阶段族际关系治理的整体内涵。

第一章

民族国家视域中的缅甸族际关系

把一个民族国家的族际关系及其治理，放在民族国家建设的高度进行考察和剖析，它的内涵将会更加丰富，意义更为深远。把缅甸的族际关系及其治理放到民族国家建设的框架下进行现实层面的求解和理论层面的阐述，族际关系的内涵必然更为丰富，族际关系治理的意义也更加深刻。缅甸民族国家建设的基础与起点在于所处的历史背景和拥有的初始条件。在缅甸民族国家构建的历史进程中，其主要民族情况和族际关系类型构成了缅甸民族国家建设中的族际关系治理的历史基础和逻辑起点。

第一节　缅甸民族国家建设的自然历史条件

第二次世界大战后，殖民帝国体系的瓦解催生了一大批民族国家的建立，这应该是近代世界历史的一个伟大的变革。在这次浪潮中建立起来的民族国家，几乎都是处于不发达或是不太发达的状态。于是，要改变不发达状态，要步入发达民族国家之林，这些民族国家就必须进行民族国家建设。"有一部分民族国家已经成功摆脱了内部纷争的困扰，在经济现代化、民族一体化和发展同质化的国民文化方面取得了重大进展。"[①] 然而，大部分国家的民族国家建设却处于步履蹒跚、困难重重之中，塞缪尔·亨廷顿对此曾作过精彩的描述："种族冲突与阶级冲突日益加剧，暴力事件迭起，军人政变频繁，反复无常的领导人物掌权并常常推行灾难性的经济改革和社会政策，内阁大臣与文职人员普遍而公开地贪污营私，任意侵犯

---

① 宁骚：《民族与国家——民族关系与民族政策的国际比较》，北京大学出版社1995年版，第303页。

公民的权利和自由，行政效率和效能日渐低下，都市政治集团的疏离感极为普遍，立法机构和法院皆丧失了自己的权威，社会基础庞杂的各政党发生分裂甚至完全解体。"① 因此，民族国家建设势在必行。缅甸正是处于这样的国际和历史背景下开始了民族国家建设的历史进程，与诸多民族国家一样，探索着民族国家建设之路。缅甸民族国家建设与它所处的自然地理环境、政治环境、经济环境和文化环境密切相关。

一　自然地理环境

自然地理环境对人类文明诞生和发展具有重要的作用。德国著名哲学家黑格尔曾指出，自然地理环境对人类文明的形成和历史的发展有十分重要的影响。近代著名的英国史学家阿诺德·汤因比在鸿著《历史研究》中也持相同的论断，他认为文明是人类在自然环境的"挑战"和"应战"中诞生的。可以说，自然地理环境对人类文明的形成和历史发展的影响和作用是不容置疑的。不仅如此，自然地理环境还给族际关系和国家发展打上了深深的烙印。

（一）地理形貌

缅甸位于亚洲中南半岛西北部，绝大部分国土处于东经92°—101°、北纬9°—28°，大部分地区都在北回归线以南，属于热带地区。"对于缅甸的邻国而言，它处于地缘政治的战略地位"②，缅甸北部和东北部与中国的西藏自治区和云南省接壤，东部和东南部与老挝和泰国毗邻，西部和西北部与孟加拉国和印度毗连，西南部濒临印度洋的孟加拉湾和安达曼海。缅甸陆上国界线长约6000公里，在与各国的边界线中，中缅边境线最长，约占陆上边界线总长的1/3，长约2100公里。缅甸海岸线北自缅孟交界处的内府河口向南至缅甸南部的果桑角止，全长约2200公里。

缅甸的国土总面积约为67.7万平方公里，略小于中国青海省的面积，在世界近200个国家中居第39位，是中南半岛最大的国家，在东南亚仅次于印度尼西亚而位居第二。缅甸的版图南北狭长，东西突兀，形状

---

① ［美］塞缪尔·亨廷顿：《变革社会中的政治秩序》，李盛平、杨玉生等译，华夏出版社1988年版，第3页。

② Elizabeth Brown, "The Necessity for an Integrated International Approach to Address the Humanitarian Crises in Burma/Myanmar", A Thesis for Master Degree, Central European University, Hungary, 2008, p. 9.

"宛如一只长菱形的风筝"，也像"一块钻石"，由北向南最长约 2050 公里，东西最宽处 937 公里。德林达依地区沿安达曼海向南边的马来半岛延伸，最窄处大约只有 80 多公里。

缅甸地形复杂多样，各个区域地形地貌不尽相同，甚至迥然各异。总体上以山地和高原为主，地势北高南低，宛如由北向南倾斜的大斜坡，山脉均随地势之状呈南北走向。缅甸地貌的基本特点是"三面环山，一面临海"[①]。境内的三大山脉，即西部山脉、勃固山脉和东部山脉，均由北向南平行蜿蜒。缅甸的主要河流伊洛瓦底江和萨尔温江也随山脉走向由北向南流。伊洛瓦底江是缅甸最重要的河流，发源于青藏高原的察隅地区，由北向南流入安达曼海，全长 2713 公里。山脉和河流把缅甸分成了四个有明显特征的地理单元，即西部高地、东部高原、中部平原、若开沿海地区。

西部山地与中国西藏高原的喜马拉雅山相连，是喜马拉雅山余脉向南的延续，中部向西凸出，宛如巨弓之形状，海拔在 2400—3000 米。西部山地由北向南依次为葡萄山脉、八拐山脉、那加山脉、曼尼坡高地、钦山和若开山脉等构成。西部山地整体崇山峻岭，树林茂密，交通不便，农业基础条件相当落后。

东部高原包括伊洛瓦底江与萨尔温江之间的山脉、掸邦高原、克耶高原及南部的德林达依地区，这是一块广阔的高地，它与中国云贵高原连在一起。北起克钦邦北端的中缅边境上的高黎贡山，向南延伸，南北狭长，中间开阔。东部高山之间既有起伏的山地，也有一些平坝和盆地。"这些平坝和盆地，是东部高原经济较为发达的地区。"[②] 东部高原除了与中国云南省交界之外，德林达依山脉向南蜿蜒，横亘于缅甸与泰国之间，构成了一道天然的屏障。

中部平原就是过去人们常说的"缅甸本部"，它介于西部山地和东部高原之间，由伊洛瓦底江和锡唐河冲积而成的平原地区和三角洲组成。中部平原北部山脉较多，中部的伊洛瓦底江和锡唐河之间仅有一条低矮的向南延长至仰光的勃固山脉，但大部分是河谷和平原。中部平原大部分土地肥沃，是"缅甸现代工业和农业的中心地带，交通便利，人口稠密，经

[①]　瞿健文等主编：《投资东盟·缅甸》，云南教育出版社 2008 年版，第 3 页。
[②]　贺圣达、李晨阳编著：《列国志·缅甸》，社会科学文献出版社 2009 年版，第 45 页。

济较为发达"①，而且还是缅甸历代王朝建都之地，自然就成了缅甸政治、经济和文化的中心地带。

若开沿海地区由于若开山脉把若开地区与缅甸本部分隔而在山脉与孟加拉湾之间形成了一块狭长的沿海地带，因此它是缅甸相对独立的一个地理单元。"由于若开山脉临近海岸，平地甚少，仅在沿海一带分布一些狭小的平原"②，而且还"支离破碎，不成整片"③。加叻丹河、莱茂河等河流穿梭在一些西北—东南延伸的山脉之间，并冲积成一些较为广阔的平原，加上海滩风景优美、气候宜人，实兑一带便成了若开沿海地区经济较为发达、人口较为稠密的区域。

（二）自然条件

缅甸发展农业的自然条件比较优越，地广人稀，物产丰饶。被誉为"缅甸粮仓"的伊洛瓦底江三角洲，河流纵横，鱼塘点点，土地肥沃，水路交通十分便利。自缅甸独立以来一直以农业为国民经济基础，是农业国家，还一度成为世界主要稻米出口国，可见缅甸的农业土地利用情况是比较可观的。"据 1951 年美国经济合作机构调查，缅甸的可耕地面积为 40395000 英亩（1 英亩约等于 6 亩），约占缅甸总面积的 24%。其中已耕地占 43%，修耕地占 9%，未耕地占 48%。据 1955—1956 年缅甸政府所聘请的以色列专家调查，缅甸可耕地面积为 5800 万英亩，其中 1500 万英亩可种水稻，其余 4300 万英亩可种其他农作物。"④ 根据缅甸政府的统计，"2001/2002 年度可耕地面积为 3757.2 万英亩，占全国总面积的 22.47%"⑤。不论是美国机构、以色列专家，还是缅甸政府的统计，缅甸可耕地面积占国土面积的比例超过 1/5，"在东南亚国家中都是最高的"⑥。

缅甸大部分国土位于北回归线以南，属于热带季风气候和亚热带季风气候。因北部和西部山脉高山耸起，北部气候接近温带状况，而且北靠的青藏高原使得亚洲大陆冬季寒冷空气无法入侵。东部山峦叠嶂又阻挡了太

---

① 瞿健文等主编：《投资东盟·缅甸》，云南教育出版社 2008 年版，第 3 页。
② 杨长源等主编：《缅甸概览》，中国社会科学出版社 1990 年版，第 4 页。
③ 贺圣达、李晨阳编著：《列国志·缅甸》，社会科学文献出版社 2009 年版，第 45 页。
④ 史晋五：《缅甸经济基本情况》，世界知识出版社 1961 年版，第 16 页。
⑤ 转引自李晨阳《军人政权与缅甸现代化进程研究》，博士学位论文，云南大学，2006 年，第 47 页。缅甸联邦政府国民计划与经济发展部《2002 年统计年鉴》（英文），第 81 页。
⑥ 李晨阳：《军人政权与缅甸现代化进程研究》，博士学位论文，云南大学，2006 年，第 47 页。

平洋气团的西进之路。缅甸这种北高南低、三面环山、一面临海宛如马蹄状的地形，使得缅甸深受印度洋热带海洋性气候的影响。总体而言，除了1000 米以上的高山和高原外，缅甸大部分地区终年炎热、潮湿多雨，干旱、洪涝等自然灾害比较少。缅甸的这种气候适宜多种植物生长，尤其是热带作物。

（三）自然资源

缅甸的自然资源十分丰富，"在东南亚大陆国家中，保存着最为丰富的物种和最为广阔的森林覆盖面"①，这是因为"辽阔的疆域、复杂的地质、地貌以及多样的气候和土壤等条件"②形成的。缅甸不论是森林资源、矿藏资源，还是水利资源、渔业资源，都相当丰富，特别是森林资源和矿藏资源，更是得天独厚、蕴藏丰饶。

由于森林茂密葱郁，林区面积很广，树木种类繁多，缅甸一向有"森林之国"的美誉。除中部干燥地区和伊洛瓦底江三角洲，缅甸大部分地区都有天然林木的分布，"全国拥有林地3437.32 万公顷"③，"森林覆盖率为50.78%"④，"原始森林面积134.4 万公顷，已发现8579 种植物，其中有2300 种树木……天然柚木占世界总量的75%，是世界上柚木产量最大的国家"⑤。正是"由于丰富的森林资源，缅甸成为世界上最大的柚木和其他硬木出口国之一"⑥。

缅甸的矿产资源种类繁多，储量相当丰富，主要"包括天然气、铅、石油、银、锡、锌和稀有宝石"⑦。缅甸天然气和石油资源主要分布在重要盆地伊洛瓦底江两岸和沿海大陆架地区，"已探明天然气储量为2.46 万

---

① UNEP Environment Assessment Programme for Asia and the Pacific, *Land Cover Assessment and Monitoring Myanmar*, UNEP/EAP, TR/95 – 06, 1995, Bangkok, Thailand.

② 贺圣达、李晨阳编著：《列国志·缅甸》，社会科学文献出版社2009 年版，第45 页。

③ 瞿健文等主编：《投资东盟·缅甸》，云南教育出版社2008 年版，第10 页。

④ The Ministry of National Planning and Economic Development, The Government of The Union of Myanmar, *Statistical Yearbook*, 2002, p.133.

⑤ 瞿健文等主编：《投资东盟·缅甸》，云南教育出版社2008 年版，第10 页。

⑥ Elizabeth Brown, "The Necessity for an Integrated International Approach to Address the Humanitarian Crises in Burma/Myanmar", A Thesis for Master Degree, Central European University, Hungary, 2008, p.9.

⑦ Human Development Initiative, *Myanmar: Report of the Independent Assessment Mission* [online], United Nations Development Programme, Available from: www.undp.org/execbrd/word/Myanmar%20 – %20HDI%20Assessment%202006%20Final.doc [Accessed 26 February 2008].

亿立方米和石油储量 32 亿桶"①，天然气和石油成为缅甸相当重要的经济资源。缅甸是世界上著名的宝石产地，不但品种多，而且质量好，储量极为可观，主要有玉石、红宝石、蓝宝石、金刚石、黄玉、湖泊、翡翠、钻石等 36 个品种，翡翠产量居世界第一位。宝石的主要产地在曼德勒东北的抹谷地区，矿区面积达 400 多平方公里。此外，克钦邦雾露河上游一带都是玉石的主产地。

（四）自然地理环境对缅甸民族国家建设的影响

自然地理环境对人类的文明的形成和发展有重大的作用，诚然，自然地理环境对人类社会发展并不起决定性作用，但当人类社会活动与之发生联系时，自然地理环境的优劣状况就会加速和减缓人类社会发展的历史进程。而且，自然地理环境对一个国家的族际关系的形成和变化的影响十分重大。自然地理环境不但影响着一个国家各民族的民族性格，而且影响着各民族对待民族关系的态度，进而影响着民族国家建设的进程。

对于自然地理环境对国民或民族性格的影响，不少学者颇有见地。法国学者孟德斯鸠在其代表作《论法的精神》一书中精彩论述了气候不同导致国民性格的差异，他指出："炎热国家的人民，就像老头子一样怯懦；寒冷国家的人民，则像青年人一样勇敢。"法国著名的思想家让·不丹也认为，"南方湿热的气候和肥沃的土壤一方面使人变得聪明和富于智慧，因而南方有较为繁荣的文明，但另一方面这种富饶的自然条件和炎热的气候使人变得性格温顺、胆小怕事、缺乏反抗精神，所以暴政十分容易产生"②。前已论及，缅甸大部分地区都在北回归线以南，属于热带地区，气候终年炎热、潮湿和多雨，较少自然灾害，物产丰富，而且缅甸人民在这片土地上"自古至今以农为生，耕种水稻，修筑堤坝"③ 过着较为安逸的自给自足的"田园生活"。因此，缅甸的国民性格也由于如此的自然地理环境而变得较为懒散，进取心、反抗精神和团结精神不甚乐观，这在英国殖民者对缅甸从开始入侵到完全殖民，再到国家独立的这 100 余年中，可窥见一斑。而且，不可否认的是，缅甸各民族的民族性格与族际关系的

① Stefania Paladini, "Myanmar Foreign Policy 2008: Main Issues, Forecasts and Scenarios", *Journal of Comparative Asian Development*, Vol. 7, Is. 1, 2008.

② 转引自叶自成主编《地缘政治与中国外交》，北京出版社 1998 年版，第 37 页。

③ 许清章：《缅甸民族生活习俗与民族性格》，《东南亚纵横》2004 年第 7 期。

态势是紧密联系在一起的。

在世界历史的长河中，自然地理环境影响国家发展甚至是拯救国家命运的例子可谓不胜枚举，雅典的海洋依托和天然良港一度对古希腊城邦民主政治发展起到了重要作用，美国得天独厚的两洋屏障对它的独立和其后的国家发展具有极为重要的作用，俄罗斯广袤国土和天寒地冻对拿破仑军队、希特勒军队入侵的败北可谓是功不可没，中国的战略纵深也曾在抗日战争中发挥了巨大作用。因此，一般而言，优越的自然地理环境能够促进一个国家的发展，较差的自然地理环境不利于一个国家的发展，甚至会促使一个国家走向没落，甚至消亡。从理论层面来讲，缅甸优越的自然地理环境本应对其国家发展起到推动作用的，然而，自然地理环境的优势需要被充分合理地利用才能够发挥出"积极的催化作用"；反之，自然地理环境的优势就不能得到足够的彰显，甚至一度因各民族对自然资源的争夺引发各种问题。此外，值得一提的是，缅甸沦为英国殖民地的命运，跟它濒临海洋也有关系，缅甸人民在抗击英国侵略的斗争中失败的主要原因之一："缅甸的地理位置也便于英国对它进行侵略。英国殖民者可以毫无阻碍地从海上在缅甸登陆，并且还能沿着从北到南贯穿缅甸的伊洛瓦底江深入缅甸内地。"[①]

缅甸由 14 个省邦组成，其中伊洛瓦底江三角洲和平原地带是缅族的主要聚居区，前已论及，中部平原地带土地肥沃，适合农业发展，而克钦族、掸族、克伦族、钦族等其他少数民族却主要分布在西部山地和东部高原等地带，这些地带自然条件较差。这种民族分布格局是各民族在长期的历史中争斗的结果。"但进入现代社会后，缅族地区缺乏森林和矿藏等自然资源的不足显现出来了，所以，只有缅族和各少数民族紧密团结，优势互补"[②]，才能推进缅甸的民族国家建设。令人遗憾的是，缅甸在民族国家建立后，由于"大缅族主义"的作祟，以缅族为主的中央政府在政治、经济和社会等国家资源的分配上有失公允，缅族尽占优势，这导致了族际

---

① ［苏］瓦西里耶夫：《缅甸史纲》，中山大学历史系东南亚历史研究室与外语系编译组合译，商务印书馆 1975 年版，第 34 页。

② 李晨阳：《军人政权与缅甸现代化进程研究》，博士学位论文，云南大学，2006 年，第 50 页。

矛盾的长期存在和族际冲突的频频发生。事实上，"大缅族主义"①就是"大缅族沙文主义"，"大缅族主义"的抬头和兴起，有着客观的历史和现实原因，除了受缅族人口众多、历史影响力较大等因素的影响，还与缅族聚居在富饶的区域、经济社会发展水平相对较高也密不可分。缅甸中央政府"把大部分精力用在镇压少数民族叛乱，战乱使得少数民族地区的自然资源得不到有效开发和利用，尤其是少数民族居住在缅甸与陆地邻国接壤的边远地区，相对有利于少数民族反政府武装的生存，还在很大程度上也影响了缅甸对陆地邻国的开发与合作"②，而且，这无疑对缅甸的族际政治整合、国族建设和国家认同建设等多方面有十分深刻的影响。

可见，缅甸的族际关系格局与其自然地理环境是紧密相连、息息相关的。缅甸的自然地理环境对其族际关系影响相当复杂，一旦多种因素与自然地理环境交织揉搓在一起时，自然地理环境对民族国家建设中族际关系的作用就会凸显出来。

二　政治环境——民族国家的历史构建

政治环境是民族国家建设重要的背景条件。一个国家的政治环境，是指一个国家在一定时期内的国内外政治大背景，具体而言，一般包括政治局势、方针政策和国际关系三个层面。一个国家的民族国家构建历史进程与其国内外的政治大背景紧密相关，在这一进程中，其政治局势、方针政策和国际关系将得到很好的诠释。从缅甸民族国家的历史构建角度来观照缅甸民族国家建设的政治环境，是一个非常可行的分析路径，甚至还可以达到鞭辟入里的效果。

（一）民族国家构建的历史背景

西欧民族国家建立后，民族国家与资本主义实现了近乎完美的结合。"资本主义的扩张集中体现于商品的全球流动，而民族国家用军舰和大炮为资本主义商品向全球流动开路和护航"③，资本主义的繁荣又推动了民族国家的强盛，从而使西欧民族国家开始走上向世界扩张的帝国之路。随着帝

---

① 关于"大缅族主义"的分析，参见本书第二章第二节"吴努政府时期族际关系治理的价值取向"之"'大缅族主义'取向"分析。

② 李晨阳：《军人政权与缅甸现代化进程研究》，博士学位论文，云南大学，2006年，第50页。

③ 周平：《多民族国家的族际政治整合》，中央编译出版社2012年版，第75页。

国主义的扩张，世界掀起了瓜分的狂潮，亚洲、非洲和拉丁美洲沦为帝国主义列强的殖民地或半殖民地，备受忍辱和宰割，开始"形成了极少数大国对世界大多数居民实行殖民压迫和金融扼制的世界体系，民族问题变成了主要是殖民地半殖民地人民要求建立自己的民族国家，摆脱帝国主义桎梏的问题"①。亚洲、非洲和拉丁美洲国家，要么继续忍受帝国主义残酷的殖民统治，要么建立民族国家加入民族国家世界体系，于是，建立民族国家的民族主义运动此起彼伏。缅甸民族国家的构建与帝国主义的扩张和崩溃紧密联系在一起。

模仿性国家构建民族国家的历史背景及历史进程与原生性民族国家有很大差异。西欧原生性民族国家是由王朝国家演变而来的，并逐渐成为世界各国国家演变和发展的目标形态，但模仿性民族国家的形态与原生性民族国家的形态相去甚远，尤其是殖民地或半殖民地国家构建民族国家的路径与欧洲民族国家演进的路径更是大不一样。它们是在反抗殖民统治、争取民族和实现国家独立的艰难道路上逐渐构建民族国家的。被英国殖民统治半个多世纪的缅甸，其民族国家的构建并不是在贡榜王朝（1752—1823）的基础上演变和发展的，而是"在英国殖民势力压迫下进行权变选择的。如果没有西方列强的殖民侵略，缅甸或许也会按照自身演进的逻辑，实现从王朝国家向民族国家演变的态势进行顺承过渡"②。

英国殖民者在 1824—1885 年通过发动三次战争，从缅甸遭到掠夺，失去了最富饶的土地（恩格斯），到"（贡榜王朝）最后的一个国王锡袍被流放到印度"③，最终达到了全面统治缅甸的目的，缅甸随之完全沦丧为英国的殖民地。究其原因，在于"英国拥有巨大的军事优势，缅甸在国际上的孤立地位和易于海上受到攻击，它的后方政治上不稳定，这些就是缅甸在抗击英国侵略斗争中失败的主要原因"④。

"……在欧洲侵略者来到缅甸之前，缅甸人民在语言、领土、文化等

---

① 宁骚：《民族与国家——民族关系与民族政策的国际比较》，北京大学出版社 1995 年版，第 300—301 页。

② 钟贵峰：《论缅甸民族国家构建》，《红河学院学报》2012 年第 6 期。

③ ［苏］瓦西里耶夫：《缅甸史纲》，中山大学历史系东南亚历史研究室与外语系编译组合译，商务印书馆 1975 年版，第 31 页。

④ 同上书，第 33 页。

方面的稳定的共同性就已形成"①，随着英国殖民者的统治愈加残酷，以及英国殖民者也千方百计地限制缅甸资本家的活动范围，由此激发了缅甸人民向英帝国主义展开了激烈的斗争。在这斗争过程中，缅甸人民的民族觉悟提高了，"缅甸人民认识到本身作为一个民族的共同利益，懂得这种利益跟外国剥削者的利益是水火不相容的"②。一个新的民族共同体雏形的出现，是缅甸民族国家构建的历史前提。

（二）民族国家构建的历史进程

关于民族国家的本质特征前已论述，简言之，民族国家就是以民族对国家认同的基础之上的主权国家。根据民族国家的本质特征，缅甸民族国家的构建需要解决三个重要的问题，一是新的民族共同体的形成；二是国家主权的获得；三是民族对国家认同的实现。缅甸民族主义的出现、新的民族共同体的形成及国家主权的最终获得，是在缅甸人民反抗殖民统治、争取民族解放和国家独立的斗争中逐步实现的。

1. 新民族共同体的形成

从整个世界范围来看，从 19 世纪后 30 年开始到第一次世界大战爆发，再到第二次世界大战前后，这段时期的民族主义蓬勃发展，迅速壮大，"因为它（民族主义）是当时社会与政治变迁的自然产物，而当时国际政坛上一片高涨的仇外情绪，更发挥了推波助澜的功用"③。在当时世界范围内的民族主义发展壮大的背景下，殖民地和半殖民地国家的民族主义也备受鼓舞，这对它们民族国家构建的整个历史进程发挥了十分重要的助推作用。殖民地和半殖民地国家的民族主义，主要是独立性民族主义或称为反抗性民族主义，这是一种深厚的民族感情和民族意识觉醒的基础上，"要求实现民族独立，建立本民族独立的国家政治体系的积极的民族主义。这种民族主义反对帝国主义的武力入侵以及由此达成和维持的民族统治，珍视本民族的历史传统，要求弘扬民族精神，争取和维护民族的政治独立，建立民族独立的主权国家"④。这种独立性民族主义为被压迫民

---

① ［苏］瓦西里耶夫：《缅甸史纲》，中山大学历史系东南亚历史研究室与外语系编译组合译，商务印书馆 1975 年版，第 80 页。

② 同上书，第 82 页。

③ ［英］埃里克·霍布斯鲍姆：《民族与民族主义》，李金梅译，上海世纪出版集团 2006 年版，第 105 页。

④ 周平：《民族政治学》（第 2 版），高等教育出版社 2007 年版，第 245 页。

族争取民族解放和国家独立提供了强大有力的思想武器，当然，也催生了新的民族共同体。

回顾缅甸历史我们可以发现，1784年缅人征服若开人导致了民族矛盾的激化，而此时的英国殖民者正在为如何彻底统治缅甸而煞费苦心，甚至不择手段。英国殖民者不失时机地抓住了机会，利用族际矛盾和少数民族想摆脱缅族的统治作为切入点，终于在1885年对缅甸实现了完全的殖民统治。之后，"英国人把缅甸作为印度的一个省，并且'推行分而治之'的政策，别有用心地把山区居民与缅甸人分开"①。在英国殖民者长期残酷的侵略和大肆的掠夺下，不论是缅甸资本家的利益，还是僧侣界的地位，或是农民百姓的利益，均受到了严重的损害。缅甸人民采取反对殖民主义的立场，并不断开展反帝国主义的爱国主义运动。当然，爱国主义和民族主义之间联系较为复杂，以至于埃里克·霍布斯鲍姆无奈地承认，"我们至今尚未厘清反帝国主义运动与民族主义运动之间的纠葛关联"②。然而，不容置疑的是，缅甸爱国主义必然与独立性民族主义是揉搓交织在一起的。

在反对帝国主义的运动中，缅甸人民的民族意识开始觉醒，民族感情开始迸发，哪里有压迫，哪里就有反抗。"正在形成的民族感情和民族意识经过民族精英的加工……民族知识分子的概括整理和理论论证从而系统化、理论化后，就逐步演变成为完整的思想体系——民族主义。"③ 缅甸人民民族意识和民族感情的唤起，并经过佛教青年会"少壮派"吴漆莱、吴巴佩，以及被后来尊称为"国父"的昂山等一些民族精英的加工，逐渐形成了反抗性的民族主义思想体系。在这些民族精英的号召下，这种反抗性民族主义在缅甸人民反抗殖民统治、争取民族解放的斗争中提供了强大而有力的思想武器。在这过程中，反抗性民族主义促成了缅甸新的民族共同体的最终形成。波兰解放者毕苏斯基强调"是国家创造了民族，而不是民族创造了国家"④，但是详细考察缅甸的历史，不难看出，贡榜王

---

①　陈衍德：《从民族解放运动到民族分离浪潮——20世纪东南亚民族主义的角色转换》，《东南亚学术》2003年第5期。

②　［英］埃里克·霍布斯鲍姆：《民族与民族主义》，李金梅译，上海世纪出版集团2006年版，第105页。

③　周平：《民族政治学》（第2版），高等教育出版社2007年版，第237页。

④　H. Roos, A History of Modern Poland, London, 1966, p. 48, 转引自［英］埃里克·霍布斯鲍姆《民族与民族主义》，李金梅译，上海世纪出版集团2006年版，第40页。

朝创造了"民族",但民族主义才最终创造了新民族共同体。新民族共同体的形成,是缅甸民族国家构建的历史前提和必备条件。

2. 国家主权的获得

民族国家有主权性,一个没有独立主权的国家不可能视为民族国家。欧洲那些"建立在王朝国家基础上的民族国家,继承和包含了王朝国家的国家主权"①,而缅甸却不一样,自贡榜王朝最后的国王锡袍被流放到印度的那一刻起,王朝国家便宗庙丘墟、寿终正寝了,因而也无法从王朝国家那里继承和包含这种国家主权。唯有向英国殖民统治者开展民主主义运动,反抗殖民统治,争取民族解放,并最终实现国家的独立,缅甸才能获得国家主权。缅甸的国家独立历经磨难,来之不易,主要历经四个重要的历史阶段,即完全沦为英国殖民地到第一次世界大战结束(1886—1918)、第一次世界大战结束到日本入侵缅甸前夕(1918—1941)、日本开始入侵到日本投降(1941—1945)、日本投降到国家独立(1945—1948)。

第一,缅甸国家独立运动的起始和发展阶段(1886—1918)。1886年英国殖民者完全统治缅甸后,在缅甸实行了严密的中央集权的官僚管理制度,主要目的是要建立残酷的"法律和秩序",更好地镇压、剥削和压榨缅甸人民。除了一小部分人被英国殖民者任命为官员,缅甸人民完全被剥夺了管理国家的权利。而且,英国殖民者别有用心地采取"分而治之"的政策,挑动缅甸各民族之间的对立情绪,离间民族关系。面对英国殖民者在政治上的全面控制、经济上的残酷压榨、军事和财政大权的独揽,缅甸各族人民进行了顽强的反抗。缅甸人民反对英帝国主义的斗争"经历了从旧式的爱国主义到近代民族主义兴起的转变"②。在这一过程中,缅甸近代型的知识分子发挥了关键性的作用。1906年,仰光成立了全国性的组织"佛教青年会",这是缅甸第一个近代民族主义组织,起初虽然有严重的局限性,它对殖民政府是忠顺的,但随着第一次世界大战的爆发,缅甸人民民族解放斗争不断走向高潮,佛教青年会不再唯唯诺诺,不再是"超政治"的宗教教育的中心,而是开始向英国殖民者提出有力的要求了。第一次世界大战对缅甸产生了巨大的、间接的影响。战事期间,"缅甸的钨、石油、柚木、大米、皮革,源源不断地运往印度和英国本报,运

---

① 周平:《对民族国家的再认识》,《政治学研究》2009年第4期。
② 贺圣达:《缅甸史》,人民出版社1992年版,第316页。

往前线"①。随着战争的持续，缅甸在英帝国内所起的提供战略原料作用越发突出。大战期间，"缅甸提供给英国的钨矿砂，共约 15000 吨"②，而钨矿砂"已经接近世界总采掘量的三分之一"③，缅甸"柚木的生产已经接近 50 万吨"④。第一次世界大战期间英帝国主义对缅甸各民族的剥削越发残酷，缅甸人民的处境越发恶化，严重影响了各阶层人民的切身利益，从而激化了缅甸人民与英帝国主义之间的矛盾，进一步推动了缅甸人民争取民族解放和实现国家独立的民族主义运动的高涨。

第二，缅甸国家独立运动走向高潮的阶段（1918—1941）。第一次世界大战结束后，以吴巴佩等为代表的佛教青年会"少壮派"越来越得到广大群众佛教青年会成员的支持，佛教青年会逐渐发展成为具有广泛代表性的政治性组织。在 1917 年召开第五次代表大会后，佛教青年会就"派代表团去印度见英国的印度事务大臣蒙塔古，提出缅甸进行政治改革的要求"⑤，但是英国殖民者却明确表示："缅甸的政治发展问题，要留待将来另作考虑"⑥，并在 1918 年抛出了"克拉克多计划"进行回应。"克拉克多计划"仅仅是搪塞佛教青年会要求的借口，佛教青年会义正词严地拒绝了该计划，再次派出吴巴佩等组成的代表团，直接前往伦敦要求把英国殖民者在印度的改革⑦扩大到缅甸。然而，由于英帝国主义的顽固，代表团一无所获，由此激怒了缅甸人民。在缅甸国内，僧侣、知识分子、资本家、学生、工人、农民等各阶层民众反英情绪日趋高涨，抗议之声此起彼伏，出现了第一次民族解放运动的高潮，缅甸人民的民族自尊心和政治觉悟不断提高。在缅甸人民的抗议下，英国政府不得不承认把在印度实现的行政体制改革

---

① ［苏］瓦西里耶夫：《缅甸史纲》，中山大学历史系东南亚历史研究室与外语系编译组合译，商务印书馆 1975 年版，第 96 页。

② 《印度对大战的贡献》，加尔各答，1923 年，第 107 页，转引自［苏］瓦西里耶夫《缅甸史纲》，中山大学历史系东南亚历史研究室与外语系编译组合译，商务印书馆 1975 年版，第 97 页。

③ 同上。

④ F. T. 莫尔黑德：《缅甸的森林》，加尔各答，1944 年，第 40 页，转引自［苏］瓦西里耶夫《缅甸史纲》，中山大学历史系东南亚历史研究室与外语系编译组合译，商务印书馆 1975 年版，第 97 页。

⑤ 贺圣达：《缅甸史》，人民出版社 1992 年版，第 364 页。

⑥ ［苏］瓦西里耶夫：《缅甸史纲》，中山大学历史系东南亚历史研究室与外语系编译组合译，商务印书馆 1975 年版，第 136 页。

⑦ 第一次世界大战后期，英印殖民政府被迫向印度人民作出战争结束后将逐步在印度进行行政体制改革的承诺，1918 年英国议会出台《蒙古塔—蔡姆斯福特报告》，该报告正式提出在印度进行改革的方案。

扩大到缅甸。随后的缅甸人民团体总会还提出"自治"政治要求，但遭到英国殖民者的反对。由于 1929 年的世界经济危机给缅甸农民带来沉重的打击，由此引发了缅甸历史上最大规模的反对英帝国主义的农民起义——"萨耶起义"，但最终也失败了。1930 年成立的"我缅人协会"发动了反对英国殖民者统治的更广泛的斗争，标志着缅甸民族解放运动进入了一个新时期，使民族主义运动出现了全面高涨的局面。"协会"所领导的反英帝国主义斗争，被认为是缅甸国家独立的基石之一。第二次世界大战爆发后，缅甸作为英国大不列颠殖民帝国的一部分，被英国拖进了大战的旋涡。当时缅甸民族主义运动面临着双重任务："既要争取摆脱英国的殖民统治，又要对付法西斯奴役的威胁。"[1]

第三，缅甸国家独立运动的持涨阶段（1941—1945）。1941 年 12 月，日本帝国主义开始发动侵略缅甸的战争，到次年 5 月底日本侵占了整个缅甸，英国殖民者被迫撤出缅甸，随后日本宣布实行军事管制并建立军政府。在日本入侵缅甸的过程中，缅甸独立军和人民革命党的一部分成员协助日军，甚至直接参加对英作战。当然，以昂山为总书记的德钦党在日本入侵伊始也对日本怀着合作的态度。而且，值得一提的是，"由于英国殖民者不得民心，许多缅甸人尤其是一部分近代民族主义者对于日军的入侵是持欢迎的态度，认为日本是亚洲的解放者，是信奉佛教的同胞"[2]。然而，赶走了老虎引来的却是恶狼，缅甸仍然是处于日本帝国主义全面控制之下，甚至比起英国殖民者，日本殖民者则有过之而无不及。1943 年 8 月 1 日，缅甸宣布独立，巴莫担任国家元首兼总理，德钦妙任副总理，其他重要政府官员有昂山任国防部长、吴努任外交部长、奈温任缅甸国民军总司令。事实上，缅甸仅仅只是形式上获得了独立，并未改变其殖民地的地位，正如昂山所说"独立只是写在纸上的独立"[3]。日本实行垂直一元化的军事法西斯统治方式，巴莫政府和各民族都处于日本的直接控制下。当然，缅甸虽是形式上的独立，但对后来国家的真正独立产生了一些有利的影响。昂山等人最终看清了日本帝国主义的嘴脸，为了实现真正的民族解放和国家独立，从与日本的合作转向斗争，又开展了新一轮的反抗

---

① 陈显泗：《第二次世界大战期间缅甸的民族解放运动》，《历史教学》1984 年第 6 期。

② John F. Cady, *A History of Modern Burma*, Cornell University Press, 1958, pp. 436 – 437.

③ ［缅］貌貌：《缅甸政治与奈温将军》，赵维扬等译，云南省东南亚研究所 1982 年版，第 192 页。

侵略者的民族主义运动。1944 年成立的"缅甸反法西斯人民自由同盟"则标志着缅甸的"民族国家构建又迈出了重要一步，联盟为团结民族力量，形成统一战线起到了十分重要的作用"①，而且最终为缅甸人民抗日斗争的胜利做好了政治上和组织上的准备。

第四，缅甸国家独立运动的尾声阶段。1945 年日本帝国主义的溃败和投降，缅甸人民的民族自尊心得到了很大提高，国家独立的决心空前增强。而英帝国主义却试图重返缅甸，"自从 1942 年撤出缅甸以后，英帝国主义就一直想卷土重来，恢复殖民统治"②。然而，"在缅甸国内，要求独立的呼声日益高涨，缅甸国内形势已经不允许英国殖民者的统治"③。昂山将军曾明确地指出："我们认为在大不列颠联邦内取得独立是下策，我们的前途要由我们自己来决定。"④ 昂山领导的"缅甸反法西斯自由联盟"为了实现民族解放和国家的最终独立，进行了不懈的努力和斗争，并要求尽快举行选举，并由民选议会制定符合人民期望的宪法。面对国家独立方法是用暴力或非暴力的问题，昂山坚定指出"这要根据情况而定，我们将果断行事"⑤，而且包括正规军和人民志愿军在内的缅甸人民，都喊出了"不能独立就要战斗"⑥ 的口号。在此形势下，英国殖民者再也无法违背历史前进的潮流，缅甸独立成为不可阻挡的趋势。1947 年 1 月，昂山等人赴伦敦，与英国签署的《昂山—艾德礼协定》⑦，虽然"在形式上承认了缅甸独立的权利"⑧，但却为缅甸独立奠定了基础。"1947 年 2 月，昂山等人与掸邦、钦族、克钦族代表在掸邦的彬龙镇签署了《彬龙协议》，使得除克钦族、

---

① 钟贵峰：《论缅甸民族国家构建》，《红河学院学报》2012 年第 6 期。

② 贺圣达：《缅甸史》，人民出版社 1992 年版，第 440 页。

③ ［缅］我缅人协会史编辑委员会：《我缅人协会史》，文学宫出版社 1976 年版，第 587 页。转引自祝湘辉《山区少数民族与现代缅甸联邦的建立》，世界图书出版公司 2010 年版，第 28 页。

④ ［缅］貌貌：《缅甸政治与奈温将军》，赵维扬等译，云南省东南亚研究所 1982 年版，第 231 页。

⑤ 同上书，第 248 页。

⑥ 同上书，第 249 页。

⑦ 《昂山—艾德礼协定》是 1947 年 1 月 27 日昂山与英国首相艾德礼在伦敦签署的。在该协定中，英国政府在形式上承认缅甸有完全独立的权利，承认山区少数民族在"自由同意"的基础上与缅甸本部统一的可能性，同意把拟于 1947 年 4 月举行的选举改为制宪会议选举。事实上，该协定并未规定缅甸独立的具体时间，因此英国军队可以继续留在缅甸。

⑧ 张旭东：《缅甸近代民族主义运动研究》，泰国曼谷大通出版社 2006 年版，第 175 页。

克伦尼族（克耶）之外的少数民族与缅族领导人就联合建国达成一致意见。"①《彬龙协定》为缅甸建立民族国家奠定了基础，虽然克伦族、克伦尼族未参加，但大部分少数民族毕竟与缅族共同签署了这份具有历史性意义的协定，这是缅甸民族国家构建的历史进程中的一个标志性的事件，也是民族国家建立的第一块也是最重要的一块基石。1947 年 7 月 19 日，昂山不幸遇害，这更加激发了缅甸人民无比高涨的民族主义爱国精神，独立的呼声更加声势浩大，英国政府最终不得不同意缅甸独立。1947 年 9 月 24 日，《缅甸联邦宪法》正式颁布，宣布"缅甸是一个拥有主权的独立的共和国"②，标志着缅甸国家的独立和主权的获得。

3. 民族对国家认同的实现

民族国家的本质特征，决定了一个国家要建立民族国家，就必然要实现民族认同与国家认同相统一。之所以称为民族国家，是因为民族国家的根本特征在于它的民族性。"民族国家的民族性要求实现民族与国家之间关系的协调和一致。但这种一致并非就是形式上的民族范围与国家范围的一致，而是本质上的一致，即民族认同于国家并因此而将国家当作自己的利益保障，从而使民族取得了国家的形式。"③ 综观世界上的民族国家，大多都是多民族国家，有的民族成分还较为复杂。一个国家在构建民族国家的历史进程中，逐渐把国内各民族整合成为统一的民族共同体，这就形成了国族。可以说，国族构建贯穿于民族国家构建的整个历史进程中，两者相得益彰，相互促进。在一个民族成分复杂的多民族国家中，主体民族与国族、少数民族与国族、各主体民族之间、主体民族与少数民族之间往往还存在一定的张力。但各民族为使民族利益有一个强大有力的保障，就需要一个坚固的政治屋顶。当建造一个政治共同体成为共识的时候，民族就将国家视为自己的国家，那么民族认同与国家认同就有效统一起来了。

1885 年底，英国最终吞并缅甸后，在政治方面，采取了"分而治之"的殖民政策。这种"分而治之"的殖民行政政策，是以地域为划分依据，

①　［缅］吴觉温等：《少数民族问题与 1947 年宪法》第 1 册，大学出版社 1990 年版，第 280 页。转引自祝湘辉《山区少数民族与现代缅甸联邦的建立》，世界图书出版公司 2010 年版，第 28 页。

②　The Constitution of the Union of Burma, Supdt. , Government Print. and Stationery, 1947.

③　周平：《对民族国家的再认识》，《政治学研究》2009 年第 4 期。

将缅甸分为两种类型分别进行统治:"一是缅甸中心区(缅甸本部),主要包括缅甸王朝曾经直接统治的那些平原地带,在这一地区建立了严密的'金字塔'形行政体系进行直接统治;二是缅甸本部周边的少数民族山区和掸邦地区,采取间接统治方法来控制当地的头人。"①英国殖民者的"分而治之""以夷制夷"的政策给缅甸的族际矛盾和冲突埋下了导火索,加深了缅族和少数民族的隔阂。不论是政治、文化还是经济,英国殖民者都人为地把缅族和少数民族对立起来了。政治上,英国殖民者"在缅族居住的地区实行直接统治,并先后实行一系列行政、司法制度的改革……在少数民族地区实行间接统治,基本上保留各民族原有的社会组织……维持当地民族上层原有的特权和地位,通过他们对少数民族实行控制和统治"②。"英国殖民者在少数民族间招募雇佣军,利用这支队伍去镇压缅族和其他各民族人民的反抗。"③而且,在"文化上,西方传教士在少数民族地区传播基督教,兴办学校,扩大了缅人和少数民族在宗教上的差异"④。此外,在经济上,英国殖民者对缅族地区实行经济发展,而对少数民族地区的经济发展却熟视无睹,缅族地区与少数民族地区的经济发展水平的差距不断扩大。由英国殖民者人为造成的族际摩擦、矛盾和冲突成为后来民族认同与国家认同相统一的障碍,这对民族国家构建的进程产生了严重的阻碍作用,并成为后来民族国家建设的绊脚石。

《彬龙协定》为民族对国家认同奠定了基础,而《联邦宪法》最终确保了民族认同与国家认同的统一。1947年2月的彬龙会议是一次民族和解的会议,与会各方通过了《彬龙协定》,由于克伦族和其他一些少数民族未参加签订,协定本身存在不完整性,但毕竟在很大程度上缓和了族际关系。《彬龙协定》被视为缅甸联邦的第一块也是最重要的一块基石,它"最终为新宪法的通过和国家独立铺平了道路"⑤,"缅甸人民习惯于把彬龙会议上表现出来的民族团结精神誉为'联邦意识'"⑥,后来这对于民族对

---

①　Robert H. Taylor, *The State in Burma*, C. Hurst & Company, London: Orient Longman Limited, 1987, p. 79.

②　祝湘辉:《山区少数民族与现代缅甸联邦的建立》,世界图书出版公司2010年版,第28页。

③　韦红:《东南亚五国民族问题研究》,民族出版社2002年版,第32页。

④　同上。

⑤　Matthew J. Walton, "Ethnicity, Conflict, and History in Burma: The Myths of Panglong", *Asian Survey*, Vol. 48, No. 6, November/December 2008, p. 889.

⑥　林锡星:《揭开缅甸神秘的面纱》,广东人民出版社2006年版,第18页。

缅甸联邦的认同产生了重要的影响。1947 年 9 月，制宪会议终于落下帷幕，一致通过了《缅甸联邦宪法》，宪法给予了少数民族权益更多的关注，还提出了民族平等和民族自决原则，虽然诸多条款和内容是各族相互猜疑、相互妥协的结果，虽然 "各少数民族很不情愿地与缅甸其他部分结合在一起，但最终以能够在联邦享有很大自治权为条件"① 同意建立统一的国家共同体。尽管这种联合是相当脆弱的，但也充分说明了除克伦族之外的其他少数民族与主体民族缅族对缅甸联邦的认同。至此，一个拥有主权、属于人民且得到各民族认同的国家诞生了，换言之，缅甸民族国家真正建立起来了。缅甸民族国家的建立，标志着缅甸民族国家构建进程的结束，同时也意味着民族国家建设进程的开始。

三　经济环境

缅甸民族国家建立之前的经济环境，可以追溯到英国入侵之前。英国殖民者入侵缅甸后，缅甸的经济基本上成为资本主义经济体系的附庸。当日本帝国主义统治缅甸后，缅甸的经济遭受了空前的浩劫。这些都对缅甸民族国家建设造成了极为严重的影响。

（一）英国入侵之前的基本经济情况

在英国殖民者入侵之前，缅甸是一个封建王朝国家，因而它的经济模式是典型的封建社会的农业生产模式，基本特点是自给自足的小农经济。在这种封建经济模式下，农业是缅甸经济的主体，也是最重要的经济部门。封建经济的性质决定了国家土地的私有制，由缅甸国王直接占有土地。在这种土地所有制和以农为本的经济形态下，小农始终是国家赋税的主要承担者，封建政府往往都会采取重农抑商的政策。因此，缅甸手工业和商业发展缓慢，而且长期受到封建政府的压抑和控制，只能作为自给自足小农经济的补充而存在。

封建王朝（贡榜）的缅甸农业发展水平比较低，生产力水平低下，生产工具简单，耕作方式粗放。稻谷是主要的农作物，当然也种植豆类、烟叶、玉米甘蔗等作物。上缅甸的生产力水平高于下缅甸，上缅甸处于

---

① Yash Ghai, *The 2008 Myanmar Constitution: Analysis and Assessment*, Unpublished Manuscript, 2008 - burmalibrary. org http：//www. burmalibrary. org/docs6/2008 ＿ Myanmar ＿ constitution—analysis＿ and＿ assessment-Yash＿ Ghai. pdf. Yash Ghai：1938 年出生于肯尼亚，联合国宪法顾问。

"铁犁农耕"时代，而下缅甸总体处于"木耙农耕"状况。造成这种格局的部分原因是上、下缅甸的自然地理环境的差异，下缅甸雨量充沛，土壤疏松，木耙耕地亦可，而上缅甸则不同，雨量较少，土质较硬，从而促进了铁犁和铁耙的广泛使用，而且农业水利灌溉得到了较好的发展，形成了由湖、塘、沟、坝组成的水利灌溉系统。"到19世纪初，灌溉面积约达到100万英亩，下缅甸当时还完全靠天吃饭。"[①] 由于缅甸地广人稀，人均耕地面积较多，"每平方公里还不到十个人"[②]，"人均生产粮食每年在1000市斤上下"[③]，可见，缅甸农民温饱不成问题。当然，有一些较为贫瘠的地区，水稻产量较低，如阿拉干地区"水稻亩产还不到150（市）斤，胶淳地区每亩水稻产量仅135斤，仙道卫也只有140斤左右"[④]。伊洛瓦底江三角洲土地松软而肥沃，产量较高，"水稻亩产一般为180—200斤，一些产量较高的地区，亩产可达到350斤到380斤"[⑤]。在当时的缅甸封建王朝国家，这个水平不算低，"他们（缅甸农民）的生活堪与大多数欧洲国家的农民相比"[⑥]。总之，缅甸封建王朝后期，农业生产取得了一定的发展，甚至在某些方面可以与欧洲国家相比，但是农业生产技术水平仍然较低，谈不上精耕细作，属于粗放式耕作，因而生产力水平总体不高。

缅甸封建王朝的手工业，主要是官营手工业，当然也有一些私营手工业和家庭手工业。矿业也与手工业一样，主要是官营矿业，实行"工官"制度。在贡榜王朝时期，造船、石油开采、金属开采等部门也取得了较好发展。19世纪初，"缅甸已经能够制造排水量为600—1000吨的大船"[⑦]，18世纪末，缅甸的石油开采已初具规模，19世纪左右"缅甸平均每年生产石油在7500—9000吨之间"[⑧]。贡榜王朝的矿石开采业也发展较快，特

---

① 贺圣达：《缅甸史》，人民出版社1992年版，第178页。

② 李晨阳：《军人政权与缅甸现代化进程研究》，博士学位论文，云南大学，2006年，第56页。

③ 贺圣达、辛竞：《英国入侵前的缅甸经济》，《东南亚》1986年第4期。

④ 《缅甸地名词典》上册，仰光，1880年英文版，第300—302页，转引自贺圣达《缅甸史》，人民出版社1992年版，第179页。

⑤ 同上。

⑥ 海伦·德拉基：《外国人所看到的缅甸》，印度新德里1964年英文版，第132页，转引自贺圣达《缅甸史》，人民出版社1992年版，第179页。

⑦ 贺圣达：《缅甸史》，人民出版社1992年版，第180页。

⑧ ［缅］吴登威：《1800—1940年缅甸经济的发展》，仰光，1962年英文版，第14页。

别是上缅甸的采矿业，规模还不小，最大的矿厂"矿工常不下数万人"①。其他如铜器制造、煮盐业均有一定的规模，几乎每家每户都从事棉织业和丝织业以自给自足。然而，由于行业的封闭性、目的单一性，严重束缚了缅甸手工业、矿业和其他行业的发展，以致手工业等行业缺乏生机活力和发展前景，使之仍然处于较低的发展阶段。

总体而言，缅甸封建王朝的经济水平较低，农业生产水平不高，手工业、矿业等行业仍然处于较低水平，而且手工业等仅仅是农业经济的补充。与此相关的是，以农业经济为基础作为封建统治阶级的政治中心发展起来的"城"规模较小，以工商业经济为基础作为商品交换中心发展起来的"市"则无从谈起。贡榜封建王朝的缅甸经济水平"不仅落后于当时的中国和日本，在对外贸易和商品经济的发展方面还不如邻国暹罗"②，此言可谓一语中的。

（二）英国殖民统治时期的经济情况

自1824年以来，英国殖民者对缅甸先后发动了三次战争，缅甸封建性质的经济形态逐步遭到破坏。随着1885年缅甸最终沦为英国的殖民地，缅甸自给自足的经济遭到彻底冲击，最终被沦为典型的殖民地经济，而且这是畸形的殖民经济形态。在被英国统治的60年中，资源丰富、物产丰饶的缅甸成为英国殖民者的原材料供应基地、商品销售市场，成为垄断资本恣意榨取利润的场所，还曾间接地被英国拖入了两次世界大战的旋涡，工农业、交通运输业均遭到了不同程度的破坏。当然，从另一方面看，英国统治下的缅甸经济像对外贸易等一些领域，却得到了较好发展，而且在一定程度上还促进了缅甸资本主义的萌芽和发展。

英国殖民者完全控制缅甸后，于1876年公布了下缅甸的《天赋法》，旨在鼓励农民开辟稻田，增加粮食生产。1875年下缅甸的稻田面积"只有238万英亩，1930年增至991万英亩"③，50年左右便增长了近4倍。随着稻田面积的不断增加，缅甸大米出口额增长很快，"1869

①　《清史稿·缅甸传》。

②　李晨阳：《军人政权与缅甸现代化进程研究》，博士学位论文，云南大学，2006年，第57页。

③　史晋五：《缅甸经济基本情况》，世界知识出版社1961年版，第1页。

年只有 40 万吨，1931 年增至 300 万吨"①，60 年左右增长了 7 倍多。到了英国殖民后期，缅甸成为世界上头号大米出口国，这充分表明缅甸农业经济的商品化发展程度比较高了，然而，其他作物的面积却没有相应地增加，这不能不归咎于英国殖民者的畸形政策。事实上，虽然稻田面积增加了，粮食生产增长了，但是农民的收入并没有增长，稻田的开垦并没有给农民带来实实在在的收益；恰恰相反，由于谷价低、剥削重，农民所开垦的稻田逐渐落入了殖民者手中。而且，缅甸大米出口的增长，并最终成为世界最大的大米出口国是靠缅甸人民降低消费来实现的。据统计，"战前缅甸大米年均出口量占总产量的 62%"②，这种状况是相当不正常的。另外，由于英国在缅甸农村地区大力培植亲英封建势力，"导致了缅甸农业生产方式极其落后，劳动生产率低下，束缚了农业生产力的发展"。③

为了掠取更多的资源和获取更丰厚的利润，在扩大稻米作业的同时，英国殖民者把投资重点转向了工矿业。缅甸的矿业部门完全被外国资本控制和垄断，"到 1914 年，英国资本在缅甸的投资已达 1500 万—1700 万英镑"。④ 大量的投资促进了工矿业的发展，"缅甸的钨产量居世界第二，铅产量为亚洲第一，铜产量居亚洲第四"⑤，石油也大量开采，前期增长较快，后期较慢，到 1940 年石油年产量达 3 亿加仑，比 1915 年仅增长了 0.5 亿加仑。为了更好地进行殖民统治和军事镇压，英国殖民者发展了交通运输业，不论是铁路还是内河航运都得到较快发展。铁路前期发展较快，后期发展缓慢，甚至发展停滞，"到 1914 年，铁路里程已达 2600 公里……相当于泰国（1120 公里）的两倍"。⑥ 到日本入侵前，"缅甸的铁路通车里程为 3314 公里……几乎被泰国（3130 公里）赶上"⑦，但令人悲叹的是，缅甸的铁路都被英国殖民者控制，没有一

①　史晋五：《缅甸经济基本情况》，世界知识出版社 1961 年版，第 2 页。
②　[缅] 貌素山：《缅甸经济统计评论》，仰光彬亚出版社 1969 年（缅文）版，第 321 页，转引自李宜融《论缅甸联邦政府对殖民地经济的改造（1948—1962）》，硕士学位论文，云南省社会科学院，1991 年，第 18 页。
③　同上书，第 15 页。
④　贺圣达：《当代缅甸》，四川人民出版社 1993 年版，第 125 页。
⑤　同上。
⑥　同上书，第 125—126 页。
⑦　同上书，第 129 页。

公里铁路是缅甸人所拥有和经营管理的。

在英国殖民时期，由于英国殖民者别有用心的殖民统治政策，导致了缅甸经济的畸形发展，原本自给自足的封建小农经济形态受到了商品经济的巨大冲击。粮食面积和粮食生产得到了增长，工矿业发展也较快，但是这种经济结构是畸形的。"缅甸经济部门之间发展严重失衡，整个国民经济严重倾斜与初级产品的生产与出口，经济机制完全缺乏维持自我增长的能力"①，英国殖民后期缓慢的增长可窥见一斑。在第一次世界大战和第二次世界大战期间，缅甸被间接地拖入了战争，成为英国战略物资的原料基地。缅甸为两次世界大战的胜利作出了很大贡献，这是值得肯定的，但是由于英国殖民者的压榨和剥削，缅甸人民的经济状况日益恶化，特别是20 世纪 30 年代的资本主义经济危机，使缅甸经济遭受了毁灭性的冲击。因此，在英国殖民统治对缅甸的经济发展的影响是复杂的，既有积极的建设性作用，又有消极不利的影响。总之，英国殖民时期的缅甸经济是典型的且畸形的殖民地经济形态，丰富的资源大量流失，经济存在严重的片面性和依赖性。可以说，英国殖民时期的缅甸经济成为"资本主义经济体系的附庸"②。

（三）日本殖民统治时期的经济情况

自 1941 年底日本帝国主义入侵缅甸，到 1945 年缅甸武装力量解放仰光，日本在缅甸的殖民统治历时三年。日本帝国主义侵略缅甸的主要目的之一就是企图掠夺缅甸的大米和矿产品等战略物资，以满足日本侵略军的战争之需。英国殖民者撤出缅甸后，日本帝国主义就控制了整个缅甸，实行军事化的垂直管理制度，以"没收敌产"的名义，将英国殖民者留下的全部资本、土地、工厂、矿山等全部接管为日本所有，全面控制了缅甸的经济命脉，到 1943 年，"已有 48 家日本大公司在缅甸登记、注册"③。当然，英国殖民者在撤出缅甸之前，能带走的都带走，带不走的就破坏，他们"主动摧毁了缅甸大多数工矿企业和交通运输设

---

① 李宜融：《论缅甸联邦政府对殖民地经济的改造（1948—1962）》，硕士学位论文，云南省社会科学院，1991 年，第 17 页。

② 同上。

③ 贺圣达：《缅甸史》，人民出版社 1992 年版，第 417 页。

施"①。英国殖民者这种"焦土"战术对缅甸经济的破坏相当严重。然而，无论英国殖民者留下多少"残羹冷炙"，最终都被日本殖民者"一口吞下"了。

日本帝国主义对缅甸经济的破坏相当严重，压榨手段多样，无所不用其极，比起英国殖民者来说，有过之而无不及。一则日本侵略者大肆掠夺缅甸丰富的资源和人民的财产。日本侵略者把"大米、棉花、石油、有色金属等，作为掠夺重点"②，大肆攫取，不计后果，如日本士兵为了摘桃子而砍掉农民的桃子树。而且，日本侵略者还滥发"军票"、储蓄券等，"发行既无黄金又无商品保证的占领区纸币，并用这种纸币支付给居民"③，以榨取缅甸人民的财富。据统计，"到1943年底，日本在缅甸发行的军票数额达5.6亿卢比，到1944年达到13亿卢比"④。二则日本帝国主义直接把缅甸纳入战争的轨道。如此一来，整个缅甸经济必须服从日本帝国主义战争的需要。日本殖民当局禁止缅甸大米"流往敌国"，使家庭工业和手工业适应日本军的需要，而且还强迫农民劳动。据统计，到1944年底，日本强迫征用的缅甸的"劳动力达80万"⑤，可谓是东南亚国家之最。

总之，日本帝国主义对缅甸的殖民统治虽然只有短暂的三年，但是由于日本帝国主义对缅甸的压榨和剥削是"全面的、无系统的、毫不顾后果的"⑥，缅甸因此而疮痍满目，缅甸经济遭受了空前的浩劫，这对后来缅甸的民族国家建设产生了极为严重的影响。

四　文化环境

如果说经济状况决定了一个国家的发展面貌，那么文化环境则可

---

① 李晨阳：《军人政权与缅甸现代化进程研究》，博士学位论文，云南大学，2006年，第61页。

② 贺圣达：《当代缅甸》，四川人民出版社1993年版，第139页。

③ ［苏］瓦西里耶夫：《缅甸史纲》，中山大学历史系东南亚历史研究室与外语系编译组译，商务印书馆1975年版，第511页。

④ ［缅］吴努：《日本占领时期的缅甸》，伦敦，1945年英文版，第86页。

⑤ ［英］V. 丹尼森：《英国在远东的军事行政，1943—1946》，伦敦，1956年英文版，第281页。

⑥ ［苏］瓦西里耶夫：《缅甸史纲》，中山大学历史系东南亚历史研究室与外语系编译组译，商务印书馆1975年版，第511页。

以铸就一个民族的风骨特性，可以说，文化是民族进步和国家发展的原动力。剖析缅甸的文化环境，有助于我们探讨缅甸民族国家建设和族际关系治理的价值取向，而缅甸步履蹒跚的民族国家建设和错综复杂的族际关系的症结，就在于民族国家建设和族际关系治理的价值取向的选择问题。因此，探讨缅甸的传统文化对本研究具有十分重要的意义。

　　缅甸素有"佛塔之国""千塔之国"的美称，可见佛教之光辉。缅甸传统文化在蒲甘王朝时期就开始形成了基本面貌，经过东吁王朝的传承和发展，到贡榜王朝时期就已经相沿成型。缅人在建立蒲甘王朝前，受到骠人与孟人的影响，从而使小乘佛教逐渐成为蒲甘王朝的宗教信仰，经过不断演化和发展，贡榜王朝时期佛教取得了长足的发展，而且王权对佛教的控制不断加强。当然，除缅甸人民信仰佛教之外，还信仰基督教、伊斯兰教、印度教和原始拜物教。"目前缅甸全国有88%的人信仰佛教，其中缅族人口中95%为佛教徒。5%的人信仰基督教，主要是克伦人和克钦人，其中，克伦族占2/3。3.7%的人信仰伊斯兰教，主要集中在若开邦。0.5%的人信仰印度教。原始拜物教和其他信仰者约占总人口的2%。原始拜物教的信仰者主要是克钦族和钦族。"① 可见，佛教据占据了主导地位，绝大多数的缅甸人民都信仰佛教。

　　由于"僧侣就是缅甸社会的知识分子、教师，寺院就是学校和教育场所"②，教育教学的主要内容自然就是佛教教义，当然，儿童也在寺院学习语言和算术。甚至，小乘佛教"不仅在缅族、孟族、掸族居住区广泛传播，还深入到钦族、克钦族等少数民族山区，其势力所到之处，每个村寨几乎都有一个寺庙"③。因此，以佛教为主导的文化构成了缅甸传统文化的整体框架和实质内容。僧侣在缅甸诸多方面的影响力很大，清末官员黄懋材因此而言之，"缅俗重佛，国家大事多取决于僧"④。可见，佛教和僧侣在缅甸历史发展进程中的作用是相当重要的，这就不难理解，在缅甸历史发展中的诸多重大事件中，僧侣发挥了重大作用。

---

① 覃圣敏主编：《东南亚民族》，广西民族出版社2006年版，第262页。
② 贺圣达：《缅甸史》，人民出版社1992年版，第203页。
③ 覃圣敏主编：《东南亚民族》，广西民族出版社2006年版，第262页。
④ 黄懋材：《西輶日记》。

　　自英国殖民者入侵到缅甸国家的独立，缅甸各方面都发生了巨大的变化，其中缅甸的宗教和文化发展是最为重要的特点之一。缅甸宗教和文化与缅甸国家的命运彼此关联，与政治经济的变化密切相关。"传统的小乘佛教由盛转衰，外来的宗教和文化的传播，无不与外国资本主义对缅甸的侵略相关。"① 由于英国殖民者采取别有用心的"分而治之"统治政策，人为地制造族际文化矛盾，使缅族与少数民族之间的文化差异不断扩大，缅甸的宗教与文化的变化显得更加复杂了。而且，英国殖民者的入侵，缅甸僧侣界的地位改变了，"英国当局对它不表示尊重，剥夺了它在佛教界的司法裁判权"②，甚至还剥夺了僧侣对学校和人民教育的垄断权，以欧式或混合式的世俗学校取而代之。因此，佛教僧侣不仅在精神上反对英国殖民者，而且在缅甸的政治上也发挥了重大作用。缅甸近代第一个民族主义组织——佛教青年会，开始就是以复兴佛教为宗旨的，并逐渐唤醒了缅甸各民族的政治觉悟。可以说，缅甸的民族主义，一开始就是佛教民族主义。在后来反抗殖民统治、争取民族解放和实现国家独立的斗争中，佛教僧侣积极参与，成为一支重要的力量。

　　在英国入侵之前，西方文化就开始传入缅甸，而且随着英国殖民侵略的步伐加快，西方传教士在缅甸的活动更加频繁、活跃，越来越深入少数民族地区进行传教。传教活动和殖民统治，使缅甸的佛教徒与非佛教徒之间的矛盾，以及教义之间的对立越发凸显。由于历史文化原因，佛教思想深入缅甸社会各阶层和社会生活的各个方面当中，可谓深沉而久远，深厚而弥坚。佛教思想价值取向已经成为缅甸人的待人处世、思想方法、风俗习惯的价值底蕴和精神实质之所在。在"扬善积德""慈悲为怀"等佛教思想的指引下，人与人之间的关系、民族与民族之间的关系的矛盾可以得到一定的消解，社会变得更加和谐，这些正是缅甸民族国家建设中所必需的。但是，佛教思想对国家发展的消极作用也不容忽视，正如有学者指出，"在东南亚地区，宗教虽不是导致懒惰的唯一和主要因素，但是持续性因素"③。而且，缅甸大量的寺庙修建、繁多的

① 贺圣达：《缅甸史》，人民出版社1992年版，第458页。
② ［苏］瓦西里耶夫：《缅甸史纲》，中山大学历史系东南亚历史研究室与外语系编译组合译，商务印书馆1975年版，第86页。
③ ［美］冯德麦登：《东南亚的宗教与现代化》，张世红译，今日中国出版社1995年版，第42页。

宗教活动和庞大的僧侣数量造成了人力、物力和财力的巨大浪费。由于传统佛教文化根深蒂固的影响，"缅甸人的佛教文化和价值体系已经僵化，外部世界要改变缅甸实在是太难了，传统文化已成为缅甸现代化建设的巨大障碍"①。综上所述，这些问题无疑对缅甸民族国家建设和族际关系治理造成了深刻的影响。

第二节　缅甸民族国家面临的族际关系

缅甸是一个多民族国家，民族构成和成分极为复杂多样，境内支系相当庞杂，民族林立，这种状况在各种因素的作用下，很容易产生各种各样的民族问题。缅甸在建立民族国家之前，其族际关系就比较紧张，族际矛盾比较突出，就其族际关系类型而言，可以划分为良性关系、中性关系和恶性关系三种基本形态。

一　主要民族概况

缅甸是一个多民族国家，民族构成相当复杂，民族成分甚是繁多，素有"民族熔炉"之称。据统计，缅甸人口约5140万②，其中"缅族约占总人口的68%，掸族占9%，克伦族占7%，若开族占4%，华人占3%"③。缅甸少数民族占全国总人口的1/3，而且居住区域占了缅甸国土面积的一半左右，民族问题具有特别重要的意义。民族问题是1948年缅甸独立以来，长期困扰中央政府的一个主要问题。它影响着缅甸民族国家的历史构建，也影响着以后的族际关系治理，而且还一直影响着整个民族国家建设的历史进程。

根据1983年缅甸政府公布的民族情况，全国民族有8大支系，各支系再分若干种，共有135个民族（见表1）。

---

① 李晨阳：《军人政权与缅甸现代化进程研究》，博士学位论文，云南大学，2006年，第52页。

② 2014年3月29日至4月10日，缅甸举行了时隔30年来首次人口普查，根据普查的初步结果显示，当前缅甸总人口数为5140万，这一数字与1983年缅甸人口普查数据相比少了900万左右。

③ Deedar Hussain Shah，"Specific Economic Highlights of Myanmar"，*Asia Pacific*，*Research Journal*，Vol. 24，2006.

表 1　　　　　　　　　　缅甸各支系及民族一览表①

序号	支系	民族
1	孟族 1 种	孟
2	若开族 7 种	若开、克曼、卡密、岱奈、玛尔玛基、谬、德
3	克耶族 9 种	克耶、泽仁、克延、给扣、给巴、巴叶、玛努玛诺、茵达莱、茵道
4	缅族 9 种	缅、土瓦、丹老、约、耶本、克都、格南、萨隆、蓬
5	克伦族 11 种	克伦、白克伦、勃雷底、孟克伦、斯戈克伦、德雷勃瓦、勃姑、勃外、木奈勃瓦、姆勃瓦、波克伦
6	克钦族 12 种	克钦、克尤、德朗、景颇、高意、克库、杜茵、玛育、耶湾、拉希、阿济、傈僳
7	掸族 33 种	掸、云、桂、频、达奥、萨诺、勃雷、茵、宋、卡姆、果、果敢、坎地掸、贡、当尤、德努、伯朗、苗、茵加、茵奈、小掸、大掸、拉祜、仿拉、茵达、艾对、伯奥、傣仿、傣连、傣龙、傣雷、迈达、木掸
8	钦族 53 种	钦、梅台、克岱、萨莱、克林都鲁些、克米、奥瓦克米、阔挪、康梭、康塞钦、卡瓦西姆、孔立、甘贝、贵代、阮、西散、辛坦、塞丹、扎当、佐通、佐佩、佐、赞涅、德榜、铁定、德赞、达都、多尔、定姆、诺、那加、丹都、玛茵、勃南、玛甘、玛乎、米延、米埃、门、鲁鲜鲁些、雷谬、林代、劳都、莱、莱佐、巴金姆、华尔诺、阿努、阿南、乌布、林杜、阿休钦、养突

　　缅甸人口最多的主体民族——缅族（Bamar），约占总人口的 2/3，大都居住在伊洛瓦底江中下游和三角洲地带。缅族所居住的这些区域自然条件好，物产丰饶，交通便利。缅族除了人口众多、分布广泛、聚居在富饶且经济社会发展水平相对较高的区域，还在缅甸历史上具有重要的影响力。"由于民族众多，且在地里上高山大河的阻隔，缅甸自古很难形成一个强大的中央集权国家"②，但缅族却多次建立统一全缅甸的王朝国家，

①　根据 1931 年英国殖民者统治缅甸时期的人口调查，把缅甸人民划分为 13 个民族、135 支系。缅甸独立后，政府一直并未进行过全面的民族普查，而在 1983 年政府宣布缅甸境内主要有 8 大族群、135 个民族。缅甸政府的这种划分是把 8 大族群的各个支系作为独立的民族来计算的，钦族所列出的 53 个民族不仅包含钦族各支系，也把"那加族"列入其中，克钦族所列的 12 个民族中把景颇族、傈僳族也划入其中，掸族所列出的 33 个民族中把佤族、布朗族等属于孟—高缅语族的民族也划入其中，甚至把果敢族也列入其内。然而，缅甸政府的这种划分与中国的学者的研究存在一些出入，对于傈僳族划入克钦族、果敢族划入掸族的做法，中国知名的民族史专家王文光教授对此持不同的意见，笔者完全赞同王文光教授的观点。另外，根据一些学者的研究，按语言谱系分类，即汉藏语系的民族、南亚语系孟高棉语的民族及南岛语系马来语的民族三类，缅甸民族约有 50 个，这也是当前中国大多数东南亚学者的意见，从民族学来看，这种划分更切合缅甸民族的实际状况，如缅甸政府划分的克伦族支系中的白克伦、孟克伦、斯戈克伦和波克伦认为他们是克伦民族。

②　韦红：《东南亚五国民族问题研究》，民族出版社 2003 年版，第 29 页。

如蒲甘王朝（1044—1287）、贡榜王朝前期（1752—1823）。而且，"20世纪初出现的反抗英国殖民统治的缅甸民族主义运动，是由缅族发起并占据了主导地位"。① 由于缅甸与印度相连，缅族受到印度文化的影响，缅族人多数信奉佛教，可以说缅族文化和伦理思想均被佛教思想打上了深深的烙印。总之，现实的优势和历史的底蕴，使缅族自然地成为缅甸众多民族中影响最大、实力最强的民族。

撣族（Shan）是缅甸的第二大民族，自称"傣"或"泰"族，是一个国际性的民族，"缅甸撣族、泰国的泰族、中国的傣族、印度的阿萨姆邦的阿洪姆族人都是同一个民族"②。撣族有自己的语言，属于"汉藏语系壮侗语族壮撣傣语支"③。撣族占缅甸总人口的近1/10，目前接近600万人口。有一半的人口聚居在缅甸北部的撣邦境内，其他的则散居和杂居在克钦邦、克耶邦、实皆省和克伦邦内。历史上，撣族与缅族常常发生战争，而且到缅甸完全被英国殖民者统治前，争斗依然不断。虽然如此，但撣族与缅族的联系和交往始终没有中断，而且撣族人的生产和生活方式还与缅族甚为相似。甚至，撣族的宗教信仰也与缅族基本相同，有"95%以上的人口信仰佛教"④。

克伦族（Kayin）是缅甸的第三大民族，人口约400万，有11个亚支系。克伦族有1/3聚居在克伦邦，这些克伦族人被称为"山区克伦"，其他克伦族人则与孟族和缅族杂居，统称为"平原克伦"。如果细分，与孟族杂居的克伦族又被称为"波克伦"，与缅族杂居的则被称为"斯戈克伦"。由于克伦族在历史上常常受到撣族、孟族、缅族等民族的欺凌或征服，因此民族意识和民族认同感十分强烈。克伦族是未加入1947年《彬龙协定》的主要少数民族之一，这对缅甸民族国家的历史构建影响很大，而且还深刻影响着民族国家建设和族际关系治理。

若开族（Rakhine）是缅甸的第四大民族，旧称阿拉干族，占缅甸总人口的4%，人口200多万，共有7个亚支系。若开族主要聚居在若开邦

① Ardeth Maung Thawnghmung, *The "Other" Karen in Myanmar: Ethnic Minorities and the Struggle without Arms*, Rowman & Littlefield Publishing Group, Inc. , 2011, p. 34.
② 陈真波：《独立以来缅甸民族关系研究（1948—1998）》，博士学位论文，云南大学，2008年，第17页。
③ 贺圣达、李晨阳编著：《列国志·缅甸》，社会科学文献出版社2009年版，第73页。
④ 同上。

境内，大都是沿海地带。对于若开族的起源，20世纪50年代有两种争论：一则是"自由同盟坚持若开族为缅族近支"，因此，"缅甸政府在1953年的人口调查中，把若开行政区的若开族人作为缅族一起统计"；二则是"'若开民族团结组织'则坚持若开族系西利安族与本地土著人的混血种"。① 事实上，若开族存在上述争论的两种分支。若开族大都信仰佛教，少数人信仰伊斯兰教和印度教。若开族的生产生活方式、风俗习惯与风土人情与缅族基本相同，而且文字还采用缅文。

孟族（Mon）是缅甸的第五大民族，人口约180万，约占缅甸总人口的3%，亚支系单一，大部分居住在"下缅甸平原地区的孟邦、克伦邦、德林达依省、勃固省、仰光省以及在伊洛瓦底江三角洲与缅族杂居"②。孟族是缅甸少数民族中建国最早的民族，具有悠久和灿烂的文化，"曾在缅南建立过许多王朝，并和缅族进行过多次战争，数度为缅族所灭亡"③。孟族文化深刻地影响着缅甸文化，是缅甸主流文化十分重要的组成部分。孟族有自己的语言，属于南亚语系，但在日常社交活动中缅语使用十分广泛，仅在聚居区的孟族人还在保持和使用自己的语言。大部分孟族人信仰佛教，所建寺院和佛堂的结构和样式与缅族基本相同，而且经济生活也与缅族一样。一直以来，孟族的农业、手工业发展水平并不比缅族逊色。

克钦族（Kachin）是缅甸的第六大民族，人口约占总人口的2.5%，约150万人。克钦族自称"景颇族"（与中国云南省的景颇族属同一民族），缅族人称为克钦族。克钦族大部分聚居在被称为"缅甸北大门"的克钦邦，以及分布在钦敦江上游和伊洛瓦底江上游一带。由于克钦邦有大片森林，以山区为主，交通阻塞，农业生产落后，生产力低下，工业发展水平更是落后，只有一些传统手工业的工艺水平比较高，如竹器的编制是比较有名的。由于自然地理环境比较恶劣，造就了克钦族人勇猛彪悍的性格，一些地方甚至还有原始部落的影子。

钦族（Chin）是缅甸的第七大民族，支系繁多，有53种亚支系，人口约100万，是一个"横跨缅、印、孟三国国境的民族"④。钦族一般可

---

① 史晋五：《缅甸少数民族地区的政治经济情况》，世界知识出版社1960年版，第91—92页。

② 贺圣达、李晨阳编著：《列国志·缅甸》，社会科学文献出版社2009年版，第75页。

③ 史晋五：《缅甸少数民族地区的政治经济情况》，世界知识出版社1960年版，第105页。

④ 贺圣达、李晨阳编著：《列国志·缅甸》，社会科学文献出版社2009年版，第76页。

以分为两部分，"一部分住在缅甸西北的钦族特别区；另一部分则分布在伊洛瓦底江以西，自卑谬至上亲敦一带和缅族混杂居住"①。钦族有自己的语言和文字，属于汉藏语系藏缅语族景颇语支，但是使用范围十分有限，而且山区的各部落、各村寨之间连"鸡犬之声"都难相闻，更不要说是互相往来了，以至于语言、风俗差异很大。在缅甸本部的钦族人大多信奉佛教，山区人则多数信奉鬼神或拜物教，少数上层分子信奉佛教或基督教。由于钦族地区地形崎岖，山岭重叠，森林茂密，交通不便，条件恶劣，钦族人的政治、经济、文化各方面都比较落后。

克耶族（Kayah）是缅甸的第八大民族，原称克伦尼族（1951 年改名至今），人口不多，只有 20 多万。克耶族人主要居住在缅甸东部和东北部的克耶邦和克伦邦境内，有 9 种支系。克耶族与克伦族是兄弟民族，语言相通，习惯相似，但由于曾经的克耶邦统治阶层的坚决否认，它从此未与克伦族合并建邦。克耶族大都信仰佛教，而且历史相当久远。

二　族际关系类型

缅甸是一个多民族国家，境内支系庞杂，民族林立。历史上，缅甸的族际关系就比较紧张，族际矛盾比较突出。在封建王朝，少数民族如掸族、若开族和孟族等民族都建立过自己的王朝国家，争雄一时，霸据一方。缅族虽然是主要民族，而且还曾统一过整个国家，建立过蒲甘王朝、东吁、贡榜王朝，但是由于高山大河的阻隔，以及"各民族社会经济的不同步，在政治、文化、经济上都有较大差异，缅族与少数民族之间存在不同程度的民族矛盾和隔阂"②。因此，缅甸始终未形成一个中央集权的王朝国家，而且这种统一并不稳定。自古以来，缅甸不同规模的族际战争层出不穷，屡见不鲜。随着英国殖民者的入侵并吞并整个缅甸后，英国殖民者对缅甸采取了"分而治之""以夷制夷"的政策，在政治、经济、文化和社会各层面都人为地制造族际矛盾。由于英国殖民者挑拨离间，缅甸的族际矛盾更加凸显，族际冲突成为常态，甚至还滋生出可怕的族际仇恨。为了在分析中起到提要钩玄的效果，笔者把缅甸纷繁复杂、交织错乱

---

① 史晋五：《缅甸少数民族地区的政治经济情况》，世界知识出版社 1960 年版，第 81 页。
② 祝湘辉：《山区少数民族与现代缅甸联邦的建立》，世界图书出版公司 2010 年版，第 28 页。

的族际关系分成良性关系、中性关系和恶性关系三种类型。

（一）良性关系

缅甸的少数民族，特别是山区少数民族的族际关系可以归为良性关系。在历史上，这些少数民族之间的争斗相对而言并不激烈，而且它们是"鸡犬相闻"，却往来不多，有的甚至是"鸡犬之声难相闻"，交往联系更是无从谈起。这些山区少数民族大都过着日出而作、日落而息的生活，这种与世无争的山区田园生活总体是比较和谐的，较少发生族际纷争。随着缅族的统治剥削和后来英国殖民者的殖民统治，山区少数民族加强了彼此的联系，也加强了团结和合作。

首先，若干独立的地理单元使山区少数民族的族际纷争较少。关于缅甸的自然地理环境，前已论及。克钦族与钦族主要分布在北部和西部高山地区，掸族和克耶族主要聚居在东部的掸邦高原地带，克伦族与孟族则居住在德林达依山脉和海洋之间的狭小沿海平原，"斯戈克伦"则在中部平原区域散居。这种马蹄形状的地形地貌和高山大河的阻隔，缅甸被分割成几个独立的地理单元，这给山区少数民族的交往和联系带来了极大的不便，历史上它们的族际纷争自然就不多。

其次，反抗缅族统治的一致立场促进了山区少数民族的联系。在封建王朝的缅甸，缅族建立的政权并没有形成高度的中央集权制度，政治结构颇为松散。国王一般对以首都为中心的周边区域采用直接统治的方式，对于其他外围区域由王公贵族进行统治，偏远的少数民族地区则扶植当地的头人或山官进行统治。这种间接的统治方式是比较脆弱的，只是在形式上维持了中央政权与少数民族山区之间的臣属关系。一旦中央政府发生危机或战争，这些边远的山区少数民族就会反抗缅族的统治，争取民族的独立。当缅族国王派兵镇压的时候，这些山区少数民族往往团结起来共同抵抗缅族的军队。此外，19世纪初，缅甸各少数民族农民不堪忍受国王的残酷压迫，还爆发了多次起义。由于反抗缅族统治和镇压的共同理念和立场，这些山区少数民族的联系得到了加强，彼此的关系更加紧密。

再次，反抗英国的殖民统治使山区少数民族更加团结。英国殖民者自1824年开始入侵缅甸，并发动三次英缅战争，最终吞并了缅甸。英国殖民者在缅甸本部和山区少数民族地区建立了殖民统治，攫取物质利益，给缅甸本部和山区带来了流血和屈辱。英国殖民者对缅甸采取"分而治之"的政策，对山区少数民族进行间接统治。唯一不同的是，英国殖民者保留了克耶族相对独立的地位，但是这种相对独立性是十分有限的。这种"分而治之"政策目的更多的是挑拨缅族与少数民族的矛盾，主要不在于挑拨少数民族之间的矛盾。英国殖民者对缅甸的侵略引起了缅甸人民激烈的反抗，"上下缅甸的反英斗争此起彼伏，虽然缅甸人民的反抗运动失败了，但加强了缅甸民族认同意识"①，而且还进一步加强了山区少数民族之间的团结和合作。

最后，共同的利益诉求使少数民族的关系更加紧密。1947年召开彬龙会议前几天，克钦族代表与掸族举行双边会谈，克钦族表明了政治态度，即先与缅甸本部合作，共同斗争争取独立，独立后必须取得与民族相同的权利，而且"保证有分离权后，再考虑与缅甸联合"②。掸族代表表示支持克钦族建邦等政治要求，还表示"《昂山—艾德礼协定》与掸族和克钦族无关"③。此外在彬龙会议期间，钦族、掸族和克钦族召开了三方会谈，确立了少数民族联合的原则。钦族代表处于本民族力量太弱怕得不到平等的民族权利，倡议掸族、克钦族和钦族代表组建山区联合最高委员会（Supreme Council of the United Hill Peoples，SCOUHP）。该组织成立后，代表整个山区少数民族与缅族领导人进行谈判。在彬龙会议期间，少数民族出于共同或相似的利益诉求，确立了少数民族联合的原则，它们之间的关系更加紧密了。

（二）中性关系

缅族是主体民族，它与各少数民族之间的关系，是缅甸族际关系中最重要的内容之一。缅族与掸族、缅族与钦族、缅族与克钦族、缅族与孟族的关系虽然时好时坏，偶有起伏，但总体而言，缅族与上述四个少数民族的关系可以归结为中性关系。自贡榜王朝开始时，缅族与掸族、钦族、克钦族、孟族之间也曾偶尔有过战争，但在反抗英国殖民统治、争取民族解放和实现国家独立的斗争进程中，缅族与它们之间为国家的独立而一度团结作战，而且在国家独立前，这四个民族同意与缅族合作加入缅甸联邦。

　　①　张旭东：《缅甸近代民族主义运动研究》，泰国曼谷大通出版社2006年版，第48页。
　　②　祝湘辉：《山区少数民族与现代缅甸联邦的建立》，世界图书出版公司2010年版，第28页。
　　③　［缅］吴觉温等：《少数民族问题与1947年宪法》第1册，大学出版社1990年版，第253页，转引自祝湘辉《山区少数民族与现代缅甸联邦的建立》，世界图书出版公司2010年版，第123页。

可以说，上述四对关系大致属于中性关系。

1. 掸族与缅族的关系

掸族与缅族在历史上和文化上的联系相当密切，宗教信仰、风俗习惯和饮食起居大体相同。历史上，掸族与缅族之间发生过民族战争，彼此之间也曾有民族仇恨。1287 年蒲甘王朝衰落后，掸族趁机夺取政权，建立了因瓦王朝，而且还统治缅甸长达 250 年之久。后来，缅族的东坞王朝崛起，掸族王室被迫向东坞王朝进贡，但东坞王朝势衰时，"掸、缅两族便经常发生战事"[①]，在 19 世纪 70 年代英国殖民者入侵下缅甸时，"掸邦北兴威（登尼）地区土司（缅甸联邦第一任总体苏瑞泰夫人的祖父）曾与缅王敏东大动干戈，互相杀戮"[②]。然而，随着上下缅甸抗英斗争民族主义的兴起，掸族与缅族一道组织反英斗争。在第三次英缅战争爆发之前，掸族的宗教和政治方面的领导人马延昌法师，曾与贡榜王朝的末代国王锡袍合作，在下缅甸领导组织了有一定规模的反抗行动。1885 年底，"马延昌法师的军队攻击了很多地方，一支部队切断了第悦达玫（Thay-ethamein）的电话线，另一支部队占领了比林（Bilin）"，而且还"袭击了锡当地区的首府瑞真"。[③] 马延昌法师领导的具有重大影响力的抗英斗争运动，是与国王锡袍合作的，面对帝国主义的侵略，掸族和缅族在一定程度上抛开了历史上的战争宿怨和仇恨，同仇敌忾，协同作战。20 世纪 30 年代，缅甸各族人民与英国殖民者之间的矛盾日益尖锐，缅甸人民为了国家的独立和民族的解放进行了不屈不挠的斗争，尽管遭到英国殖民者血腥的镇压，"但它无法阻挡缅甸人民解放斗争的洪流滚滚向前"[④]。掸族农民领袖"咖咙王"萨耶山领导的轰轰烈烈的起义也一度得到缅族人的支持。

在建立缅甸联邦前，掸族主要有两派，一是土司，二是掸邦独立总会。掸族土司与自由同盟在宪法上存在一定的分歧，主要体现在联邦与地方的分权方面，而掸族土司与掸邦独立总会也存在冲突，主要体现在掸邦的邦政府的组建方式方面，其"实质是掸邦内部的分权问题，即代表人

① 史晋五：《缅甸少数民族地区的政治经济情况》，世界知识出版社 1960 年版，第 9 页。
② 同上书，第 10 页。
③ 张旭东：《缅甸近代民族主义运动研究》，泰国曼谷大通出版社 2006 年版，第 48 页。
④ 中山大学东南亚历史研究所：《缅甸简史》，商务印书馆 1979 年版，第 58 页，

民群众的独立总会与封建上层土司之间的利益分配"①。吴努为了双方的分歧不影响缅甸联邦的建立，从中做了调停，掸邦委员会采取了吴努的意见，通过了吴羌通草案，其中"民族院代表掸邦的全体议员全部由掸族土司担任，但土司不得担任人民院议员"②。事实上，这是为了民族团结而临时采用的权宜之计，但在很大程度上弥合了双方的分歧，并为掸族最终加入缅甸联邦奠定了基础。可见，在建立缅甸联邦的过程中，掸族与缅族的关系进一步调和了。然而，独立后的内战爆发，掸族也卷入了反政府斗争。"1957 年部分掸族土司在腊戍发动数万人的示威游行，要求保留土司制度"③，而且随着奈温政府对土司制度的废除，导致一些土司武装公然对抗政府，如金三角大毒枭坤沙。缅甸独立后，掸族与以缅族为主的中央政府的矛盾和冲突是后话，本书将在后面缅甸族际关系治理的论述中作详细剖析。

2. 钦族与缅族的关系

钦族大致有两部分，一部分居住在缅甸西北部的钦邦；另一部分则散居在伊洛瓦底江以西，大都与缅族混杂居住。居住在缅甸本部的钦族，长期与缅族杂居，生产方式、社会情况、民俗风情与缅族大致相同。但山区钦族在政治、经济和文化各方面都比较落后。在历史上，钦族的山地农业经济对缅甸王朝国家的经济来说可谓是微乎其微，加上钦族人口很少，缅族与钦族之间的族际纷争不多，几乎没有发生过有规模的冲突，因此历史宿怨和仇隙便无从谈起。在后面的反英斗争运动和后面国家独立的相关事宜中，钦族对缅族的合作态度是比较积极的。

钦族人民素有反抗外来侵略的光荣传统。第三次英缅战争后，英国殖民者试图占领钦山地区，但遭到钦族人民长达 10 年（1886—1896）的英勇抵抗。随着缅甸民族主义运动的开展，钦族与缅族等民族合作共同反抗英国殖民者。1937 年，印缅分治计划"对缅甸人民的意见全然置之不理，激起了全国的极大义愤"④。反帝的烈火在缅甸燃烧起来，在组建缅甸军

① 祝湘辉：《山区少数民族与现代缅甸联邦的建立》，世界图书出版公司 2010 年版，第 143 页。

② The Constitution of the Union of Burma, Supdt. , Government Print. and Stationery，1947，第 154 条第 2 款。

③ 王介南、王全珍：《缅甸》，重庆出版社 2007 年版，第 154 页。

④ ［苏］瓦西里耶夫：《缅甸史纲》，中山大学历史系东南亚历史研究室与外语系编译组合译，商务印书馆 1975 年版，第 318 页。

队过程中，招募了大量钦族人民，到后来军队中到处都有钦族士兵，从此"钦邦成为政府军的重要兵源地"①，而且在后来新军人政府中，"历次围剿反政府武装战斗中，（钦族士兵）充当主力"。②

在国家独立前，对昂山等人来说，很多少数民族问题的解决都是相当棘手的，但"钦族的问题是最容易处理的"③。钦族只是担心加入缅甸联邦后民族权益会受到忽视或者损害，还曾因此与掸族、克钦族一道筹建了山区联合最高委员会。1947 年 6 月 27 日，自由同盟与钦族代表举行非正式会谈后，双方达成了加入联邦的相关协议，昂山随后宣布"双方达成协议建立钦族特别区，并保护他们的宗教信仰和风俗习惯"。④ 其他问题，如钦族宪法的制定和钦族事务委员会的设立均得到了满意的解决。钦族对加入缅甸联邦问题是持积极态度的，在众多少数民族中，钦族与缅族的冲突和摩擦最少。

3. 克钦族与缅族的关系

据一些学者研究，克钦族不是缅甸世居民族，"克钦一词最早见于缅甸 1442 年的瑞喜宫塔碑"⑤。据传说推测，克钦族祖先原居住在中国青藏高原东部，澜沧江和怒江源头与四川交界的丘陵一带，在公元 1500 年前后分三大批进入缅甸。⑥ 由于克钦人勇敢彪悍、豪爽侠义、疾恶如仇，若受欺凌，必兵刃相见。英国殖民者吞并缅甸时，克钦族人民曾英勇抵抗十余年，后来很多克钦青年被诱骗为英国殖民者当兵，作为统治缅甸的工具。在"分而治之"的政策下，英国殖民者成立了"边区行政区"作为管理克钦及钦山区行政事务的机构。在英国殖民者统治时期，克钦族与缅族并未发生什么较为明显的族际冲突和战争，可以说克钦族与主体民族缅族的历史恩怨比较少。

随着民族主义独立运动的开展，缅甸本部正在进行如火如荼的斗争，而此时克钦族也备受鼓舞，独立意愿逐渐明朗，且日益强烈，开展

---

① 王介南、王全珍：《缅甸》，重庆出版社 2007 年版，第 59 页。
② 同上书，第 60 页。
③ 祝湘辉：《山区少数民族与现代缅甸联邦的建立》，世界图书出版公司 2010 年版，第 161 页。
④ 同上。
⑤ 王介南、王全珍：《缅甸》，重庆出版社 2007 年版，第 156 页。
⑥ 参见陈真波《独立以来缅甸民族关系研究（1948—1998）》，博士学位论文，云南大学，2008 年，第 19 页。

政治运动与缅甸本部遥相呼应。钦族民族运动领导人吴温都貌率领钦族爱国青年与缅族民族运动领导人密切配合，团结抗敌。后来克钦族成立了一些政治组织，如自由同盟的克钦分部、克钦独立总会、人民文化进步会等组织。成立于1939年的人民文化进步会颇具影响力，其宗旨就是反对英国殖民统治，争取建立独立的现代化克钦族国家。日本帝国主义溃败投降后，该组织重新组建，宗旨也发生了变化，改为"与缅族合作，反对英国政府实施山区委员会制度"①。自由同盟克钦分部和克钦独立总会的成立离不开昂山的积极努力，因此这两个组织与以缅族为主要力量的自由同盟的关系非同一般。克钦独立总会的领导人苏唐拉貌因为他与昂山的友好关系，以及他为积极促进克钦族与缅族的团结合作所做的努力和贡献，还被称为"克钦族昂山"。

1946年9月，昂山等主要领导人成立了新的行政委员会，少数民族事务大都由行政委员会接管并处理。昂山提出了有利于民族平等和团结的措施，并利用机会主动与克钦族领导人进行交流，而且他还对克钦族群众发表演说："克钦族同胞们，我一向把克钦人看作亲兄弟，怀有很深的感情。这一点问一问你们的领导人就知道了。我不光是在口头上，而且在行动上也是支持克钦族的。你们独立的克钦军队就是我努力促成建立的，是我和盟军在东南亚战区司令蒙巴顿在康提签订的条约建立的。"② 此外，昂山还表示要对克钦族进行经济援助。由于昂山的人格魅力、友好态度和务实精神，赢得了克钦族人民对他的信任和支持。克钦族人摒弃了以前的隔阂和误解，最终决定与缅族人民团结协作，参加了彬龙会议并签订了《彬龙协定》。虽然克钦族对共同建立国家共同体方面还存在一些分歧，但是它与缅族共同建国的态度是众多少数民族中最为积极的。

4. 孟族与缅族的关系

孟族是缅甸最为古老的民族之一。"在缅族进入缅甸之前，孟人曾占据了缅甸中部、南部的大部分地区"③，后来由于缅族人和掸族人以及素可泰的强大，孟人在逐渐离开中部和南部，到以直通为中心的地区居住。

---

① 祝湘辉：《山区少数民族与现代缅甸联邦的建立》，世界图书出版公司2010年版，第102页。

② 同上书，第105—106页。

③ 钟智翔主编：《缅甸研究》，军事谊文出版社2001年版，第53页。

由于大部分孟族与缅族混杂居住，孟族逐渐被缅族所同化，当然孟族文化也深深影响了缅甸文化。在缅甸南部，孟族建立过许多王朝，并且与缅族进行过多次战争，数度被缅族所灭。孟族王朝曾于1058年被缅族蒲甘王朝所征服，200多年后又重建了地方割据政权——勃固王朝，1539年又被东吁王朝所灭。可以说，在古代，孟族与缅族的宿怨仇恨是比较深的。

英国入侵缅甸后，缅王战败把丹那沙林地区割让给英国，于是，孟族又受到英国殖民者的压迫和奴役，可谓是命运多舛。在英国殖民统治时期，"孟族在政治上几乎没有什么活动"[1]，可以说它们与缅族的交往也不多，与缅族的历史恩怨也逐渐淡忘。第二次世界大战的爆发，孟族的上层人士受国际反法西斯和缅族争取民族解放运动的影响，开始投身于政治活动，成立了第一个政治性组织——孟族联合会，作为"孟人总会"的下属组织，其宗旨是"发扬孟族的固有文化和团结全缅孟族争取自治"，并表示"愿成为自由同盟属下的组织之一，并和其他民族一起争取缅甸独立"[2]。孟族联合会的领导人"莱波哥与昂山、奈温在30年代就已经相识，并且关系密切"[3]，正因如此，吴漆丹在1947年当选为孟人总会主席后，将莱波哥和孟族联合会开除出孟人总会。之后，莱波哥继续加强与自由同盟的联系，但是由于孟族联合会影响力太小，并没有受到昂山等人的重视，而且自由同盟对于孟族应有的权利也不够重视。甚至，1947年昂山召开的彬龙会议居然没有邀请孟族代表参加，同年召开的制宪会议也未提孟族自治问题，而且只有两名与自由同盟关系紧密的孟族代表当选为制宪会议代表。自由同盟如此对待孟族问题，这引起了孟族人的担忧和不满。孟族政治家们对此相当失望，并且"开始怀疑昂山领导的反法西斯人民自由同盟并不希望保护孟族的权利"[4]。昂山不幸遇刺后，"孟族代表向吴努提出，'保存孟族文化、保证孟族宗教权利和孟族自治'的要求，但均被吴努拒绝"。[5] 在孟族联合会的号召下，孟族聚居区的人民聚集爆发了较大规模的要求孟族自治的示威游行。在缅甸国家独立前不久，孟族

① 史晋五：《缅甸少数民族地区的政治经济情况》，世界知识出版社1960年版，第106页。

② 同上书，第107页。

③ 陈真波：《独立以来缅甸民族关系研究（1948—1998）》，博士学位论文，云南大学，2008年，第71页。

④ 同上。

⑤ Ashley South, *Mon Nationalism and Civil War in Burma*, the Golden Sheldrake, New York：Routledge Curzon, 2003, p. 105.

人还成立了孟族联合阵线（MUF）、孟族自由联盟（MFL）。总体而言，在缅甸民族国家建立前，孟族与缅族的关系并未十分紧张，而且也没有发生战争冲突，然而，由于昂山等人对孟族权利的忽视，以及后任领导人吴努并未正确对待和妥善处理族际危机，孟族与缅族的中性关系在国家独立后很快朝恶性关系发展。

5. 克耶族（克伦尼族）与缅族的关系

克耶邦是缅甸少数民族中建邦最早，也是最小的一个邦。1875 年英国殖民者占领下缅甸后，迫使贡榜王朝承认克耶邦独立，从而结束了克耶邦与贡榜王朝的朝贡关系。1885 年英国吞并全缅甸后，采取"分而治之"的统治政策，继续把克耶邦视作名义上的独立邦，而且还与克伦尼以协议的形式保证其"独立"，"1892 年英国殖民者与克伦尼签订协议，保证克伦尼西部四个区的独立地位"[①]。英国殖民者撤出缅甸，日本帝国主义统治缅甸后，仍然保持克耶邦的"独立"，隶属巴莫傀儡政府。在英国殖民者和日本帝国主义统治时期，由于殖民者的限制，克耶族与缅族交往不多，并没有什么实质意义的接触和沟通。

1944 年，随着自由同盟反开展了轰轰烈烈的反日斗争运动，克耶族人的民族解放意识不断觉醒，随即也组织地方武装进行反日活动。"日本投降后，英帝国主义和自由同盟双方争取少数民族的斗争很激烈。"[②] 克耶族与缅族的关系随着克耶族反复的政治取向而一波三折。英国殖民当局劝说克耶族不要加入缅甸联邦，应该与掸族、钦族和克钦族等山区少数民族联合组建边区行政委员会。而自由同盟则利用缅甸各族人民反帝运动高涨的影响，对克耶族人宣传缅甸的民族团结和反英斗争。在英国当局和自由同盟拉锯式的宣传和劝说下，克耶族人则持"走着瞧"的态度。1946 年 9 月，克耶族地区成立"独立克耶族联邦会议"，这意味着独立建国派占了上风，表明克耶族领导人抛弃联合、走向分离。1947 年 2 月召开的彬龙会议上，克耶族只派两名代表作为观察员列席会议，既没有参加大会讨论，也没有签署《彬龙协议》。在制宪会议召开之前，克耶族的态度是："他们愿意参加制宪会议，但不愿与缅甸联合。如果能保证他们的权

---

① R. Sproat, *Language Use and Policy in a Linguistically Fragmented Refugee Community*, Applied Linguistics in the Division of Linguistics and Psychology, Macquarie University, 2004, p. 71.

② 史晋五：《缅甸少数民族地区的政治经济情况》，世界知识出版社 1960 年版，第 75 页。

利的话，他们愿意加入英国殖民统治下的山区"①，因此在制宪会议召开时，克耶族宣布成立"独立克耶族联邦"，并颁布宪法。

在制宪会议期间，克耶族代表吴比都耶和吴登姗姗来迟，而且还没有去参加制宪大会。临时政府主张把克耶族地区与是否成立克伦邦绑在一起，要么克耶族地区并入克伦邦，要么克伦邦暂时不建立，而且制宪会议还通过了关于克伦建邦的宪法草案第180条，批准克耶族地区并入克伦邦的提议。值得一提的是，英国政府对此提议也持赞同态度。如此一来，克耶族人反应强烈，坚决反对并入克伦邦。吴比都耶对英国政府代表表示："克耶族地区既不加入克伦邦，也不加入缅甸联邦。"英国政府代表对此很是恼火，当场表示不再对克耶族进行财政支持。这一消息传到克耶族地区，引起了克耶族人的强烈担忧，一是得不到英国政府的支持；二是又不参加临时政府的制宪会议，这种孤立的危机感促使克耶族领导人决定罢免吴比都耶和吴登的议员资格，立即派吴盛和吴埃妙雷作为议员参加制宪会议。

吴盛向自由同盟领导人表明克耶族的态度和愿望，表示愿意加入缅甸联邦，但不愿意并入克伦邦。由于时间紧迫，来不及修改宪法第180条，吴努同意建立克耶邦并加入缅甸联邦，并表示对于克耶族的提议在国家独立后会慢慢解决。吴努的意见在宪法中以条款的形式确定下来，克耶邦与掸邦的地位和权力并无二样。

总体而言，克耶族与缅族没有历史仇隙，殖民时期彼此联系不多。在缅甸民族国家建立之前，克耶族反复变化的政治取向决定了克耶族与缅族关系的一波三折，从"克钦独立邦"到加入"缅甸联邦"，表明克耶族与缅族关系有所好转，但克钦族悬而未决的地位，必然导致克钦族与缅族的关系将会发生变化。

（三）恶性关系

缅甸纷繁复杂的族际关系令人眼花缭乱，而且民族问题始终影响着民族国家建设的历史进程。缅甸族际关系中的良性关系和中性关系，随着国内的恶性关系的发展也逐渐发生一些微妙的变化。在民族国家建立之前，缅族与克伦族和若开族的关系就已经恶化，而且随着这几个少数民族与缅

---

① 祝湘辉：《山区少数民族与现代缅甸联邦的建立》，世界图书出版公司2010年版，第116页。

族的关系进一步恶化，缅甸国内武装对抗不断爆发，掀起了一阵阵民族分
离运动的浪潮，这对缅甸族际关系治理和民族国家建设产生了极为严重的
影响。

1. 克伦族与缅族的关系

克伦族人性情刚烈、勇猛强悍，而且狭隘的民族观念相当强烈，与缅
族有很深的民族隔阂和民族仇恨。英国殖民者入侵之前，克伦族对缅王的
统治始终不服，不断反抗。英国殖民者入侵之后，"在英国特务机关的诱
惑与欺骗下，该族从狭隘的民族仇恨出发，曾带领英军进攻缅军，并协助
英国当局建立殖民统治"①。英国殖民者深深知道克伦族与缅族的历史仇
隙，为了更有效地统治缅甸，他们利用克伦族来对抗缅族等民族的反抗，
别有用心地加深族际仇恨。"英国统治者称克伦族缅甸最优秀的民族，给
予优于其他民族的待遇，帮助他们从山地移到平原；并把从缅族手中掠夺
来的部分土地分给他们。"② 英国殖民者有意识、有目的地扶植亲英克伦
族人，同时还利用传教士到克伦族中传播基督教，在宗教文化上不断扩大
克伦族与缅族的差异。饱受数百年缅族统治之苦的克伦族人，尤其是上层
人士，对英国殖民者给予他们的优惠政策感动不已，认为他们能在平原与
缅族人一样生活完全是由于英国的恩惠。英国殖民者采用的"分而治之"
和怀柔的政策奏效了。"1881 年，下缅甸地区的一些克伦人成立了'克伦
民族组织'，它的宗旨反映出部分克伦人与缅人之间的对立已加深。"③ 该
组织宣传的宗旨之一就是保证克伦人不再受缅族人的统治。因此，克伦族
与缅族的关系，从深深的历史仇隙演变成了尖锐的现实对抗。

当然，在英国殖民统治下，克伦族的独立意识也逐渐明朗且日益强
烈。1928 年，鼓吹克伦建邦的始作俑者山思博士（Dr. San C. Po）曾指
出，克伦族应该建立克伦邦，而且"缅甸应该有缅、克伦、若开和掸四
大民族组成"④，甚至还警告英国殖民者，"克伦族民族主义来源于共同的
民族历史和民族情感，如果英国拒绝克伦族自治的要求，下一代克伦族人

---

① 史晋五：《缅甸少数民族地区的政治经济情况》，世界知识出版社 1960 年版，第 57—58
页。

② 同上书，第 58 页。

③ 贺圣达：《缅甸史》，人民出版社 1992 年版，第 291 页。

④ ［缅］吴觉温等：《少数民族问题与 1947 年宪法》第 1 册，大学出版社 1990 年版，第 87
页，转引自祝湘辉《山区少数民族与现代缅甸联邦的建立》，世界图书出版公司 2010 年版，第
75 页。

将会转向毁灭性的极端（民族）主义"①。在这种独立思潮影响下，克伦族先后成立了克伦族民族协会、忠诚克伦协会、克伦中央总会、克伦族青年同盟等政治组织。一开始，"克伦族青年同盟"主张与缅族联合起来争取国家独立，这与"克伦中央总会"独立建邦的主张大相径庭，甚至有点针锋相对。虽然有一部分克伦族人希望与缅族合作，但克伦族与缅族关系总体上依然没有任何改善。

克伦族反对《昂山—艾德礼协定》，认为在该协定中克伦族不仅在制宪会议上的代表名额太少，而且没有同意建立克伦邦，甚至还要解散独立的克伦族军队。这些对于克伦族来说是难以接受的，克伦族认为该协定与他们的愿望不合，甚至是背道而驰的。此外，由于克伦族独立建国意识强烈，对于彬龙会议兴趣不大，甚至还很有抵抗情绪，只派出了实力较小的克伦族民族总会的代表列席了会议，但他们既没有参加大会，也没有在《彬龙协定》上签字。这些问题表明，克伦族与缅族的关系变得十分微妙，似乎有山雨欲来风满楼的迹象。

在昂山等人领导的自由同盟正在争取国家独立之时，克钦族也派代表到伦敦，请求英国当局允许独立建邦。而克钦族代表的要求遭到了英国当局的拒绝，与此同时，克钦族与昂山领导的临时政府——行政委员会进行谈判，"提出了包括自治在内的六项要求，但却遭到行政委员会的断然拒绝"②。面对英国当局和缅甸行政委员会的两方拒绝，克伦中央总会和克伦民族青年同盟联合组成了克伦民族联盟（KNU），以期团结起来为克伦族独立建邦而斗争。在得不到英国的支持和行政委员会让步的情况下，克伦族民族联盟召开了会议，但是由于会议争论激烈，导致了克伦民族联盟的大分裂，原克伦族青年同盟的大部分领导人退出了克伦民族联盟。然而，克伦民族联盟继续以抵制大选作为手段争取独立建邦，也因此成为克伦族中实力最强、威望最高的政治组织。

克伦族地区的萨尔温问题标志着克伦族分离主义运动的公开化，同时也意味着克伦族与缅族关系的彻底恶化。萨尔温地区属于山区，根据《1935 年缅甸政府组织法》，缅甸政府对它有一定的管辖权，而且它以后

---

① John F. Cady, *A History of Modern Burma*, Cornell University Press, 1958, p. 371.

② 陈真波:《独立以来缅甸民族关系研究（1948—1998）》，博士学位论文，云南大学，2008 年，第 61 页。

也将并入缅甸本部。但是，萨尔温地区的克伦族人强烈要求克伦族独立建邦，1947 年 6 月 16 日，萨尔温县北部瑞京地区的克伦族领导人苏马歇顺宣布："萨尔温县北部的克伦族不愿成为缅甸本部的一部分，而愿意成为英联邦内一个有自决权的独立的邦。"① 临时政府对此进行打压，萨尔温问题一时成为各方关注的热点，克伦族各组织纷纷支持萨尔温地区的克伦族人，克伦民族联盟领导人苏巴吴基甚至鼓动他们向临时政府请愿，对临时政府施压。借此事件，1947 年 7 月 17 日，克伦民族联盟还组建自己的军队——克伦民族保卫组织（KNDO），准备为独立建邦而战。1947 年 7 月 19 日昂山遇刺后，吴努领导临时政府。由于吴努的"大缅族主义"思想，克伦族与缅族关系最终发展到了剑拔弩张的地步。

2. 若开族与缅族的关系

若开族生活在若开山脉以东的沿海地区，在历史上曾经单独建立过封建王朝，而且还一度强盛辉煌。在 18 世纪后期，若开族王朝被缅族的贡榜王朝所灭，很多若开族人不堪缅族压迫，大量逃亡到印度。由于若开族人不断反抗贡榜王朝统治，因而被贡榜王朝不断驱逐出境，从此若开族与缅族结怨成仇。英国殖民者入侵之后，逃往印度的若开族人被遣返安置。

在第二次世界大战前，若开族有两种政治力量："一为英国殖民政府培植的地主官僚，这些人是英国的统治工具；二为若开民族的先进分子，他们与缅甸各民族一起积极进行民族独立的斗争。"② 若开族的吴欧达玛法师在积极参加缅甸近代民族主义运动中发挥了十分重要的作用，在他强大的影响下，"促使缅甸佛教僧侣从此真正投入到了缅甸近代民族主义运动中，并且导致政治僧侣在 20 年代的缅甸近代民族主义运动中起到了主导的领导作用"③。吴欧达玛法师在团结若开族和缅族的佛教徒中起到了重大作用，而且在他的艰苦努力下，激发了缅甸各民族人民的民族意识和斗争觉悟。

1946 年，昂山、吴努领导的自由同盟对英帝国主义采取了妥协政策，若开族的进步力量开始产生分歧并分化。吴彬雅迪哈领导的一派支持自由

---

① 祝湘辉：《山区少数民族与现代缅甸联邦的建立》，世界图书出版公司 2010 年版，第 92 页。

② 史晋五：《缅甸少数民族地区的政治经济情况》，世界知识出版社 1960 年版，第 95 页。

③ 张旭东：《缅甸近代民族主义运动研究》，泰国曼谷大通出版社 2006 年版，第 102 页。

同盟的妥协路线，而以吴盛达和缅甸共产党领导（以下简称缅共）的另一派则坚持武装斗争恶化。1947 年 4 月，若开族举行若开人民全体代表大会，要求若开族地区自治。若开族人"不仅反对英国，选举阿拉干（若开邦原称）自治政府，而且许多民众还反对昂山"①。这次大会后，吴盛达等人试图成立若开左派联合阵线，而且还"领导 3000 名民众冲击了政府所在地兰里岛"②。对于吴盛达的激进行为，昂山为首的临时政府给予了强制行动，逮捕了吴盛达，由此造成了大规模骚乱，引发了若开族工人大罢工，后来发展到若开族各行各业的人组织起来进行示威游行。虽然吴盛达很快被释放了，但这次事件造成了若开族人与缅族关系的公开恶化，成为缅甸族际关系治理的绊脚石之一。

---

① 陈真波：《独立以来缅甸民族关系研究（1948—1998）》，博士学位论文，云南大学，2008 年，第 74 页。

② 同上。

第二章

吴努政府时期的族际关系治理
（1948—1962）

    通过反抗殖民侵略、争取民族解放和实现国家独立的民族主义运动，缅甸终于在 1948 年独立了，由此开启了民族国家建设的历史进程。由于历史和现实的原因，缅甸独立伊始就开始不断涌现各种民族问题，族际关系的紧张态势开始显现。吴努政府在族际关系治理中采取了一系列的方式和举措，但是由于吴努政府时期的族际关系治理蕴含着强烈的"大缅族主义"和刚烈的中央集权取向，因而族际关系治理的方式和方法存在诸多不合时宜之处。在吴努政府执政时期，民族矛盾不断凸显并呈白热化之势，少数民族分离运动此起彼伏，少数民族的国家认同产生了严重危机，多民族国家的统一和稳定受到了严峻的挑战。

第一节　吴努政府时期①族际关系
治理的多维向度

    面对复杂的民族问题和紧张的族际关系，吴努政府上台执政后，开始了近 14 年的族际关系治理进程。在族际关系政治治理、经济治理、文化治理和社会治理等层面，吴努政府建立了一系列的制度和机制，采取了一系列的政策和举措。总体而言，吴努政府时期的族际关系治理能力欠佳、方式刚烈、经验不足，因而也不可能推动族际关系良性发展。

---

    ①　1948 年 1 月至 1962 年 3 月是缅甸议会民主时期，联邦政府主要由吴努执政。期间，历届政府总理是：1948.1—1956.6（吴努）；1956.6—1957.2（吴巴瑞）；1957.2—1958.9（吴努）；1958.10—1960.4（奈温）；1960.4—1962.3（吴努）。为了结构的完整和论述的方便，本书的章节把缅甸议会民主时期界定成为吴努政府时期。

一 族际关系政治治理

民族国家的政治框架和制度安排深刻地影响着国内各民族的政治地位、利益分配及生活行为等方面，从而也深深地左右着族际关系的变化与发展。同样，族际关系对民族国家的政治体系和制度架构的稳定和发展也具有重大意义。那么，族际关系政治治理就是民族国家的各民族的政治共同体通过一套制度安排，对族际关系的政治问题进行管理协调、消除隔阂和排除矛盾的政治行为和过程。然而，由于受族际关系治理的价值取向的影响，有的族际关系政治治理能够消除族际关系隔阂和化解族际关系矛盾，但是有时往往适得其反，族际关系变得更加纷繁复杂，旧的隔阂未消除，新的矛盾又涌现。

缅甸民族国家建立之前，不论是王朝国家，还是殖民当局，对族际关系的管理协调还属于统治的范畴。民族国家建立后，缅甸通过议会民主制、民族自治邦等制度和机制安排，族际关系的管理协调才开始有了治理理念的内涵。此时族际关系政治治理的内涵虽然还不够完整，甚至还不够清晰，虽然还不能视之为"（治理）对旧式统治风格而言的一种前景光明的现代化"①，但是毕竟有了治理的内涵。

（一）议会民主制

议会民主制肇始于18世纪的英国，几经发展，最终于1832年确立了议会至上的原则，从而标志着议会民主制在实践上已经初步成熟。随着议会民主制在三权分立等方面优势的彰显，它在第一次世界大战后开始在欧洲大陆传播，但是它在第二次世界大战之后才开始真正走向成熟。目前大多数欧洲国家都采用议会民主制。

应该看到，议会民主制受到世界很多国家的青睐说明这种政治制度是具有相当大的吸引力的。在西方国家，议会是公民通过选举、委托自己的政治代表参与国家政治决策的重要场所。公民通过选举授权、委托自己的政治代表行使国家权力，是当代西方国家实行主权在民原则和实现民主政治目标的现实途径和主要表现形式。事实上，议会民主制就是代议民主制，由于它具有广泛的代表性，并在国家政治生活中处于中心位置，议会

---

① ［法］让－皮埃尔·戈丹：《何谓治理》，钟震宇译，社会科学文献出版社2010年版，引言第3页。

在国家政治生活中发挥了关键性的作用，充分反映并体现了国家各政党、集团、公民等各政治主体的利益诉求和关切。总体来讲，民主议会制的优越性体现在几个方面：第一，议会民主制解决了民主的规模和民主实现的问题，充分体现了代表的广泛性、可行性和有效性；第二，议会民主制为财产权、自由权提供了牢固的政治保障；第三，议会民主制是程序民主，它通过代表机构和代议程序对民意进行处理，能够有效克服非理性民意的影响，从而有效保证决策的科学性、合理性和公平性。

随着民族国家的建立，民族国家这种国家形态所迸发的优势促进了民族的强盛和国家的强大。那些原属于殖民地的国家，纷纷构建民族国家试图避免在竞争中被淘汰。这些国家在构建民族国家的历史过程中，也进行着民族构建和民族整合。在民族国家建立之后，特别是多民族国家，在国家政权制度的设计和安排上，不但试图维护和巩固政权的合法性，而且也要努力巩牢和夯实国家的合法性；不但要让各个政党认同现有的国家政治共同体，还要让各个民族认可、接受和支持现行国家政治共同体。大部分模仿性民族国家像原生性民族国家一样，政党政治在国家政治生活中发挥着十分重要的作用，但在民族政治方面，模仿性民族国家比原生性民族国家更加复杂难解。这是因为，很多模仿性民族国家，在建立民族国家的过程中，虽然进行着民族构建、民族整合和族际整合，但是由于民族成分繁多、民族关系复杂，族际整合的效果并非理想。因此，这些民族国家建立后，在国家政治制度的安排上，不但要考虑政党政治，而且还要重视民族政治，要充分反映和体现各民族的利益关切和诉求，如此就要"协调好族际利益关系，特别是处理好非主体民族在国家总体族际格局追求和实现自己利益的现实问题"①。这就需要国家最高立法机关和最高权力机关在这方面做足工作，对各民族的利益提供坚强的法律保障和政治保障。那些模仿性民族国家，特别是第二次世界大战后的东南亚国家，独立后都不约而同地把议会民主制视为圭臬，照搬多党议会民主政治模式。

1948 年 1 月 4 日，长期受英国殖民者统治的缅甸终于实现了独立，建立了民族国家。然而，面对如何建设民族国家，如何进行民主建设，尽快实现国家的稳定、统一、发展和富强，执政的自由同盟却缺乏政治经验。由于长期受到英国的殖民统治，英国文化对缅甸的影响相当大，为使

---

① 周平：《多民族国家的族际政治整合》，中央编译出版社 2012 年版，第 59 页。

新兴的民族国家走向正常的发展轨道，自由同盟的领导人选择了走西方多党议会民主制，并取得了大部分民族主义者的普遍赞同。正如阿尔蒙德等指出的那样："缅甸人自独立后一直努力创建某种政治生活形式，他们从英国直接统治下的经验中获得了关于这种形式的清晰图像，而且他们只是在这些机构内寻求解决传统价值与西方价值的冲突……缅甸似乎比东南亚其他国家更彻底地接受了代议制政府和法治原则，而其他国家只是在独立后才开始经历成为现代世界一部分的震动。"[①]

　　缅甸民族国家建立前夕的 1947 年，自由同盟领导人昂山等与其他各界人士代表召开了制宪会议，并起草了缅甸联邦的第一部宪法。根据《缅甸联邦宪法》的规定，缅甸联邦实行议会民主制，最高立法机关和最高权力机关为议会，并以英国上、下两院的议会制模式为蓝本，设立民族院和人民院。民族院设 125 个席位，其中 62 席代表缅甸本部，其余 63 席代表 4 个少数民族邦和钦特别区。人民院设 250 个席位，议员由普选产生。民族院和人民院各从中选出正、副发言人各一名作为代表。联邦议会每 4 年举行一次选举，年满 21 岁的缅甸公民即可参选议员。作为国家最高立法机关，联邦议会有权制定全国性的法律和地方法案。民族院设立的目的就是团结各民族，从而维护国家统一和稳定。两院在一定程度上互相牵制，人民院制定和通过的法案均需交由民族院讨论和修正，而民族院拟定的法案亦需交由人民院讨论和修正。两院批准后的法案最终由总统签署后才能生效。相比较而言，人民院比民族院拥有更大的权力，人民院解散时民族院应随之解散，而且作为最高行政机关的联邦政府，主要对人民院负责。显然，从外表和形式看，缅甸议会民主制完全是英国式的民主政治制度的翻版，但从本质和原则上看却有很大区别。从缅甸联邦议会的机构的设置和议员来源的比例可以看出，议会不但体现了区域、政党、阶层等方面的利益，而且难能可贵的是体现了民族方面的利益，从专门设置民族院作为上院就可见一斑。

　　缅甸的议会民主制作为缅甸联邦的根本政治制度，是缅甸民主政治制度的一个重要组成部分。从理论层面和制度设计目的来看，缅甸选择议会民主制作为根本的民主政治制度，是使国家能走向民主、繁荣和富强，同

---

　　① ［美］加布里埃尔·A. 阿尔蒙德等：《发展中地区的政治》，任晓晋等译，上海人民出版社 2012 年版，第 79 页。

时也是有利于各民族团结的大局。但令人遗憾的是，播下的是龙种，收获的却是跳蚤，缅甸议会民主制不久就崩溃了，不但没有起到有效治理族际关系的效果，而且由于族际关系的错综复杂而产生的政治、经济、社会矛盾最终也在很大定程度上加速了缅甸议会民主制"实验"的破产。

独立伊始，"缅甸就遭受着国内激烈的动荡，因为政府在仰光就面临着共产党和众多少数民族的叛乱，这既是对这个新兴国家认同的挑战，也是对联邦宪法的挑战"①，当然，这也是对议会民主制的考验。虽然缅甸宣布独立了，但缅甸共产党认为缅甸并没有真正独立，而是在《英缅条约》的条款下，缅甸仍然受到帝国主义的控制，于是公开号召全国人民反对帝国主义，继续为民族解放和国家独立而斗争。伴随缅甸共产党与自由同盟的彻底决裂，内战很快就爆发了。随着克伦民族武装的建立和克缅两族冲突的爆发，缅甸民族分离运动不断高涨，孟族保卫组织（Mon National Defence Organization，MNDO）公开武装叛乱，阿拉干地区反政府武装的兴起，以及克伦尼武装和克钦族武装的活跃，使新兴的缅甸民族国家从此陷入了经年累月、旷日持久的全面内战的泥潭。缅甸内战的全面爆发，使得族际关系更加纷繁复杂，族际矛盾可谓祸结衅深。内战爆发的根源是相当复杂的，需要指出的是，缅甸议会民主制只不过是徒其形式，执政集团与少数民族对如何在同一个政治屋顶下共同建设多民族国家及如何确保少数民族利益方面还存在巨大的分歧。1962 年 3 月以奈温为首的国防军发动政变接管了国家政权，联邦议会和邦区议会被解散。可见，缅甸议会民主制在族际关系的政治治理中并未产生真正的效果；相反，族际关系的恶化却在很大程度上加速了议会民主制的崩溃。当然，缅甸议会民主制的终结是由多种因素导致的，除了民族矛盾，还有宪法的缺陷、执政领导人的执政经验的欠缺、党派之争等原因，本书在此不做具体的论述。

（二）民族自治邦

在缅甸独立前的 1947 年 5 月，反法西斯人民自由同盟召开了一次会议，拟定并通过了一部宪法草案，这部草案的内容其中就包括缅甸联邦由 5 个邦组成，并将 5 个邦划分为 3 种类型，即加盟邦、自治邦和民族邦。在随后的制宪会议中，昂山提出了若开制宪会议应该遵循的原则，其中第

---

① Michael Leifer, *Dictionary of the Modern Politics of South-East Asia*, London: Routledge, 1995, p. 5.

二条是"联邦由宪法规定的单独的各邦组成，各邦享受宪法规定的自治权"，第三条是"缅甸联邦、各邦和政府应切实保障人民享受应有的权利"。[①] 这是在两条原则中关于昂山对"邦"的表述，这些表述比宪法草案上提出的加盟邦、自治邦和民族邦的提法更为宽泛，统统以"单独的邦"作为称呼。1947 年 9 月 25 日，制宪会议终于闭幕，从而诞生了缅甸历史上第一部宪法，即"1947 年宪法"，并于缅甸独立之日起开始生效。这部宪法规定了掸邦、克钦邦和克伦尼邦（若克伦邦建立，则将克伦尼邦并入克伦邦）三个少数民族自治邦和钦族特别区组成，缅甸联邦设立民族自治邦。

对于民族自治邦的设置和权利的分析，有必要考察它与联邦政府的关系。事实上，缅甸联邦政府类似于联邦制政府，当然它也不完全符合联邦制的特点。联邦制是"当代比较常见的一种国家结构形式，即由若干具有相对独立性的地区作为成员单位联盟组成的国家"[②]，国家事权分属于中央政府和地方政府。联邦制的国家既有全国范围都使用的一部宪法和基本法律，也有各独立性地区在不违背联邦宪法和法律的情况下可以制定自己的宪法和法律。联邦制国家中，联邦政府的权力是由各独立性地区让与的，而且一旦让与就不能收回，它们不能自由退出联邦，无权拒绝联邦的权力。从这一点来看，缅甸联邦政府又与此不同，缅甸联邦的权力事实上并不是由各邦让与的，虽然联邦和各邦都有独立的权力体系和机构，而且联邦和各邦的权力也是有宪法规定其权限的，但是"1947 年宪法彰显了一种强大的联邦控制能力"[③]，各邦并没有保留大部分主权，只拥有一部分权力，其余的权力全部属于中央政府。在这种宪法框架下，缅甸联邦政府设置民族自治邦，以此作为专门治理少数民族事务的制度。

缅甸联邦政府根据宪法设置民族自治邦，既有积极的一面，也存在消极的一面。缅甸联邦设立民族自治邦需要从历史中进行考察，如此便于探讨民族自治邦在族际关系治理中的功能和作用。缅甸独立前夕，独立运动的主要领导人昂山与几个人口最多、所居住地区最广的主要山区少数民族

---

①　祝湘辉：《山区少数民族与现代缅甸联邦的建立》，世界图书出版公司 2010 年版，第 135 页。

②　王惠岩主编：《政治学原理》，高等教育出版社 2002 年版，第 120 页。

③　祝湘辉：《山区少数民族与现代缅甸联邦的建立》，世界图书出版公司 2010 年版，第 171 页。

领袖达成了具有历史意义的《彬龙协定》。《彬龙协定》成为缅甸联邦建立的第一块也是最重要的一块基石,"最终为新宪法的通过和国家独立铺平了道路"①。然而,《彬龙协定》是在一个复杂的历史背景下达成的,是各民族利益博弈的结果,也是各民族相互妥协的产物,该协定的条款肯定了民族自治权和自决权。"在制宪会议期间,缅族领袖急于通过联邦宪法",从而"搁置民族矛盾以待后面解决"②,由此带来的消极影响在后期不断显现。少数民族加入缅甸联邦的心态是复杂的,"少数民族是希望他们自己独立,但最终以能够在联邦享有很大自治权为条件,很不情愿地与缅甸其他部分结合在一起"③。1947 年宪法关于民族自治邦的一些条款中,存在很多与民族平等原则违背的内容,如"克伦尼邦和掸邦在 10 年后有脱离联邦的权利,克钦邦却无此权利"④,钦族和克伦族更是无从谈起,更为严重的是,"若开人、孟人根本没有获得自治地位"⑤。对于一个多民族国家而言,采取这种民族自决的方式是否可取值得商榷,但这与族际政治整合的目标是相悖的。当然,即使这种民族自决的方式是可取的,也明显违背了民族平等的原则,这些条款和内容充分反映了中央政府对各民族厚此薄彼的态度。"自由同盟政府和邦区领袖也存在分歧,尤其是在财政拨款问题争论不休。两者之间的关系不是相互协商,而是祈求和恩赐式的不平等关系,从而引起邦区的不满。"⑥ 此外,"宪法中有关克伦建邦的条款也使克伦族人甚为不满,克伦族、缅族冲突不断,双方激进组织与人士都在准备力量"⑦。可以说,后来缅甸陷入旷日持久的全面内战所带来的深重灾难,这个不健全的民族自治邦制度难辞其咎。

　　事实上,缅甸民族自治邦的设置的渊源是《彬龙协定》中的相关条款,最终确立于 1947 年宪法的明文规定,但由于《彬龙协定》中关于民

---

① Matthew J. Walton, "Ethnicity, Conflict, and History in Burma: The Myths of Panglong", *Asian Survey*, Vol. 48, No. 6, November/December 2008, p. 889.

② 钟贵峰:《论缅甸民族政策的价值取向》,《赣南师范学院学报》2013 年第 1 期。

③ Yash Ghai, The 2008 Myanmar Constitution: Analysis and Assessment, Unpublished Manuscript, 2008 - burmalibrary. org(http://www. burmalibrary. org/docs 6/2008_ Myanmar_ constitution— analysis _ and_ assessment-Yash_ Ghai. pdf).

④ Martin Smith, *State of Strife: Dynamics of Ethnic Conflict in Burma*, Institute of Southeast Asian Studies, Singapore, 2007, pp. 26 - 27.

⑤ [苏] 瓦西里耶夫:《缅甸民族问题》,《民族译丛》1991 年第 4 期。

⑥ 林锡星:《揭开缅甸神秘的面纱》,广东人民出版社 2006 年版,第 21 页。

⑦ John F. Cady, *A History of Modern Burma*, Cornell University Press, 1958, p. 590.

族自治和自决的相关内容是相互妥协的产物，并且没有充分体现民族平等的原则，不过"彬龙精神"在 1947 年宪法条款中得到了一定程度的体现。可以说，不论是《彬龙协定》，还是 1947 年宪法，关于民族问题处理的条文并没有体现当政者的高瞻远瞩和远见卓识，而是为了国家能够早日独立的一种将就的近视思维。可见，缅甸民族自治邦从设立的目标和价值取向上就存在问题，那么在整个议会民主时期，它对联邦政府治理族际关系并没有起到积极的效果；相反，由于联邦政府在治理具体的民族事务中，忽略了民族自治权并违背了民族平等原则，民族自治邦形同虚设，最终导致了缅甸民族分离运动的兴起。

二　族际关系经济治理

族际关系经济治理是民族国家通过制定经济制度、出台发展策略、实施优抚政策等方式对民族经济地位和利益进行调节的行为方式。民族国家族际关系经济治理的目标在于整合与利用民族资源，推动各民族经济实现共同发展和繁荣进步。"族际关系经济治理是现代民族国家的基本功能之一，对族际关系起着约束、引导和控制作用。"[①] 族际关系经济治理的主体是民族国家，当然也包括民族国家和少数民族自治单元的相关经济管理组织，主要还是民族国家。族际关系经济治理的客体是影响民族国家族际关系的经济制度、发展策略、经济规划和相关政策。族际关系经济治理对于民族国家的各民族经济地位的调节、利益格局的调整、经济生活的协调及经济行为的掌控都起着举足轻重的作用。

缅甸民族国家建立后，中央政府一方面要使缅甸联邦的国民经济能够顺利走向发展的轨道，另一方面通过一些具体经济治理措施对缅甸族际经济关系进行调整。由于历史和客观原因造成了缅甸族际经济关系的严重失衡，深刻影响着缅甸的族际关系。缅甸联邦政府为了解决族际之间的横向和各民族之间的纵向发展的问题，采取了一系列包括经济制度、经济政策、发展规划等具体安排，以期解决影响族际关系的经济问题。然而，独立后的缅甸深受"残余的封建主义与发展迟滞的资本主义生产关系的束

---

① 欧黎明：《当代中国族际关系治理分析》，博士学位论文，云南大学，2011 年，第 45 页。

缚"①，联邦政府采取的这一整套安排注定是收效甚微的，而且内战的爆发和持续，造成了缅甸联邦政府对族际关系经济治理的徒劳无功。

（一）经济发展规划

经济发展规划是民族国家普遍采用的推动国家经济总体发展和民族经济发展的战略与策略。经济问题已经成为民族国家以及民族国家内各民族之间地位和关系的核心影响因素。在民族国家层面，民族国家与民族国家的矛盾、冲突，甚至是战争，其主要根源在于经济问题。在民族国家内部，各民族之间的矛盾和冲突的主要根源也在于经济问题。因此，对于民族国家而言，制订和实施合理有效的经济发展规划，不仅可以改变民族国家在民族国家世界体系中的地位，而且也可以化解民族国家内部的民族矛盾，弥合民族隔阂，消除引发族际关系问题的经济因素，从而有效治理族际关系。缅甸"自宣告国家独立以来，这几年间在恢复和发展民族经济和文化方面，取得了一些成就。然而，这个国家仍然面临着民族发展的一些基本问题，首先是争取经济独立的问题"②。因此，经济问题是一个关乎缅甸全局的大问题。

在殖民统治时期，缅甸经济完全是一种单一发展的畸形的经济结构，国民经济主要依靠少数初级产品的生产与出口，经济基础相当薄弱，区域发展水平极度不平衡，缅甸本部与少数民族地区发展悬殊很大。缅甸民族国家建立后，严峻的现实状况迫使吴努政府把经济发展当成执政的第一要务。吴努政府为了改变这种贫穷落后的面貌，改善区域不平衡的发展状况，改造殖民经济，采取多种措施，制订发展规划，出台相关政策，实行多步并做一步走的赶超型战略，试图毕其功于一役。

缅甸独立后，1948 年至 1962 年，吴努政府一共制订了四个经济发展计划，每一个经济发展计划都有特色。1948 年，刚刚独立的缅甸就颁布了第一个经济发展计划《缅甸经济发展两年计划》。由于深受殖民统治，民族私人资本力量弱小，先天不足，后天不良，很多经济命脉依然控制在英国资本手里，为了维护民族经济主权，宏观调控经济发展，缅甸政府对此只能诉诸政权的力量，于是出台了这个《缅甸经济发展两年计划》。事

① 史晋五：《缅甸经济基本情况》，世界知识出版社 1961 年版，第 57 页。
② ［苏］瓦西里耶夫：《缅甸史纲》，中山大学历史系东南亚历史研究室与外语系编译组合译，商务印书馆 1975 年版，第 765 页。

实上，该计划是在 1947 年的制宪会议上，代表会议所成立的各种委员会讨论制订复兴缅甸计划的最终成果，该计划的制订有赖于参加制宪会议的各种委员会的各民族代表的意愿和努力。该计划的主要内容是，"通过大力发展国家资本主义经济和对外资企业采取国有化措施来维护民族经济主权，同时，尽快恢复被战争破坏了的经济生产"[①]。该计划要求"把恢复和发展国家经济的任务同实现某些改革（特别是土地改革）和工业、运输业、商业中建立国营经济成分结合起来"[②]。从该计划的内容和目标可以看出，缅甸政府以期较短的时间，把缅甸农业、工业、运输业和商业等方面恢复到第二次世界大战前的水平。由于当时整个缅甸全国处在内乱之中，加上对自然资源缺乏调查，以及对各个工程项目论证不足等因素，"这一计划终于完全失败"[③]，但它毕竟是"缅甸政府在制定综合性经济计划方面进行的初次尝试"，"比较系统地阐明实现经济目标的具体方法和手段"，"为后来缅甸制定发展计划和政策提供了经验"。[④] 该计划出台的背景是各民族代表在制宪会议期间讨论的国家复兴计划，内容和目标充分体现了恢复和发展缅甸本部和各少数民族地区的经济的愿望。

1952 年 8 月，缅甸政府在美国 KTA 公司[⑤]帮助下，制订了《国家繁荣计划》，这是缅甸吴努政府制订的四个经济发展计划中最为著名的一个，后正式名称为《缅甸经济与社会发展综合计划》。该计划包括了未来八年缅甸经济社会发展的十项内容，其核心是《经济发展八年计划》。该计划是一个规模庞大的计划，"它不仅试图发展经济、医药卫生和教育事业，而且也打算进行某些改革，包括实行土地国有化、地方政权民主化等"。[⑥] 该计划规定计划在包括少数民族地区在内的全国范围内重点建设电力、交通等保证国家经济运行的基础设施。该计划也明确指出了这八年要实现的经济指标，如"国内生产总值（按 1950—1951 年度不变价格计算）将由 1951—1952 年度的 39.27 亿缅元，提高到 1959—1960 年度的 70

① 李宜融：《论缅甸联邦政府对殖民地经济的改造（1948—1962）》，硕士学位论文，云南省社会科学院，1991 年，第 39 页。

② ［苏］瓦西里耶夫：《缅甸史纲》，中山大学历史系东南亚历史研究室与外语系编译组合译，商务印书馆 1975 年版，第 727 页。

③ 史晋五：《缅甸经济基本情况》，世界知识出版社 1961 年版，第 49 页。

④ 杨长源等主编：《缅甸概览》，中国社会科学出版社 1990 年版，第 126 页。

⑤ KTA 是美国 Knappen 工程公司、Tippets 工程公司、Abett 工程公司的英文缩写。

⑥ 杨长源等主编：《缅甸概览》，中国社会科学出版社 1990 年版，第 127 页。

亿缅元，增长 78%"①。值得关注的是，这个庞大的计划也包括实行地方
政权民主化的目标，这对于一个新建立的民族国家来说，地方政权民主化
目标不但有利于缓和少数民族与主体民族缅族之间的关系，而且有利于增
强民族对国家的认同感。虽然该计划提出的地方政权民主化目标是比较模
糊的，实践中离预期目标还相去甚远，但毕竟也是一次破天荒并富有建设
性的提议。然而，到 1956 年，由于资金短缺，政府不堪重负，这样一个
综合性计划戛然而止。该计划虽然并未取得完全成功，但是缅甸经济面貌
有了很大改观，如在此期间电力的生产能力和产量就增长了大约 7 倍，而
且也为轻工业体系的建立初步奠定了基础。

在《国家繁荣计划》被迫宣告中止后，1956 年和 1961 年，缅甸政府
又先后颁布了第一个和第二个《经济发展四年计划》。第一个《经济发展
四年计划》改变了投资重点，更加强调加强经济基础建设，并将增加对
农业、林业和矿产等生产部门的投资。该计划对稻谷产量、柚木产量和矿
产品（不包括石油）产量等方面都作了具体规定。在第一个四年计划实
施期满后，第二个《经济发展四年计划》开始实施。第二个四年计划开
始强调"经济多元化"，即"既要使农业走向多种经营，也要使以农业为
主的经济逐步向工业化经济过渡"②。由于第二个四年计划提出不久，就
发生了政权更迭，该计划随着吴努政府的终结而告终。

综上所述的 4 个计划，是吴努政府时期制订的经济和社会发展的综合
计划。其中，只有 1 个计划完全实施，2 个计划中途而止，1 个计划因政
权更迭被放弃。总体而言，这 4 个计划取得的成效都是不大的，严重失衡
的经济并未改善，区域发展不平衡现象依然严峻。从族际关系治理的角度
来看，这些经济发展规划都是综合性和全国性的发展计划，在很多方面也
着重考虑到少数民族地区的特殊情况，也为缅甸本部和少数民族地区的发
展平衡做出了一些努力，但由于发展计划中的很多政策无法深入少数民族
地区中，取得的效果十分有限。封建土司和部族头人对缅甸联邦的发展计
划、相关政策及具体项目进行了抵制，联邦政府的权力只能是鞭长莫及。
比如，缅甸政府和以色列在 1959 年签订的经济合作协定中，规定"由以
色列协助缅甸在掸邦开垦 100 万英亩荒地，种植小麦、玉米、大豆、棉

---

① 杨长源等主编：《缅甸概览》，中国社会科学出版社 1990 年版，第 127 页。
② 同上。

花、烟草、花生、柑橘等"①，但这一计划却遭到了掸邦土司的反对而放弃；土地改革也遭到了少数民族地区封建土司和部族头人的抵制（后面将做详细论述）。诸如此类，不一而足。

（二）土地改革政策

由于缅甸长期遭受殖民统治，使得农业经济发展以水稻作业单一发展为主，加上土地兼并问题严重，缅甸各民族农民的生活十分贫困，大量农民流离失所。在缅甸人民革命情绪高涨的形势下，展开了声势浩大、轰轰烈烈的农民运动，一度提出了"彻底实行耕者有其田"的口号。缅甸独立后，在山区少数民族地区，大都由土司封建割据，封建经济占主要地位，土司及其亲友均为地主，占有大量的土地，靠剥削农民的劳动果实而过着优越奢侈的生活。这种地主占有土地和封建剥削的现象在少数民族地区相当普遍，特别是掸邦、克伦邦（1954 年成立），这种状况甚是严重。由于土地被封建地主占据，各民族农民没有土地，大部分山区少数民族就连粮食也不能自给自足，足见农民生活依然极度贫困。这种现象使得各民族农民的劳动积极性不高，造成了农业经济发展的滞缓，直接或间接地带来了各种民族问题。为了解决各民族农民的土地问题，调动他们的劳动积极性，提高生产效率，推动农业经济的发展，治理民族问题，改善族际经济关系，缅甸联邦政府自独立后就开始推行了两次土地改革的尝试。

推行"土地改革是缅甸政府对农业经济改造的核心，是为了摆脱旧有落后的生产关系对农业生产关系对农业生产力束缚所作出最大的努力"②，其主要方针是："调整租佃关系，减少农民的高利贷债务，赎买地主的一部分土地并把它分给农民。"③ 缅甸独立后的 1948 年 10 月，缅甸联邦政府颁布了第一个《土地国有化法令》，该《法令》指出了缅甸各民族严重的土地兼并现实问题，要通过土地国有化的方式把地主阶级所占领的土地收回，然后分给农民。对此，吴努总理指出，"土地国有化的目的，是废除大地主土地占有制，把农田分给农民和农户，建立可以使农民提高他们生活水平

① 史晋五：《缅甸少数民族地区的政治经济情况》，世界知识出版社 1960 年版，第 12 页。
② 李宜融：《论缅甸联邦政府对殖民地经济的改造（1948—1962）》，硕士学位论文，云南省社会科学院，1991 年，第 33 页。
③ 苏联科学院世界经济和国际关系研究所编：《亚洲不发达独立国家的土地农民问题（印度、缅甸、印度尼西亚）》，范锡鑫等译，世界知识出版社 1963 年版，第 200 页。

的现代农业经济"①。令人遗憾的是，由于内战的爆发，该《法令》未能在全国铺开实施，"缅甸政府只在仰光对岸的丁茵作了一次土地分配的试验，法案（令）并未实行"②。此外，"据 1952 年估计，缅甸政府当时的统治地区只有全国的一半左右，使这一法案不能大规模实施"③。随着内战态势的转变，"缅甸政府军队粉碎了缅共及少数民族武装对仰光的围困并转入反攻，政府控制区不断扩大"④，土地国有化政策再次提出。1953 年，缅甸联邦政府在原有土地国有化法令的基础上，并结合土改出现的新情况，制定颁布了《1953 年土地国有化法令》，次年又颁布了《土地国有化修正案》。该《法令》规定："在下缅甸地区，缅甸公民占有土地的最高数额不得超过 50 英亩；在上缅甸地区不得超过 25 英亩；任何人对冲渍及地的占有则均不得超过 10 英亩。"⑤ 对于超出法令规定的其他土地，缅甸政府在赔偿条件下收归国有，并将国有化土地无偿分配给需要土地的农民。

据此法令，缅甸将在农业领域消灭地主封建土地占有制。然而，如果要真正实现政府依据赔偿条件购买地主的土地再分给农民耕种，那么，"当时政府为此要付出价款 7 亿 8750 万卢比，即等于战前政府 5 年的财政收入"⑥。如此庞大的赔偿数额，对于新兴的缅甸联邦来说，无疑是天文数字，因此该《法令》注定实施困难，而且在具体实际执行过程中，又遭到大地主的百般阻挠，在各种因素的作用下，土地改革收效甚微，甚至造成了一些棘手的问题。在此情况下，吴努政府在 1959 年终止了土地改革的政策。

土地国有化政策终止了，它带给缅甸各阶层的影响虽然不算十分深刻，但也不容忽视。土地国有化法令的实施对缅甸大地主起到了一定的削弱作用，但对中小地主和富农则没有多大影响，甚至还"巩固了小地主

---

① New Times of Burma, 24. Ⅶ, 1957, 转引自苏联科学院世界经济和国际关系研究所编《亚洲不发达独立国家的土地农民问题（印度、缅甸、印度尼西亚）》，范锡鑫等译，世界知识出版社 1963 年版，第 203 页。

② 史晋五：《缅甸经济基本情况》，世界知识出版社 1961 年版，第 37—38 页。

③ 同上书，第 39 页。

④ 李晨阳：《军人政权与缅甸现代化进程研究》，博士学位论文，云南大学，2006 年，第 93 页。

⑤ ［缅］德钦丁：《缅甸经济基础》，仰光农民协会出版社 1959 年版，转引自李宜融《论缅甸联邦政府对殖民地经济的改造（1948—1962）》，硕士学位论文，云南省社会科学院，1991 年，第 34 页。

⑥ 史晋五：《缅甸经济基本情况》，世界知识出版社 1961 年版，第 39 页。

和富农的所有权"。这种土地国有化政策对一般农民并无好处，正所谓羊毛出在羊身上，政府给地主补偿的费用事实上是来自农民的，这样不但没有给农民带来实惠，而且一度增加了农民的负担。正如缅甸共产党一针见血地指出："缅甸政府所大肆宣传的土地改革和土地国有化，对绝大多数农民并没有帮助，政府答应给地主被国有化的土地以高价赔偿。这笔赔偿费是通过重税和农产品的垄断所获巨额利润而向农民征收的。因此目前政府的土地政策是为地主和富农利益服务，不能改善无地农民和贫农的处境。"① 可以说，缅甸土地改革谈不上成功，封建地主土地占有制并没有发生质的改变，封建势力控制国家农业经济的状况远未改变，要实现法令规定的"在农业领域逐步消灭地主封建土地所有制"的目标只能是戴盆望天，事与愿违。

缅甸独立后联邦政府推行的土地改革政策，不但调整和影响着缅甸各阶层之间的关系，而且也对治理族际关系产生了影响。从国家层面来讲，土地所有权问题历来是一个国家发展的核心问题之一，它关系到一个国家的统一和稳定，也关系到一个政权的稳固与存续。从民族层面而言，土地问题决定着人民在民族中的地位，从而也影响着一个民族的整体外貌。对于土地改革的实施，上面已经论及遭到少数民族邦封建地主阶级的抵触和阻挠。事实上，1947 年宪法给予了民族自治邦执政集团的封建土司和部族头人大量的农业、税收等方面的权利。这些少数民族土司和部族头人就是"倚仗这些宪法条例，不许在本自治邦实行土地改革和其他农业措施，甚至不许实行那些已在缅甸本部执行的措施"②。在土地改革政策的出台和执行过程中，各少数民族农民对此还是抱有较高的期待，并且在最后"全国有 19 万多农户分得了土地"③，这一点是应该得到肯定的。土地国有化政策在掸邦和克耶邦备受阻挠的时候，掸邦和克耶邦的人民群众起来反抗封建土司和部族头人，把土地国有化政策与社会生活民主化、消灭封建秩序的要求结合在一起，开展了轰轰烈烈的反抗运动。"在掸邦广大人民群众和缅甸民主的舆论的压力下，特别是 1951 年建立了进步的掸邦农

---

① 1955 年 11 月缅甸共产党纲领，转引自史晋五《缅甸经济基本情况》，世界知识出版社 1961 年版，第 44 页。

② ［苏］Г. Н. 克里姆科：《缅甸民族自治邦土地关系的一些问题》，《东南亚研究》1965 年第 2 期。思亮摘译于《缅甸独立后的土地问题》，莫斯科，1964 年。

③ 陈明华：《当代缅甸经济》，云南大学出版社 1997 年版，第 7 页。

民组织后，这些组织积极地进行了反对掸邦封建土司的斗争，要求取消封建主的权利和特权，掸邦土司终于不得不于 1952 年宣告要放弃世袭权和许多特权。"①

　　前已论及，缅甸土地改革的目的是改造封建经济，缓和各民族内部的阶层关系，调动各民族农民的积极性，提高生产效率和推动农业经济发展，提高农民生活水平，并由此增强各民族对国家的认同感。虽然土地改革在推行过程中，出现了包括无形之中增加了农民负担等诸多问题，但在一定程度上，土地国有化政策是赢得了各民族农民，特别是山区少数民族农民的支持。而且，通过推行土地国有化政策，增强了少数民族地区农民的维权意识，使他们开展了与封建土司和部族头人的维权斗争运动，迫使土司和部族头人做出了很大的让步，这对改善民族内部关系和缓和社会矛盾是起到积极作用的。在备受本邦地主阶层的压迫的情况下，土地国有化政策虽然有或这样或那样的问题，但此举措对增强缅甸各民族农民对联邦的认同感也起到了一定的积极作用。

　　人民性是民族国家最基本的特征之一，它对民族与国家、民族与民族、民族内部成员之间的关系与地位发挥着十分重要的作用。在民族国家建设中，要充分体现人民性向度的原则，族际关系治理必须以人民性为向度价值取向。只有坚持人民性向度原则，在民族国家建设中才能真正体现主权在民的宗旨。主权在民不再是 18 世纪的一种口号，它已经成为民族国家形态下的人民与民族、人民与国家、民族与国家的互动方式。对于一个新兴的民族国家来说，主权在民最真切的体现莫过于土地归属于人民，让人民拥有土地，让"耕者有其田"，这也是民族国家建设中人民性向度最根本的反映。缅甸建立民族国家后，联邦政府推动土地改革，实行土地国有化政策，践行"耕者有其田"的口号，这本身就体现了民族国家建设中的人民性向度原则，它对正确引导人民与民族、人民与国家、民族与国家的关系发挥着建设性作用。总的来讲，缅甸政府推动的土地改革符合民族国家建设的人民性向度原则，对族际关系治理起到一定的积极效果，有利于增强各民族对国家的认同，能够促使民族服从并积极维护民族国家的整体利益。但令人遗憾的是，在多种因素的作用下，土地改革夭折了，

---

　　① ［苏］Г. Н. 克里姆科：《缅甸民族自治邦土地关系的一些问题》，《东南亚研究》1965年第 2 期。思亮摘译于《缅甸独立后的土地问题》，莫斯科，1964 年。

这反映了缅甸民族内部各阶层关系的复杂性、族际关系治理的低效性及民族国家建设的艰巨性。

三　族际关系文化治理

族际关系文化治理是民族国家在尊重各民族文化的基础上，为构建国族文化、培养国族意识、巩固国族认同而采取的一系列政策、措施和方式，从而达到增强国家认同、维护多民族国家稳定和统一的目的。在族际关系文化治理过程中要尊重各民族文化，但也要努力使民族认同与国家认同进行有效的整合。在当代民族国家中，民族成分各不相同，所面临的民族文化环境差异很大，从而造成的对族际关系的影响也相应不同，这就使各民族国家的族际关系文化治理的方式和路径也千差万别。而且，有的民族国家的族际关系文化治理相当成功，而有的却是非常失败。族际关系文化治理成功的民族国家往往有一个强健的国族，国家能够持续保持稳定和统一局面；而治理不成功的民族国家往往产生国族认同危机，民族分裂主义行动频发，对国家的统一必然构成实质性的威胁。可见，在多民族国家，族际关系文化治理是族际关系治理中最深层次的内容，族际关系的复杂性决定了族际关系文化治理的重要性。

缅甸是一个多民族国家，民族成分复杂多样，民族文化差异很大。在缅甸民族国家构建的历史进程中，各民族才开始有了"缅甸人"的意识，而正是由于这点难能可贵的"缅甸人"意识，才逐渐构建了模糊的缅甸"国族"。在反对殖民统治、争取民族解放和实现国家独立的进程中，这种薄弱的国族意识发挥了重要作用，它是自由同盟团结各民族的法宝。缅甸民族国家建立后，由于国族意识薄弱，族际文化之间的碰撞，民族认同与国家认同之间的矛盾，由此而引发了一系列民族问题。"在争取民族国家独立的进程中，主体民族与少数民族面对共同的敌人，双方的民族之间又都凸显了聚合的一面，甚至合流为一致对外的民族主义。而当独立后外部压力减轻，双方的文化差异便日益显露，主体民族'以我为主'的统合意向遭遇了少数民族分离企图的冲击，不仅国族文化难以实现，甚至国家统一都受到威胁。"① 因此，吴努政府的族际关系文化治理方式决定着

---

① 陈衍德：《多民族共存与民族分离运动——东南亚民族关系的两个侧面》，厦门大学出版社 2009 年版，第 5 页。

族际关系的态势，也影响着多民族国家的统一和稳定。

（一）民族文化政策

民族文化政策是民族国家族际关系文化治理的最基本的理路。一般而言，它是指执政党和国家在维护多民族国家统一的情况下，尊重和保护各民族文化的基础上，帮助各民族发展民族文化所实施的方针和措施。各民族文化的民族性、特殊性、传统性与合理性是民族国家民族文化政策的保护和发展的维度。

一般而言，按类型划分，民族文化政策主要可以分为发展国家层面的文化政策和发展民族层面的文化政策。[①] 发展国家层面的文化政策与发展民族层面的文化政策主要是由于它们的价值取向的差异。发展国家层面的文化政策的价值取向在于民族国家努力建设国家层面的文化，而发展民族层面的文化政策的价值取向在于努力发展民族层面的文化。两者一个侧重国族文化的建设，一个侧重民族文化的发展。事实上，一个正确合理的民族文化政策是国族文化建设和民族文化发展能够相互统一的政策。在多民族国家，偏颇一方的民族文化政策都有可能产生民族问题，影响族际关系，破坏民族国家的存续和发展。

缅甸多民族国家各民族在历史上形成了各自的民族文化，信仰各不相同。缅甸大部分人信奉佛教，其中缅族是主要部分。除此之外，克伦人和克钦人大部分人信仰基督教，若开族大部分人信奉伊斯兰教，其他一些民族有信奉印度教的，也有信奉原始拜物教或其他宗教的。可以说，缅甸各民族有各自的民族文化，宗教信仰多元化。在英国殖民统治期间，随着对缅甸入侵的深入，西方传教士就深入内地进行传教，特别是山区少数民族居住区成了传教士活跃的地方。"到1919年，下缅甸的克伦人中天主教徒已达25350人……1919年克伦人中的浸礼教徒已达5.5万"，"根据1931年的人口普查，全缅甸基督教徒共计331106人"，"当时基督教徒占整个克伦人口的17%"，"到1939年，全缅的浸礼教会会员已发展到255000人"。[②] 这些西方传教士不仅在克伦族聚居区传教，还一度深入到掸族、克耶族和克钦族聚居区传教。"到1947年，在缅甸克钦人地区有37名天

---

① 参见欧黎明《当代中国族际关系治理分析》，博士学位论文，云南大学，2011年，第98页。

② 李谋、姜永仁：《缅甸文化综论》，北京大学出版社2002年版，第96页。

主教传教士，克钦基督教教徒约有 25 万（其中浸礼教徒 15628 人，天主教徒约 1 万人），约占当时克钦族总人口的 10%。"[①] 基督教文明在缅甸的传播，特别是在少数民族地区的传播，进一步加剧了缅甸民族文化的差异性，造成了族际关系的紧张。由于基督徒在克伦族中大肆兴办学校进行传播基督教文明，一度使克伦族的教育水平远胜于缅族，并且克伦族在各机关任职的人数较多，这不但增强了克伦族的民族自豪感，而且增强了他们与缅族叫板的勇气。在英国殖民者"分而治之"的政策下，克伦族和钦族基督徒士兵往往成为英国殖民者镇压缅族佛教徒（民族主义者）的工具，克伦族、钦族与缅族的关系更加紧张，民族矛盾更加复杂。

缅甸民族国家建立后，由于吴努的努力推动，佛教开始复兴，这本身对族际关系的影响并没有直接的关联，但他对少数民族实现强迫同行政策，以及实施佛教国教化政策，不可避免地造成了族际关系的进一步恶化。作为缅甸联邦政府领导人的吴努，完全是一个缅族民族主义者，他的思想、政策蕴含的价值取向是"大缅族主义"。吴努重视各民族的统一性，从而忽视各民族的差异性，他认为"缅甸居民，包括掸族、克伦族、克钦族、克耶族和若开族，从摇篮到坟墓，生活在同一块土地上，彼此是一间屋子的亲人"；"缅甸应该有一部统一的宪法，各民族领导人要有必要的素质来执行宪法"；"解决少数民族问题的关键是巩固各民族的纽带，而不是瓦解联邦，成立各自的邦"。[②] 在这种思想的指导下，"在宗教、文化和教育等方面，吴努政府对少数民族实行强迫同化制度，在少数民族地区强制推行缅语和传播佛教，歧视和贬低少数民族的语言文字，硬性规定民族学校只能在小学三年级以前使用本民族语言"[③]。这种有失偏颇的民族文化政策，并没有真正落实宪法规定的民族平等原则，它的目的在于"想在边区人民中普及佛教，推行缅甸语、缅甸服与其他文化形态，以统一缅甸"[④]。事实上，吴努的狭隘的民族主义来源于根深蒂固的历史文化的影响，"它（民族主义）植根于每个地区特定的社会背景和特点鲜明的

---

① 李谋、姜永仁：《缅甸文化综论》，北京大学出版社 2002 年版，第 97 页。

② 陈真波：《独立以来缅甸民族关系研究（1948—1988）》，博士学位论文，云南大学，2008 年，第 66 页。

③ 转引自李晨阳《缅甸独立后民族政策的演变》，载方铁、肖宪主编《亚洲民族论坛》(1)，云南大学出版社 2003 年版。

④ ［新加坡］D. 布朗：《从周边共同体到民族国家——东南亚的民族分裂主义》，《民族译丛》1990 年第 4 期，马宁摘译。

文化遗产之中"①。佛教在缅甸具有重要的地位，在反抗殖民统治，争取民族解放和实现国家独立的历史进程中，佛教是重要而强大的思想武器，甚至还有少数民族认为"缅甸佛教徒才是真正的缅甸人"②，佛教与佛教徒在缅甸的地位可见一斑。至于在1961年，吴努政府通过宪法修正案，把佛教以立法的形式确定为国教，则使民族矛盾继续扩大，族际关系严重恶化，民族分裂主义持续高涨。

事实上，缅甸佛教国教化问题可以追溯到独立前后。由于佛教在缅甸民族国家构建中有特殊和重要作用，在1947年的制宪会议期间，就有委员提出佛教国教化的建议，但昂山对此表示反对，认为此举不利于少数民族对国家的认同。但1947年宪法明文规定："国家承认联邦公民绝大多数所信奉的佛教的特殊地位"③，这是首次以法律的形式肯定了佛教的特殊地位和作用。1956年，三个佛教团体向吴努总理和宗教部提出了"佛教国教化"议案④，对此，吴努表示原则上同意，但"担心会产生教派冲突，未敢做出决断"⑤，吴努的表态让佛教徒们对此相当不满。1960年，辞职一年多的吴努再次当选总理，以他为首的廉洁派政府成立了"国教问题顾问委员会"，专门探讨佛教国教化问题。"该委员以吴登貌为首，由18名高僧和17名在家僧组成。经过一年多的努力，国教问题顾问委员会于1961年8月17日向议会提出了宪法第三次修正案：联邦大多数公民信奉的宗教佛教为国教。8月26日该修正案获得通过。随后政府制定了《国教推进条例》，详细地规定了佛教与社会生活的关系。"⑥ 甚至，"狂热的佛教僧侣根据宪法，提出了国家元首和政府高级官员应只限于由佛教徒担任的主张。"⑦ 一石激起千层浪，佛教国教化的规定引发了缅甸非佛教徒的强烈抵制，少数民族运动开始风起云涌。而且，以奈温为首的军方

① ［英］安东尼·D.斯密斯：《全球化时代的民族与民族主义》，龚维斌等译，中央编译出版社2002年版，序第4页。

② ［新加坡］D.布朗：《从周边共同体到民族国家——东南亚的民族分裂主义》，《民族译丛》1990年第4期，马宁摘译。

③ 《1947年宪法》第21条第1项。

④ 参见钟智翔《缅甸的佛教及其发展》，《东南亚研究》2001年第2期。

⑤ 同上。

⑥ 同上。

⑦ ［日］生野善应：《缅甸佛教（下）》，罗晁潮摘译，《东南亚研究资料》1985年第1期。

也强烈反对这一法案，"（军部）感到国家有崩溃的危险"①。

非佛教徒的少数民族把佛教国教化法案视为"民族歧视的、为多数缅甸人谋利的措施"②，于是，纷纷起来组成缅甸非佛教徒少数民族联盟与之抗衡，各种反政府武装运动开始涌现。到1962年初，缅甸国内出现了克伦族、掸族、克钦族和孟族四支较大的反政府武装力量，据不完全统计，这四支力量约有1万人。克钦族趁机提出了"克钦独立国"的口号，并在美国等外国势力的支持下建立了克钦独立军。克伦族与中央政府的对抗从未停止过，在各少数民族纷纷反对佛教国教化的浪潮下，在东吁建立了自己的政权。而掸族和孟族也不甘落后，都建立了规模较大的反政府武装力量。此期的缅甸，少数民族运动此起彼伏，风起云涌，社会乱象繁生，矛盾错综复杂，吴努与军方关系持续恶化，可谓是山雨欲来风满楼。

吴努政府对少数民族实行的强迫同化政策，以及后来实施的佛教国教化法案，是吴努"大缅族主义"取向作用的结果。吴努政府这种民族文化政策是有失偏颇的，克伦族的反抗运动的持续不断、孟族的分离运动高涨、克钦族独立建国的追求，以及军方的强烈反对，它都难辞其咎。吴努政府的强迫同化政策，完全是一种极端和狭隘的民族主义的体现，如此文化强迫同化激起了少数民族的强烈不满。在克伦族第三届哥都礼邦国民大会上，爆发的"谁是克伦人的敌人"的争论中，克伦民族联合党的领导人认为他们是与"缅人沙文主义"作斗争。③ 这种无视少数民族文化差异，实行强迫同化的政策，显然违背了民族平等的原则。而佛教国教化法案则是雪上加霜，是民族文化强迫同化的法律性规定。当佛教作为主体民族缅族或执政集团当作政治工具为之谋取利益时，特别是以法律的形式确定下来后，少数民族的利益必然受到损害，他们必然会为自己的利益而抗争，那么，民族分裂运动就无法避免。民族文化是在特有的历史文化背景下形成的，"民族文化的独特性使其天然具有对异质文化的排斥性"，"民族文化塑造了民族主义，而民族主义因其文化渊源而具有了排他性"④，可见，吴努政府推行的民族文化强迫政策必然会遭到少数民族的抵制和排

---

① ［日］生野善应：《缅甸佛教（下）》，罗晃潮摘译，《东南亚研究资料》1985年第1期。

② 韦红：《东南亚五国民族问题研究》，民族出版社2003年版，第41页。

③ Jessica Harriden, "Making a Name for Themselves: Karen Identity and the Politicization of Ethnicity in Burma", *The Journal of Burma Studies*, Vol. 17, 2002.

④ 陈衍德：《再论东南亚的民族文化与民族主义》，《东南亚研究》2004年第5期。

斥。事实上，吴努政府推行的民族文化政策既没有体现发展国家层面文化，也没有发展民族层面文化，而是"缅人沙文主义"取向的体现，既没有考虑特性，也完全忽视共性。总的来说，吴努政府实施的民族文化政策加深了民族矛盾，加大了族际隔阂，阻碍了国族构建，严重威胁着缅甸多民族国家的统一和稳定。

（二）民族文化工作

民族文化是一个民族的灵魂，在长期的历史过程中，民族文化化育了一个民族的风骨，铸就了一个民族的风格，它是民族的生命力、凝聚力和创造力的重要源泉。在民族国家时代，民族文化的重要性不断凸显，它决定了民族国家存续和发展的能力及族际文化整合的能力，也决定着国族建设的水平，对族际关系治理起着十分重要的作用。然而，在长期的历史发展进程中，民族文化也在不断地发展，而且"必须通过民族心理、民族思维、民族意识、民族文字、民族教育、民族所信仰的宗教等方式得以显现和传承"[1]。在多民族国家，由于民族文化存在独特性产生的排斥性，多种民族文化并存互通基础上也存在融合性，民族文化便有聚合型和离散型两副不同的民族主义面孔。[2] 正因为多民族国家的民族文化存在聚合型和离散型两种面孔，那么民族文化工作就显得十分重要，正确合理的民族文化工作，将有利于民族文化朝聚合型方向发展，不合理的民族文化工作将促使民族文化朝离散型方向演化。事实上，民族文化的聚合型维度对于发展国家层面文化与发展民族层面文化都是大有裨益的，而离散型则对这两者都是一个重大的考验。民族文化工作是民族文化政策在实际工作落实中的具体体现，它对族际关系影响重大，关系到民族认同与国家认同整合的程度和水平。

独立后，缅甸联邦政府主要是以吴努为首的缅族人在执掌国家政权，但"吴努在民族问题上是个色盲"[3]。在"大缅族主义"、族际同化和联邦统一取向的指引下，对于少数民族，吴努在民族思维、民族文字、民族语言、民族教育、宗教信仰，甚至是民族服装方面采取了强迫同化的

---

① 欧黎明：《当代中国族际关系治理》，博士学位论文，云南大学，2011 年，第 101 页。

② 参见陈衍德《多民族共存与民族分离运动——东南亚民族关系的两个侧面》，厦门大学出版社 2009 年版，第 5 页。

③ ［新加坡］D. 布朗：《从周边共同体到民族国家——东南亚的民族分裂主义》，《民族译丛》1990 年第 4 期，马宁摘译。

方式。

　　吴努政府对少数民族的语言和文字的强迫同化方面做了不少工作。"自1952年起，缅语被作为政府一切公务的必用语言，1956年更推广运用于掸邦的政府机构之中。在学校里，小学三年级以上缅语是唯一的语言教学课程，并规定要根据缅族民族主义的观点来讲授历史。政府并通过僧侣传播佛教来同化山地居民，特别是克伦人。"① 语言和文字是民族文化传承的载体，同时也蕴含着民族文化的内涵，也是民族自信和民族自尊的一种体现。事实上，在缅甸，大部分少数民族都有自己的语言和文字，有的甚至使用十分普遍。例如，克伦族不但有自己的语言，而且还有自己的文字，属于汉藏语系藏缅语族克伦语支；掸族也有自己的文字，虽然受缅族影响较大，但是在佛教经典中使用掸文，而且在文化教育方面也会使用自己的文字；若开族虽然没有民族文字，但是若开语使用也比较普遍；孟族虽然在日常社交活动中使用缅语缅文，但在孟族聚居区也保持着独立的语言和文字；克钦族有自己的克钦语词典，在缅甸北部山区克钦语成为一种通用的标准语；钦族虽然比较普遍使用缅语和缅文，但是钦族文字在钦族人中也常有人使用；克耶族也有本民族自己的语言；其他的一些少数民族也有自己的语言和文字。吴努政府把缅语作为公务必用语言，规定学校三年级以上把缅语作为唯一的教学课程，这显然违背了缅甸民族平等的原则，甚至还践踏了民族尊严。这种"语言沙文主义"充分反映了吴努对其他少数民族文化的不尊重，如此必然遭到各少数民族的抵制和排斥。

　　对于宗教信仰问题，在上一节"民族文化政策"中已经作了一些论述。吴努政府设立了民族文化工作机构，1950年设立了宗教部。宗教部制定了有关僧伽的法规，以及关于佛教大学和培养佛教教师等法规，并负责落实实施，"这与其说是政府对佛教的援助，毋宁说是企图对教团的控制"②。显然，吴努政府设立宗教部的目的，并不是保护少数民族文化，而是确立佛教的特殊地位，以便于在全国范围内推动各民族对佛教的信仰。1951年设立了"佛教评议会"，目的在于振兴佛教，确立佛教的巩固基础，保持佛教的神圣地位，不但可以在国内各民族进行传教，而且还可

---

　　①　［新加坡］D. 布朗：《从周边共同体到民族国家——东南亚的民族分裂主义》，《民族译丛》1990年第4期，马宁摘译。

　　②　［日］生野善应：《缅甸佛教（下）》，罗晃潮摘译，《东南亚研究资料》1985年第1期。

以"像基督教传教士一样把佛教僧侣派往国外传播佛教"①。这两个机构的设立，充分表明了"缅甸独立后，政府在赞助佛教振兴的同时，谋求对教团活动的领导和控制，这就是政府所采取的政策"②。事实上，根据1947年的宪法，佛教虽然有特殊地位，但是其他宗教也是具有合法性地位的。吴努通过设立机构和确立一些原则，是为了对各民族的宗教信仰进行控制，推行他的"佛教沙文主义"思想，这势必引起其他少数民族的强烈不满和反对，最终使宗教冲突演变成了民族冲突。可以说，从族际关系文化治理的效度而言，吴努政府设立管理民族文化的机构和确立的民族文化管理原则是失败的，有失偏颇的。

吴努政府为了"统一缅甸"，在各民族服饰上也要求统一，要求各民族穿缅族服饰。一个民族的服饰习俗体现着民族文化特色，反映着这个民族的生活态度和心理特点，而且也显示了一个民族的尊严和自我标识。"在人类活动中，也许没有比选择穿着更鲜明地反映我们的价值观念和生活方式了。个人穿着是一种传递着一系列复杂信息的'符号语言'，并且也是常常给人以即刻印象的基础。"③ 可以说，服饰对于一个民族来说，是一种根深蒂固的民族文化。缅族的服饰与中国云南傣族相似，不论男女下身都穿筒靴，男裙称为"笼基"，女裙称为"特敏"。男上衣为无领对襟长袖短外衣，女上衣为斜襟短外衣。其他少数民族大都有自己的民族服装，吴努政府试图使其他少数民族放弃自己的民族服饰，从而使用缅族服饰，这是要彻底改变他们根深蒂固的民族价值观念和生活方式，摧毁他们的民族尊严和自我标识。此举对于任何一个民族来说，都是无法接受的，必然遭到少数民族的强烈不满和坚决抗议，这无疑增加了民族矛盾，进一步恶化了族际关系。

诚然，从多民族国家统一的角度来说，用"统一缅甸"取向开展民族文化工作是没有异议的，然而，用"大缅族主义"思想来开展民族文化工作企图"统一缅甸"是不可取的，而且注定是要失败的。如果吴努政府以国族建设思想为引导，努力打造国族文化，培养国族意识，巩固国族基础，那么，缅甸的族际整合将会朝着良性方向发展，多民族国家统一

---

① ［日］生野善应：《缅甸佛教（下）》，罗晃潮摘译，《东南亚研究资料》1985年第1期。
② 同上。
③ ［美］玛里琳·霍恩：《服饰：人的第二皮肤》，乐景泓译，转引自王娟《民俗学概论》，北京大学出版社2002年版，第230页。

和稳定的文化基础就能够得到夯实。

四　族际关系社会治理

　　族际关系社会治理是指对民族国家内影响族际关系的社会问题进行治理的行为。社会问题是一个很宽泛的领域，一般是指影响社会生活、妨碍社会协调发展、导致社会关系失调的一种社会现象。从社会问题发生的领域划分，可以分为政治性、经济性、文化性和日常生活等社会问题；从社会问题的具体表现形式划分，可以分为人口、环境、教育、卫生、贫困、交通和犯罪等方面的问题。从社会问题的具体领域和具体表现形式可以清楚地发现，社会问题对族际关系和民族国家的影响很大，一是影响到民族国家内部各民族之间的平等关系，二是影响到民族与国家之间的平衡关系，三是关系到多民族国家的稳定和统一。

　　缅甸民族国家建立后，百废待兴，除了巩固政权和发展经济，吴努政府还注重社会发展。当时的缅甸，文盲人数多，卫生条件差，特别是山区少数民族地区，教育水平和卫生条件更是落后。为此，吴努政府采取了若干教育政策，同时缅甸华人努力发展缅华教育，此外，政府还设立了全国健康委员会，以及做了一些推动体育事业发展的工作，以期提高教育水平和改善医疗卫生条件。遗憾的是，由于缅甸社会发育程度低，政府自身能力不足，导致社会问题治理效果低下。

　　（一）教育政策

　　缅甸民族国家建立之前，长期受到英国殖民统治，缅甸的教育完全是一种奴化教育。这种殖民奴化教育制度，虽然带动了西方的近代教育，而且开办了世俗学校，基础教育、职业技术教育和高度教育也取得了一些发展，但缅甸的整体教育结构是畸形的，主要表现在："（1）基础教育薄弱；（2）职业技术学校发展滞后；（3）高等教育落后；（4）教育资源地区分布不均；（5）种族歧视的教育；（6）重管理、轻投入的政府管理模式；（7）奴化教育与愚民教育并行，其结果对缅甸教育的发展造成很大影响。"① 值得注意的是，殖民奴化教育造成了基础教育薄弱，教育资源地区分布的不平衡，教育的种族歧视及奴化愚民政策等方面，严重加深了

---

① 刘利民：《试论英国殖民统治对缅甸教育的影响》，《云南师范大学学报》（哲学社会科学版）2007 年第 4 期。

民族矛盾，影响了族际关系，人为制造了族际隔阂。缅甸独立伊始，教育基本沿用了殖民时期的旧的学制、课程设置和考试制度。在基础教育方面，政府学校的教育质量明显低于教学学校、华侨学校和私立学校，整个缅甸总体水平都比较薄弱。在职业技术教育方面，国家经济建设所需要的职业技术人才相对匮乏。在高等教育方面，大学"不能为缅甸培养真正需要的经济建设人次，尤其是建设广大农村和山区的专门人才"①，因为大学毕业生根本不愿意去农村，更不会考虑去山区少数民族地区了。教育水平的落后，教育资源分配的不平衡、殖民奴化教育的影响，吴努政府出台了发展教育的若干政策。

基于教育现状，吴努出台的教育政策的主要内容有："把中央管理教育作为暂时性实验；废除资助自读，仅设立公立学校；实行义务小学教育，重新修改学校阶段划分（小学四年、初中三年、高中两年）；增加学习职业知识和技术知识的机会；规定缅语为学习中心（从初一开始必修英语）。"② 1951年11月，吴努政府组织代表团赴欧美进行考察学习。同年，吴努政府成立了数十人的重组教育委员会起草了国家繁荣教育计划，并于次年获得通过，其主要内容是："在国内减少文盲，大力培养具备五种技能的国民，国民至少要能通晓读写；大量培养能熟练进行创新生活所必需的工业生产的国民和能担负联邦各项任务的高水平人才；巩固国家的民主制度。"③ 这个国家繁荣教育计划是《国家繁荣计划》关于教育层面的一个组成部分，从国家繁荣教育计划的主要内容可以看出，吴努政府对教育的重视，以及教育为政治服务的倾向。随着《国家繁荣计划》在1956年的中止，国家繁荣教育计划也随之停止实施，取而代之的是第一个四年教育计划（1952—1956年）。第一个四年教育计划完期后，吴努政府又制订了第二个四年教育计划（1956—1960年），它主要是要求针对高等教育要为国家大政方针服务。此外，从1948年到1952年，吴努政府还制订并实施了"人民教育计划"，目的就是提高全缅甸教育水平。1952年，吴努政府还推行了"创造新生活教育计划"。这一系列教育政策和计划的实施，缅甸基础教育、职业技术教育和高等教育都取得了一定的

---

① 林锡星：《一九六四年以来的缅甸教育情况》，《东南亚研究》1985年第1期。
② 《缅甸百科全书》（缅文）第10卷，第423页，转引自李晨阳《军人政权与缅甸现代化进程研究》，博士学位论文，云南大学，2006年，第96页。
③ 同上。

进展。

从吴努政府出台的一系列教育政策和计划中，可以看出，吴努政府对教育的重视。吴努政府在发展国家教育的时候，也注重少数民族地区的教育，政府所推行的教育政策和计划，对缩小国内文盲率起到了积极的作用，而且也缩小了教育资源分布不均的差距。然而，吴努政府所推行的教育政策，始终有"大缅族主义"取向。对于统一缅甸语言和文字的论述，在上一节"族际关系文化治理方式"中已有详细的阐述，吴努政府在语言政策和语言教育上，在全国强制性推广缅语，忽视少数民族语言的多样性，使政府推行的一系列教育政策和计划的效果大打折扣。总之，吴努推行的教育政策对发展各个层次的教育起到了一定的作用，但对于族际关系的改善却不够明显。

值得一提的是，缅甸华文学校对于华人融入缅甸社会起到了十分重要的作用。缅华教育肇始于清朝统治者日益腐朽走向没落之时，历经曲折坎坷，"不仅遭到日寇侵缅时期的大劫难，而且也备受殖民统治者和各种反动势力的歧视、排斥和打击"①。然而，缅华教育却在缅甸顽强生存和发展起来了。缅甸独立后，缅华教育尝试着融入缅甸社会，随着中缅的建交，大量华文学校开始涌现。吴努政府"对于华校的控制不是很严格，只要求华校登记注册，并不过问其他事宜，因此华校发展迅速。部分华校，如缅甸南洋中学，探索性地实行一校两制，一方面实施华文教育，另一方面开设英语班，实行华、缅、英三语教学"②。吴努政府宽松的管控，为缅华学校的发展创造了良好的社会条件。

在缅甸独立之后，缅华教育界成立了两个组织，即缅华教师联合会（简称教联）和缅华学生联合会（简称学联），这两个组织对缅甸华人融入缅甸社会起到了十分积极的作用。教联成立后，在教学方面做了大量工作，如先后举行过"小学教育问题座谈会"和"缅华教育难题座谈会"。此外，更重要的是教联发挥组织作用，为维护华人在缅甸的正当利益做出了很大贡献。而学联则开展和参加各种社会活动，团结广大青年学生，推动缅华青年的进步。总之，这两个组织为缅甸华人融入当地社会作出了很

① 胡一声、陈乔之：《二十世纪前半期缅甸华侨教育事业概述》，《暨南大学学报》（哲学社会科学版）1980 年第 4 期。

② 李佳：《缅甸的语言政策和语言教育》，《东南亚南亚研究》2009 年第 2 期。

大努力，也取得了很好的效果。

前已论及，华人占缅甸总人口约 3%，有近 180 万人口，这在缅甸各民族中也算是一支十分重要的力量。缅甸华人在缅甸社会的融入程度不仅影响着族际关系，而且还影响着缅甸与中国之间的关系。缅华学校的发展，使缅甸华人更好地融入了当地社会，缅华教联和学联也在这一过程中发挥了十分重要的作用。可以说，缅华学校和缅华组织也为缅甸族际关系治理起到了一定的积极作用，促进了多民族国家的统一和稳定，同时也有利于缅甸与中国关系的发展。但是，缅华教育的作用对于整个缅甸多民族国家的族际关系治理而言，毕竟是有限的。

（二）卫生政策

缅甸独立后，吴努政府对缅甸本部和少数民族地区的医疗卫生事业的发展比较重视。缅甸大部分地区处于热带地区，气候炎热潮湿，病媒昆虫动物和病原微生物繁殖甚盛，是热带病多发地区。加上缅甸长期处于英国殖民统治，经济发展滞缓，人民生活水平低下，生活条件很差，卫生状况不良，医疗保健事业落后，山区少数民族地区更是如此。因此，缅甸大部分地区不但是热带病多发地区，而且是传染病流行的地方。吴努政府比较重视国内医疗卫生事业的发展，"在发展西医的同时，扶持和鼓励缅医缅药，提倡用缅西医结合的治疗方法。在发展城市医疗卫生事业的同时，强调改善农村的医疗卫生条件"。[1] 吴努执政的最后一年（1961—1962 年），缅甸政府对医疗卫生事业的拨款达到 5480 万缅元。[2] 虽然如此，缅甸的医疗卫生事业水平和人民卫生健康状况依然低下，山区少数民族地区，更是缺医少药。整个缅甸本部尚且没有完整的医疗公共服务体系，山区少数民族地区更不足言。

1950 年成立了全国健康委员会，推广体育运动，提高国民身体素质。各种体育活动也逐渐向少数民族聚居区发展，"1953 年 6 月 29 日至 7 月 9 日，全国 33 个县的代表聚集在仰光昂山体育馆，商讨成立全国藤球协会，经过数天的酝酿，决定正式成立藤球协会"[3]，此后，在藤球协会的主持下，除了在缅甸本部开展县际藤球比赛，也到过东枝（掸邦首府）、淡棉

---

①　贺圣达：《当代缅甸》，四川人民出版社 1993 年版，第 244 页。

②　同上书，第 245 页。

③　同上书，第 248—249 页。

（孟邦首府）开展过比赛。而且，后来开展省（邦）际比赛。通过发展富有特色的体育项目，不仅增进了各民族之间的交流，而且也在推广体育运动项目的过程中，在一定程度上增强和提高了全国各民族的健康意识。然而，需要指出的是，吴努政府对于少数民族地区人民健康事业所做的工作是相当寥寥的，既囿于经济的落后，也与政府的自身能力不足有关。

由于缅甸经济发展落后，导致社会发育程度低，山区少数民族地区更是如此，医疗卫生、体育和社会保障等方面的现实问题十分突出。这些凸显的社会问题又与民族问题、宗教问题相互交织，那么，要治理这些社会问题更是难上加难。作为一个国家独立后成立的政府，自身政府能力就不足，加上意识存在偏差，政府作为无法圈点，能做的只是上述提到的一些最为基本的工作。各民族自治邦多由土司和部族头人操纵着政权，他们对医疗卫生和体育等社会事业很是漠然，积极有效地治理社会问题更无从谈起。

民族社会主要是由民族成员构成，一个民族就必然有一个民族社会，而且每一个民族社会都有自己的区别于他族的特性。民族社会的特性是一个民族在长期的历史文化过程中，由社会生活方式、风俗习惯、价值取向和生活态度等方面的特殊性而形成的。因此，每一个民族社会都有它自己运行的规律，如果不能把握民族社会运行的规律，那么，民族社会与民族社会之间往往会产生冲突，民族社会与国家社会之间也常常产生矛盾。因此，推动民族社会发育水平，提高政府的社会问题感知能力，增强政府的社会问题治理能力，建立民族社会与民族社会、民族社会与国家社会的良性运行机制，是多民族国家面临的不可推卸的重任，这关系到族际关系社会治理的效果。而在吴努政府时期的缅甸，族际关系社会治理方面很不成熟，也很不成功，这既有客观因素，也有主观因素，这种状况是多种因素综合的结果。

第二节 吴努政府时期族际关系治理的价值取向

价值取向是价值哲学的重要范畴，是指主体基于自己的价值偏好在面对或处理各种矛盾、冲突和关系时所秉持的立场、态度与观念。价值取向具有实践品格，一定的主体在评价事务、唤起态度的过程中，价值取向也具备指引和调节主体的行为的定向功能。族际关系治理的价值取向总是由族际关系治理的主体在治理族际关系过程中所体现出来的一种偏好，或价值倾向。这种偏好或倾向构成了族际关系治理的价值底蕴。作为一种价值底蕴，族际关系治理的价值取向在族际关系治理的整个过程中都发挥着根本性的作用。吴努政府时期的族际关系治理的价值取向，是作为治理主体的吴努在治理族际关系中所体现出来的价值前提的外化和投射。吴努的"大缅族主义"和加强中央集权的价值取向始终影响着甚至支配着吴努政府对族际关系治理的整个过程。

一 "大缅族主义"取向

在缅甸民族国家构建的历史进程中，大缅族主义就开始萌芽并兴盛起来。大缅族主义的产生和发展是由多方面因素综合作用的结果，既受到国内民族状况和客观条件的影响，也受到历史上民族关系的影响。作为一种价值取向，大缅族主义在吴努政府时期的族际关系的整个过程中都发挥着根本性的作用。

（一）"大缅族主义"思想的渊源与兴起

大缅族主义其实就是"一种以缅族为本位的，违背民族平等的，甚至歧视、排斥、压迫较小民族的民族主义"[1]。作为近现代民族主义的一种表现，大缅族主义并不是缅甸民族国家建立后才有的，而是在民族国家历史构建进程中就开始萌芽并兴盛起来的。大缅族主义与缅甸反抗殖民统治、争取民族解放和实现国家独立的民族主义运动的兴起是紧密相连的。"主体民族缅族对其他少数民族总是有一种沙文主义的感觉"[2]，事实上，这种沙文主义其实就是大缅族主义的体现。缅族的这种价值倾向的产生，是由多方面因素综合作用的结果，既有国内民族状况和客观条件的原因，也有历史上民族关系的根源。简言之，大缅族主义的萌芽和抬头有客观的历史和现实原因。

"我缅人协会"是缅甸近现代史上一个极为重要的政治组织，在缅甸民族国家的历史构建进程中发挥了十分重要的作用，被视为缅甸国家独立的重要基石之一。20 世纪 20 年代后期，在缅甸人民反帝斗争不断高涨的

---

[1]　钟贵峰：《论缅甸民族政策的价值取向》，《赣南师范学院学报》2013 年第 1 期。

[2]　Nehginpao Kipgen, *The Rise of Political Conflicts in Modern Burma*（1947—2004）（http：//www.manipuronline. com/Features/August2004/burmapoliticalconflictsA12_ 1. htm）.

形势下，1930 年缅甸建立了"我缅人协会"。"它（'我缅人协会'）起初联合了为数不多的一批爱国热忱、对于从帝国主义的统治下解放缅甸充满信心的大学青年学生。"① "我缅人协会"的成员自称"德钦"（即主人），强调该协会成立的目标就是要让缅甸人民成为国家的真正主人，"我缅人协会"因而也被称为"德钦党"。"我缅人协会"中的成员后来都成为民族和国家的主要领导人，如昂山、吴努、奈温就是其中的代表人物。

对于"我缅人协会"在反抗殖民统治、争取民族解放和实现国家独立的历史作用无须赘言。这里需要指出的是，"我缅人协会"的基本信条是"缅甸是我们的国家，缅文是我们的文字，热爱我们的国家，珍惜我们的文字，尊重我们的语言"②。从这个基本的信条可以发现，这蕴含着大缅族思想的价值底蕴。这个基本信条"把缅文、缅语等作为缅甸民族的基本民族特征，有意或无意地把缅甸国家等同于缅族的国家，把缅甸的民族解放等同于缅族的解放，而忽视了其他民族的存在及其在他们所要争取建立的独立国家中的地位"③。因此，作为缅甸国家独立基石之一的"我缅人协会"，它反映出来的大缅族思想是日后大缅族主义抬头的根源。

当然，大缅族主义的萌芽、兴起和蔓延，也离不开当时的客观现实状况。首先，缅族人口众多。缅甸在 20 世纪 20—30 年代，人口有 3000 多万，"其中缅族约占人口的 68%，掸族占 9%，克伦族占 7%，若开族占 4%"④，缅族在全国各民族中的人口比例占有绝对优势。其次，缅族的经济水平较高。缅族聚居在富饶的区域，经济社会发展水平比其他民族要高出很多。再次，缅族在历史上具有重要的影响力。"由于民族众多，且在地理上又有高山大河的阻隔，缅甸自古很难形成一个强大的中央集权国家"⑤，但是缅族在历史上却多次建立统一全缅甸的王朝国家，如蒲甘王朝（1044—1287 年）、贡榜王朝前期（1752—1823 年），"这种历史的底

---

① ［苏］瓦西里耶夫：《缅甸史纲》，中山大学历史系东南亚历史研究室与外语系编译组合译，商务印书馆 1975 年版，第 286 页。

② 缅甸事务委员会：《民族事务与 1947 年宪法》，仰光，1990 年缅文版，转引自曾庆轲《试论缅甸的大缅族主义与地方民族主义》，硕士学位论文，云南大学，1998 年，第 8 页。

③ 曾庆轲：《试论缅甸的大缅族主义与地方民族主义》，硕士学位论文，云南大学，1998 年，第 8 页。

④ Deedar Hussain Shah, "Specific Economic Highlights of Myanmar", *Asia Pacific*, *Research Journal*, 2006, p. 24.

⑤ 韦红：《东南亚五国民族问题研究》，民族出版社 2003 年版，第 29 页。

蕴，使得缅族自然就成为众多民族中最具影响力的民族，缅族的民族自豪感油然而生"①。此外，缅族在民族国家构建的历史进程中发挥了重要作用，"20世纪初出现的反抗英国殖民统治的缅甸民族主义运动，是由缅族发起并占据了主导作用"②。可见，缅族在各方面的优势，对大缅族主义的萌芽和兴起也起到了催化和推动作用。

在《彬龙协定》和《缅甸联邦宪法》中，大缅族主义也留下了深刻的烙印，尤其是联邦宪法，它是大缅族主义的集中体现。被视为缅甸联邦建立的最重要基石之一的《彬龙协定》，"最终为新宪法的通过和国家的独立铺平了道路"③，但它是"缅甸各方在复杂的历史背景下达成的，由于克伦族和其他一些少数民族并未参加签订，协定本身并不完整，在很大程度上体现了主体民族缅族的取向"④。《彬龙协定》虽然让少数民族代表参与行政委员会，但仅仅是允诺他们管理山区事务而已，对于少数民族代表是否参与未来国家的政治架构的安排和设计，却没有提到，而缅族是完全居主导地位的。至于《缅甸联邦宪法》，虽然在制宪会议期间获得了通过，也确立了民族平等和民族自决的原则，还给予了少数民族权益更多的关注。然而，联邦宪法的很多内容是经过各方博弈和讨价还价进行妥协的结果，"谈判的背后是民族实力的较量，宪法内容的最终敲定必然体现了最有实力优势的主体民族缅族的取向"⑤。比如，对于民族自决，掸邦和克耶邦10年后自己决定是否留在联邦，其他民族邦和区根本没有这个权利，正如缅甸一位掸族学者 S. Wansai⑥ 所言，"非缅人的各民族虽然在宪法上承认是立宪邦，但所有权力却集中在中央政府，亦即缅甸本部"。

（二）族际关系治理中"大缅族主义"取向的体现

吴努政府时期，缅甸的族际关系治理的价值取向与作为最重要的治理主体的吴努政府对民族问题上的价值观念是紧密相连的，这是吴努政府对

---

① 钟贵峰：《论缅甸民族政策的价值取向》，《赣南师范学院学报》2013年第1期。

② Ardeth Maung Thawnghmung, The "Other" Karen in Myanmar: Ethnic Minorities and the Struggle without Arms, Lanham: Rowman & Littlefield Publishing Group, Inc., 2011, p. 34.

③ Matthew J. Walton, "Ethnicity, Conflict, and History in Burma: The Myths of Panglong", Asian Survey, Vol. 48, No. 6, November/December 2008, p. 889.

④ 钟贵峰：《论缅甸民族政策的价值取向》，《赣南师范学院学报》2013年第1期。

⑤ 同上。

⑥ Sai Wansai 是掸族人，现任掸民主联盟秘书长，也是驻荷兰海牙非联合国成员国组织 UNPO 的众掸邦 Shan States 代表。掸民主联盟是缅甸流亡国外的掸人组织。

民族问题的价值观念和价值倾向的外化和投射。事实上，吴努个人的思想其实就是吴努政府的价值前提，吴努在民族问题上的价值观念和价值倾向，是其对民族问题及族际关系的认识、态度、情感和评价的凝聚与沉淀。这些因素的凝聚与沉淀转化而成的价值观念和价值倾向，逐渐被稳定、凝结成为吴努政府族际关系治理的基本取向，并成为作为最重要的族际关系治理价值主体的吴努政府自身的内在结构，自然就演变成为吴努政府的基本理念，从而在族际关系治理的整个过程中都发挥着根本性的作用。

缅甸国家的独立，意味着缅甸民族国家构建历史进程的结束，同时标志着其民族国家建设的开始。值得指出的是，"在这样的历史条件和国内外复杂背景下构建起来的缅甸民族国家，本质上是很脆弱的，虽然具备民族国家的外壳形态，但尚不具备民族国家的真正内涵"①。可以说，缅甸的民族国家建设任重道远。吴努政府对民族问题的治理必然放在民族国家建设的框架下进行，把族际关系治理也必然纳入民族国家建设的轨道上来。一言以蔽之，吴努政府就是使民族认同向国家认同转变，族体忠诚向国家忠诚转变。然而，由于各民族自治邦或特别区及其下面的民族村社政治权力不但体系比较完整，而且还有强大的力量，对于它们来说，"国家政治权力始终是一种排斥性和消解性的力量"②，而且社会成员对中央政权的知觉相当朦胧，民族认同对国家认同形成了解构性和消解性力量。刚刚建立民族国家的缅甸，对于民族自治邦或特别区及其下面的民族村社政治权力体系，中央政权的力量往往是鞭长莫及。

缅甸民族国家建立后，吴努出任联邦政府的总理。摆在吴努前面的一个主要问题是如何治理缅甸多民族国家的民族问题。根据联邦宪法的规定，掸邦和克耶邦在 10 年后，有权举行公民投票决定是否留在联邦，抑或脱离联邦。至于当时为什么会同意掸族和克耶族这种自决权，也许是缅族领导人为了实现国家的早日独立，所采取的权宜之计和将就策略，而这种搁置矛盾从而换取形式上暂时一致的方式必然给缅甸多民族国家的稳定和统一问题埋下隐忧。后来的事实证明，"由此产生的问题比它所解决的问题要多得多，严重得多"。③

---

① 钟贵峰：《论缅甸民族国家构建》，《红河学院学报》2012 年第 6 期。
② 周平：《民族政治学》（第 2 版），高等教育出版社 2007 年版，第 128 页。
③ 曾庆轲：《试论缅甸的大缅族主义与地方民族主义》，硕士学位论文，云南大学，1998 年，第 13 页。

在民族国家建设的任务与少数民族自我发展的要求存在严重对立下，如何治理少数民族问题？如何治理族际关系？吴努选择了用各民族的统一性来淡化各民族的差异性，削弱和限制少数民族的权利的方式。吴努宣称："解决少数民族问题在于联系各民族的纽带，而不是瓦解联邦"①，他主张让各少数民族与缅族合而为一，如此就可一劳永逸解决少数民族问题。从根本上讲，吴努的这种主张是"缅族化"倾向。在这种思想的指引下，吴努政府从政治、经济、文化和社会等各个层面采取了多种方式来治理族际关系，这在本章的第一节已经做了详细的论述，这里需要指出的是，吴努政府时期的族际关系治理始终蕴含着大缅族主义的取向。如果说吴努政府时期的缅甸族际关系的经济治理和社会治理层面，更多的是体现在发展全国国民经济和社会事业方面，那么在族际关系的政治治理和文化治理层面，其所蕴含的大缅族主义取向却特别的强烈。

在族际关系政治治理层面，吴努政府采取了议会民主制、民族自治邦等方式。不论是采用议会民主制，还是设立民族自治邦，在具体的实施过程中，都可以看到大缅族主义的深刻烙印，而且民族自治邦的设立也就蕴含着强烈的大缅族主义取向。作为缅甸联邦根本政治制度的议会民主制，是民主政治制度的重要组成部分。缅甸联邦这一制度安排设计的目的，是实现多民族国家的政治整合与族际整合，使民族国家走向强盛。从缅甸联邦议会的机构的设置和议员来源的比例可以看出，议会不但体现了区域、政党、阶层等方面的利益，而且难能可贵的是体现了民族方面的利益，从专门设置民族院作为上院就可见一斑。然而，在具体的实施过程中，这种多党议会民主制只是缅甸各种政治势力和各大精英集团以民主的旗号开展活动而已，其中缅族政治势力最为强大，而且执政的自由同盟的主要领导人均是缅族人，在各派各集团激烈的斗争中，少数民族团体自然处于落后状态。而且，在处理缅共问题上，执政联盟出现了严重的失误，并不能像议会民主制设计的那样把各种政治势力团结在一起，而是宣布缅共为非法组织，这使缅共走向了反政府的对立面。与此同时，克伦族和其他少数民族也组织武装公开反抗政府，而执政联盟却以牙还牙，民族院几乎不起作用。因此，缅甸议会民主制在实际操作中，并不是按照它原有的价值取向

---

① 吴努：《走向和平与民主》，仰光，1949 年英文版，第 152 页，转引自贺圣达《缅甸史》，人民出版社 1992 年版，第 453 页。

进行运作，而是体现缅族利益的执政联盟的价值取向进行运作，民族院的功能完全是失效的。

根据宪法规定，缅甸设立民族自治邦，并以此作为专门治理少数民族事务的制度。如果说缅甸议会民主制在实施过程中有大缅族主义的取向，那么民族自治邦的设立也蕴含着大缅族主义的取向。1947年宪法规定，设立掸邦、克钦邦和克伦尼邦三个少数民族自治邦和钦族特别区。根据宪法关于民族自治邦的一些条款，如掸邦和克伦尼邦10年后有权决定是否留在联邦，而克钦邦则无此权利，钦族和克伦族更是无从谈起，更为严重的是"若开人、孟人根本没有获得自治地位"。很显然，这些条款的内容违背民族平等的原则，而且这些条款内容充分体现了大缅族主义的思想。事实上，撇开民族自决权不谈，民族自治邦的自治权是相当有限的。因此，民族自治邦的设立蕴含着强烈的大缅族主义倾向。

在吴努政府时期，族际关系的文化治理层面所蕴含的大缅族主义取向是最为强烈而明显的。缅甸多民族国家在长期的历史发展进程中，各民族有自己的民族文化，宗教信仰不一。在民族国家建设的进程中，民族认同与国族认同的有效整合主要在于国族文化的建设水平。然而，吴努政府对国族文化并没有正确的感知，面对复杂的民族文化，它采取了各民族文化与缅族文化进行统合的政策。事实上，吴努政府的这种统合政策就是强行推行缅族文化，抹去各民族文化的多样性。吴努政府采用的民族文化政策和践行的民族文化工作中，蕴含着深刻的大缅族主义思想。在大缅族主义思想的影响下，吴努政府对少数民族采取了强迫同化政策，在各少数民族地区都强行推行缅语，歧视和贬低其他少数民族的语言与文字，硬性规定民族学校三年级起必须用缅语作为教学语言。而且，吴努政府还强行推行缅甸服饰，同时也在少数民族地区强行传播佛教，试图改变少数民族的风俗习惯和宗教信仰。可见，吴努政府时期的族际关系治理蕴含着相当强烈的"大缅族主义"取向。

二 加强中央集权取向

民族国家建立后，出于巩固政权的目的，往往会采用符合国情的国家形式。对于模仿性民族国家，当它们建立后往往会加强中央集权来巩固政权。根据1947年的《缅甸联邦宪法》，加强中央集权和增强中央权威的倾向相当明显。在吴努政府时期的族际关系治理中，加强中央集权的取向越发明显，这对该时期的族际关系治理产生了重大的影响。

（一）加强中央集权取向的由来

一个国家采取什么样的结构形式，即国体，取决于该国的历史传统、自然环境、政治环境、经济环境、民族成分、宗教信仰和文化传统等多种因素，是历史上各种政治势力此消彼长，经过磨合而形成的结果。对于国体形式，按照历史标准，最广为制度史学家接受的分类标准：封建国家、社团国家（包括各种有产阶层）、绝对国家、代议制国家。① 而社会主义国家的出现，这种国体形式的分类似乎受到了挑战，但是代议制国家形式所迸发的制度优势使它依然流行至今。原生性民族国家建立后究竟采取什么样的国体形式，在各种因素综合作用下，代议制国家成为原生性民族国家普遍采用的国体形式。然而，有一些国家，特别是那些不需要对任何人负责的领导人统治的军事独裁、专政国家，也叫寡头统治的、非民主控制的国家，虽然它们大都对代议制民主表示尊崇，但以恢复秩序以及度过混乱的过渡时期的暂时性需要为由，证明自己政权的合法性。② 它们往往暂时搁置民族国家主权在民的原则直到恢复常态，因此，从整体而言，这些国家也披上了民族国家的外衣。像这些民族国家，在采取国家结构形式的时候，既有单一制形式，也有联邦制形式，其取舍标准在于是否有利于政权的稳定。

缅甸民族国家建立前夕，基于历史、政治、经济、文化、地域等各种因素的考虑，采取了联邦制的形式。为了换取少数民族的支持，昂山曾指出："我个人认为，（缅甸）建立单一制国家是不可取的，我们必须建立一个具备合理条款能够保护民族权利的联邦国家。"③ 事实上，昂山对少数民族提出更大的自治权是比较担心的，只是当时这种担心并没有采取具体的限制措施。然而，后来自由同盟的领导人加强中央集权的取向却逐渐明朗，尤其是吴努，这种倾向越发明显。回顾历史可以发现，缅甸虽然曾经多次建立过统一全缅的王朝国家，比如蒲甘王朝（1044—1287 年）、贡榜王朝前期（1752—1823 年），但是"由于民族众多，且在地里上高山大

---

① ［意］诺伯特·波比奥：《民主与独裁：国家权力的性质与限度》，梁晓君译，吉林人民出版社 2011 年版，第 99 页。

② 同上。

③ Josef Silverstein, *The Political Legacy of Aung San*, Number 8 Southeast Asia Program Department of Asian Study Cornell University, Ithaca, 1972, p. 96.

河的阻隔，缅甸自古很难形成一个强大的中央集权国家"①。缅甸中央政权与少数民族地方政权体系之间长期存在的松散联系，对于独立后的缅甸国体形式的选择起到很重要的作用。之所以选择联邦制形式，是因为少数民族只想维持与中央政权之间那种松散的联系，不愿意改变习以为常的状态。从《彬龙协定》就可以看出，各少数民族是很不情愿与缅甸本部合在一起的，只是因为以昂山为首的自由同盟给他们承诺了不少权利，其中就包括某些民族拥有退出联邦的权利，这样才使他们有了加入联邦的意愿。事实上，自由同盟的领导人都十分清楚，这种状况将时刻威胁着未来多民族国家的统一和稳定。

有鉴于此，1947 年《缅甸联邦宪法》有加强中央政府权力、减少少数民族邦权利的取向。宪法规定：各邦将保留部分自治权，而剩余的权力赋予中央政府，以获取安全和追求共同利益，而不是各邦保留其大部分主权。对此，作为宪法顾问的缅族吴羌通在制宪会议上的总结可谓一针见血，他说："只能是一部分权力分配给地方政府，剩余的权力全部归中央；绝不是一部分权力分配给中央政府，剩余的权力分配给地方政府。"②可见，在制宪会议期间，"彬龙精神"大打折扣，以至于后来有学者指出，"今天少数民族对《彬龙协定》精神回归的诉求而导致的各种民族冲突就是这次事件的遗产"③。从宪法的一些条款来看，加强中央集权的取向也特别明显，如宪法第九十二条规定："国会有权制定通行于联邦全境或任何一部分地方的法律，但依据……划归邦议会所专有的，不在此列"④；依据宪法第一百六十条、第一百七十三条、第一百七十九条、第一百八十一条及第一百八十九条掸邦、克钦邦和克伦邦的邦主席由联邦政府总理与各邦议会协商，从国会中代表该邦的国会议员中遴选，并提请总统任命；至于钦特别区，宪法第一百九十七条规定：钦族协商事务委员会由总理协商，钦族事务部长应从代表钦族的国会议员中选出，提请总统任命。

---

① 韦红：《东南亚五国民族问题研究》，民族出版社 2002 年版，第 29 页。
② 转引自祝湘辉《山区少数民族与现代缅甸联邦的建立》，世界图书出版公司 2010 年版，第 171 页。
③ Matthew J. Walton, "Ethnicity, Conflict, and History in Burma: The Myths of Panglong", *Asian Survey*, Vol. 48, No. 6, November/December 2008, p. 889.
④ 1947 年《缅甸联邦宪法》第 92 条。

可见，联邦政府对各邦的权力很大，各邦主席不能由本邦直选产生，而是由总理提名，总统任命。在这种宪法框架下，缅甸并不是所标称的联邦制国家，而是采用了单一制的国家结构形式。之所以这样说，是因为根据宪法条款，地方政权权力似乎是中权政府授予的，而不是中央政府的权力来自地方政权权力的让渡。事实上，"各邦所拥有的权力并不是中央政府授予的，而是各邦人民赋予的"①。因此，宪法中关于中央政府与地方政府关系的条款充分表明，中央政府对于地方政府具有强大的控制能力。从制宪会议到宪法条款的通过，都充分体现了加强中央集权和增强中央权威的取向。

（二）族际关系治理中加强中央集权取向体现

吴努政府时期，缅甸族际关系治理除了蕴含着大缅族主义取向之外，还蕴含着加强中央集权的取向，这两种价值取向构成了吴努政府时期族际关系治理的价值底蕴。1948 年缅甸宣布成立，标志着缅甸民族国家的建立，意味着民族国家建设历史进程的开始。对于缅甸民族国家的构建的论述，本书在第一章已做详细论述，这里需要指出的是，缅甸民族国家的构建是在极为复杂的环境下进行的。缅甸民族国家虽已建立，但是中央政权体系与地方政权体系之间存在着比较尖锐的张力，这体现在国家政权与民族政治之间的此消彼长。

国家政治是围绕国家政权展开的，民族政治或村社政治是围绕民族公共权力或村社公共权力而形成的。两种不同的政治权力造成了两种不同的政治体系，这两种政治体系基本上存在排斥、对抗和共处、协调两种基本类型。国家政治体系建立后，一般都会采取形式多样但本质一致的政权建设措施，不但巩固新的政权，还要将国家政权全面深入地贯彻到全国的每一个角落。如此，国家政权总是要深入民族地区或民族村社的范围内，并最终在这里取代民族或村社政治权力。② 缅甸民族国家建立后，对于各少数民族地区的政治权力体系而言，中央政府权力始终是一种排斥性和消解性的力量。事实上，少数民族地区政治权力体系对国内其他政权体系就存在排斥现象，比如彬龙会议召开之际的掸邦。掸邦

---

① David C. Williams & Lian H. Sakhong, *Designing Federalism in Burma*, *Peaceful Co-existence*: *Towards Federal Union of Burma*, Series No. 10, UNLD Press, Chiang Mai, 2005, p. 18.

② 参见周平《民族政治学》（第 2 版），高等教育出版社 2007 年版，第 127 页。

土司对民族独立和加入联邦采取了消极甚至抵制的路线。1946 年掸邦的土司召开了一系列会议，希望扩大掸邦的自治权，还请求英国给予他们外交权、官员任免权和财政权等。对于加入联邦，掸邦土司是持反对态度的，认为即使加入了联邦，也要声明掸邦在任何时候都有分离权。这表明，掸邦政治势力是排斥临时执政的自由同盟的，这种现象在其他少数民族邦也同样存在。

缅甸独立初期，吴努政府对掸邦土司制度并不敢去触动，"虽然在形式上建立了统一集中的掸邦政府，但它并无实权，实际上土司照旧封建割据，各行其是"。[①] 面对民族势力、地方势力对中央政权的排斥，吴努更加坚信必须要努力加强中央的权威、削减各少数民族权利。1952 年起，联邦政府虽继续以官职拉拢掸邦少数上层分子如苏昆雀、苏瑞泰等，但已设法加强在政治、军事、组织等方面对掸邦的控制：（1）通过亲联邦的苏昆雀，迫使土司于 1952 年声明放弃行政权，使土司制度失去了法律上的依据；（2）1952 年秋，联邦政府以进剿国民党残军为由，派军队进驻掸邦，并在南邦实行军事管制；（3）通过社会党掌握的"掸邦人民自由同盟"和掸邦农协积极发展组织，以加强对土司的控制。[②] 1953 年，联邦政府为了进一步控制掸邦土司，采取手段把土司组织"山区民族团结协会"和"掸邦人民自由同盟"合并，组成了"全掸邦总会"。此举遭到了掸邦土司的强烈不满和坚决抵抗，但是 1950 年掸邦传统人士"苏布瓦"（掸邦土司）不得不同意放弃司法权力。从此之后，掸邦土司与联邦政府之间的矛盾越发尖锐。

由于联邦政府中央集权的不断加强，国家政治权力越发深入各少数民族地区，如"国家教育在少数民族地区的推广，忠于政府的民族人士被派担任当地的行政官员等，这些都对少数民族传统的上层人物的正统性和权威性构成了威胁"[③]。如在克钦邦，西玛杜瓦（Sima Duwa）是克钦族中为数不多的佛教徒，他妻子是缅族人，他还取了个缅族名字——觉吴（Kyaw U），由于他这种缅族化倾向，在 1955 年被提拔到新建立的民族团

---

① 史晋五：《缅甸少数民族地区的政治经济情况》，世界知识出版社 1960 年版，第 15 页。
② 同上。
③ 韦红：《东南亚五国民族问题研究》，民族出版社 2002 年版，第 41 页。

结部当阁员。[①] 诸如此类的问题，在各少数民族地区相当普遍。联邦政府为了加强中央集权，保证中央政治权威，削弱地方政权势力，除了剥夺少数民族传统的上层人物的特权之外，还不断推进族际整合运动，其中，推动土地改革就是一个典型例子。

至于联邦政府推动土地改革的原因、过程和结果，本章第一节中的族际关系治理的经济治理方式部分已做详细论述。这里需要指出的是，推动土地改革不仅是为了践行"耕者有其田"的口号，改善各少数民族地区的农民的生活水平，更为重要的是为了打击土司和封建势力，加强中央集权。独立伊始，联邦政府就颁布了《土地国有化法令》，后由于内战原因没有成功实行。1952 年，掸邦农民提出了废除封建土地所有制，并与土司和封建势力作了顽强的斗争。1953 年，联邦政府再次推行土地国有化改革，对土司和其他上层人士所拥有的土地数量采取了强制性限制政策。

此外，联邦政府为了加强中央集权，还采用武力打击反政府武装势力。对于联邦政府把缅甸共产党列为非法组织的行为是否合理暂且不论，但其中反映了联邦政府加强中央集权的强烈取向。当中央政府的权威受到挑战的时候，政府就会采取包括武力在内的任何措施来维护中央政权的权威，打击缅甸共产党是如此，打击克伦族、孟族、若开族、克伦尼族和克钦族等反政府武装也是如此。当然，采用武力打击反政府武装是否有效撇开不论，但这种军事行动明显地体现了联邦政府加强中央集权、削弱地方势力的价值取向。对吴努政府而言，维护联邦统一和加强中央集权是族际关系治理的价值前提。

第三节　吴努政府时期族际关系治理的效度

吴努政府时期的族际关系治理蕴含着强烈的"大缅族主义"和加强中央集权取向，因而在族际关系治理的方式方法、政策举措的选取上，不可避免地出现了偏误，尤其是厚此薄彼的少数民族邦制度、具有强烈强迫色彩的国教佛教化政策，激起了少数民族的强烈反抗。可以说，吴努政府

---

① Hugh Tinker, *The Union Burma: a Study of the First Years of Independence*, Oxford University Press, 1967, p. 76.

时期的族际关系治理，不仅没有舒缓处于紧张状态的族际关系，反而促使族际关系不断恶化，以至于少数民族的国家认同产生了极为严重的危机，民族矛盾完全呈白热化的状态，这对多民族国家的统一和稳定构成了实质性的威胁。

一　少数民族分离运动此起彼伏

按照宪法的规定，吴努政府虽然建立了克钦邦，但迟迟不兑现建立克伦邦的承诺，从而激发了克伦族公开反对中央政府的情绪。根据宪法条款，掸邦和克耶邦 10 年后有权退出联邦的权利，但吴努执政后，对此不予理睬，吴努政府的态度遭到了掸族和克耶族的强烈反对和抗争。此外，吴努对若开族、孟族和钦族建邦的要求更是不予理会，直到 1960 年吴努在大选获胜之后，他才开始允许他们建邦。吴努政府对少数民族根据宪法维护权利的漠视态度，激发了少数民族的民族主义的扩散。在克伦地区、掸邦、克钦邦和其他少数民族地区，正酝酿着民族自治甚至是独立建国的运动。

少数民族反政府武装叛乱的前奏，是缅甸共产党的反叛。事实上，在 1946 年，对于如何争取独立的斗争方式上，自由同盟就已经产生了严重分歧。1946 年 2 月，缅共以德钦梭为首的左派激进力量就宣布退出缅共，另组"缅甸红旗共产党"。德钦丹东随后被选为缅共中央委员会主席，此缅共被称为白旗共产党或缅甸共产党。后来由于缅甸共产党反对自由同盟镇压工人运动，最后缅甸共产党被自由同盟开除，缅甸共产党领导人随即退出缅甸临时政府。之后，缅甸共产党一度反对《昂山—艾德礼协定》，继而又反对吴努与英国政府签订的《英缅条约》。在缅甸独立庆典时，德钦丹东还参加了庆典仪式，但不久他也开始走上了武装叛乱的道路。1948 年 3 月，缅甸共产党领导工人掀起了石油大罢工运动，而且还呼吁农民起来搞土地运动。面对缅甸共产党的反叛运动，1948 年 3 月 25 日，联邦政府总理吴努下令逮捕德钦丹东，并在 27 日给缅甸共产党下最后的通牒，要求他们在第二天 4 点停止违反法律的行为，但是没有得到回复。4 月 2 日，联邦政府与缅甸共产党的战斗开始爆发，内战自此开始。

缅甸共产党领导工人运动时，1948 年 2 月 3 日，克伦民族联盟领导人苏巴吴基向吴努提交了一封信，其中要求成立克伦邦。但吴努并未按时答复，而是一直拖延着。不久，克伦族就掀起了几十万人的示威游行，缅族与克伦族的矛盾公开化。吴努与苏巴吴基的谈判和妥协最终未能阻止缅、克两族矛盾的升级和武装冲突的爆发。起初，缅族和克伦族的激进力量相互发动攻击进行报复，后来政府军与克伦保卫组织武装发生了正面武装冲突。克伦武装一开始取得了初步胜利，一度攻到了仰光郊外，还占领了曼德勒。在仰光形势万分危急下，吴努调整作战部署，"一方面启用了已经赋闲的前缅甸国民军优秀指挥官觉泽（Kyaw Zaw），另一方面采用了缓兵之计，开始与克伦保卫组织进行和谈"①。

经过近 5 个月的战斗，吴努政府极度虚弱，全国各种问题层出不求，各种矛盾交织在一起，吴努政府陷入了空前的危机之中。最后吴努不得不向印度、英联邦国家澳大利亚、锡兰和巴基斯坦等国求救，获得了大量的武器和贷款，而且还一度获得了美国的大力支持。在这种状况下，吴努政府逐渐扭转了战场上的颓势，把原来克伦武装占领的城市一一夺了回来，当然农村部分地区和泰缅边境地区一带仍由克伦武装占领着。平息克伦叛乱后，吴努政府一直坚决打击反政府武装和反对各少数民族的分离运动。

孟族建邦的要求在国家独立前后均得不到缅族领导人的重视，而且独立后孟族领导人向缅族领导人多次提出自治要求，均得不到积极的回应。于是，孟族联合会与克伦武装合作，组织了孟族自卫军，与克伦军一起转入地下进行武装斗争。对此，吴努政府采取了武力镇压的方式。1950 年 8 月，克伦族领导人苏巴吴基被杀后，孟族武装开始与政府进行谈判，并达成了停火协议。然而，孟族人对建邦的要求越发强烈，但由于吴努政府根本不答应建立独立的孟邦，因此，孟族的一些武装力量，如经过改组后的孟族人民阵线，加强与缅甸共产党和克伦民族联合会的合作，继续在泰缅边境坚持武装斗争。

缅甸独立时，若开地区提出了自治要求，但遭到了缅族领导人的反对。1948 年 3 月，缅共转入地下后在若开拓展根据地，受缅共的影响，若开反政府武装相当活跃，但很快遭到了吴努政府的强烈镇压。到 1958 年，若开反政府武装大都向政府军投降了。克伦尼邦在缅甸独立后正式加入缅甸联邦，但是由于历史原因，克伦尼邦在殖民统治时期一直处于"独立"地位，而且克伦尼的小股反政府武装得到了克伦民族武装的支

---

① 陈真波：《独立以来缅甸民族关系研究（1948—1998）》，博士学位论文，云南大学，2008 年，第 69 页。

持，因此，克伦尼反政府武装也开始活跃。然而，克伦尼武装运动很快就遭到了吴努政府的成功镇压。与此同时，吴努政府也对克钦邦反政府武装进行了军事打击。自由同盟对克钦邦的影响很大，代表密支那地区土司利益的信瓦闹派忠于吴努政府。克钦邦反政府武装主要是由罗相率领的克钦武装力量，早在1949年5月政府军反攻克伦武装后，克钦武装力量就与克伦族组成联合军。由于不敌政府军，克钦武装力量退到中缅边境地区活动，后来一度进入掸邦南部地区动员勃欧族组建武装进行反政府活动。然而，吴努政府采取各个击破、争取克钦上层人士支持的策略，不到一年，罗相部队就被逐出缅甸，败退到中国云南省勐海地区。

二　民族国家认同危机日益凸显

民族国家本身就是一种协调民族与国家二元关系而构建的一种国家制度模式，换言之，民族国家实现了民族认同与国家认同的有机统一。在民族国家，民族认同与国家认同既有某种天然的共性和一致，又不可避免地存在一定的矛盾和冲突。如果一个民族国家对民族认同与国家认同整合的程度越高，那么，该民族国家制度框架就越稳固和完备，反之亦然。当今世界民族国家体系中，有的民族国家的民族认同与国家认同整合程度很高，有的甚至实现了民族与国家的一体化。然而，也有一些民族国家的民族认同与国家认同之间二元关系相当紧张，其民族国家制度框架很不牢固。事实上，刚刚建立的缅甸民族国家，其民族认同与国家认同就存在着尖锐的矛盾和激烈的冲突，民族国家的根基很不牢靠。

在《缅甸联邦宪法》的框架下，缅甸多民族国家取得了形式上的统一，披上了民族国家的外衣。一个国家的民族若没有一定的国家认同，就不可能取得民族国家的形式。缅甸虽然取得了民族国家形式，但是始终没有很好地解决民族认同与国家认同的二元张力。在缅甸王朝国家的时候，族际矛盾一直都是存在的，只是各民族在反抗殖民统治、争取民族解放和实现国家独立的民族主义运动中，它不再是国内的主要矛盾。当缅甸民族国家建立后，族际矛盾再次凸显出来，这是因为缅甸民族国家构建的主导力量是缅族，一些少数民族认为缅甸联邦是缅族人建立的国家。当旧的族际矛盾没有解决、新的民族问题又不断涌现的时候，民族认同与国家认同的关系变得更加复杂化了。

在缅甸民族国家构建的历史进程中，各少数民族与缅族之间的矛盾并没有取得实质性的化解。而且，克伦族和克耶族在《彬龙协定》上并未签字，这就预示着民族国家建立后的民族问题将会是一个复杂棘手的问题，一旦解决不好，就很有可能出现分离运动，从而威胁多民族国家的统一和稳定。令人遗憾的是，面对历史遗留的复杂棘手的民族问题，吴努政府在治理上并没有体现出高超的政治智慧，而是在大缅族主义和加强中央集权的取向指引下，采取了一系列不当的治理方式，民族认同与国家认同二元关系持续紧张。

少数民族对国家认同的弱化，主要源于中央政府对他们的收权和强制性民族文化政策。吴努政府为加强中央集权和增强中央政府的权威，采取了一系列的举措，如迫使土司放弃行政权和司法权，推行土地改革，强制推行缅语，推行佛教传播，在少数民族地区实行军事管制（如掸邦南邦），挑动少数民族成员对抗土司和部族头人，等等。这些政策或举措使少数民族土司和部族头人的利益严重受损，激发了他们对中央政府的强烈不满，因此，他们高举民族主义的旗帜来对抗中央政府。而且，强制性的民族文化政策也遭到了少数民族大众的反感和抵制。

在吴努政府时期，吴努政府在政治、经济、文化和社会各个层面采取了一些举措，试图把各少数民族与缅族合而为一。但令人遗憾的是，由于深受大缅族主义和加强中央集权思想的影响，吴努政府采取的措施不但没有起到"合而为一"的效果，而且还激化了少数民族分离运动的高涨。从民族自治邦到民族文化政策，再到对少数民族武装的军事打击，不但没有缓和民族关系，反而激化了民族矛盾。特别是在打击少数民族武装力量的过程中，不断强化联邦政府在国内的合法性形象，但事实上，吴努政府靠军事打击并不能巩固政府和国家的合法性地位。各少数民族反抗政府、独立建国的运动就是对联邦和联邦政府合法性地位的挑战。"当合法性受到侵蚀时，政府的麻烦事就来了"[1]，"多民族国家的合法性如果出了问题，会直接导致国家的分裂或解体"[2]。可见，一旦政府和国家的合法性地位遭到质疑，国家认同危机就会产生，甚至多民族国家就会面临分裂或解体的威胁。正如吴努所言，"缅甸的问题堆成山"。因此，吴努政府时期，少数民族反政府武装的涌现和分离运动的高涨，充分表明缅甸多民族

---

① ［美］迈克尔·罗金斯等：《政治科学》，林震等译，华夏出版社 2001 年版，第 5 页。
② 周平：《多民族国家的族际政治整合》，中央编译出版社 2012 年版，第 64 页。

国家和政府的合法性遭到了挑战，民族认同与国家认同的矛盾难以调和。

三　多重交织矛盾越发错综复杂

缅甸建立民族国家之后，阶级矛盾、党派矛盾和统治集团内部矛盾已经是错综复杂，而且与民族矛盾交织在一起，更加难解难分。这些矛盾与族际关系治理相互影响，它们增加了族际关系治理的难度，而族际关系治理也在很大程度上恶化了这些矛盾。吴努政府时期交织着的各种矛盾，令人眼花缭乱。

首先，阶级矛盾尖锐化。缅甸建立民族国家之前，是一个殖民地国家，英国统治者为了维护殖民统治，实行了"分而治之"的政策。在缅族居住的地区，英国殖民者实行直接统治，并"承认封建地主所有制度这个原则是不可动摇的"，因而"缅甸的地主阶级和殖民地缅甸的帝国主义主子在一系列重大问题上的利益是一致的"。[1] 当然，尽管他们的利益一致性也只是相对的，有历史局限性的，但是缅甸劳动阶级却遭受着英国殖民者和地主阶级的双重奴役。而在少数民族地区，英国殖民者实行间接统治，基本上保留着原有的土司制度、社会结构和经济体制，维持当地少数民族上层人士的特权和地位，通过他们对少数民族进行统治。可以说，"封建土司和部族头人是殖民主义者在少数民族地区的主要支柱"和统治的"真正基础"。[2] 由此可见，不论是缅族居住地区，还是少数民族地区，地主阶级与农民阶级是统治与被统治、剥削与被剥削的关系，双方的矛盾和对垒必定是相当严重的。

缅甸独立后，地主阶级占有绝大部分土地的状况依然没有改变，"估计全缅有60%的土地属于地主，而下缅甸的情况比上缅甸更严重，下缅甸约有75%的土地属于地主，上缅甸约有40%的土地属于地主。总的情况是地主、富农是农村中的统治者。广大农民无地或少地，负债累累，生活日益贫困"[3]。吴努政府虽然进行了土地国有化改革，但是地主阶级控制土地的局面并没有发生根本性扭转。土地国有化法案的实施并没有真正

---

① ［苏］瓦西里耶夫：《缅甸史纲》，中山大学历史系东南亚历史研究室与外语系编译组合译，商务印书馆1975年版，第661页。

② ［苏］Г. Н. 克里姆科：《缅甸民族自治邦土地关系的一些问题》，《东南亚研究》1965年第2期。思亮摘译于《缅甸独立后的土地问题》，莫斯科，1964年。

③ 史晋五：《缅甸经济基本情况》，世界知识出版社1961年版，第2页。

解决广大农民的土地问题，"在土地分配后，贫穷的佃农经营的土地比过去更少，雇农则分不到土地"①。在少数民族地区，特别是在掸邦和克耶邦，这两个邦基本上保留了封建等级秩序，仍然由封建主土司控制和统治着。"尽管缅甸联邦宪法也扩大了国内少数民族的权利，可是这些权利主要被封建主按本身利益来加以利用。"② 在独立初期，这种土司制度就连吴努政府也不敢随便去触动。当这些封建主的剥削和压迫越发严重的时候，被奴役的民众就起来不断进行反抗压迫者的斗争。"他们要求社会生活民主化，在本邦消灭封建等级秩序等等。"③ 但是，这些运动都遭到了封建主的残酷镇压，仅在掸邦，"直接在桥栏杆被砍下脑袋的死囚的数字超过因反抗英国侵夺者而阵亡的人数，许多农民家庭被毁灭"④。在克耶邦、克伦邦、钦族特别区，农民的生活水平和被剥削的状况不比掸邦的好，他们要求消灭封建主的霸权势力与封建主的压迫是针锋相对的。

其次，党派斗争白热化。在日本入侵缅甸之后，缅甸局势发生了很大变化，1944 年 8 月，为了在反法西斯运动中建立统一战线，社会党、缅甸共产党、缅甸国民军、爱国党、大缅甸党和一些少数民族组织等二十多个政党团体组织共同组成了反法西斯人民自由同盟这一统一战线。自由同盟"从一开始就有缅甸各主要阶级和政治力量的代表，这是全国工人阶级、农民、民族资产阶级和少数民族中先进力量的联盟"⑤。由此可见，自由同盟从一开始就包含了各党派、各阶层和各民族的力量，总体上是一个比较松散的组织。缅甸独立前，自由同盟内部就产生了分歧，前已论及的缅甸共产党内部的分化及后来德钦丹东领导的共产党被开除出自由同盟，这就是典型的事例。缅甸独立后，缅甸共产党公开反抗吴努政府。

①　史晋五：《缅甸经济基本情况》，世界知识出版社 1961 年版，第 2 页。

②　［苏］《前进》杂志第 1 卷第 5 期，1962 年，第 12—13 页，转引自［苏］Г. Н. 克里姆科《缅甸民族自治邦土地关系的一些问题》，《东南亚研究》1965 年第 2 期。思亮摘译于《缅甸独立后的土地问题》，莫斯科，1964 年。

③　［苏］Г. Н. 克里姆科：《缅甸民族自治邦土地关系的一些问题》，《东南亚研究》1965 年第 2 期。思亮摘译于《缅甸独立后的土地问题》，莫斯科，1964 年。

④　［苏］《前进》杂志第 1 卷第 5 期，1962 年，第 12—13 页，转引自［苏］Г. Н. 克里姆科《缅甸民族自治邦土地关系的一些问题》，《东南亚研究》1965 年第 2 期。思亮摘译于《缅甸独立后的土地问题》，莫斯科，1964 年。

⑤　［苏］瓦西里耶夫：《缅甸史纲》，中山大学历史系东南亚历史研究室与外语系编译组合译，商务印书馆 1975 年版，第 568 页。

同时他党派也开始活跃在政治舞台上，如缅甸民族团结阵线，它是当时缅甸政治上最大的反对党，由德钦哥都迈的我缅人协会、正义党、缅甸人民团结党、缅甸工农党、人民和平阵线、全缅工会大会、农民团结党等诸多党派团体和个人组织组成；缅甸民族主义者集团，它是由大缅甸党、民主党、阿拉干无党派人士国会团体、我缅人党等一些右翼政党和少数民族团体组成；缅甸民主党，它极力反对缅甸的中立外交政策。在吴努政府时期，各党派团体之间的矛盾错综复杂，令人眼花缭乱，要么为了争权夺利，要么在治理国家的方略和政策方面存在严重分歧。在没有一个明确的政治游戏规则下，各党派的纷争和博弈乱象纷呈，完全是一种无序状态。

最后，统治集团内部争斗激烈化。缅甸独立后，自由同盟经过分化组合后开始执掌国家政权。以自由同盟为主的统治集团内部一直都存在着尖锐的矛盾，派系斗争相当激烈。吴努与吴巴瑞、吴觉迎及其追随者之间为争夺政府领导权，同时也出于内外政策上的分歧一直进行着明争暗斗，常常相互拆台，相互指责，严重影响了政权的稳定和政府的正常运作。1956年6月，吴努退出内阁之后，两派斗争更加激烈。1958年，自由同盟第三次代表大会后，两派不仅在争夺中央政权方面斗争尖锐，而且在地方政权中逐渐形成公开分裂的态势。① 自由同盟内部斗争的尖锐化和激烈化，使这个组织分裂成了两个党，一个是由吴努任主席的联邦党，也曾叫"廉洁派"，另一个是由吴巴瑞和吴觉迎为首的社会党，自称为"巩固派"。对于这个统治集团内部的分裂，吴努曾十分无奈地说，"我们所有分裂是因为我们不能再共处下去"。自由同盟的公开分裂，使缅甸政局更加不稳定，以至于议会民主制开始摇摇欲坠。

由此可见，缅甸独立后，国内阶级矛盾、党派之争及统治集团内部的争斗愈演愈烈。而且当时民族矛盾已呈白热化，这些矛盾和争斗交织在一起，开始乱象纷呈，令人眼花缭乱。一方面，这些矛盾增加了吴努政府时期的族际关系治理的难度；另一方面，吴努政府时期的族际关系治理过程中又恶化了这些矛盾。事实上，缅甸自独立后，国家整合问题已经相当突出，并随着各种矛盾的交织和凸显，国家整合问题已经更加趋于明朗化。"在很大程度上，国家整合的基础是独立运动中主要领导人的个性与观

---

① 参见沈勒《缅甸反法西斯人民自由同盟的分裂》，《世界知识》1958年第13期。

念。在有些情况下，这种感召力本质上带有一种典型的神魅性质，如印度尼西亚的苏加诺、缅甸的吴努等。"① 然而，依赖个人魅力，不可避免地给国家统一提供了不稳定和不持久的基础。当缅甸各种矛盾交织在一起变得白热化的时候，国家整合的问题严峻地凸显出来。

① ［美］加布里埃尔·A. 阿尔蒙德等：《发展中地区的政治》，任晓晋等译，上海人民出版社 2012 年版，第 127 页。

第三章

奈温政府时期的族际关系治理
（1962—1988）

1962年3月2日，以奈温为首的缅甸国防军发动政变，推翻了摇摇欲坠的吴努政府，接管了国家政权。"在政变之后，奈温废除联邦宪法，建立一党的社会主义政权，并关押了许多缅族和少数民族的政治领导人。"[①] 此始，一个以革命委员会为核心的、以缅甸社会主义纲领党一党专政的政治制度，在缅甸政坛上维持了长达26年之久。奈温政府时期可以分为两个时段：1962—1974年以缅甸联邦革命委员会为最高立法机关和最高行政机关的军政府统治时期；1974—1988年为缅甸社会主义纲领党一党专政时期。对于族际关系，与吴努政府时期相比，奈温政府时期的治理方式方法、政策举措做了一些调整，但是在具体的操作中政策失当、自相矛盾现象相当突出，因而族际关系治理的效果不但不见好转，甚至到了族际关系全面恶化的境地。这一时期，缅甸民族国家建设也步履蹒跚，停滞不前。

第一节　奈温政府时期族际关系
治理的多维向度

由于执政同盟两派争夺领导权的斗争愈演愈烈，民族矛盾进一步恶化，族际关系十分紧张，政府与军队关系极为敏感微妙，各族人民生活水平不见好转，社会秩序混乱不堪，使得联邦政府危机四伏，处于风雨飘摇

[①]　Zaw Oo and Win Min, *Assessing Burma's Ceasefire Accords*, Singapore：ISEAS Publishing, 2007, p. 7.

之中。在这决定着国家命运和前途的关键之际，文职官僚和政客已束手无策，望洋兴叹，而军人则成为拯救国家的唯一力量。奈温政府上台后，在族际关系治理方面建立了各种制度、出台了诸多政策举措，但是民族问题却越发严峻，族际关系紧张态势发展到了无法掌控的地步。

一　族际关系政治治理

奈温军人集团上台执政后，建立了一个由高级军官组成的联邦革命委员会。作为国家最高立法机关和最高行政机关，同时也作为一种基本政治制度，联邦革命委员会在族际关系治理中发挥了关键性作用，其权力的影响几乎遍及全国各个角落。为了提高合法性，奈温政府于 1964 年颁布了《维护民族团结法》，宣布缅甸社会主义纲领党为全国唯一合法的政党——执政党。随后，缅甸社会主义纲领党则以执政党的形式取代了具有强烈军队色彩的联邦革命委员会，它在族际关系和民族问题方面采取了一系列政策和举措，这对族际关系治理产生了重要的影响。1974 年《缅甸联邦社会主义共和国宪法》的颁布，确立了人民议会一院制体制，但纲领党一党控制国家机构和群众组织的架构并没有多少改变。

（一）联邦革命委员会制度

1962 年 3 月 2 日，奈温领导的国防军发动政变。奈温声称，"这个国家已经濒临崩溃的边缘"[1]，随即宣布"为了阻止缅甸联邦形势日益恶化下去，缅甸军队自本日起接管国家政权"，"接管政权是为了避免国家分裂的预防性措施"[2]。军队接管国家政权后，建立了由 17 名高级军官组成的联邦革命委员会，作为国家最高立法机关和最高行政机关，奈温亲自任革命委员会主席，行使国家总统和总理的职权。同日，原联邦政府总理吴努一干人等被逮捕扣押，国会和各邦区议会被宣布解散。

这次政变相当顺利，国防军没有遭到吴努政府及其追随者的反抗，几乎是兵不血刃，不战而胜。只是在逮捕掸邦土司苏瑞泰时，国防军遭到了微弱的抵抗，很不幸的是，苏瑞泰的小儿子中弹身亡，成为这次政变唯一的死亡者。奈温集团认为，这次政变的目的是"维护联邦及恢复

---

[1]　Zaw Oo and Win Min, *Assessing Burma's Ceasefire Accords*, Singapore: ISEAS Publishing, 2007, p. 6.

[2]　［澳］约翰·芬斯顿主编：《东南亚政府与政治》，张锡镇等译，北京大学出版社 2007 年版，第 189 页。

法律和秩序，解决这两年已经出现的诸多经济问题"①，并表示："政变的根本原因是为了对付掸邦和克耶邦的威胁，维持联邦的统一。"② 可见，这次政变与少数民族争取权利的行动是大有关联的，当然，政变的目的绝不可能如此简单，军方谋取政治与经济利益的企图是十分重要的原因。

在政变当天，仰光市民表现得比较平静，一方面是因为许多人已经厌倦了吴努政府和他解决少数民族问题的做法，希望一个强有力的领导人来解决这些问题，另一方面是因为人们认为这次政变是1958年看守政府的翻版，军人将很快会交出政权。③ 在这种状态下，奈温政府的合法性地位并不牢固。为了控制政权，"自我称为缅甸捍卫者的联邦革命委员会，发布了一系列军事管制政策"，"把新闻媒体和学校课程变为服务政权的宣传工具，限制教授少数民族语言和维持联邦主义，以防止其促使国家走向崩溃"④。

同时，联邦革命委员会加大了对少数民族领导人的控制力度。除了逮捕在仰光开会的掸邦和克耶邦土司，还逮捕其他领导人，甚至还曾派遣军队在其他少数民族地区采取同样的行动。"3月2日，掸族的另一个著名领袖，昔卜土司苏加森在从东枝赶往昔卜家中的路上被缅甸军政府拦住，随即被送往东枝北部的军营，并在那里被秘密处死。"⑤ 奈温政府在掸邦的动作很大，很快控制了掸邦的局势。奈温通过抓捕行动，有效控制了少数民族上层人士，暂时掌控了少数民族地区的局势。

为了证明政权的合法性和解释其政治行为，以及希望通过社会主义实现缅甸国家独立富强，1962年4月30日，联邦革命委员会发表了《缅甸社会主义道路》，开篇就宣称："缅甸联邦革命委员会相信，人剥削人就是对他人的非人道的利益侵犯，只要害人的经济制度存在，人们就不能不

---

① Josef Silverstein, *Burma: Military Rule and the Politics of Stagnation*, New York: Cornell University Press, 1974, p. 80.

② 林锡星：《揭开缅甸神秘的面纱》，广东人民出版社2006年版，第22页。

③ 参见陈真波《独立以来缅甸民族关系研究（1948—1998）》，博士学位论文，云南大学，2008年，第92页。

④ Zaw Oo and Win Min, *Assessing Burma's Ceasefire Accords*, Singapore: ISEAS Publishing, 2007, p. 7.

⑤ 陈真波：《独立以来缅甸民族关系研究（1948—1998）》，博士学位论文，云南大学，2008年，第93页。

从邪恶里解脱出来。缅甸联邦相信,只有消灭人剥削人,只有建立起基于正义的社会主义经济制度,全国国民,不问其种族如何,不问其宗教信仰如何,才能消除衣食住的烦恼……全国国民才能从一切社会邪恶解脱出来,才能心身无病,泰然迈入丰裕的新社会。我们信守上述理念,以达到社会主义为目标,决心同国民携手前进。"[1] 对吴努政府脱离社会主义路线做了严厉批评,并提出要在缅甸建立"缅甸式的社会主义"[2]。缅甸民族国家建立之前,缅甸的政治家大都比较倾向于社会主义的思想,"从1948 年缅甸独立以来,社会主义的口号一直成为历届政府政治上合法性的标志,文官政府和军人政权皆是如此"[3]。事实上,任何阶级或政党,为了唤起国民对其统治的支持和认同,往往都装扮成全体利益的代表。正如马克思所说的那样,每一个企图代替旧统治阶级的地位的阶级,为了达到自己的目的就不得不把自己的利益说成是社会全体成员的共同利益[4]。奈温认为,要建立"缅甸式的社会主义",就是要在缅甸全国消灭剥削制度,铲除私有制。为了建立一个没有剥削的"社会主义"制度,奈温政府对缅甸本部和少数民族地区实行了国有化政策,并且在后面搞得相当彻底,政府完全掌控国民经济命脉、配置资源和劳动力,达到了全面控制经济的目的。

作为最高立法机关和行政机关的联邦革命委员会,它的权力的影响力几乎遍及缅甸全国各个角落。缅甸联邦革命委员会,也集立法、行政和司法于一身,也同样有军事性和革命性的特征。从宣布的国有化政策就可窥见一斑,整个国家处于一种动员和"革命"的状态。

为了缓和民族矛盾,实现民族联合,奈温政府对少数民族采取了缓和的政策。"1963 年 4 月 1 日,奈温政府宣布大赦,除那些在政变被逮捕的政治犯,其他一律释放或减刑。"[5] 继而,奈温为了表示诚意,还特地致

---

① 贺圣达等:《战后东南亚历史发展 (1945—1994)》,云南大学出版社 1995 年版,第 259 页。

② 范宏伟:《缅甸奈温政府的合法性诉求与华人的政治地位》,《世界历史》2005 年第 5 期。

③ David I. Steinberg, "Economic Growth with Equity? The Burmese Experience", *Contemporary Southeast Asia*, Vol. 4, No. 2, September 1982, p. 124.

④ 参见《马克思恩格斯选集》第 1 卷,人民出版社 1995 年版,第 100 页。

⑤ Josef Silverstein, *Burma: Military Rule and the Politics of Stagnation*, New York: Cornell University Press, 1971, p. 115.

信给缅甸共产党领导人德钦丹东和克伦民族联合党领导人曼巴山，提出通过和谈解决矛盾和冲突。各少数民族反政府武装对此表示赞同，愿意与政府进行和谈。"在创造了一个良好的政治局面后，7月11日，邀请反政府武装为了结束国内战争进行和平会谈。和平会谈不设前提条件，不论和谈结果如何，政府都保证参会代表的安全，承诺在此期间不对反政府武装采取军事行动。"① 这次和平会谈持续了三个半月时间。在会议期间，地下组织领导人可以公开出现，自由谈论和表达他们的观点，这是他们第一次重新出现在公众的视野。但是，这次和谈最终破裂，缅甸共产党等少数民族反政府武装要求奈温政府承认他们在占领区的行政和收税权利，此举遭到了奈温政府的断然拒绝，认为他们是在分裂国家，而不是和平谈判。此后，一些少数民族反政府武装开始组织示威游行，公开反对政府，军政府对此采取激进手段，内战再一次爆发。

联邦革命委员会与各反政府武装和谈失败后，采取了新措施，试图把少数民族成员与少数民族领导人区分对待，以争取少数民族成员的支持。于是，1964年，革命委员会利用第十七届联邦节庆祝大会的机会，正式宣布了它的民族政策，其主要内容有：（1）要加强民族之间的团结；（2）克钦、克耶、钦、缅和掸等全国所有各民族，不论民族大小，必须长期同舟共济，摒弃前嫌，携手合作；（3）全国的经济和社会事业，应不分种族和宗教信仰，由大家共同承担。对获得的成果，要按劳分配；（4）各民族有权按自己的特殊情况，维护自己喜爱的语言、文学、文化、宗教和习俗。但是，这种自决权必须有利于维护联邦的团结，一旦有损于另一个民族或者大家的利益时，必须重新进行协调。② 最后，奈温政府对任何威胁民族联合的活动给予了警告。事实上，革命委员会宣布的这个民族政策，是"把缅族凌驾于任何一个民族之上，各民族必须为了共同利益而努力，甚至它们要付出牺牲特殊权利的代价，自决权的安全阀门也不复存在了"③。

综上所述，联邦革命委员会采取的一系列措施和宣布的相关政策，有

---

① Josef Silverstein, *Burma: Military Rule and the Politics of Stagnation*, New York: Cornell University Press, 1971, p. 115.

② 参见林锡星《揭开缅甸神秘的面纱》，广东人民出版社2006年版，第22页。

③ Josef Silverstein, *Burma: Military Rule and the Politics of Stagnation*, New York: Cornell University Press, 1971, p. 114.

以下几个方面的考虑：第一，为了控制政权，政府通过加强新闻媒体和学校教育的管控，并使其成为服务政权的宣传工具。第二，为了掌控局势，政府在国内逮捕反对人士，以及加大对少数民族地区上层人士的控制力度。第三，为了获得合法性地位，取得国民的认可和支持，政府宣布要走"缅甸式社会主义"道路，共建美好幸福社会。第四，为了停止内战，政府与反政府武装进行了和谈，但和平谈判最终破裂。第五，为了获取各民族群众的支持，政府对少数民族上层与普通民众区别对待，采取了孤立少数民族上层人士、争取少数民族群众的支持的政策，表示尊重各少数民族的文化传统和宗教信仰，特别重视民族联合。总体而言，联邦革命委员会的一些政策是比较强硬、比较激进的，当然，在面对与反政府武装和谈失败后的局面时，也采取了一些缓和政策。但是，这仍然改变不了革命委员会的大缅族主义倾向和强硬的激进态度。一旦少数民族有任何威胁联邦完整的行为，革命委员会都将给予强硬的打击。事实上，一个由军人组成的联邦革命委员作为政府，是很难得到缅甸国民的认可和支持的。"军人组建的革命委员会是不受欢迎的，革命正常的领导者应该是一个革命政党。"[1] 而且，经过短期实践，"奈温也意识到单纯有鉴于此靠军事机器和不要政治机构，单纯采取行政措施，运用军队中那套上下级关系制度发号施令，对于暂时接管政权、整顿秩序是有效的，但要对国家实行长期的统治则不行，因为军事机关和纯军事方法不适应解决管理国家和社会的复杂问题，不能够有效地调整社会内部的利益冲突"[2]。1964 年，奈温政府颁布了《维护民族团结法》，宣布社会主义纲领党是缅甸国内唯一合法的政党——执政党。因此，缅甸社会主义纲领党，以执政党的形式取代了具有强烈军队色彩的联邦革命委员会。值得指出的是，《维护民族团结法》取消了 1947 年联邦宪法中有关少数民族邦拥有立法机构和自决权的规定，联邦革命委员会的这些举措，使少数民族自治的愿望破碎了，反政府运动又开始抬头。

（二）一党制度与宪法框架

早在奈温执政之初，就宣布成立缅甸社会主义纲领党，这是基于奈温

---

① David I. Steinberg, *Burma*: *Ne Win after Two Decades*, Current History, December 1980, p. 180.

② 曹云华：《缅甸政治体制：特点、根源及趋势》，《东南亚研究》1988 年第 2 期。

要建立"缅甸式社会主义国家"的考虑而成立的。1962 年 4 月 30 日，联邦革命委员会颁布了《缅甸社会主义道路》，提出建立没有剥削的平等正义的社会主义制度，并决定成立缅甸社会主义纲领党。同年 7 月 4 日，联邦革命委员会全体会议正式通过了《缅甸社会主义纲领党建设时期的组织章程》，宣布由联邦革命委员会负责筹建缅甸社会主义纲领党。筹建期间先成立"干部党"，培养干部，然后再过渡到"全民党"①，筹建的"目的是要在一党制的政治结构中树立一个全国性的形象"②。

　　1963 年 1 月 18 日，缅甸社会主义纲领党发表了《人和环境相互关系的理论》，并以此作为该党的理论宣言，它是"基于辩证的客观现实主义体系之上的人道主义哲学"，"其人道主义是最有助于联邦全体劳动人民的福利而不论他们的种族及其宗教信仰的"③。1964 年 9 月 4 日，缅甸社会主义纲领党发表的《缅甸社会主义纲领党的特点》文件中宣称："由缅甸革命委员会领导的缅甸社会主义纲领党是所有劳动人民——不管他们的种族和信仰如何——的政党"，"缅甸社会主义纲领党，通过缅甸的社会主义道路，为全体公民——不论民族和宗教，并包括农村和工厂的劳动者，知识分子、艺术工作者以及担任公职的人们——建设一个富裕的、具有社会正义、不愁吃、穿、住的社会而奋斗"④。不论是《人和环境相互关系的理论》，还是《缅甸社会主义纲领党的特点》，都提出人与人之间应该发展友好、仁爱与和谐的关系，提倡扬善积德，安分守己，这些都属于佛教哲学的范畴。特别是《人与环境相互关系的理论》，它的人道主义完全是佛教思想的翻版。可见，缅甸社会主义纲领党是用佛教哲学思想来表达该党的政治思想和政治倾向的。值得指出的是，从另一个角度来看，缅甸社会主义纲领党所提出的缅甸社会主义夹杂了民族主义，正如有些国外学者认为，"在缅甸，社会主义只是民族主义的同义词，社会主义为人

---

　　① 杨长源等主编：《缅甸概览》，中国社会科学出版社 1990 年版，第 97 页。

　　② Nicholas Tarling, *The Cambridge History of Southeast Asia*, Vol. 2, from Early Times to c. 1800, Cambridge University Press, 2008, p. 447.

　　③ 转引自张泽森、张宝瑞《缅甸纲领党社会主义的特点及其阶级性质》，《社会主义研究》1985 年第 3 期。

　　④ 《缅甸社会主义纲领党的特点》，转引自张泽森、张宝瑞《缅甸纲领党社会主义的特点及其阶级性质》，《社会主义研究》1985 年第 3 期。

们接受的基础则是对佛教理论的缅甸式的解释"①。因此，缅甸社会主义纲领党所提倡的"缅甸式社会主义"，其实质就是马克思主义、社会主义、民族主义、实用主义和佛教传统的大杂烩，"这种意识形态同国家独立前、怀有民族社会主义理想的先驱者们的目标和期望是相一致的"②。

军人独裁的革命委员会并不是一个政党，缅甸国民对此比较反感，因而它的合法性也遭到质疑。在这种状况下，革命委员会于 1964 年 3 月 28 日，颁布了《维护民族团结法》，规定缅甸社会主义纲领党为国内唯一的合法政党，除了从事地下活动的其他的政党一概解散。作为执政党，缅甸社会主义纲领党在治理族际关系和民族问题方面采取了一系列措施和政策，而这些措施和政策都蕴含着纲领党的执政理念。社会主义纲领党的社会主义思想所杂糅的各种思想和理论，深刻地影响着族际关系和民族问题治理。对于发展中国家为何要选择社会主义这一问题，无论是把其作为一种意识形态，一种制度安排，或是一种政治经济实践，主要都是基于实用主义思想。对此，刘鸿武教授有一段精彩的论述，"社会主义——无论是作为观念形态的社会主义，还是作为制度安排的社会主义，在许多非洲领导人看来，都适用于或方便于他们对统一国民文化和民族一体化的追求，能够为他们运用政府权力和国家力量来追求国家的统一政治经济发展目标，能够为他们扩展政府机构、强化政府对整个国家经济文化生活方方面面的干预控制等等，提供理论和制度上的便于操作运用的理论和体制模式"③。事实上，奈温政府不但把社会主义与其他思想杂糅在一起作为意识形态，也把"缅甸式的社会主义"作为一种国家政治制度安排，而且还把它当成一种政治经济实践，其目的在于建立一个军人统治下的政治统一和民族一体化的民族国家，其本质在于民族同化。

在这种"缅甸式社会主义"的指导思想或制度安排下，缅甸社会主义纲领党为了联合全国各民族，建立政治统一和民族一体化的民族国家，提出了政治观点和举措，比如：第一，试图超越民族并构建工农联盟。作

---

① 转引自张泽森、张宝瑞《缅甸纲领党社会主义的特点及其阶级性质》，《社会主义研究》1985 年第 3 期。

② ［澳］约翰·芬斯顿主编：《东南亚政府与政治》，张锡镇等译，北京大学出版社 2007 年版，第 189 页。

③ 刘鸿武：《从部族社会到民族国家：尼日利亚国家发展史纲》，云南大学出版社 2000 年版，第 26—27 页。

为一种意识形态，缅甸社会主义强调阶级色彩。社会主义纲领党宣称，全国各族的工人和农民，虽然处于不同地域，并且还不属于同一个民族，但是他们属于同一个阶级，有着共同的命运。他们认为，如果有了这种共同命运的阶级观点，各民族的工人和农民就会超越民族界限并联合起来，这样族际之间的差异就会缩小，民族之间的团结就会得到巩固，文化统一和民族一体化就会实现。因此，缅甸社会主义纲领党通过宣传、发动和组织，农民协会、工人协会、文化工作者协会、纲领青年组织和复员军人组织等具有强烈阶级色彩的组织和群众团体陆续建立起来。缅甸社会主义纲领党通过牢牢控制这些工协和农协，并通过它们发动群众加入工农组织，从而形成了一股不可忽视的力量。据统计，1971 年纲领党召开第一次全国代表大会时，党员人数从建党之初的 20 名发展到 7 万多名，候补党员 26 万多名，党友（指已提交入党申请但尚未批准的人）76 万名①，可见该党在这次大会上已经转变为一个全民党。纲领党强调的以阶级观点为基础的、超越民族界限的观点，以及采取的具体行动，一定程度上有助于联合各民族。

第二，加强对各邦的控制。作为一种制度安排，缅甸社会主义明确提出要建立单一制国家。缅甸社会主义纲领党清醒地认识到，缅甸是一个多民族国家，并非是单一民族国家，因此建立单一制民族国家有利于政治整合和政治统一。纲领党中央委员会为了加强对各省、邦的控制，在每个省、邦成立了地方党委会。地方党委会并不是真正意义上的地方组织，它代表的是中央委员会，贯彻中央委员会制定的方针政策，并领导地方权力机关和行政机关开展工作。通过这种方式，纲领党不断加强对全国各地区的控制，特别是针对各少数民族邦。

1974 年 1 月 3 日，《缅甸联邦社会主义共和国宪法》颁布后，确立了人民议会一院制体制，于是，缅甸社会主义纲领党提出的方针政策便由人民议会和中央政府贯彻实施。当然，一个由纲领党一党控制国家机构和群众组织的体制并未改变，国家仍由缅甸社会主义国家纲领党领导，"拥有国家权力的所有中央机构都在纲领党的领导和指导下工作"②。

---

① 参见贺圣达《当代缅甸》，四川人民出版社 1993 年版，第 158 页。
② ［澳］约翰·芬斯顿主编：《东南亚政府与政治》，张锡镇等译，北京大学出版社 2007 年版，第 189 页。

　　根据 1974 年宪法，人民议会是国家最高权力机关和唯一的立法机构。人民议会是唯一有权制订国家经济计划、财政预算和税收法律，并有权决定战争、媾和等事宜。人民议会必须由有选举权的公民直接用无记名投票选举产生的人民代表组成，从全国 314 个镇区大概选出 400 多名代表。每届人民议会任期为 4 年。人民议会不设议长，由议会选出的主席团轮流主持会议。每个邦和省的人民议会代表推选一名主席参加主席团，选出的主席团成员应由人民议会批准。需要经有关邦或省的人民议会半数以上代表的同意，人民议会方有权制定某一民族方面的法律。人民议会在闭会期间由国务委员会行使国家最高权力。① 国务委员会由全国 14 个邦和省的议会代表中各推选一个人，另外又从人民议会选举出 14 名代表，加上政府总理，共 29 人组成。国务委员会主席即国家总统，由国务委员会选举产生。②

　　根据这部宪法，缅甸联邦社会主义共和国是各民族聚集在一起的国家，由 7 个邦和 7 个省组成。"邦和省在宪法中按缅文字母顺序排列，以强调他们在法律上的平等地位。"③ 宪法第三十条规定，把哥都礼邦定名为克伦邦，钦族特区定名为钦邦，德林达依省的一部分定名为孟邦，若开省定名为若开邦。人民议会和国务委员会的代表中，均有少数民族邦的代表。总体上看，奈温政府为了联合各民族建立一个由纲领党领导的社会主义国家，这部宪法一定程度上体现了对少数民族的关注，但是忽视了对少数民族的特殊利益的关切，比如没有提到少数民族自治问题，不再设立专门处理少数民族事务的机构，甚至取消了民族院。简言之，这部宪法一方面规定了各民族拥有平等的权利，另一方面又忽视少数民族的特殊性和大力削弱少数民族自治的权利。这对于那些一直希望自治的少数民族来说，不仅自治愿望破灭了，而且还激起了他们的强烈反抗。于是，反政府武装运动开始风起云涌。

二　族际关系经济治理

　　以奈温为首的联邦革命委员会接管国家政权后不久，就宣布了《缅

---

① 参见 1974 年《缅甸联邦社会主义共和国宪法》第四章。
② 同上书，第五章。
③ ［苏］瓦西里耶夫：《缅甸民族问题》，《民族译丛》1991 年第 4 期。

甸社会主义道路》，宣称要走"缅甸式社会主义道路"，声称"为了社会主义计划，属于国家命脉的生产资料，应由国家控制"。为了所谓的社会主义计划，联邦革命委员会随即推行了僵硬的计划经济体制和一套偏激的国有化政策。1974 年颁布的《缅甸联邦社会主义共和国宪法》明文规定"国家的经济制度是社会主义经济制度"[1]。由于推行的错误经济政策扰乱了正常的经济运转，奈温政府做了一些政策调整，尽管如此，这一套国有化和民族化的经济政策一直延续到新军人政权上台前夕。奈温时期缅甸各民族的经济发展水平悬殊，各民族具体的经济利益不仅存在很大差异，而且也存在一定的竞争。奈温政府采用的经济政策使整个国家的经济每况愈下，经济政策本身无红利可言，那么少数民族根本不可能从国家那里获得经济发展的好处。这激发了少数民族团体不得不通过依靠武装割据的方式来获取或保留原本属于本民族的利益。而少数民族武装割据的方式与奈温政府倡导的国家统一和民族联合政策不可避免地产生了冲突，于是，少数民族与军政府的矛盾就不断加深，武装斗争运动也愈演愈烈。

（一）国有化政策

1962 年奈温发动军事政变有诸多原因，但吴努政府在社会经济改革方面的失败乃是这次政变的重要原因之一。奈温政府对吴努实行的议会民主制是持批判态度的，他意识到议会民主制不能使缅甸摆脱殖民经济制度的影响，所以奈温认为要消除殖民统治经济制度的残余，并建立由缅甸人民自己掌握经济主权的民族主义经济。可见，奈温期望建立一个独立的民族经济体制，因而必然要推行国家主导型的计划经济，如此才能消灭缅甸独立以来外国资本势力对缅甸经济的支配性影响，铲除国内不平等经济现象，从而恢复缅甸人自己掌握经济主权的地位。

奈温发动军事政变执掌国家政权不久，就颁布了《缅甸社会主义道路》基本纲领。该纲领就"社会主义"经济提出了如下几项基本原则：（1）进行经济的计划化；（2）为了实施社会主义计划，进行生产手段国有化；（3）在各种所有国家形态当中，国家所有形态乃是"社会主义"经济的基础；（4）个人应尽自己的能力参加"社会主义"建设，尽其所能做出贡献，并按其所做的贡献领取分配；（5）在合理的范围内，个人按其所做的贡献

---

[1]　1974 年《缅甸联邦社会主义共和国宪法》第二章第六条。

领取报酬，可以有一定的收入差距，等等。① 《缅甸社会主义道路》这一基本纲领提出的方针和原则，其实是反映了奈温要建立独立的民族经济体制的思想，即社会主义经济体制。在这个纲领的指导下，奈温政府出台了一系列经济改革举措：（1）为了推行计划经济，主要在非农业部门实行生产手段国有化；（2）瓦解封建租佃关系而确立有自耕农进行小农经营的农业体制，同时加强政府对农民的直接统制；（3）清楚外国在国内的经济支配，建立自力更生的经济。② 其中，国有化政策影响最大，因为实行国有化政策是建立"社会主义"经济基础（国家所有制）的必由之路。

从 1963 年开始，奈温政府便在全国范围内采取了大规模的国有化行动。不仅把外资企业，而且把大量的民族资本的私营企业收归国有，全国掀起了一股强大的国有化浪潮。据不完全统计，"从 1963 年到 1973 年初期，全缅被收归国有化的私营企业有：银行 31 家（其中外国银行 16 家）、锯木厂 52 家、木材店 711 家（其中外侨经营的 20 家）、仓库 50 座、碾米厂 50 家、轻工业工厂 76 家、航运公司 24 家（包括外国人和本国人开办的）、私营商店（包括外国人和缅甸人开办的），以及全国与英资合营企业"③。如果把收归国有的电影院、私立学校和私立医院加在一起，奈温政府在这次国有化运动中收归的各种企业估计超过 15000 多家。除企业收归国有外，奈温政府还把进出口贸易权也收归国营，并对工农业产品实行统购统销政策，废除了吸引外资的"投资法案"。

除了在工商业大搞国有化运动，奈温政府还以土地国有化为中心，在农村推行土地改革。奈温政府先后颁布了《1963 年农民权利保护法和租佃法》和《1965 年修改租佃法定法令》，成立租佃委员会作为出租土地的唯一权力机构。该委员会取消地主担任的委员，而且佃农无须再向地主缴纳地租。实际上，这是在剥夺地主出租土地的控制权，可以说是废除了地主剥削制度，这不但打击了本国大地主的土地所有制，而且也打击了外国地主的势力。需要指出的是，奈温政府所推行的土地改革政策始终贯穿了一种指导思想，即全部土地是属于国家所有。尽管农民分配到了一定量的

---

① ［日］西泽信善：《奈温统治时期的经济开发政策及其后果——1962—74 年缅甸经济停滞的原因分析》，汪慕恒摘译自日本《亚洲经济》1985 年 6 月号，《南洋资料译丛》1986 年第 2 期。

② 同上。

③ 杨长源等主编：《缅甸概览》，中国社会科学出版社 1990 年版，第 131 页。

土地，但这不是他们的私有财产。

奈温政府的这些国有化行动，有力地打击了殖民制度的残余经济势力和国内大地主的势力，达到了奈温期望的独立社会主义经济体制的目标。"缅甸政府完成了经济的缅甸化，国内的外国资本都已经成为缅甸的民族资本，国有化的大部分目标均已达到。"[①] 但是，由于打击面过广、步子过快、步骤过急，这种"休克疗法"式的国有化政策打乱了原有的经济秩序，生产和流通系统遭到严重破坏，导致工农业生产全面下降，经济严重停滞发展，一度出现倒退现象。"这段期间（1962—1974年）的年平均经济增长率只有2%左右、六十年代中期甚至有三个年头出现了负增长，尽管其中有因为农业歉收所造成的一定影响，但明显地主要是由于经济改革所导致的经济混乱影响。"[②] 把外国资本和部分民族资本收归国有变成的国营企业，并未发挥促进计划经济和推动工业化的作用，国营企业经营低效、资金短缺及政府本身执行力弱等方面的问题，导致了生产力急剧下降、物资极端缺乏、物价飞涨及黑市猖獗等严重的问题。1974年后，国有化政策虽然有所调整，但国营企业一统全国的格局已然形成。

奈温政府所推行的计划经济体制和国有化政策，使缅甸经济发展滞缓、黑市猖獗，引起了全国各族人民的严重不满。奈温政府推行的经济改革蕴含着强烈的"社会主义"和"民族主义"倾向，因此政府所实行的社会主义经济体制具有浓厚的民族主义色彩。简而言之，这是经济的缅甸化。奈温政府试图通过推行计划经济和实行国有化政策，消除影响族际关系的经济根源，达到联合各民族的目标，并最终实现国家的统一。然而，这种"缅甸式社会主义"的经济发展模式，即偏激的国有化政策与盲目的闭关锁国政策，最终把缅甸经济推向崩溃的边缘。在全缅甸经济发展停滞、物价飞涨、国民歉收、黑市猖獗的乱象下，少数民族根本不可能从国家或政府那里分享到任何的经济发展的红利。于是，一些少数民族群众团体不得不依靠武装割据来维持自己的生存和生活。

---

① 贺圣达、王文良、何平：《战后东南亚历史发展》，云南大学出版社1995年版，第267页。

② ［日］西泽信善：《奈温统治时期的经济开发政策及其后果——1962—74年缅甸经济停滞的原因分析》，汪慕恒摘译自日本《亚洲经济》1985年6月号，《南洋资料译丛》1986年第2期。

少数反政府武装所占领的山区基本上是缅甸自然资源最为丰富的地区，如克钦邦闻名世界的玉石，还有大量的黄金和十分珍贵的柚木等资源。其他一些反政府武装还控制着边境走私贸易，如克伦人控制着泰缅边境的走私贸易。这些都成为少数民族武装收入的来源，而制毒贩毒则让他们获得巨大的利润。通过武装割据控制资源，获取经济利益，少数民族反政府武装才得以与政府军长期斗争。由此可见，奈温政府实行的国有化政策，并未能达到预期的社会主义经济发展的目标，因而国家统一和民族团结的宏伟目标也相应地无法实现。甚至，濒临崩溃的缅甸经济却加剧了少数民族反政府武装的兴起，奈温政府所倡导的民族联合只能是一句"高尚的谎言"，抑或是海市蜃楼。

（二）民族经济政策

民族经济政策对民族经济关系进行协调，一般通过民族经济的横向与纵向两个维度来实现，从而推动族际关系经济治理。民族经济的横向维度主要体现在缩小各民族之间的经济发展差异，平衡各民族经济的发展，而民族经济的纵向维度则主要体现在促进各民族个体经济发展速度，提高各民族个体经济发展水平。不论是发达国家，还是发展中国家，民族经济政策都是民族国家族际关系经济治理的重要路径，它是解决影响族际关系经济因素的有效方式。

如果说奈温政府的计划经济体制下的国有化政策是宏观或是国家发展层面的政策，那么奈温政府的民族经济政策则是针对各少数民族邦的具体举措。实际上，前者是缅甸民族经济发展的纵向维度，这已经在本书的"国有化政策"这部分的内容中作了较为详细的论述，它体现了全局性和战略性的特征。而后者则是缅甸民族经济发展的纵—横维度，民族经济政策需要从纵向和横向两个维度进行考量，既要针对各民族之间经济发展的差距制定相应的经济政策，也要针对各民族地区及民族个体自身发展状况和特点制定与之相适应的经济政策。对此，原缅甸国务委员会秘书吴盛伦曾有一段精彩的描述："我们一定要按区域制订本地区的开发计划，并付诸实施……我们要在每个区域开展统计工作，如人口的分布情况，农作物的种植面积、复种面积及土地的布局和使用情况，以及农产品的流通方面的统计工作。只有掌握准确的数字，才能有效地促进区域的开发，并保障地区的供给……在全国范围内，采取区分区域的进行开发的方法，也是为了全国的发展。地区的发展和全国的发展是互相联系和相辅相成的。只有每个区域发展了，全国才能发展。全国的发展又促进地区的发展。"① 但理论与现实往往存在较大的差距，奈温政府上台后出台的民族经济政策和具体执行的过程存在着某种不一致的现象，可以说民族经济政策及其执行完全是"两张皮"，其实质是自相矛盾的。

以奈温为首的革命委员会执掌国家政权伊始，就倡导"只有各民族共同参加经济建设，才能维护民族团结，要特别注意在邦与省之间尽可能保持发展平衡"②。后来这种观点经过多次阐释，在后来出台的民族经济政策中才得以体现。1964 年 2 月 12 日在曼德勒隆重举行的第十七届联邦节座谈会上，奈温说："各民族的经济和发展工作必须靠大家齐心协力去完成。各民族之间的经济和社会差距要尽快缩小，如发现差距扩大，则应立即进行调节，使之尽可能达到公平合理的程度。经过努力实现平衡后，对增长的部分，要进行按劳分配。"③ 奈温在这次联邦节上的谈话，事实上为奈温政府的民族经济政策定了基调。

后来，奈温政府出台了关于协调邦与省之间经济开发理论的原则及方针政策，即：（1）保证按时实现全国各族的经济计划；（2）均衡地发展缅甸联邦的经济及改变其结构；（3）提高各族人民的生活水平。④ 对于边远山区的落后民族，奈温政府也采取了划拨一定经费和救济、援助措施，而且也对少数民族地区进行了一些开发工作。1962—1970 年，奈温政府制订了一些少数民族地区农业开发计划，其中较大型的农业开发计划有钦族特别区山区开发五年计划。⑤ 1971 年 6 月，缅甸社会主义纲领党一大通过了《缅甸联邦经济计划指导及有关报告》，提出了有计划地推动"全民族的经济发展"是今后的一项重要任务。1972 年 9 月，纲领党在一届四中全会上又通过了《缅甸社会主义纲领党的长期和短期政策》的文件，进一步提出要制订未来二十年的长期经济发展计划。1973 年 10 月，纲领党二大通过了《二十年长期经济发展规划》，并于次年开始正式实施。这个二十年长期经济规划是一个雄心勃勃的发展规划，该规划预计从 1974

①　［缅］吴盛伦：《论缅甸联邦社会主义共和国的民族团结、经济开发和国防建设》，林锡星摘译自缅甸《向前》月刊，1983 年 3 月号，《民族译丛》1988 年第 2 期。

②　林锡星：《揭开缅甸神秘的面纱》，广东人民出版社 2006 年版，第 24 页。

③　同上。

④　同上。

⑤　参见［日］外务省协作局编《缅甸自力更生的经济建设路线和日本的经济合作》，云南省历史研究所译，1979 年，第 67 页。

年实施至 1994 年结束，分四个五年计划执行。根据《1967—1968 年度政府财政预算草案》和第一个四年计划（二十年规划中的第一阶段），1965—1966 年奈温政府对各邦、钦族特别区的投资额为 1620 万缅元，占该年度总投资额的 2.8% 左右；1966—1967 年奈温政府对各少数民族地区的预计投资额为 2240 万缅元，实际投资 1880 万缅元，占总投资额的 2.9% 左右；1967—1968 年奈温政府对各少数民族地区计划投资 1590 万缅元，占计划投资总额的 1.8%。① 从这组数据可知，奈温政府对各少数民族地区的投资额并不可观，而且随着国内经济水平的下滑，对少数民族的投资额也随之下降。

事实上，奈温提出的关于促进民族经济发展的观点，及后来提出的协调省邦经济开发理论的原则与方针政策等，在《二十年长期经济发展规划》中大都得以体现，或者有些都列入发展规划之中了。但是，由于计划经济体制和国有化政策的实施，导致国内经济发展滞缓，而且缅甸共产党和诸多少数民族反政府武装势力活动猖獗，使缅甸国内局势变得动荡不安。因此，奈温政府对少数民族地区的经济开发和投资政策最终几乎搁置一边，更多的是采用政治、军事和文化手段来维护国家统一，从而忽略了少数民族经济的发展。由此可见，奈温政府的民族经济政策并未达到预期目标，甚至民族经济政策及其具体执行过程并不一致，其实质是自相矛盾的，邦与省之间的民族经济发展差距没有缩小，全国各族的生产水平依然很低。

三　族际关系文化治理

在多民族国家，要建立国族文化、培养国族意识和巩固国族认同，必然要进行族际关系文化治理。然而，由于多民族国家内部有多少个民族，就会有多少种文化，因而族际文化环境难免复杂，也正是如此，才凸显了族际关系文化治理的重要性和必要性。奈温政府上台后，族际关系文化治理的理路做了很大调整，立刻取消了吴努政府时期的佛教国教化规定，规定各族人民都有宗教信仰自由的权利，并且在民族文化工作方面做了不少工作。但是，奈温政府的族际关系文化治理的前提是要维护国家的统一和

---

① 参见［日］外务省协作局编《缅甸自力更生的经济建设路线和日本的经济合作》，云南省历史研究所译，1979 年，第 53 页，从表 Ⅱ—2 中计算所得。

民族的联合，这样就在具体的操作中往往会出现自相矛盾的现象，因而奈温政府的族际关系文化治理也并没有达到建立国族文化、培养国族意识、发展民族文化的效果。

（一）宗教信仰政策

以奈温为首的军人集团执掌国家后，革命委员会"面临的最大任务就是恢复联邦内各族人民的团结，于是摒弃了特别偏重佛教的政策，并提出为消除由于吴努政府采取的宗教政策所产生恶劣影响的方针"①。为了平息积怨已久的民愤，革命委员会采取了与吴努政府不同的民族文化政策，不仅立刻取消了佛教为缅甸国教的规定，而且还取消了吴努政府时期僧侣获得的特殊地位和享受的特殊待遇。为了限制僧侣干预政治，革命委员会采取了严格的政教分离措施，如"停止执行有关宗教的宪法条文，限制缅甸之声广播电台佛教节目播出的次数……派出一个调查委员会调查佛教评议会的职能、财产状况、债务等情况，进而解散了缅甸最大的佛教组织——佛教评议会"②。此后，"佛教界基本上实行闭关自守政策，当局强调僧侣要遵守戒律，脱离政策"③。

奈温政府通过采取强硬的政策和措施，取消佛教国教化，使宗教与政治分离，取消了僧侣的各种特权和礼遇。这些政策和举措引起了佛教僧侣的反对，但奈温政府不惜以武力镇压僧侣的游行示威。实际上，奈温及其政府并不是要反对佛教，而是深感佛教对政府的压力过大，从而不允许佛教参与世俗政治。奈温政府的这些政策和举措，在一定程度上缓和了民族矛盾，这是因为在缅甸还有一大部分的人是非佛教徒，而且基本上都是少数民族的人们。除了大约90%的人信奉佛教，还有大约5%的人信奉基督教，4%左右的人信仰伊斯兰教，还有一部分信仰印度教等。在英国殖民统治之前，基督教教徒就开始在缅甸山区少数民族传播基督教教义，到殖民统治后期，克伦族人、掸族人、克耶族人、克钦族人和钦族人有很多民众信仰基督教，尤其是克伦族、克钦和钦族的基督教教徒人数就不少，其中克伦族基督教教徒人数最多。至于伊斯兰教，很早就在若开地区传播，据统计1931年全缅甸的穆斯林就已经超过58万人，到20世纪70年代

---

①　[日] 生野善应：《缅甸佛教（下）》，罗晃潮摘译，《东南亚研究资料》1985年第1期。

②　钟智翔：《缅甸的佛教及其发展》，《东南亚研究》2001年第2期。

③　傅新球：《缅甸佛教的历史沿革》，《东南亚纵横》2002年第5期。

末，全缅穆斯林已经发展到了近 127 万人左右。主要为若开人、南亚移民和马来裔人。[①] 缅甸穆斯林有很多组织，如缅甸穆斯林联盟、若开族穆斯林联合会、全缅毛拉同盟、缅甸穆斯林大会、全缅穆斯林学生联合会等。吴努政府实行佛教国教化后，激起了少数民族非佛教徒的抗议，特别是激起了穆斯林的强烈不满。于是，他们组织建立了一个全国范围的非佛教徒的少数民族联盟以保护自己的利益，族际关系骤然紧张，民族隔阂一度加深。奈温政府采取的政教分离等措施，在很大程度上"缓解了佛教与其他宗教，尤其是与伊斯兰教之间的分歧与矛盾，维护了民族的团结和国家统一"[②]。

奈温政府自执政以来，一直倡导全国各民族宗教信仰自由，而且还出台了相关政策和法律确保全体国民宗教信仰自由。1962 年，革命委员会颁布了《缅甸社会主义道路》文件，明文规定全国各民族人民有信仰各种宗教的自由。缅甸社会主义纲领党在民族政策中规定："要在纲领党的领导下，保护各个民族的宗教信仰和传统习俗，并以各种民族活动的形式付诸实践。"1974 年宪法对宗教信仰自由作了明确规定，其中第一百四十七条规定："凡公民，不论种族、地位、职务、贫富、文化程度、出身、宗教信仰和性别，在法律面前一律平等"；第一百五十三条第二款规定："每个公民应有自由使用自己所热爱的语言文字、维护自己的风俗习惯、文化传统和宗教信仰的权利，但这些权利的形势不得作为损害整个联邦基本要求的民族团结和社会主义秩序"；第一百五十六条第一款规定："每个公民有思想和信仰的自由，有信仰任何宗教的自由权利。"[③] 不论是从纲领党的政策，还是从 1974 年的宪法，都可以看出奈温政府为推崇各民族人民宗教信仰自由所做出的努力。在民族矛盾与宗教矛盾交织的缅甸民族国家，奈温政府的宗教信仰自由的政策对缓和民族矛盾具有重要的意义。但值得一提的是，奈温政府推崇的各民族宗教信仰自由政策实施的前提是要捍卫国家领导的核心，即社会主义纲领党。在实践生活中，如果各民族人民宗教信仰自由的权利与国家统一和社会主义的目标不一致，这种权利就会被限制或取消。

---

① 参见钟智翔《缅甸研究》，军事谊文出版社 2001 年版，第 195—196 页。

② 姜守仁：《论佛教与缅甸现代化进程》，《东南亚》2001 年第 3 期。

③ 1974 年《缅甸联邦社会主义共和国宪法》第一百四十七条、第一百五十三条第二款及第一百五十六条第一款。

（二）民族文化工作

在当代民族国家，发展民族文化，维护民族文化的多样性，彰显民族文化的独特价值，是各民族国家面临的一项基本任务。这是因为民族文化是一个民族的重要特征，是民族发展的动力源，对民族国家治理民族问题和处理民族事务具有特别的意义，同时有助于民族国家的族际关系治理的发展。因此，民族文化工作的重要性和必要性毋庸置疑。

民族文化工作在很多民族国家中受到了高度重视，被当作民族国家族际关系治理的重要方面。一般来讲，民族文化工作主要表现在两个层面上：一是民族国家组建专门的处理民族事务的机构或建立专门的工作机制；二是这些专门的机构和民族文化工作机以及政党、政府具体地处理民族文化事务的工作。在当代民族国家，设立民族文化工作机构、组建少数民族文艺团体和文艺研究机构，通过这些机构来协调族际文化关系，从而构成了族际关系治理中的民族文化工作机制。而培养少数民族文艺人才、举办全国少数民族文艺会演或庆祝活动、搞好少数民族语言文字工作等方面则是民族文化机构、政党或政府具体地处理民族文化事务的工作。

值得指出的是，只有那些能够发展民族文化、维护民族文化多样性及彰显民族文化独特价值的民族文化工作，才能够有效治理族际关系。相反，一些民族国家的民族文化工作不但不能有效地治理族际关系，而且还一度促使族际关系变得紧张或恶化，从而阻碍了民族国家建设的进程。回顾缅甸历史可以看到，吴努时期，从民族文化工作的工作机构到具体工作，始终充斥着大缅族主义价值倾向，不仅没有起到族际关系治理的积极作用，而且还激起了少数民族的强烈不满，从而催动了少数民族的分离运动。而奈温政府的民族文化工作与前政府有很大不同，既有对族际关系治理有益的民族文化工作，也有对族际关系治理产生负面影响的民族文化工作。事实上，要客观清晰地考察奈温政府的民族文化工作并非难事，因为奈温政府的民族文化工作的出发点和根本目标在于有利于国家统一和民族联合。

在不影响国家统一和民族联合的框架下，奈温政府鼓励少数民族保留和使用自己所热爱的语言文字、风俗习惯、文化艺术。自革命委员会执政伊始，缅甸联邦节庆祝大会就被当作一项相当严肃认真的政治任务来进行。整个奈温政府时期，政府都利用每年联邦节的机会在全国范围内进行大规模的宣传和庆祝活动，"开展联邦节讨论会活动的目的是，加强以联邦意识为基础的民族团结，提高全国各族人民的生活水平"①。为了加强各民族之间文化方面的相互理解，联邦节庆祝活动每年都搞得相当隆重，"在联邦节期间，我们以协商的方式开展各种各样的讨论会，对各方面的问题进行广泛、深入的探讨"②。

联邦节庆祝活动通常有两个重要组成部分：一是为期两周的展览会。国营公司把各种各样的产品摆出展览，以此向全国人民展示他们的生产状况和工作成果。各个少数民族邦也把本民族的传统工艺品和有浓厚民族风情的服饰在展厅展出。二是举行为期一周的民族歌舞晚会。这是一个能够真正反映少数民族文化艺术和民俗风情的民族文化专题晚会。这个晚会的表演者均是少数民族的成员，而且还是非专业人士。③ 各个少数民族均有自己的特色舞蹈，这些舞蹈题材多样、内容丰富、生动活泼。如克伦族以跳"洞舞"著称，克耶族以迪库（糯米舞）和库罗波（旗杆舞）为名，钦族以武术舞见长，掸族以紧那罗舞来表达对佛教的虔诚，孟族、若开族和缅族的舞蹈均为古典舞蹈风格。在庆祝大会上，各少数民族尽情展现自己的民族特色和传统文化。由此可见，奈温政府特别重视联邦节庆祝活动，围绕庆祝节展开各种活动，其目的在于希望实现民族与民族之间文化上的相互理解和尊重，从而联合各民族实现国家统一。

对于少数民族语言文字工作，奈温政府的政策的实质是自相矛盾的。1947 年宪法规定："缅甸文是通用文字。其他民族的文字也可以教学。"④奈温政府一向对外宣称鼓励少数民族使用自己热爱的语言文字。奈温认为语言文字、文化文学和宗教信仰等只要不与法律相抵触，那么就对社会利益无害。但是在实际生活中，这些法令和政策在具体落实方面存在很大偏差，"在奈温政府时期，缅语被规定为国语，它不仅是官方教育语言，而且也是官方和非官方的交际语言，在全国的大城市中通行……各种学校，不论何种民族，都要学习国语，就是在少数民族邦内也是如此"⑤。事实上，虽然语言文字的权利一般不会威胁社会利益，但是对于国家统一和民

①　［缅］吴盛伦：《论缅甸联邦社会主义共和国的民族团结、经济开发和国防建设》，林锡星摘译自缅甸《向前》月刊，1983 年 3 月号，《民族译丛》1988 年第 2 期。

②　同上。

③　参见林锡星《揭开缅甸神秘的面纱》，广东人民出版社 2006 年版，第 25—26 页。

④　1974 年《缅甸联邦社会主义共和国宪法》第一百五十二条第二款。

⑤　韦红：《东南亚五国民族问题研究》，民族出版社 2002 年版，第 52 页。

族联合而言，少数民族语言和文字的发展无疑是一大隐忧。从根本上讲，奈温对少数民族语言文字工作本质上是自相矛盾的。

由此可见，奈温政府虽然采取了一系列方针政策，宣布各民族有使用自己语言文字的权利，有发展自己文化的权利，有继承自己民族传统的权利，但是在实际生活中，这些权利往往以维护国家统一和民族团结为由而加以限制或取消，那些方针政策只能是一堆摆设。不论奈温对少数民族文化采取何种工作，归根结底都是为国家统一和民族联合的目标或倾向服务的。因此，奈温政府的民族文化工作很难促使各少数民族的民族意识有效转化为国家意识，从而也无法使少数民族的民族认同转变上升为国家认同，当然，奈温极力推崇的"各民族融合成单一民族共同体"的目标更是无法实现。

四 族际关系社会治理

世界上很多发展中国家，由于建立民族国家的方式比较特殊，时间也比较短暂，很多都处于民族国家建设时期。处于民族国家建设进程的国家，社会发育水平普遍较低，社会治理水平总体不高。就具体层面来讲，教育、卫生、贫困和犯罪等问题相当突出，这些问题在族际关系中都有体现，它们对族际关系形成了相当大的张力，已经成为影响族际关系的社会性因素，甚至一度威胁着多民族国家的统一和稳定。鉴于此，民族国家往往会采用一定的治理方式，消除影响族际关系的这些社会性因素。

吴努政府时期，由于民族国家刚刚构建起来，少数民族地区的社会发育极为低下，各种社会问题层出不穷。吴努政府采取社会治理的若干政策和具体方式，但是由于政府能力不足，导致社会问题治理能力欠佳。以奈温为首的军人集团执掌国家政权后，社会问题依然严峻，对族际关系影响很大。为此，奈温政府采取了若干治理方式和手段，由于有些政策本身就存在问题，因此导致族际关系社会治理失败。

（一）教育政策

为了建设"缅甸式的社会主义"，联邦革命委员会认为原有的教育制度不能适应当时的政治和经济的需要，所以对原来的教育制度和教育政策做了重大的调整。1962年4月30日，缅甸联邦革命委员会宣布了一项政策："要彻底改革不适应社会变革的旧教育制度，建立符合缅甸社会主义

路线的以训练谋生技能和增强德育为基础的新教育制度。"① 革命委员会
还倡导，"为了使全体劳动人民掌握丰富的知识，自决主动地投入到建设
事业中去，首先必须要让每一个劳动者接受最起码的读、写、算等基础教
育"②。

　　为了实现上述理想，奈温政府先后通过了《缅甸联邦大学教育法》
《缅甸联邦基础教育法》和《缅甸联邦教育政策》等法律法规。这些教育
政策和法令主要突出了以下几点：（1）普及教育，使每个公民都有接受
基础教育的机会；（2）加强学生德育教育，并使其成为能够理解"缅甸
社会主义道路"的公民；（3）加强实际应用科目的教学，强调理论联系
实际；（4）工人队伍知识化。因此，在具体层面上，奈温政府对扫除文
盲、普及基础教育、结合教育与实践及提供平等受教育机会等方面采取了
相应的举措，少数民族地区也在其中。

　　1964 年开始，奈温政府就开始推行扫盲和普及教育等工作。1966 年
成立了缅甸中央扫盲识字班协商管理委员会，作为加强对扫盲工作的领
导，随即也成立了省和邦扫盲委员会、镇区扫盲委员会。扫盲识字班协商
管理委员会制定了三项扫盲基本方针："帮助劳动人民中的文盲学文化；
树立正确的思想和增长文化知识；学习本领，以便能身体力行地投入到社
会主义建设和国家发展事业中去。"③ 以此三项基本方针为指导，不论是
缅甸各省，还是少数民族地区，都掀起了一股扫盲热潮。1969 年，奈温
政府采用了对全国各省和邦选定镇区进行逐个扫盲的措施，所选定的镇区
必须实现彻底的扫盲目标。到 1971 年，有 27 个镇区实现了零文盲率，使
397370 名文盲能够识字。④ 由于扫盲工作取得了举世公认的成就，1971
年受到了联合国教科文组织的表彰——国际扫盲一等奖。1975 年，奈温
政府重新改组了中央扫盲委员会、邦和省扫盲委员会及镇区扫盲委员会，
并颁布了新的扫盲工作奋斗目标，其中就提出全国范围内要彻底扫除文
盲。1978 年始，对于镇区选择问题，改变过去由中央委员会直接决定的

---

① 缅甸《劳动人民日报》1984 年 7 月 4 日，转引自林锡星《一九六四年以来的缅甸教育
情况》，《东南亚研究资料》1985 年第 1 期。
② 《缅甸的扫盲工作与读书热潮》，林锡星摘译自缅甸《党务杂志》1984 年 2 月，《东南亚
研究》1984 年第 2 期。
③ 同上。
④ 同上。

办法，而是由各邦和省根据实际情况，自己选择镇区进行扫盲，并实行分摊办法推进扫盲工作。1982 年，缅甸中央扫盲委员会仍然按邦和省分摊的办法，继续推进扫盲工作。少数民族邦很多镇区的扫盲效果显著，如克钦邦的瑞姑镇区和马昌波镇区、克耶邦的保拉克镇区、克伦邦的丹东镇区、钦邦的敏达镇区、孟邦的吉马鲁镇区和伊镇区、若开邦的洞峡镇区和曼昂镇区、掸邦的东枝镇区等。① 到 1985 年，在缅甸 14 各省（邦）中，已有 6 个省（邦）彻底扫除了文盲，值得一提的是，孟邦就是扫除了文盲的 6 个省（邦）中的一个少数民族邦。② 由此可见，奈温政府对扫除文盲和普及教育极其重视，不论是对缅甸本部，还是对少数民族邦，都取得了一定的成绩。

尽管奈温政府出台了诸多教育政策，但各地区的教育发展水平还是不均衡，邦与省之间的教育水平差距相当大，在边远山邦区的普通教育学校的数量为数不多。如表 2 所示，除了若开邦和掸邦，普通小学、初级中学和高级中学的数量与各省较为接近，其他少数民族邦的学校数量与各省相差甚远，而且从 1977 年至 1982 年，各少数民族邦增加的学校为数不多，但各省增加的学校相对还是很快的。由此可见，少数民族邦与各省之间的教育水平相差还是很大。这里也可以反映出，与各省相比，奈温政府对少数民族邦教育的投入还是存在较大差距的。

表 2　　　　　　　　　　缅甸普通基础教育学校分布情况　　　　　　　　单位：所

邦或省	普通小学、初级中学和高级中学总数	
	1974—1977 学年	1981—1982 学年
克钦邦	664	796
克耶邦	137	187
克伦邦	637	722
钦邦	621	675
孟邦	727	902
若开邦	1376	1536
掸邦	1462	1761

①　参见《缅甸的扫盲工作与读书热潮》，林锡星摘译自缅甸《党务杂志》1984 年 2 月号，《东南亚研究》1984 年第 2 期。

②　参见陈沫《缅甸重视扫盲工作》，《世界知识》1986 年第 20 期。

续表

邦或省	普通小学、初级中学和高级中学总数	
	1974—1977 学年	1981—1982 学年
丹那沙林省	575	698
实皆省	2081	2561
勃固省	2298	2773
马圭省	2178	2530
曼德勒省	2439	2860
仰光省	1577	1980
伊洛瓦底省	3137	3745

资料来源：缅甸《劳动人民日报》1984 年 6 月 21 日。

　　奈温政府对高等院校发展也做了一些工作，但是缅甸高等教育仍然比较落后。到 1984 年为止，缅甸只有 47 所高等院校，而泰国却有 356 所高等院校。作为一个农业国家，缅甸仅有 1 所农学院和 6 所农业专科学校，而泰国有 33 所农业专科学校，菲律宾有 133 所农学院。[1] 奈温政府执政前 15 年，有很多少数民族邦连大学都没有，直到 1977—1978 年，奈温政府"已经注意到各邦省教育事业发展的平衡问题……基本上各邦、省都有了一二所地区学院"[2]。事实上，奈温政府在少数民族邦或有少数民族的省份建立了一些地区学院，主要是为了加强对少数民族地区的控制、管理和发展。比如奈温政府建立了"实皆民族学院"和"联邦少数民族发展学院"，就是如此。实皆民族学院创建于 1964 年，目的是培养缅甸社会主义纲领党的民族干部队伍，对少数民族和具有民族团结的公务人员进行培训，继而优先安排工作，以促进地区政治、经济和社会各方面的发展；而联邦少数民族发展学院的建立是为了培养少数民族地区急需的少数民族干部、教师和各种技术人员。

　　在大学招生和分配制度上，奈温政府把国内各民族分为若干个等级，这是一种严重的民族歧视的教育政策。奈温政府将国内各民族分为五个等级，第一等是缅族，第二等是土著民族，第三等是克钦人，第四等是第三

---

①　参见林锡星《一九六四年以来的缅甸教育情况》，《东南亚研究资料》1985 年第 1 期。

②　杨长源等主编：《缅甸概览》，中国社会科学出版社 1990 年版，第 304 页。

代华侨后裔，第五等是汉人。① 不同等级的民族在招生和分配制度上享受不同的待遇，第一、第二等级在招生方面优先录取，同等条件下录取第一等级，第三等级克钦族人因人数较多就未作明文规定，但是对可录取和可不录取的尽量不录取，或劝其改专业。第四、第五等级明确规定不能报考理工科大学，不论成绩多好也不能录取，只能报考文科类学校，原因是理工科毕业的缅甸华人（华裔）逐渐掌握经济、技术大权后，会影响到缅族的统治。② 对于毕业分配，基本上按等级先后顺序进行，缅族优先分配，再轮到土著居民，对于第三等级的克钦人，国家出钱作为让其转其他行业的补贴。对于第四等级，一般分配到服务性行业中，至于第五等级的华人根本不管分配，由其自谋出路。③ 大学的这种招生和分配制度，违背了民族平等的原则，也违背了奈温自己所倡导的"提供平等受教育机会"的思想，这严重影响了缅甸的族际关系。

1962 年至 1988 年，奈温政府一直比较重视教育，改变了过去殖民统治色彩浓厚的教育制度和政策，努力清除了西方文化的影响。奈温政府所推行的一系列教育政策，使缅甸的教育取得了一定的成果，不论是各省，还是各少数民族邦，扫除文盲普及教育等工作都取得了一定的成就。同时，奈温政府通过建立民族大学，在培养少数民族干部、教师和技术工作人员方面也取得了一些成效。然而，缅甸奈温政府时期的教育水平依然不高。一者是由于教育投入有限造成的。据统计，1977—1978 学年，缅甸教育经费占当时国民生产总值的 3.2%，与菲律宾的 3% 差不多④，作为东盟国民生产总值最少的国家，教育经费毋庸置疑是相当低的，可以说，教育经费的低投入很难把教育真正发展起来。二者是与奈温政府关起门来办教育的政策也有重要关系。奈温政府比较强调教育事业的民族化、大众化、普及化和实践性，但对于教育质量的提高尤其是教育要面向现代化和面向世界，却没有给予重视。⑤ 值得指出的是，奈温政府在大学招生和分配制度上的民族歧视政策，严重影响了高等教育的平衡发展。从族际关系治理的角度来讲，奈温政府时期的教育政策实质上也是自相矛盾的，一方

---

① 参见韦红《东南亚五国民族问题研究》，民族出版社 2003 年版，第 55 页。
② 同上。
③ 参见韦承二《影响缅甸民族关系诸因素探讨》，《世界民族研究》1990 年第 2 期。
④ 参见林锡星《一九六四年以来的缅甸教育情况》，《东南亚研究资料》1985 年第 1 期。
⑤ 参见贺圣达、李晨阳《列国志·缅甸》，社会科学文献出版社 2009 年版，第 362 页。

面在一定程度上提高了少数民族地区民众的文化水平，另一方面又搞民族歧视政策影响了族际关系。

（二）公民划类

1982 年缅甸人民议会发布第 4 号法令，即新《缅甸公民法》，这部公民法在很大程度上具有狭隘的民族主义色彩，违背了民族平等的原则。根据这部公民法，缅甸公民被分为三类，即真正的缅甸公民、客籍公民和准入籍公民。这种公民划分方法使原来并不和谐的族际关系变得更加紧张。

在颁布这部公民法之前，奈温在社会主义纲领党四届七中全会上声明：“今天我要阐述即将颁布的《缅甸公民法》。在阐述这项重要的法律时，不能不先回顾一下历史背景。我并不想因此伤害任何人的感情，但在接触到历史事实的时候，也许会伤害到一些人的感情。我声明这并不是有意的，我一定会尽量避免发生这种事情。”[1] 奈温表示，从 1824 年第一次英缅战争后，缅甸失败被迫割地，到 1885 年整个缅甸被沦为英国的殖民地，从 1824 年第一次英缅战争到 1948 年缅甸独立这段时间，英国殖民统治者进来后，他们的附庸也随便进入了缅甸。于是，奈温认为，国家独立后的缅甸住民并非都是纯正的土著血统的人，除了纯土著血统的人，还有外来客人，土著和客人通婚后的混血儿，客人与客人之间通婚后出生的子女。有鉴于此，为了维护国家的安全，防止一些人不尽职尽责或背信弃义，对于不同人的公民权应该区别对待，因此，需要出台法律来解决这一重大的课题——国籍问题。于是，奈温政府颁布了《缅甸公民法》，改变了 1948 年颁布的《缅甸联邦入籍法》和《缅甸联邦选择国籍条例》的诸多法令条款。根据这部公民法，缅甸公民被分为三种类型[2]：

（1）真正的缅甸公民。对于成为真正的缅甸公民的条件，公民法规定，自 1823 年之前，就居住在缅甸境内的克钦、克耶、克伦、钦、缅、孟、若开、掸等土族公民均是缅甸公民。公民法还规定，每一位公民或有两位公民父母生下的子女都是天生的公民，国务委员会有权决定任何一种族血统是否是缅甸公民。

（2）客籍公民。根据 1948 年缅甸联邦公民法令申请公民证者，如果

---

[1]　［缅］吴奈温：《缅甸政府对非原住民的政策》，林锡星摘译自缅甸《劳动人民日报》1982 年 10 月 9 日，《民族译丛》1985 年第 5 期。

[2]　参见《缅甸公民法》，载缅华网（http：//www.mhwmm.com/Ch/NewsView.Asp？Id＝1433）。

符合所规定的条件和资格，中央小组有权批准他为客籍公民。公民法规定，中央小组批准为客籍公民者，应亲自到内政部所规定的机构作书面宣誓：愿忠实于国家，愿遵守法令，并认识了解国民应有的责任和权利。

（3）准入籍公民。1948 年 1 月 4 日之前已在缅甸定居者，或该居民之子女，可以根据尚未提出申请之理由，以确切的证据向中央小组申请为准入籍公民。中央小组批准外侨为准入籍公民时，其本人必须亲自到内政部门规定机构，以书面宣誓：自愿放弃外侨身份，愿忠实于国家，愿遵守国家法令，认可规定的公民责任和权益。

从这三种类型公民的分类可以看出，不同类型的公民权是各不相同的，客籍公民和准入籍公民的公民权与真正的缅甸公民有很大的区别。奈温在社会主义纲领党四届七中全会上说："缅甸独立后，在这些客籍公民当中，有些又离开中国，但他们的亲属仍留在中国。讲得更具体一些……他们互相串通，非法偷运中国商品出境，搞走私活动。这些都是我们亲手掌握的真实材料。我们知道他们有这种唯利是图的毛病，所以不能让他们留在能左右国家命运的机构工作。这就是我们不能允许他们成为百分之百公民的原因。但我们还是给他们一定的权利，即给予他们正当的谋杀和过一般人生活的权利。除此之外，我们再也不能给他们更多的权利了。"①从奈温这段话可知，客籍公民和准入籍公民只享受一部分公民权，不能像真正的缅甸公民一样完全享受公民权。奈温表示，到了将来某一个时候，客籍公民和准入籍公民都会消失，那时只剩下一种公民，但对于如何消失或何时消失，奈温却没有言明，只提出"只要客籍公民和准入籍公民及其儿子和孙子保持安分守己，他们的后辈就能够成为真正的公民。如果他们中有人背信弃义，就要根据所犯错误的情节轻重，重新考虑计算时间的方法"②。由此可见，奈温政府颁布的这部公民法，把缅甸国民分为三种类型，客籍公民和准入籍公民享受到的公民权是不完整的，这不仅是当局不信任他们的表现，而且完全是一种种族歧视，明显违背了宪法第二十二条的规定："每个公民不论种族、宗教信仰、地位或性别，在法律面前一律平等；机会平等。"③显然，缅甸狭隘的民族排外主义完全凌驾于宪法

① ［缅］吴奈温：《缅甸政府对非原住民的政策》，林锡星摘译自缅甸《劳动人民日报》1982 年 10 月 9 日，《民族译丛》1985 年第 5 期。

② 同上。

③ 1974 年《缅甸联邦社会主义共和国宪法》第二章第二十二条。

之上。

（三）卫生政策

缅甸的卫生事业发展向来都不够理想，卫生状况不良，医疗保健事业十分落后，山区少数民族的状况更是令人担忧。虽然吴努政府比较重视发展少数民族地区的医疗卫生事业，但是治理效果并不明显。奈温政府执掌国家政权后，面对严峻的医疗卫生事业发展状况，特别是 20 世纪 80 年代初期又出现了较为严重的艾滋病问题，缅甸社会主义纲领党提出了一系列发展卫生事业的方针政策，继而推出相应的具体举措。

纲领党发展卫生事业的方针政策，主要有：增强公民的体质；开展群众性的体育活动，不断提高体育运动水平；有计划地组织好人民的休养与疗养，以促进人民身体健康；为社会主义事业服务。简而言之，增强人民体质从而为国家做更多的贡献。为了实现上述计划，奈温政府制定了两条措施：一是开展实践"人民体育运动月"活动；二是开展实施"人民卫生计划"。人民体育活动月活动主要是以群众运动的方式，开展体育活动，从而增强人民的体质。这里着重论述人民卫生计划，以期达到一叶知秋的效果，从而把握奈温时期缅甸医疗卫生发展状况。

人民卫生计划的主要宗旨是"尽一切可能缩小城乡人民在医疗卫生方面的差距，使缺医少药的边远山区的人民能够得到起码的医疗条件"[1]。这个计划从 1977 年开始实施到 1981 年结束，历时 5 年，总耗资 12.09 亿缅元。该计划由全缅各级政府、各人民团体以及各专门机构指导下进行，在指定镇区开展实施，预计五年在 147 个镇区完成预定目标。这个计划的取向是正确的，奈温政府为了提高全民健康水平，缩小城乡卫生发展水平差距，使边远山区少数民族也享受到医疗救助，开始实施了这个宏大的计划。然而，缅甸的医疗卫生事业并没有因此而得到质的改善。奈温政府虽然比较重视卫生事业发展，但经过二十多年的折腾，缅甸依然"没有建立起从上到下的医药卫生管理体系，缺医少药的状况仍然普遍存在，尤其是农村里人畜同住、清洁用水得不到保证以及恶性传染病得不到有效控制的恶劣卫生状况基本没有什么改变"[2]。可以说，少数民族地区的医疗卫

---

① 杨长源等主编：《缅甸概览》，中国社会科学出版社 1990 年版，第 309 页。

② 李晨阳：《军人政权与缅甸现代化进程研究》，博士学位论文，云南大学，2006 年，第 253 页。

生发展水平依然低下，边远山区的少数民众依然无法享受基本的医疗救助和保障。

第二节　奈温政府时期族际关系治理的价值取向

族际关系治理的价值取向同治理的主体的价值取向是紧密地联系在一起的，它是族际关系治理主体的价值观念和价值取向的外化和投射。在某种意义上，族际关系治理主体的价值取向与族际关系治理的价值取向是相一致的，族际关系治理主体的价值取向一旦形成，就会影响族际关系治理的整个过程。奈温政府时期的族际关系治理的价值取向与吴努政府时期有很大不同，民族一体化和国家主义的价值取向始终影响甚至支配奈温政府时期族际关系治理的整个过程。然而，这两种取向都存在大缅族主义的深刻烙印。

一　民族一体化取向

综观世界，许多多民族国家为了维护多民族国家的统一和稳定，都十分重视民族一体化的向度原则，纷纷推进民族一体化发展。值得指出的是，只有以国族建设为取向的民族一体化发展，才是值得称道的，而以大民族主义为取向的民族一体化发展，必然违背民族平等的原则，其结果势必会增加民族矛盾，继而危及多民族国家的统一和稳定。奈温政府时期的族际关系治理蕴含着民族一体化取向，但这种民族一体化取向带有强烈的民族同化色彩，很大程度上体现了大民族主义倾向，因而加深了缅甸民族矛盾，使族际关系越发紧张，从而危及多民族国家的统一和稳定。

（一）民族一体化的理论与实践

对于民族一体化的概念的界定和内涵的理解，学界阐释角度不一，但主要有以下几种代表性的观点。宁骚在归纳世界各国民族政策的类型时，使用了"民族整合政策"这一概念，他认为"民族整合政策已承认国族内部的民族多元性为基础，提倡不同民族的相互接近与相互容纳，使各个民族的生产技能、风俗习惯、价值标准和其他文化要素相互补充，结合成为一个文化同质性日益增加的整体。换句话说，民族整合政策允许国族内部在现阶段上存在着文化异质性的成分，但其终极目标则是要取向合一与同一"①。从宁骚对民族整合政策的精彩阐释，不难发现他诠释的民族整合其实质就是民族一体化，具体而言，就是以文化同质为基础的民族一体化。学界持相同或相似观点的还有靳薇，她认为随着"各民族间交往的空间距离缩短，相互渗透、混合、交流、吸收的机会增加，为各民族同质性的增长创造了条件……民族结合有四类：民族聚合、民族整合、民族同化、民族融合"②。靳薇对民族结合的诠释，其实质也是民族一体化。严庆对于民族一体化的阐释更具有政治的内涵，他认为"它（民族一体化）更为强调的是多民族国家中多民族政治的一体化，是对民族分离主义的摒弃，追求的是多民族对统一国家、同一国家政权合法性的认同"③，他还指出"民族一体化形成的标志就是多民族国家政治一体化的形成，也就是统一的多民族国家的建立"④。

　　综观世界，从民族一体化的实践来看，世界有许多民族国家都在推进民族一体化，尽管所采取的方式不尽相同。美国是一个种族驳杂的多民族国家，但其民族一体化发展的程度相当高，被称为"民族的大熔炉"，即使如此，也有学者指出，"具有潜在的分裂作用"的多元文化主义"可能使多民族的美国巴尔干化"，如果任其发展，"美国的社会就有面临解体的危险"⑤。对此，塞缪尔·亨廷顿明确示警："美国过去成就辉煌，如今却可能面临着并不确定的未来"⑥。即使民族一体化程度相当高的美国，也需要继续推进民族一体化。墨西哥为了推进民族一体化，采取了文化同质化和政治集权化的方式，在共同利益的基础上通过对各民族、各种语言和各种文化等纽带达到国族的结合，把整个民族国家的民族一体化分为三个层次，即印第安各民族内部的一体化、印第安各民族与其他居民的地区一体化、全国范围内民族一体化。墨西哥的民族一体化范式与实践为许多拉美国家所效仿。有些民族国家还专门设立了相应的机构，专门推进民族

①　宁骚：《民族与国家：民族关系与民族政策的国际比较》，北京大学出版社1995年版，第394页。

②　靳薇：《重读〈家庭、私有制和国家的起源〉》，《学习时报》2001年第96期。

③　严庆：《概说民族整合》，《广西民族研究》2006年第2期。

④　同上。

⑤　[美]兹比格涅夫·布热津斯基：《大失控与大混乱》，潘嘉玢、刘瑞祥译，中国社会科学出版社1994年版，第125、118、126页。

⑥　[美]塞缪尔·亨廷顿：《我们是谁？——美国国家特性面临的挑战》，程克雄译，新华出版社2005年版，第154页。

一体化进程，如韩国设立了民族一体化运动本部，斯里兰卡也设有民族一体化部。再把眼光放到非洲，非洲很多民族国家为了维护国家的统一和稳定，都纷纷维护民族一体化向度原则，如尼日利亚采用社会主义的制度安排、意识形态和实践模式，来加速民族一体化和统一国民文化的发展。[①] 事实上，对于非洲诸多民族国家来说，民族一体化的程度与它们是否能够取得现代化事业的成功有着密不可分的关系。正如阿杜·博亨所评述："非洲民族主义的动力并不是那种对一个力求保护和维护自身权利的独特的政治——文化统一体的归属感，而是一些具有种族意识到现代派的运动，这些人离去在欧洲主子强加的人为边界之内，由不同的民族建立起政治和文化的新民族。"[②] 至于中华民族的多元一体格局，也充分体现了民族一体化的向度，"中华民族的整体民族观与'大一统'思想其实就是中华民族一体化的结果"[③]。

从上述民族一体化的理论阐释与现实操作可以看出，世界许多民族国家为了维护多民族国家的统一和稳定，都十分重视民族一体化向度原则，纷纷推进民族一体化发展。然而，只有以国族建设为导向的民族一体化发展，才能既增强国族的同质性，又尊重少数民族的特殊性，从而维护多民族国家的统一和稳定，但以大民族主义为导向的民族一体化发展，势必会增加民族矛盾，造成族际关系紧张，继而危及多民族国家的统一和稳定。在那些以增强国族的同质性为导向而推动民族一体化发展的多民族国家，有的采取文化的方式，有的采取经济的方式，有的采取政治的方式，有的综合运用多种方式，但这些多民族国家所追求的目标都是将国内各民族的民族忠诚转变为对民族国家的忠诚，将民族认同转变为国家认同，推动民族认同向国族认同转变。

（二）族际关系治理中民族一体化取向的体现

缅甸奈温政府时期，奈温个人对族际关系治理的态度事实上构成了奈温政府治理族际关系的价值取向。奈温政府时期的族际关系治理中蕴含的

---

　　① 参见刘鸿武《从部族社会到民族国家——尼日利亚国家发展史纲》，云南大学出版社2000年版，第26—28页。

　　② 阿杜·博亨：《非洲通史：殖民统治下的非洲（1880—1935年）》第7卷，中国对外翻译出版公司1991年版，第458页。

　　③ 朱凤相：《论中华民族一体化与"大一统"历史演进之关系》，《西藏民族学院学报》（社会科学版）1993年第1期。

民族一体化价值取向具有特殊性，因此本书有必要对此作出界定。这里所指的民族一体化是缅甸民族国家中多民族政治一体化，是对民族分散、分裂或分离运动的否定，强调各民族的团结与联合，追求各民族认同与统一的国家政治共同体为目标，但是它带有强烈的民族同化色彩，很大程度上体现了大缅族主义倾向。

缅甸联邦革命委员会执掌国家政权后，在政治—意识形态方面，特别重视缅甸及其各民族的统一。1964 年，"革命委员会关于民族问题的生命强调指出，要想使缅甸联邦变为统一、稳定、繁荣昌盛的国家，基本的条件是缅甸各民族的兄弟般团结"①。对于各民族兄弟般的团结，奈温有一段精彩的讲话，"为了取得这样的兄弟般的友爱和团结，克钦族、克耶族、克伦族、钦族、缅族、掸族及其他土著民族必须和睦相处，风雨同舟。唯有如此，各民族才能携手互信。只有意识到这个重要的问题，才可能消除过去'主体民族'与'少数民族'之间的猜疑以及对紧张民族关系的错误理解"②。事实上，奈温这段话强调的"兄弟般的团结"就是民族一体化取向的初步体现，后来被描绘成民族联合成为单一民族共同体的前景。为了实现把各民族联合成为单一民族共同体，缅甸报刊开始竭力宣传缅甸各民族在历史上的统一，宣传他们共同反对殖民统治、争取民族解放和实现国家独立而开展的轰轰烈烈的民族主义运动。其中一份报纸作如此宣传，"随着我们努力成为单一的共同体——缅甸人民，我们之间作为掸人、克伦人、克耶人、克钦人、钦人和缅人的差别正在消失"③。这种宣传事实上就是奈温政府的观点，是为了推进民族一体化发展而造声势。1964 年奈温在第十七届联邦节上的讲话中也充分体现了民族一体化的价值取向，比如：加强各民族的团结；各民族不论大小，必须要携手合作；各民族不得损害其他民族或国家的利益，等等。为了实现民族一体化的理想，奈温还指出，"我们要维护一个统一的国家，我们就需要民族的团结——联邦内各民族的团结——并具有单一的思想和意识"④，这说明奈

---

①　奈温：《缅甸走上新的发展道路》，1965 年，第 38 页，转引自［苏］瓦西里耶夫《缅甸的民族问题》，《民族译丛》1991 年第 4 期。

②　Josef Silverstein, *Ethnic Protect in Burma*：*Its Causes and Solutions*, *Protest Movements in South and South-east Asia*, edited by Rajeshwari Ghose, University of Hong Kong, 1987, p. 88.

③　［苏］瓦西里耶夫：《缅甸的民族问题》，《民族译丛》1991 年第 4 期。

④　Josef Silverstein, *Ethnic Protect in Burma*：*Its Causes and Solutions*, *Protest Movements in South and South-east Asia*, edited by Rajeshwari Ghose, University of Hong Kong, 1987, p. 88.

温政府开始从文化层面推进民族一体化。1974 年的宪法都规定，各民族
有权使用自己热爱的语言文字、风俗习惯，但政府却又规定缅语为国语，
各种学校不教民族语言，少数民族自己办学的学生毕业证得不到国家承
认。这充分说明奈温政府开始采用民族同化政策来推进民族一体化发展，
此举具有强烈的大缅族主义色彩，但不得不承认的是，"民族同化是民族
一体化增强的主要渠道"①，在极权政体中，民族同化甚至是增强民族一
体化的至上法宝。

　　奈温政府对族际关系的政治治理、经济治理、文化治理和社会治理都
有民族一体化价值取向的深刻烙印，并在民族一体化的取向的影响下，采
取了一系列民族结合的治理方式。以奈温为首的军人集团接掌国家政权
后，为了控制政权、掌控局势、获得合法性地位、停止内战及加强民族联
合，成立联邦革命委员会作为施政机构，颁布了《维护民族团结法》。
1974 年，奈温政府以社会主义纲领党作为唯一的合法的政党，并把社会
主义目标作为奋斗方向。无论是作为一种国家政治制度安排，还是政治经
济实践，"缅甸式的社会主义"目的是要建立一个军人统治下的民族一体
化的民族国家，其蕴含着强烈的民族同化色彩。在现实层面，奈温政府试
图建立超越民族构建工农联盟，并以此作为促进民族一体化的方式。而且
奈温政府还不断加强对各邦的控制，尽管在原有 4 个少数民族邦的基础上
增加了钦邦和若开邦，但这些少数民族邦都不再享受自治权利。这些现实
举措都含有一定的大缅族主义倾向和民族同化的倾向，可见其民族一体化
的价值取向是极为明显的。

　　在族际关系经济治理维度上，奈温政府大搞计划经济和国有化运动，
大力推行经济改革，事实上，这些都蕴含着浓厚的民族主义色彩，其实质
是缅甸化。通过采取这些经济举措，试图消除产生族际矛盾的经济根源，
从而达到联合各民族的目的。此外，奈温政府实施的民族经济政策，试图
缩小邦与省之间的经济发展差距，以利于民族联合，尽管这种政策本身是
自相矛盾的。

　　在族际关系文化治理维度上，奈温政府推崇宗教信仰自由，取消吴努
政府时期的佛教国教化政策，使宗教与政治分离，取消僧侣的各种特权和
礼遇，出台了宗教信仰自由的相关法令。在宪法中明文规定"每个公民

---

　　①　严庆：《概说民族整合》，《广西民族研究》2006 年第 2 期。

有思想和信仰的自由，有信仰任何宗教的自由权利"①，同时也规定了公民有使用自己语言和习惯传统的条例，当然这些权利"不得损害民族团结"。奈温政府的这些举措目的是"恢复联邦内各民族的团结"。至于奈温政府的民族文化工作，如联邦节庆祝大会及其展览会，完全是为了"加强各民族的文化方面的理解"，从而实现联合各民族的目的，民族一体化取向更加明显。

在族际关系社会治理维度上，奈温政府通过出台实施一系列发展医疗卫生事业的方针政策，其主要目的是解决影响族际关系的社会性因素。奈温政府开展实践的"人民体育活动月"和实施的"人民卫生计划"，尤其是"人民卫生计划"，它的宗旨本身就是"尽一切可能缩小城乡人民在医疗卫生方面的差距，使缺医少药的边远山区的人民能够得到起码的医疗条件"②。事实上，通过解决影响族际关系的社会性因素，奈温政府的目的也是联合各民族，从而为推进民族一体化夯实基础。

由于缅甸国内的错综复杂的民族关系，民族之间的经济与社会发展不平衡，文化差异大，由此而引发的种种矛盾和冲突，都对缅甸民族国家的建设构成挑战，基于此，奈温政府非常重用缅甸式社会主义意识形态来统一国民思想，培养国民的"缅甸人"意识，从而推进民族一体化。总而言之，作为一种价值底蕴，民族一体化取向在奈温政府的族际关系治理的整个过程中都发挥着深刻的作用。奈温政府的民族一体化取向强调缅甸多民族国家的政治一体化，反对民族分裂主义，强调各民族的团结与结合，其实质是民族同化，很大程度上反映了奈温政府的大缅族主义倾向。

二　国家主义的取向

对于处于民族国家建设进程中的众多发展中国家而言，国家主义取向不失为一种极为有效的价值前提，尤其是对于民族成分复杂的多民族国家。在国家治理的视域中，把国家的整体利益作为民族国家政策的出发点和追求的目标，对治理族际关系与民族问题是有重大作用的。奈温政府时期的族际关系治理，蕴含着强烈的国家主义取向，但这种国家主义取向完全忽视了民族属性，否定了少数民族成员的族属关系，严重影响了该时期

---

① 1974 年《缅甸联邦社会主义共和国宪法》第一百五十六条第一款。
② 杨长源等主编：《缅甸概览》，中国社会科学出版社 1990 年版，第 309 页。

族际关系治理的发展。

（一）国家主义的本质内涵

作为一种国家形态，民族国家取代王朝国家后，实现了民族与国家的统一，而国家主义则作为一种意识形态、一种以国家为本位的价值取向，也开始从与民族主义的历史纠葛中不断被剥离出来，其基本内涵日益丰富，本质特征也逐渐明朗，开始以一种独立的姿态出现在民族国家的政治生活中。历史上，国家主义伴随着民族国家的构建而产生，其原始动机相当单纯，即倡导推翻王朝国家的统治和摆脱罗马教廷的压迫，建立一个能够维护整个民族利益，并以世俗权力保证人性自由的民族国家。可以说，此时的国家主义主要表现为对国家权力世俗化的尊崇和对国家统一的追求，以及对罗马教廷的强烈反抗，前者是对内取向，后者是对外取向。

民族国家的不断发展，使其逐渐成为世界体系的基本单元和国际关系的主要行为体。于是，一个民族国家世界体系形成了，民族国家与民族国家的关系显得日益复杂多变。相伴而来的是，国家主义的内涵也逐渐丰富起来，其在民族国家的内政与外交上也出现了两种价值取向，对内取向于国家意识，对外取向于国家意志。虽然两种价值取向都是以国家利益为基本内核，但在作用方面却各有千秋。在国际关系学上，往往更加重视国家主义取向于国家意志，忽视了国家主义取向于国家意识，而政治学上，往往强调国家主义取向于国家意识，淡化了国家主义取向于国家意志。

伴随着工业革命的兴起，资本主义的全球扩张，民族国家采取了帝国主义的政策不断在全世界开展殖民运动。帝国主义国家之间的利益争夺越发剧烈，帝国主义国家对殖民地国家的统治也更加残酷，此时的国家主义基本上取向于国家意志。换言之，这种国家主义的价值取向是无人性和无正义性可言的，充斥着扩张、侵略、殖民和奴役，这种国家主义其实就是帝国国家主义。随着殖民地国家争取民族解放、实现国家独立的民族主义运动的开展，一种新兴的国家主义正在崛起，即追求国家独立和强盛的外在取向型的国家主义。

随着殖民地国家纷纷建立民族国家，国家主义的对内取向和对外取向同时存在，而且其意义都十分重要。许多民族国家独立伊始，各种多元政治和社会力量不断涌现，各种社会力量呈现出分散、分裂、分离的态势，一些部落势力、宗教势力、民族势力和其他一些地方势力甚至挑战着中央权威，一度与中央政权分庭抗礼。面对着这些消解性和解构性力量，民族国家的国家主义的对内取向——国家意识，其意义显得更加重大和深远。至于国家主义的对外取向，即国家意志，主要是为了维护民族国家的主权，从这个维度而言，国家主义等同于主权主义。

对处于民族国家建设进程中的发展中国家来说，国家主义取向不失为一种极为有效的价值前提，尤其是在民族成分复杂的多民族国家。这是因为，"国家主义的取向，强调国家的整体利益，始终把国家的利益置于至上地位，始终以国家利益为政策的出发点和追求的目标，从而有利于国家治理的角度来看待和处理民族关系及民族问题"①。值得指出的是，对于民族国家建设中的发展中国家，国家主义价值取向确实有利于政治统治和国家治理，然而，如果"否定少数民族成员的族属关系，甚至否定少数民族的特殊性及相应的地位和权利，这种国家主义取向的民族政策注定达不到预期的效果，反而会引起族际冲突，进而导致民族对国家认同的弱化，甚至导致民族国家的分裂或解体"②。由此可见，对于国家主义，其理论价值植根于民族国家的历史经验，现实价值则依托于对特定民族国家的政治分析。

（二）族际关系治理中国家主义取向的体现

奈温政府执政 26 年之久，在族际关系治理的整个过程中，一直秉承着国家主义价值取向。奈温政府的国家主义取向，强调国家的整体利益，始终把国家统一作为根本目标，始终把国家统一作为民族政策的出发点和落脚点。但是，奈温政府的族际关系治理的国家主义取向完全忽视了民族属性，否定了各少数民族成员的族属关系。在少数民族反政府武装运动不断兴起的客观环境下，这种国家主义取向不但没有起到维护国家政治共同体的稳定和多民族国家的统一的作用，反而使国家政治共同体受到严峻的挑战和强烈的冲击。由此而造成的族际矛盾进一步恶化，族际冲突更加频繁，武装斗争此起彼伏，使缅甸民族国家建设更加困难重重。

1962 年以奈温为首的军人集团发动政变，"政变的根本原因是为了对付掸邦和克耶邦的威胁，维持联邦的统一"③。这次政变不仅推翻了中央权力体系，而且也摧毁了民族建制的地方政权体系。奈温政府基于国家主

---

① 周平：《中国民族政策的价值取向分析》，《当代世界与社会主义》2010 年第 2 期。

② 钟贵峰：《论缅甸民族政策的价值取向》，《赣南师范学院学报》2013 年第 1 期。

③ 林锡星：《揭开缅甸神秘的面纱》，广东人民出版社 2006 年版，第 22 页。

义取向，一开始就把邦或地区的自治权和自决权剥夺了，并以中央集权和一元化体制取代了以前的联邦制。革命委员会不仅取消了议会，也取消了各民族邦的议会，在各邦区成立了由军人主导的邦区最高委员会作为行政管理机构。而且，革命委员会还以缅族官员取代了少数民族地区的非缅族官员，孟族和若开族的部长也被解职。这些举措的目的是要取消少数民族的自治权利。对此，奈温说："像缅甸这样的小国，不能允许把它分割成小段部分。（加入缅甸联邦的）各邦行使自治权，如果再实现分离权，那么刚独立不久的小国缅甸肯定会灭亡……"① 革命委员会对吴努政府时期的议会民主制进行了批评，认为由于议会制民主主义的泛滥"丢掉了社会主义目标，甚至与社会主义道路背道而驰"，从而破坏了国家统一和民族团结，助长了各少数民族的分离倾向，因此要采取必要措施维护国家的统一。

1962 年 4 月 30 日，革命委员会公布了《缅甸社会主义道路》，决定建立缅甸社会主义纲领党，并于 7 月 4 日通过了《缅甸社会主义纲领党建设时期的组织章程》，正式宣布成立该党。缅甸社会主义纲领党的目标是要引领民族分裂的缅甸多民族国家走社会主义道路，"目的是要在一党专政下的政治体系中树立一个全国性的形象"②。由此可见，社会主义纲领党的终极使命主要是维护多民族国家的统一，其国家主义取向相当明显。1964 年，革命委员会在民族问题的声明中强调了各民族团结以实现缅甸联邦的统一稳定和繁荣昌盛，国家主义取向更加明朗。

1974 年，全国公民投票通过了《缅甸联邦社会主义共和国宪法》，根据宪法成立人民议会，取消革命委员会，采取了一系列还政于民的措施。然而，奈温政府的国家主义取向并没有因此而发生改变或减弱，甚至这种取向还更加明显，形成了领袖、军队、党、国家、社会和经济的六位一体化表现形式，但最为核心的是国家一体化。为了维护国家统一，宪法第三章第二十八条明文规定"国家结构方面实行中央领导下的地方自治的制度"③。根据宪法规定的国家结构，实质是单一制，"引进了国家的一体化

---

① 奈温：《缅甸走上新的发展道路》，1965 年，第 38 页，转引自［苏］瓦西里耶夫《缅甸的民族问题》，《民族译丛》1991 年第 4 期。

② Nicholas Tarling, *The Cambridge History of Southeast Asia*, Cambridge University Press, Vol. 2, from Early Times to c. 1800, Cambridge University Press, 2008, p. 447.

③ 1974 年《缅甸联邦社会主义共和国宪法》第三章第二十八条。

和中央集权制原则，放弃了以前联邦型的邦结构"①。事实上，1947 年的缅甸政治体制的军人独裁性质并未发生实质上的变化，其文官政权仍然是"一种以国家名义建立起来的军人统治机构"②，因而国家主义取向不可能发生转变，反而有不断强化的趋向。

在族际关系的政治治理维度上，奈温政府的国家主义取向相当明显。联邦革命委员会颁布的《缅甸社会主义道路》，明确宣布要建立国家统一的新社会。在与各少数民族和谈中，奈温政府始终秉承国家主义取向，正是奈温政府认为"他们（少数民族反政府武装）是在分裂国家，而不是和平谈判"，才造成了和平谈判的失败。在十七届联邦庆祝大会上，奈温政府颁布的若干民族政策，核心在于加强民族联合，反对民族分裂，民族联合的目的其实是促进国家统一。社会主义纲领党的成立也是基于奈温要建立"缅甸式社会主义国家"的考虑，纲领党所颁布的《人和环境相互关系的理论》和《缅甸社会主义纲领党的特点》，都蕴含着强烈的国家主义取向。至于奈温政府取消少数民族邦的自治权和自决权，都是为了维护国家的统一和防止民族分裂运动的出现。这里值得指出的是，"缅甸式社会主义"无论是作为一种国家政治制度安排，还是一种意识形态，抑或是一种政治经济实践，其追求的目标是建立一个军人统治下的政治统一和民族一体化的民族国家。

在族际关系的经济治理维度上，奈温政府所推行的计划经济体制和实施的国有化政策，基本上是基于奈温倡导建立一个独立的民族经济体制的理念，归根结底还是为了维护国家独立和统一。议会民主时期缅甸的经济依然深受殖民统治经济制度的影响，所以奈温决然要消除殖民经济制度的残余，摆脱外国资本对缅甸经济的控制，铲除国内不平等经济现象，建立由缅甸人民自己掌握经济主权的民族经济，消除影响族际关系的经济根源，从而维护国家的独立和统一。为了实现这个目标，奈温政府在全国范围内推行了大规模的国有化行动。奈温政府在制定具体的民族经济政策过程中，始终强调各民族经济与全国的发展是相辅相成的关系，并注意邦与省之间的经济建设尽可能保持平衡。但是，奈温政府的民族经济政策的实质是自相矛盾的，在缅甸共产党和一些少数民族反政府武装活动活跃的情

---

① ［苏］瓦西里耶夫：《缅甸的民族问题》，《民族译丛》1991 年第 4 期。
② 曹云华：《缅甸政治体制：特点、根源及趋势》，《东南亚研究》1998 年第 2 期。

况下，这些民族经济政策被搁置一边、束之高阁，取而代之的是奈温政府通过军事等手段来维护国家统一。

在族际关系的文化治理维度上，奈温政府的国家主义取向也非常明显。执政伊始，奈温政府在族际关系的文化治理方面就动作频频，采取了取消佛教国教化的举措，并使宗教与政治分离。事实上，奈温政府并非要反对佛教，而是生怕佛教干涉政治，影响国家政治共同体的统一。当然，此举也缓和了佛教与伊斯兰教等其他宗教的矛盾，维护了民族团结和国家统一。1974 年宪法明确规定了公民有宗教信仰自由的权利，但倘若宗教信仰自由的权利与国家统一和社会主义目标不一致时，这种权利就会被限制或取消。至于民族文化工作，只能在不影响国家统一与民族联合的框架下进行，其出发点和根本目标在于有利于国家统一与民族联合。换言之，奈温政府的民族文化工作是为国家统一与民族联合的目标和倾向服务的。由此可见，在奈温政府的族际关系文化治理中，国家主义取向非常强烈。

在族际关系的社会治理维度上，奈温政府比较重视影响族际关系的社会性因素，目的是建设"缅甸式的社会主义"。奈温政府对原教育制度实行了大刀阔斧的改革，对原来的教育政策做了重大的调整。不论是出台新的教育法令，还是实施新的教育政策，都是为了建设缅甸社会主义国家服务的。奈温政府对公民进行等级划分，主要是出于"防止一些人不尽职尽责或背信弃义"从而破坏国家安全的考虑。至于奈温政府的医疗卫生政策，也是为了提高缅甸社会主义国家的社会事业发展水平，缩小少数民族与主要城区的医疗卫生水平的差距，从而增强少数民族的国家认同意识。

综上所述，奈温政府在族际关系的政治治理、经济治理、文化治理和社会治理等多维层面上，国家主义取向非常明显，可以说是无处不有、无时不在，各种治理方式上都有国家主义的深刻烙印。这里需要强调的是，不论是民族一体化取向，还是中央集权取向，抑或是社会主义取向，归结底，都是国家主义取向的各种具体表现形式，维护民族国家的国家利益才是族际关系治理的根本目标。总之，奈温政府时期的族际关系治理的国家主义取向，强调国家的利益至上，始终把国家统一作为族际关系治理的出发点和落脚点，但是它完全忽视了民族属性，否定了各少数民族成员的族属关系。在这种取向的指引下，不但没有起到维护多民族国家统一的成效，而且造成了族际矛盾的恶化。少数民族反政府武装的兴起和活跃，奈温政府不得不主要依靠军事打击的方式来维护国家统一。

第三节 奈温政府时期族际关系治理的效度

奈温政府执政以来，其闭关锁国的政策、唯意志论的思想、偏激的国有化政策、混乱的经济管理等，使缅甸国内危机四伏，尤其是经济方面产生了严重危机。这些对缅甸的族际关系影响相当大，而且在族际关系治理上秉持的民族一体化和国家主义取向，在族际关系治理中建立的各种制度机制、出台的各种政策举措出现了严重的偏误，使少数民族对政府的不满持续加剧。于是，少数民族反政府武装运动纷纷兴起并迅速发展，族际关系全面恶化，民族国家濒临崩溃的边缘。

一 少数民族反政府武装的兴起与发展

政府军的"四光"政策在平原地区和勃固山区取得了重大胜利，但是其他少数民族地区的反政府武装纷纷兴起，而且随着政府军队军事打击，还持续发展，不断壮大。事实上，1962 年后，缅甸族际关系的进一步恶化的主要表现就是涌现出越来越多的少数民族反政府武装。"四光"行动在山区少数民族的效果不大，少数民族反政府武装的活动在 20 世纪 70 年代发展势头迅猛，而且一直持续到 80 年代中期。在 80 年代这个最为旺盛时期，少数民族反政府武装的总人数已达到 25000—30000 人，几乎每个少数民族都出现了力量不等的反政府武装。[1] 缅甸各少数民族反政府武装的情况复杂，成立背景悬殊，政治目标不尽相同，有的甚至只是贩毒武装集团。但是他们有一点是相同的，那就是共同反对奈温政府，他们曾建立过反政府的统一战线，即民族民主阵线。奈温政府时期，各种反政府武装纷纷兴起，以至于奈温无奈地说，"缅甸有多少个少数民族，就有多少支反政府武装"。

（一）民族民主阵线的成立兴起

民族民主阵线成立于 1975 年，起初由克伦族统一党、克伦族革命党、若开解放党等五个少数民族武装组成。1976 年，在克伦民族统一党主席曼巴山的呼吁下，由十多个党派的少数民族武装结成了大联合，统一战线

---

① 参见贺圣达主编《当代缅甸》，四川人民出版社 1993 年版，第 60 页。

迅速扩大。据曼巴山说，民族民主阵线拥有 25000 多名作战人员，如果在能够取得武器、弹药补充的条件下能够动员 10 万人兵力。① 民族民主战线的共同纲领是：（1）承认各民族均享有民族自治权；（2）实行联邦国家制度；（3）保障各民族的民主和平的权利。② 由于少数民族反政府武装大联合结构比较松散、彼此争夺地盘、领导人更换及各领导人对缅共和议会民主党的态度有严重分歧，因此，民族民主阵线并没有拧成一股绳，在反政府的斗争中，它也就无法成为决定性力量。当时，克钦民族军、掸族民族解放阵线等一些少数民族武装也没有加入民族民主阵线。1976 年 7 月，民族民主阵线经过改组，其纲领做了一些调整，其中有"打倒一党独裁的奈温政府、消灭图谋一党独裁的缅甸共产党"，这时缅甸共产党也成为被打倒的对象。在这个纲领下，民族民主阵线集合了一些少数民族反政府武装（如表 3 所示）。

表 3　　　　民族民主阵线中一些少数民族反政府武装兵力情况一览表

少数民族反政府武装名称	简称	兵力（人）
克伦族统一党	KNU	12000
克钦族独立组织	KIO	12000
拉祜族进步党	LNPP	6000
克耶族新国民党	KNP	1000
若开解放党	ANLP	150
勃奥族联合组织	UPNO	2000
掸邦进步党	SSPP	100
巴伦遵解放组织	PSLO	300

　　资料来源：［日］中头纯：《缅甸少数民族武装反对政府的斗争》，郭梁译，《南洋资料译丛》1978 年第 1 期。

　　吴努领导的议会民主党、人民爱国党和新孟邦党尽管没有加入民族民主阵线，甚至它们与民族民主阵线还存在一些分歧，但它们与民族民主阵线的关系更加密切了。可以说，当时的形势是非常有利于民族民主阵线的

---

　　① 参见［日］中头纯《缅甸少数民族武装反对政府的斗争》，郭梁译，《南洋资料译丛》1978 年第 1 期。原载日本《亚洲》月刊，1977 年 5 月号。

　　② 同上。

大联合的。随着民族民主阵线的不断发展，它已经成为缅甸内战中进行激烈搏斗的三股势力之一。三股势力即缅甸政府军、民族民主阵线领导下的各少数民族武装部队和缅甸共产党武装部队。可见，民族民主阵线尽管结构比较松散，但仍然是一股不容忽视的联合力量。

（二）克钦反政府武装的发展

早在吴努政府时期，克钦族人就拿起武器与克伦人一道反对联邦政府。1961 年正式成立了克钦独立军（KIA），即克钦族反政府武装的最主要力量。克钦独立军随后组建了第 1 营和第 2 营，并在农村成立了乡村自卫队。[①] 在吴努政府时期，克钦独立军规模较小，追随者很少，因而力量和影响力不大。奈温政府执政后第二年，克钦独立军发展到 1000 余人。克钦独立组织曾与奈温政府进行和谈，但没成功。和谈失败后，政府军将"四光"政策动用到克钦山区，克钦独立军伤亡较大。

在政府军把主力部队调去攻打勃固山区的缅共之后，克钦独立军开始贩卖毒品和走私宝石来筹措经费，很快恢复了元气。克钦独立军起初与缅共合作，但在 1968 年时克钦独立军加强了与西方国家的联系，正式加入世界反共联盟，宣布要打倒试图独裁的缅共，废除了与缅共签订的协议。1969 年 3 月，缅共领导人、克钦族英雄罗相到克钦独立军掸邦辖区做统战工作，克钦独立军泽龙和丁英率 400 名部下投奔缅共，建立了缅共第101 军区。[②] 如此一来，克钦独立军与缅共的关系开始从紧张走向恶化。自丁英等人离开后，克钦独立军加强了内部团结，"为了抵御缅共在军事、组织、思想上的渗透，双方多次发生激战"[③]。

1975 年 8 月，克钦独立军内部发生了兵变，克钦独立军第 11 营营长塞杜率军在泰国唐窝将克钦独立军创始人昭赛、克钦独立组织副主席、克钦独立组织书记蓬瑞昭赛枪杀。[④] 1976 年，新克钦独立组织中央委员会成立。此后，克钦独立军更加重视内部团结，同时转而与缅共和其他少数民族武装合作，共同反对军政府。克钦独立军联合缅共和其他少数民族武

---

① 参见钟智翔、李晨阳《缅甸武装力量研究》，军事谊文出版社 2004 年版，第 256 页。

② 参见 Bertil Lintner, *The Rise and Fall of the Communist Party of Burma* (*CPB*), New York: Cornell Southeast Asia Program, 1990, p. 25。

③ 钟智翔、李晨阳:《缅甸武装力量研究》，军事谊文出版社 2004 年版，第 258 页。

④ 参见陈真波《独立以来的缅甸民族关系研究（1948—1998）》，博士学位论文，云南大学，2008 年，第 122 页。

装，而且与它们的军事配合越来越密切，这主要是为了争取民族自治权。1977 年至 1978 年，克钦独立军攻打密支那—八莫公路沿线的政府军据点，打死政府军数千人，可谓大获全胜。克钦独立军迅速壮大，兵力发展到 8000 余人。1983 年，克钦独立组织加入了反政府武装的民族民主阵线，并成为该阵线的中坚力量。克钦独立军从 1963 年的 1000 多人到加入民族民主阵线时，兵力增至 12000 人（见表 3）。1987 年，政府军在缅甸北部发动了针对克钦独立军的军事打击，克钦独立军蒙受较大损失，但是主力并未受损。

性格倔强、强悍好斗的克钦族人组成的克钦独立组织与其他少数民族反政府武装有很大不同，克钦族人对民族的忠诚远远高于意识形态，他们的民族感情和民族意识相当强烈，因此克钦族的民族主义色彩非常鲜明，并成为克钦族人一种强大的精神力量。"在族际关系上，民族主义主张民族的特殊性、民族的独立性、民族利益的至上性。这些内容构成了民族主义的三个基本命题。"① 当奈温政府为了民族联合和国家统一，实施民族同化政策，甚至不惜采用军事打击手段，克钦族人必然会认为他们的特殊性和独立性正被抹杀，克钦族的民族利益正遭侵害，那么，他们的民族主义也由此变得相当旺盛起来。由此可见，随着奈温政府对克钦族采取越来越强硬的措施，克钦族独立组织也发展相当迅速，已经成为一股强大的反政府武装力量。

（三）掸族反政府武装的发展

在缅甸的少数民族反政府武装中，掸族反政府武装的数量最为众多，背景也最为复杂，派系也最为繁杂。吴努政府后期掸族武装只有零星的几支，但在奈温政府时期，大大小小的掸族武装已多达上百余支，发展速度实在惊人。掸族反政府武装的迅速发展，与奈温政府时期的族际关系治理是紧密相关的。毫不夸张地说，奈温政府时期的族际关系治理催生了一批批掸族反政府武装。上百余支掸族反政府武装是缅甸多民族国家统一的隐忧，但是对奈温政府却没有构成实质性的威胁，因为掸族武装呈四分五裂的状态，各派意见不一、分歧很大。如果掸族反政府武装不能整合成一支统一的力量，那么它们对奈温政府构成的威胁是比较分散的，而且很容易被政府军各个击破。在整个奈温政府时期，掸族各反政府武装一直没有实

---

① 周平：《民族政治学》（第 2 版），高等教育出版社 2007 年版，第 233 页。

现联结而整合成为一支统一的武装力量。但是，其中两支主要的武装力量却发展十分迅速，如掸邦军、掸邦联合革命军，这两支掸族武装兵力共达5000—7000人。①

掸邦军是从1960年成立的掸族青年义勇军分裂出来的掸邦独立军发展而来的。以奈温为首的军人集团发动政变时，逮捕了掸邦土司苏瑞泰并打死了他的小儿子，军政府与掸族的关系也因此恶化。在后来的和谈中，双方也没有任何进展。1964年1月，苏瑞泰的妻子南含坎秘密潜到泰国后，一直努力整合掸族武装，最终组建了掸邦军，南含坎任主席。掸邦军开始大约有1600人，经过南含坎在掸邦积极拉拢各掸族各反政府武装，几个主要的掸族武装经过多次联合，发展到3300人左右。② 不久，掸邦军内部矛盾激化，发生分裂，1971年，掸邦军决定成立"掸邦进步党"。1981年，掸邦进步党提出了要建立"掸邦独立国"的政治口号。1982年，掸邦进步党加入了民族民主阵线，从此该党成为民族民主阵线的重要成员。到奈温政府执政后期，掸邦军的人数依然还有1200人，主要活动在掸邦高原中部地区，成为一支不可小觑的反政府武装力量。

掸邦联合革命军是由当时掸邦军的主席莫亨组建起来的。1967年，莫亨辞去掸邦军主席职位，与掸族青年义勇军主席赛雷和国民党残军第3师李文焕部联合组建了掸邦革命阵线和掸邦联合革命军（SURA）。③ 1970年，新编掸族青年义勇军加入掸邦联合革命军，兵力达到1000余人，其政治目标是："反缅反共，争取掸邦独立。"④ 掸邦联合革命军一直在泰缅边境从事毒品种植、生产和贩运。1984年，莫亨率领掸邦联合革命军谋求与坤沙领导的"掸族联军"（SUA）合作，合并成立了"掸邦人民联合军"，还成立了"掸邦革命政府"⑤。事实上，合并后的掸邦联军组织涣散，内部分歧很大，各自的政治主张和目标也相去甚远，实权最终落入坤沙手中。到奈温政府执政后期，掸邦联军发展成为掸族反政府武装中力量最大的一支，该部积极从事毒品生产和贸易，让政府军十分头疼。

---

① 参见贺圣达《当代缅甸》，四川人民出版社1993年版，第61页。

② 参见钟智翔、李晨阳《缅甸武装力量研究》，军事谊文出版社2004年版，第189—190页。

③ 同上书，第195页。

④ 同上。

⑤ 同上。

（四）缅甸共产党武装的发展①

缅甸共产党（以下简称缅共）作为缅甸内战的主要三股势力之一，势力及其影响力一直很大。吴努政府时期，缅共被宣布为非法组织后开始转入地下，与其他少数民族一道开展武装运动。由于缅共内部成员成分复杂，领导层为缅族、汉族，部队人员主要来源于佤族和克钦族，当然也有其他少数民族的成员，缅共内部一直存在分化组合现象。奈温政府执政初期，曾与缅共进行了和谈，但没有达成任何协议。此后，缅共与奈温政府军的斗争相当激烈，时常发生激战。20世纪60年代后期，缅共在缅北进攻政府军，并建立了缅北革命根据地。从70年代中期开始，由于缅共开始贩毒，扰乱了军心、民心，战斗力有所下降。1980年9月，缅共向奈温政府建议停止内战、实现国内和平问题举行双边谈判。但此举遭到了诸多少数民族武装的反对，他们认识到"每逢重要关头缅族就会背叛我们"②，因而很多少数民族武装拒绝与"保持一党专制形式的缅甸共产党"进行联合斗争，同时，他们依然对奈温政权保持敌对状态。随着局势的发展，1986年民族民主阵线与缅共达成了一个关于成立新的缅甸社会主义共和国联邦的联合协定。自开始武装斗争以来，这是缅共第一次与国内其他少数民族武装一道加入这个具有团结性质的联盟。然而，为时已晚，缅共最终在新军人上台执政的第二年1989年，走向了分裂解体的命运。

在整个奈温政府时期，缅共与政府军队斗争相当激烈，激战很多次。到奈温政府执政后期，缅共的总兵力发展到15000人左右，成为一股具有重大影响力的武装势力。应该指出的是，缅共在1989年走向分裂解体，并非是因为奈温政府军用军事手段对它进行致命打击而直接造成的，主要是20世纪80年代中后期世界形势发生了重大转变，共产主义运动跌入了低谷，中国也开始构筑周边良好环境而放弃了对缅共的支持。当然，缅共内部的矛盾凸显，发生大分裂也是一个非常重要的原因。

（五）其他主要少数民族反政府武装的发展

在奈温政府时期，除了上述一些民族联盟组织、少数民族反政府武装

---

①　缅甸共产党绝大部分党员对共产主义认识模糊，从这个意义上来讲，把其视作反政府民族武装也甚为有理。

②　［日］中头纯：《缅甸少数民族武装反对政府的斗争》，郭梁译，《南洋资料译丛》1978年第1期。原载日本《亚洲》月刊，1977年5月号。

及缅甸共产党之外，其他少数民族反政府武装联盟组织纷纷成立。例如：
（1）联合的各民族阵线（UNF）（1965—1966），成员有克伦民族联合党、克
耶民族进步党、新克洋邦党、掸邦战争委员会和佐米民族阵线；（2）各民族
联合阵线（NUF）（1967—1975），成员有克伦民族联合党、克耶民族组
织、新克洋邦党、新孟邦党（1965—1969）、勃欧民族组织（1969年改名
为掸邦各民族解放组织）、佐米民族阵线；（3）革命的各民族同盟
（RNA）（1973—1975），成员有克伦族联盟、克耶民族进步党、掸邦进
步党。

　　其他还有一些实力较强的少数民族反政府武装也相当活跃，例如：克
耶族进步党，到1980年前后发展到1000人左右；孟族新孟党领导的孟邦
军，20世纪80年代初发展到3000余人；勃欧族武装有1000余人；若开
族武装主要有阿拉干解放党领导的阿拉干解放军和阿拉干民族解放党领导
的武装，以及穆斯林反政府武装"罗兴加爱国战线"，各武装力量各有数
百人；拉祜族反政府武装，兵力达数百人；崩龙族反政府武装兵力也达到
数百人；佤族的"瓦民族军"兵员达数百人，等等。[①] 此外，还有一股比
较旺盛的克伦民族武装，兵力在10000人左右。自缅甸民族国家建立后，
克伦民族武装就开始了反政府叛乱，不论是吴努政府时期，还是奈温政府
时期，一直充当反政府的排头兵。

二　族际关系全面恶化

　　以奈温为首的军人集团执掌国家政权之初，为了缓和民族矛盾，对少
数民族采取了比较温和的政策。革命委员会通过释放一些政治犯，并与各
少数民族反政府武装进行和谈，但由于"（军政府）谈判时态度强硬，除
了军政府自己所提出的条件外，其他代表提出的条款均不考虑"，如缅甸
共产党和一些少数民族反政府武装提出军政府承认他们在占领区的行政权
和收税权的要求被断然拒绝了，"谈判不能不以失败而告终"。[②] 和谈失败
后，军人出身的奈温认为，平定各方叛乱事关国家生死存亡，必须用一切
可用的力量来实现这一目标，号召全体人民与政府一道打一场消灭叛乱的

---

　　① 参见贺圣达《当代缅甸》，四川人民出版社1993年版，第61页。
　　② Josef Silverstein, *Ethnic Protest in Burma: Its Causes and Solutions*, *Protest Movements in South and South-east Asia*, edited by Rajeshwari Ghose, University of Hong Kong, 1987, p. 90.

"人民战争"。

　　为了打这场战争，奈温政府采取了把少数民族群众与少数民族上层人士区别对待的策略，对地方割据势力给予坚决的军事打击，对少数民族群众则进行利诱和拉拢，以争取他们的支持，逼迫少数民族武装就范，但是收效甚微。对此，李晨阳有一段比较精彩的描述："尽管奈温政府比吴努政府更加重视民族问题，但他越加强对少数民族地区的控制，少数民族的自治权利就越小，中央政府与民族地方的矛盾就越尖锐，同时，奈温政府在打击地方割据势力时，既没有争取到少数民族群众的支持，也没有给他们带来多少实际的利益。"[1]

　　1964 年革命委员会颁布了《维护民族团结法》，确立了一党专政，取缔其他一切政党，很多少数民族的政党随即转入地下，并且取消了吴努政府时期少数民族邦的自治权和自决权规定。此举激发了少数民族的强烈不满，他们认为没有实现民族平等。于是，各少数民族纷纷起来抗争。由于少数民族武装控制的地方基本是山区，特别是缅泰边境地区，这些地方成了他们收入的来源地。一是这些地区有丰富的自然资源，如大量的宝石、黄金和柚木；二是边境地区成了非法贸易的"黑市"地带，毒品贸易相当泛滥。对此，奈温政府采取了一系列的军事打击措施，但收效甚微。除了军事镇压手段，奈温政府还采取了经济手段进行打击。1964 年 5 月，奈温政府宣布面值 100 缅元和 50 缅元的大额钞票作废，许多人好不容易积攒的财产在一夜之间化为乌有，缅甸全国再次出现反政府运动的高潮。[2] 少数民族反政府武装因废钞行动遭受了巨大损失，但由于他们掌握着大量的玉石、黄金和柚木等，并未由此遭到致命的打击，而众多普通老百姓却因此损失惨重。可以说，这次废钞行动不仅使缅甸国内的少数民族反政府武装对军政府更加不满，而且普通民众也开始反对军政府。

　　由于奈温政府迷信军事力量的重大作用，1965 年还一度实行了臭名昭著的"四光政策"。所谓"四光"，即切断叛乱分子一切食物、资金、

---

　　①　李晨阳：《军人政权与缅甸现代化进程研究（1962—2006）》，香港社会科学出版社有限公司 2009 年版，第 261 页。

　　②　参见陈真波《独立以来缅甸民族关系研究（1948—1998）》，博士学位论文，云南大学，2008 年，第 99 页。

情报和入伍者的来源，缅甸政府军开始了残忍血腥的平叛战斗。[①] 这个政策因无视生命、践踏人权而饱受争议，军政府出台这样的政策主要是基于"消灭少数民族反政府武装的最佳途径是摧毁民众对他们支持的能力"[②]。缅甸政府军的"四光"政策实行的前两年，在实皆省、克钦邦、西南部取得了一些成效，少数民族反政府武装节节败退。随着"四光"政策焦土式威力的凸显，政府军把"四光"政策推行到中部地区，越来越多的少数民族反政府武装的大本营被政府军端掉，克伦民族保卫组织及其领导下的乡村民兵武装和克伦联合党陷入了四面楚歌的境地，哥都礼人民解放军被分割包围，缅甸共产党几乎陷入绝境。政府军在长达 8 年的"四光"运动中取得了重大胜利，而中部的少数民族武装和缅共的力量几乎丧失殆尽。在 20 世纪 80 年代初期，由于克钦独立组织与奈温政府谈判失败，转而与克伦民族联盟等盟友加强了合作。于是，军政府对克伦民族联盟又发动了一次"四光"运动，使克伦族联盟武装再受重创，继而又对克钦独立组织发动了军事行动。与此同时，"各地的政府军部队开出军营对克耶邦的克伦尼民族进步党、位于眉谬—昔机—孟空三角地区的掸邦进步党、掸邦西南部的崩龙民族组织以及掸邦各民族解放组织发起了类似的军事行动，就连地处偏远的边境地区和印度军队常发生冲突的那加民族社会主义者委员会也受到进攻"。[③] 可以说，奈温政府时期，政府军与少数民族反政府的斗争持续不断，此起彼伏，但是少数民族反政府武装依然存在，而且各少数民族的反政府武装的活动愈演愈烈，彼此关系形同水火。

在奈温政府对少数民族反政府的围剿镇压过程中，政府军的人数迅速增加。据估计，1962 年奈温政府军人数约为 11 万人，到 20 世纪 80 年代增加至 18 万人，政府每年的军费开支占财政总支出的 1/3 以上，平均每年耗费 17 亿缅元。[④] 为了加强镇压，在国民经济极为困难的情况下，奈温政府不惜借用巨款向西欧国家购买先进武器，甚至联合国提供的毒枭飞机也被直接用来对付少数民族反政府武装。虽然如此，少数民族反政府武

---

① Mary P. Callahan, *Making Enemies War and State Building in Burma*, Singapore University Press, 2004, pp. 209 – 210.

② Karen Human Rights Group, *Suffering in Silence: The Human Rights Nightmare of the Karen People of Burma*, Claudio O. Delang, Parkland, 2000, p. 15.

③ 陈真波：《独立以来的缅甸民族关系研究（1948—1998）》，博士学位论文，云南大学，2008 年，第 135 页。

④ 参见韦红《东南亚五国民族问题研究》，民族出版社 2003 年版，第 59 页。

装力量不但未被消灭，相反，反政府活动更加活跃了。"连年的军事围剿，长期的战火纷飞，经济更加凋敝，黑市日渐猖獗，使得百姓生活水平急剧下降，而纲领党也日益腐败。这些问题交织在一起，使少数民族群众对奈温政府极为不满。"① 总之，奈温政府时期的民族矛盾进一步加深，族际关系持续恶化，严重影响了缅甸民族国家建设的历史进程。

---

① 钟贵峰：《论缅甸民族政策的价值取向》，《赣南师范学院学报》2013 年第 1 期。

第四章

新军人政府时期的族际关系治理
（1988—2011）

自奈温政府执政以来，缅甸国内危机四伏，尤其是经济问题更为突出。1962 年以来缅甸经济开始走下坡路，素有"世界米仓"之称的缅甸无米可出口，拥有丰富的石油资源却依赖进口。1987 年，缅甸被联合国列为最不发达的国家之一，缅甸各族人民的自尊心遭到严重的打击。对于缅甸如何会沦落到如此境况，有学者作了这般描述："无非是军人政权上台后推行闭关锁国的政策，思想方法是唯意志论，忽略了经济发展的客观规律性，硬性地实行全面的国有化，破坏了原有的经济结构又长期没有建立起新的；在各省各邦之间搞绝对平均主义；起用不懂经济的现役军人充斥重要经济领导岗位，造成经济管理混乱，产量急剧下降；为了从经济上打击反政府组织，打击走私贩毒和解决某些财政困难，缅甸政府曾三次废钞，而且数额巨大，但因此遭受打击最重的恰恰是广大老百姓。"① 由于政策失当，奈温政府逐渐失去了民心，少数民族群众对政府越发不满，由此导致族际矛盾频频发生，武装冲突接二连三，族际关系全面恶化。面对种种压力，奈温于 1988 年被迫辞职。随后，政权几经易马，但最终以缅甸总参谋长苏貌为首的军人集团执掌国家政权。新一代军政府执掌国家政权的二十多年中，族际关系治理取得明显的效果。不论是族际关系治理的方式方法上，还是族际关系治理的价值取向上，都与奈温政府时期有很大不同。新军政府秉持"国家主义"的取向的同时，遵循"民族国家建设"的向度原则，而且也秉持民主化取向。在民族国家建设取向与民主化取向的影响下，新军人政府采取了一系列族际关系治理的举措，很大程度上缓

---

① 金涛、孙运来主编：《世界民族关系概论》，中央民族大学出版社 1996 年版，第 216 页。

和了一直处于紧张、矛盾和冲突的族际关系，有效推动了族际关系的正常化发展。可以说，新军人政府时期的族际关系治理有效地推动了缅甸民族国家建设的历史进程。

第一节　新军人政府时期族际关系治理的多维向度

新军人政府上台后，标志着新阶段的族际关系治理的开启。新军人政府时期的族际关系治理是在族际关系全面恶化、国内危机四伏的背景下展开的，它与前政府的族际关系治理可以说有很大不同。新军人政府上台后，族际关系政治治理、经济治理、文化治理和社会治理中的路径与方法，可以说是让人耳目一新，这对缓和族际关系、拯救民族国家制度、维护多民族国家统一和稳定具有重大的积极意义。

一　族际关系政治治理

在缅甸局势急剧恶化的情况下，新军人集团宣布成立"国家恢复法律与秩序委员会"（以下简称"恢委会"）接管国家政权。恢委会在本质上是军人政府，全面掌控着国家权力，它在族际关系治理中的功能和作用十分明显。随着缅甸政治局势的变化，恢委会于1997年更名为"国家和平与发展委员会"（以下简称"和发委"），由此新军人政府试图扮演和平与发展提供者的角色，而不再扮演法律和秩序恢复者的角色，以期提高各民族对政府的认可度和提升政权的合法性。此外，新军人政府还通过举行多党制大选和制定新宪法，逐渐推动族际关系政治治理的正常发展。

（一）恢委会制度与和发委制度

在新军人政府时期，根据政府的权力组织形式，可以分为两个阶段，即"国家恢复法律与秩序委员会"时期、"国家和平与发展委员会"时期，这两个阶段的政治制度有很大不同，对治理族际关系产生了重大的影响。

1. 恢委会制度

以奈温为首的军人集团执掌缅甸国家政权长达26年之久，这种以革命委员会为核心的、以缅甸社会主义纲领党为一党专政的政治体制弊端不断凸显。1988 年政治危机的出现，最终使新军人政府上台执政，成立恢委会取代了缅甸社会主义纲领党的专政政府。

在奈温政府执政后期，缅甸的各种问题层出不穷，特别是经济问题及其引发的一系列问题，使得各民族群众对政府的不满情绪持续蔓延。20世纪 70 年代，奈温政府在经济上做了一些调整和改革，但无法从根本上扭转经济恶化的趋向。20 世纪 80 年代，社会主义国家的改革之风吹进了缅甸。1988 年是缅甸风起云涌的一年，这一年出现了严重的经济危机，并由此引发了大规模的反政府示威游行。这一年缅甸的"物价一度上涨达 400% 之多，城市贫民和靠政府薪水生活的人无法承受，生活状况急剧恶化"①。由于物价漫天飞涨，人们生活水平下降，3 月学生与一些市民一起发动了向政府示威的活动，政府采取暴力镇压，导致了"大约有 100名示威群众死亡，其中有 41 名学生"②。虽然事态暂时平息，但为 6 月更大规模、持续时间更长的反政府示威游行埋下了伏笔。7 月，缅甸社会主义纲领党举行非常代表大会，奈温和其他 4 位高官在会上辞去了党内外职务。奈温倡导多党制公民投票，但该建议未被非常代表大会采纳。于是，更大规模的民主运动出现了，人民不但呼吁经济改革，而且还呼吁政治改革。到 8 月上旬，反政府运动达到了高潮，军警与示威者的冲突白热化。1988 年 8 月至 9 月，缅甸"有 50 万学生、市民、职员、僧侣上街举行反政府游行，后来甚至公务员和少数军人也加入游行行列，导致党政机关瘫痪"③。参加游行的学生群体提出了决心要实现的 10 项要求，其中主要要求有："解散缅甸社会主义纲领党；建立一个临时政府；实行多党民主制；停止内战，实现民族团结；提高人民生活水平"④。在强大的群众压力下，刚刚担任纲领党主席仅 18 天的吴盛伦宣布辞职，由纲领党中央执行委员会委员貌貌博士出任党主席和国家总统。貌貌总统虽然同意多党制和举行大选，但是局势却持续恶化，反政府运动持续不断，人民群众要求貌貌下台并成立临时政府的呼声高涨。

在缅甸局势急剧恶化的情况下，1988 年 9 月 18 日，以缅甸国防军

---

① 贺圣达主编：《当代缅甸》，四川人民出版社 1993 年版，第 159 页。

② Martin Smith, *Burma：Insurgency and the Politics of Ethnicity*, London：Zed Book Ltd. , 1991, p. 2.

③ 金涛、孙运来主编：《世界民族关系概论》，中央民族大学出版社 1996 年版，第 216 页。

④ 贺圣达主编：《当代缅甸》，四川人民出版社 1993 年版，第 161 页。

总参谋长苏貌将军为首的新军人集团宣布成立恢委会接管国家政权。在强硬的武力弹压下，缅甸国内局势才逐步平息下来。恢委会在本质上是军人政府，掌控着国家立法、行政和司法大权。恢委会成立不久，就"宣布废除缅甸人民议会、国务委员会、部长会议和其他权力机构，废除一党制和社会主义经济制度，实行多党议会制；恢复原来的国家名称缅甸联邦，允许组建任何从事于真正民主的党派和团体，许诺多党的民主大选将在良好的局势下进行"①。接着，上自中央、下至各民族镇区都成立了军人组成的恢委会，作为全国各民族立法、行政和司法的唯一政府部门。

恢委会在族际关系治理中的功能与作用十分明显。它明确了族际关系治理的主体是中央到各省/邦及辖下各行政单位成立的恢委会。作为族际关系治理的一元化主体，恢委会其实是以缅族为主体的治理机构，代表的是以缅族军人集团的利益。独立后，"缅甸所有的领导人最爱用的一句口号是人民是当今政治体制的最终受益人"，另外，"缅甸历届政府和政治领袖都声称权力属于国家公民"②，事实上，新军人政府也依然如此标榜。但是，由于恢委会对全国各地区、各民族的立法权、行政权和司法权都全面掌控，实际操作中必然与他们所标榜的相去甚远。一元化的族际关系治理主体决定了族际关系治理的模式的僵硬，往往忽视少数民族的利益，必然不利于各少数民族关系的协调。另外，新军人政权上台后的根本政治任务是维护国家的稳定、法律和秩序，这也是恢委会的宗旨之所在。鉴于奈温军事围剿的失败，新军人政府在对待反政府民主运动势力和少数民族武装的态度上与前政府有很大不同，采取了"剿抚并举、分化瓦解"，即在军事打击的同时，也发出和平谈判的呼声，从而维护国内稳定秩序。在坚持缅甸是一个统一的多民族国家的原则下，同意少数民族武装"停止内战，实现和平，搞地方建设，实现民族自治"的要求。随后，一些少数民族与政府逐渐达成和解，如1990年，"崩龙民族解放军""拉祜族国民军""爱侃民族军"等反政府武装通过和平谈判与军政府达成停火协议。到1995年，共有15支反政府武装与

---

①　王介南、王全珍：《缅甸》，重庆出版社2007年版，第89页。
②　[澳] 约翰·芬斯顿主编：《东南亚政府与政治》，张锡镇等译，北京大学出版社2007年版，第217、214页。

政府达成了和平协议。总体而言，恢委会在族际关系治理中发挥的积极作用开始显现。

2. 和发委制度

1997 年 11 月 15 日，恢委会进行第二次政府改组，并在此时更名为"国家和平与发展委员会"（以下简称"和发委"）。如果说恢委会在缅甸当时政局混乱不堪和无政府状态下，扮演一种法律和秩序的恢复者的角色，那么和发委则在后一阶段试图扮演和平与发展的提供者的角色。从恢委会到和发委的转变，其中一个重要原因是恢委会的合法性和权威性遭到了多方面因素的挑战。"那些政府反对者把民主当成了一种挑战恢委会的合法性和权威的包罗万象的词语。"①

在恢委会时期，缅族人主导的军队毫无疑问绝对掌控并行使着国家权力。在这种政治制度下，几乎没有任何力量能够对执政的军人集团进行制衡，各省/邦及其辖下的各级部门，均处于一种全面控制、上下贯通式的执政方式。这种执政方式压抑了各民族的情感，常常造成对恢委会的反弹。于是，新军政府试图扮演和平与发展提供者的角色，而不再扮演法律和秩序的恢复者的角色，以期提高各族人民对它的认可度和政权的合法性。

不论是恢委会时期，还是和发委时期，军方一再强调"不代表任何政治意识形态"或"任何特殊阶层的人们"，也"不代表任何民族集团"或"任何地区"，声称其政治经验"相当丰富"，毫无疑问，军方允许 Tatmadaw（军队）在缅甸未来政治领导过程中发挥作用。② 事实上，缅族人主导的军队依然掌握着国家权力并绝对地行使着权力。由五位军政府最高领导人（主席、副主席和三位秘书）构成国家权力中心的五人集团，国家的最终决策权可能属于军政府主席。在地方层面，在各省/邦与县级担任和发委主席的高级军官完全掌握着当地的权力。那么，族际关系治理依然是一种自上而下的方式。

然而，值得指出的是，作为最高权力机关的和发委，在制宪国民大会、推行多党制大选方面功不可没。不论是 2008 年《缅甸联邦共和国宪

---

① ［澳］约翰·芬斯顿主编：《东南亚政府与政治》，张锡镇等译，北京大学出版社 2007 年版，第 221 页。

② 参见 Nawrahta, *Destiny of the Nation*, Yangon：The News and Periodicals Enterprise, 1995, pp. 10, 108, 110。

法》的成功制定，还是 2010 年多党制大选的成功举行，和发委在这些工作中很大程度上保障了各民族的民主权利，这对民族地区政治的稳定和族际矛盾的缓和，都发挥了十分重要的作用。对于和发委在这些方面发挥的作用，接下来将进一步剖析。

（二）多党制大选

新军人政府执政伊始，采用"两个拳头打人"的方针和策略，不仅对少数民族武装力量坚决进行军事打击，而且对民主势力采用强硬的措施。可以说，这段时期的民族政策的模式没有两样。在实际的武装冲突中，军方并没有占到便宜，双方死伤惨重。经过较量，新军人政府意识到通过军事手段并不能促使少数民族武装就范，反而使族际关系日益恶化。有鉴于此，新军人政府开始对民族政策进行调整，一改过去强硬的政策，转而采用"剿抚并举、分化瓦解"的两手政策和软硬兼施的策略。

军事围剿的失败，以及国内民主呼声的高涨，恢委会宣布开放党禁，承诺多党民主选举。恢委会宣布废除 1974 年宪法中关于"缅甸社会主义纲领党是唯一合法政党"的条款，改变奈温政府时期取缔其他政党存在的做法。与此同时，恢委会颁布了《缅甸政党注册法》，允许少数民族成立自己的政党，目的是"把少数民族引入主流政治，通过合法渠道发挥政治作用"[1]。为了增强各少数民族的国家认同，为举行多党制大选营造氛围，恢委会不久又颁布了《国旗修改法》，接着把国名"缅甸联邦社会主义共和国"改为"缅甸联邦"，把国名的英文名称"Burma"改为"Myanmar"，"Burma"一词主要是缅族的意思，具有"大缅族主义"色彩，而"Myanmar"则体现了缅甸各民族的意思。

多党制大选的氛围越来越浓，新军政府协助成立了多党制民主大选委员会，地方各行政单位设立分会，负责监督筹备大选工作和进行政党登记。于是，缅甸各种势力纷纷组建政党，以备参选。到 1990 年 5 月缅甸举行大选时，经军政府审定认可的 200 多个政党中，其中有 36 个是少数民族政党，有的少数民族政党已有较大的影响，如"掸族民主联盟"在当年的大选中获得 23 个议席。[2] 其他一些少数民族政党，如克钦民主团结党和佤族民族发展党都发挥着较大的影响。在这次大选中，缅甸全国民

---

①　林锡星：《揭开缅甸神秘的面纱》，广东人民出版社 2006 年版，第 28 页。
②　参见钟贵峰《论缅甸民族政策的价值取向》，《赣南师范学院学报》2013 年第 1 期。

主联盟（以下简称"民盟"）赢得了 485 个议席中的 396 个①，取得了决定性的胜利。而缅甸民族团结党（原缅甸社会主义纲领党）只赢得了 10 个议席，这反映了"缅甸社会主义"已不得民心，军人政权的合法性已丧失群众认同基础。作为缅甸最大的反对党，民盟取得压倒性的胜利，这从该党的一些理念和政策中就可窥知一二，"在对待国内民族问题上，（民盟）主张在承认民族平等权利的前提下，优先解决他们之间存在的问题，以维护国内和平和稳定；政治上反对缅甸军人集团独裁；经济上主张以自由经济体制取代缅甸式社会主义经济体制"②。民盟的领导人昂山素季，虽然于 1989 年被军方以"分裂军队、破坏治安"为由遭到了软禁，但也因该党的强大影响力，成为缅甸民主的象征和民族运动的旗帜。

这次多党制大选对缅甸族际关系的影响是深刻且深远的。第一，主体民族与少数民族之间的对立情绪得到了一定程度的缓解。一直以来，缅族与各少数民族之间的关系一直比较紧张，"大缅族主义"的横行，民族不平等现象的凸显，使各少数民族对缅族常有警惕之心，族际隔阂一直难以弥合。而这次多党制大选，几十个少数民族政党得到法律的承认，这在很大程度上缓和了少数民族与缅族的敌对情绪。第二，族际关系改善的氛围更为浓厚。在这次多党制大选中，缅甸全国的 200 多个政党，大部分政党，尤其是影响力最大的两个政党即民族团结党和全国民主联盟，不论是从名称上，还是从他们的政策上看，都体现了加强民族团结和推动民主进程的价值取向，这种政治环境对于缓和族际关系是大有裨益的。第三，少数民族群众的民主意识有所提高。几十个少数民族政党参加这次大选，有的还获得了较多的席位，如掸族少数民族民主同盟获得的议席数居第二位，若开民主同盟居第三位。诚然，新军人政府通过允许少数民族政党参政的目的是"把少数民族引入主流政治，通过合法渠道发挥政治作用"，而少数民族政党通过大选，取得了可喜的成绩，增强了少数民族的民主意识和政治参与意识，这为 2010 年多党选举奠定了一定的基础。

2010 年 11 月 7 日，对于缅甸各族人民来说是一个值得纪念的日子。这天缅甸举行联邦议会人民院、民族院及 14 个省/邦议会大选。这次大选

---

① 参见贺圣达主编《当代缅甸》，四川人民出版社 1993 年版，第 164 页。

② 同上书，第 163 页。

是军政府总理钦纽在 2003 年提出政治民主化"七步路线图计划"① 的第五步，被视为缅甸通往民主最为关键的一步。缅甸联邦巩固与发展党（以下简称巩发党）、民族团结党、全国民主力量党等 37 个政党的 3000 余名候选人和 82 名独立候选人参选。缅甸全国 2900 万合法选民当中，有超过 60% 的选民参加了对此次选举的投票，即超过 1740 万人参加了此次选举投票。② 时任总理吴登盛组建的巩发党在总数 1154 个议会民选代表席中赢得了 882 席，成为议会第一大党。

缅甸此次大选中，联邦议会及地方各级议会对参选政党开放了 75% 的议席，其余 25% 席位留给了军人。因而有人认为这是一种"75% 的民主"③。然而，这次大选开启了族际关系治理的新时期，民盟与军政府的长期对垒宣告结束了，正如缅甸民主联合党常务副主席吴觉敏所说，昂山素季的时代，随着选举开始就结束了。

联合国人权理事会缅甸人权特别报告员金塔纳（Tomas Qjea Quintana）指出，无论选举有多不完美，许多缅甸人仍认为大选是改变目前缅甸格局的最真实有效的办法。不论是不是一种不完全的民主选举，但这次选举却是缅甸民族国家建设中的一次历史性事件，也是新阶段族际关系治理的开始。在这次大选中，有很多少数民族政党参选，并在中央及地方议会中获得一定的议席，如少数民族发展党、联邦克伦族联盟、佤族民主党、果敢民主团结党、克钦邦进步党等。而且，在民选政府成立后，国家副总统由掸族的赛貌康担任，这改变了缅甸军政府时期国家高级领导岗位由缅族人占据的惯例。从缅甸民族国家建立以来，"少数民族人士几乎从未担任过如此要职"④。毫不夸张地说，缅甸这次大选给族际关系治理提供了新的契机，并将推动缅甸民族国家建设。

---

① 计划提出的七步分别是：（1）重开于 1996 年中断的国民大会；（2）以成功召开国民大会为契机，逐步建立起一套真正有序的民主机制；（3）根据国民大会通过的制宪基本原则讨论制定新宪法草案；（4）对新宪法草案进行全民公决；（5）遵照新宪法自由公正地选举新的立法机构；（6）遵照新宪法之规定召集胜选的立法机构代表举行立法会议；（7）根据立法机构选举结果依法产生新的国家元首、政府首脑，组成新的行政机构，由新政府领导缅甸向现代化的民主国家迈进。

② 参见中国新闻网（http://www.chinanews.com/gj/2010/11—08/2642175.shtml.2010 年 11 月 8 日）。

③ 参见倪章荣《75% 的民主?》，《杂文月刊》2011 年第 1 期。

④ 宋清润：《缅甸大选及新政府成立对未来政局及中缅关系的影响》，《东南亚纵横》2011 年第 7 期。

（三）制宪会议与新宪法框架

在吴努政府时期，1947 年宪法试图通过选举和区划的方法来确保民族团结。作为代表民族利益诉求的民族院（上院）拥有的权力是有限的，虽然让各邦的首脑兼任内阁部长，甚至还特地对掸族、克钦族、克伦族、克耶族及钦族等主要少数民族设立邦的建制，然而这种选举和区划的方式都无法满足少数民族的自治要求。奈温政府时期的 1974 年宪法，明确规定缅甸是一院制人民议会的一党制国家。这种一党制存在很大的缺陷，宪法规定中央和省邦及辖下的各级行政单位每 4 年举行一次只有一党参加的人民代表大会，被选出来的人民代表会被任命到国家立法、行政、司法、法律及检察等岗位，而这些岗位的官员均处于各级缅甸社会主义纲领党的领导和严密控制之下。可见，这两部宪法存在很大的缺陷。新军人政府认为需要建立一部新的宪法，这是建立一个稳定政治环境的必备条件之一，就如国民大会召集委员会主席发言的那样：本土化的"多党民主"规则才能被"制定出来"①。于是，恢委会设计了一种能够使军队在国家政治中发挥作用的政治框架，以此作为解决政党政治功能失灵问题的办法。②而国民大会则是为了实现这个目标的途径，毕竟这需要全国各民族、各阶层的接受、认可。但是，缅甸"举行了当代世界上延续时间最长的制宪会议"③，从 1993 年开始到 2008 年落下帷幕，历时达 15 年之久，真可谓是马拉松式制宪历程。

1. 制宪国民大会的历程

1993 年 1 月 9 日，国民大会大张旗鼓地召开了会议。参加这次会议的代表分为 8 类——政党提名者（50 人）、选举代表（在 1990 年选举中获胜的候选人）（99 人）、少数民族（215 人）、农民（93 人）、工人（48 人）、知识分子（41 人）、公务员（92 人）以及其他受邀代表（57 人）。④ 参会的代表中，少数民族的代表是最多的，可见恢委会对少数民

---

① Lt. Gen, MVo NVunt at the Convention's plenary session on June 7th 1993 (New Light of Myanmar [hereafter NLM], June 8th 1993)

② 同上。

③ 贺圣达：《缅甸：军人执政的 20 年（1988—2008）的政治发展及趋势》，《东南亚纵横》2008 年第 8 期。

④ 参见 ［澳］约翰·芬斯顿主编《东南亚政府与政治》，张锡镇等译，北京大学出版社 2007 年版，第 195 页。

族的期望是相当高的。国民大会的目标主要是建立一个能够促进"公正、自由和平等的真正的多党民主国家"，确立一个军政府"在未来的政体中发挥国家政治领导者的作用"，要求遵循三项国家基本原则，即"不允许分裂联邦、不允许破坏民族团结、巩固主权"。国民大会结束后，国民大会召集委员会根据与会代表提出的各种建议，随后制定了一套关于国家结构、行政架构和政治代表制度的基本原则。这套原则从国家机构、立法机构、行政机构和军队等多方面确立了少数民族邦的地位、自治权等关键性问题。这套原则的基本特点有①：

国家结构

· 一个以地位平等的 7 个省和 7 个邦为基础的世俗共和国

· 出于行政管理的目的，国土区划构成包括联邦领土（受总统的直接管辖）和由省/邦、县、镇区和村组/居民区各级组成的等级结构

· 各少数民族以自治地区的形式享有附带的地方自治权

· 任何情况下都不允许国家领土中任何一部分分离出去

立法机构

· 两院制议会，联邦议会由众议院和民族院组成，任期五年

· 各邦或省都有一个省议会

· 1/4 的议席须留给武装力量总司令所任命的军方代表

行政机关

· 一名由选举的行政总统选出的行政总统

· 由总统任命的内阁和首席检察官。部长不必是当选的议会代表。而接受任命的当选代表必须放弃其党派身份

· 邦/省政府的首席部长将由总统任命

· 建立领导机构来管理自治地区

军队

· 总司令是最高指挥官，军队享有完全的自治权

· 规定最高指挥官在国家处于紧急状态时可行使国家权力，紧

① 参见［澳］约翰·芬斯顿主编《东南亚政府与政治》，张锡镇等译，北京大学出版社 2007 年版，第 196—197 页。

急状态包括暴力行为、骚乱和暴力手段篡夺国家权力，或出现联邦分裂、民族团结解体和国家主权有丧失的危险

这些原则基本上确定了缅甸联邦的政治框架和制度安排，虽然并不是合法性的"宪法"，但也为 2008 年宪法奠定了基架。从国家结构的一些原则中可以看出，少数民族邦与省是地位平等的关系，各少数民族享有较大的地方自治权；从立法机构的一些原则看，民族院作为两院制联邦议会中的一院，在立法问题上能够发挥作用，但很大程度上还是受到军方的监督和控制；从行政机关的一些原则看，各民族邦的首席部长须由国家总统任命，而且还需要领导机构来管理民族自治地区，这说明少数民族自治权是有限的；从军队的一些原则看，如果少数民族破坏"民族团结"或导致"联邦分裂"，军队完全能够行使国家权力进行干预。由此可见，族际关系治理的向度必须遵循"不允许分裂联邦"和"不允许破坏民族团结"的原则。

然而，由于以民盟为主的一些政治团体对军队干预政治的合法化表示严重不满，参会各方立场悬殊。由于军政府在大选后并未交权，1995 年昂山素季宣布民盟退出国民大会，而军政府对此未作妥协，并且于 1996 年在无民盟代表参与的国民大会上通过了 104 条制宪条款。虽然通过了这些条款，但合法性遭到质疑，因而自 1996 年国民大会以来，国民大会长期处于休会状态。2003 年时任政府总理钦纽出台政治改革的"七步路线图计划"后，终于扫清了召开国民大会的主要障碍。2004 年，国民大会召开，但是后来"又多次停停开开"[①]，到 2007 年 9 月基本通过宪法的基本原则，2008 年终于通过了新宪法，即《缅甸联邦共和国宪法》，这标志着历时 15 年之久的制宪会议终于落下帷幕。

在 2004 年制宪会议中，增加了少数民族代表额，"他们占了国民大会代表的 58.2%"[②]，当时少数民族人口约占全国人口的 30%，可见少数民族代表的比例远远超过少数民族人口的比例。通过增加少数民族代表，军政府"安抚了政治和解组织长期以来对和解协议无政治安排的抱怨，并用少数民族在国民大会巨大比例的表象来打压民盟为首的反对党，并离间

---

① 参见贺圣达《缅甸：军人执政的 20 年（1988—2008）的政治发展及趋势》，《东南亚纵横》2008 年第 8 期。

② 刘务：《缅甸 1988 年以来的民族国家构建研究》，博士学位论文，云南大学，2013 年，第 122 页。

民盟与少数民族力量的关系"①。实际上，少数民族代表数额虽然超出了大会代表数额的一半，但是由军人占主导地位的国民大会中，少数民族对大会的进程和内容并不具有决定性影响。何况各少数民族的利益诉求不尽相同，有的专注于国家民主政治发展，也有的专门关心本民族切身利益。这次国民大会虽然没有提出未来族际和解的方案，但是国民大会还是为少数民族提供了表达观点和讨论政策的机会。② 少数民族领导人意识到，"如果改革进程真正开始的话，就没有理由继续斗争"，而且，"在各团体对和平需求持续高涨下，不能总是游离在和平进程之外"③。

2. 《缅甸联邦共和国宪法》的功能与作用

《缅甸联邦共和国宪法》于 2008 年 5 月 24 日以 92.4% 的支持率获得通过，并于 5 月 28 日由缅甸最高权力机关——和发委主席丹瑞大将签署生效。这部新宪法是缅甸各民族人民根据国民大会通过对宪法基本原则及细则而起草的，确立了国名——缅甸联邦共和国。这部宪法作为缅甸联邦共和国的根本大法，确立了缅甸的国家机构、行政构建、政治制度，它是缅甸民主政治发展的根基，对于维护国家统一和各民族地区的稳定、促进各民族地区的民主政治发展、界定各民族人民的权利和义务、维护民族团结和发展社会经济文化等方面都有重大的积极意义。其功能和作用集中起来表现在以下几个方面：

第一，新宪法以公投的方式通过，增强了国家的合法性，为在国家治理框架下的缅甸族际关系治理提供了良好的政治环境。《缅甸联邦共和国宪法》是全民公投获得高票通过的根本大法，有高度的国民认可度，具有合法性。哈贝马斯对于韦伯的理性统治观念曾做过这样的分析，认为一种统治必须满足两个条件：一是必须从正面建立秩序规范；二是在法律共同体中，人们必须相信规范秩序的正当性，即必须相信立法形式和执法形式的正确程序。④ 对于多民族国家来说，除了政权合法性问题外，还存在国家合法性问题。"多民族国家的国家合法性问题，是指已经处于一个国

① 刘务：《缅甸1988年以来的民族国家构建研究》，博士学位论文，云南大学，2013年，第122页。

② Zaw Oo, Win Min, *Assessing Burma's Ceasefire Accords*, p. 51.

③ Trevor Wilson, *Myanmar's Long Road to National Reconciliation*, Asia Pacific Press, 2006, p. 52.

④ 参见［德］尤尔根·哈贝马斯《合法化危机》，刘北成等译，上海世纪出版集团2009年版，第107页。

家政治共同体的各个民族是否认可、接受和支持现行国家政治共同体的问题。"①   不论是吴努政府时期的缅甸民族国家，还是奈温政府时期的缅甸民族国家，政权的合法性问题一直比较凸显，并且国家合法性问题也备受质疑。新军政府通过新宪法公投的方式，不仅在很大程度上确立了政权的合法性，而且也增强了国家合法性。在多民族国家，国家的合法性具有基础性的意义，国家的合法性必然增强各民族对国家的认同。新宪法颁布生效后，缅甸各民族人民对缅甸联邦共和国的认同感大大增强，为族际关系治理提供了良好的政治氛围。

第二，新宪法以法律的形式，明确了各民族的地位、权力、权利，这为缅甸族际关系治理提供了法制保障。新宪法明文规定实行两院制——联邦议会由人民院（下院）和民族院（上院）组成。国家的权力分别授予联邦、省、邦、民族自治地方，其中"国家的立法权分别授予联邦议会、省议会和邦议会，授予民族自治地方本宪法规定的立法权"②。另外，对于民族地区危机情况，宪法规定："不论是在省、邦，还是在民族自治地方，如果出现不能按本宪法有关条款进行正常管理的紧急状况时，总统有权行使该省、邦或民族自治地方的行政管理权。在总统行使行政权期间，如有必要，总统有权依据本宪法有关条款的规定，行使该省、邦或民族自治地方的立法权"；"如果发生以暴乱、使用武力等暴力方式夺取国家权力或做此种努力，导致联邦分裂、民族团结破裂和国家主权丧失的紧急状况时，国防军总司令有权根据本宪法的规定接管和行使国家权力"③。由此可见，根据这部公投宪法，可以有效抑制和消解民族的政治分离，维护多民族国家的稳定和统一。毫无疑问，新宪法为缅甸族际关系治理提供了强有力的法制保障。

第三，新宪法为族际关系治理指明了方向。新宪法充分体现了族际关系治理的方向。在新宪法序言中，就宣明了各族人民的决心："始终坚定不移地固守和维护联邦不分裂、民族团结不破裂、主权稳固的目标；宣扬以公平、自由、平等为内涵的社会思想，巩固和维护全国各族人民和平富足的生活。""培养和巩固贯穿民族平等思想的、是真正爱国主义的联邦

---

① 周平：《多民族国家的族际政治整合》，中央编译出版社 2012 年版，第 65 页。
② 《缅甸联邦共和国宪法》第一章第十二条第（一）款。
③ 《缅甸联邦共和国宪法》第一章第四十条第（一）、（三）款。

精神，各族人民永远团结在一起，共同生活。"① 三项基本目标、公平自
由平等的社会思想及联邦精神，为族际关系治理指明了方向。事实上，上
述目标、思想和精神基本构成了族际关系治理的价值取向。正是秉承这些
理念，族际关系治理才走上了一条正常有序的轨道，继而在民选政府时期
取得了族际和解的可喜成绩。

二　族际关系经济治理

不论是在吴努政府时期，还是在奈温政府时期，经济发展状况总是不
能令人满意，政府在推动经济发展方面的表现实在是大失民心。缅甸少数
民族武装反政府问题的愈演愈烈，根本原因之一还是经济问题。吴努政府
推行了自我依赖的进口替代工业化战略及经济民族主义，而奈温政府则因
执行自给自足、闭关锁国的政策导致国家日益贫穷落后。作为资源丰富的
国家，缅甸却在 1987 年被联合国列为世界最不发达国家之一，缅甸各族
人民的自尊心受到了严重的打击，他们对政府的不满情绪迅速蔓延。新军
人政府执掌国家政权后对经济政策做了很大调整，试图重整濒临崩溃的经
济，同时也更加重视少数民族地区经济的发展，这些都对解决影响族际关
系的经济问题具有积极的意义。

（一）构建市场经济体制

新军人政权上台后，立即着手改变以传统的自然经济为基础的社会经
济体制，宣布废除缅甸式社会主义的计划经济体制，大力推行经济改革，
努力实现四个主要经济目标，即 "建立以农业为基础、其他部门经济全
面发展的经济结构；建立真正的市场经济体制；引进国内外技术和资金参
与经济发展；将整个国民经济控制在国家和国民手中"②。这四项目标之
二就是要 "建立真正的市场经济体制"，这在 1994 年国民大会上制定的
宪法条款和原则中就有明确规定："国家的经济制度是市场经济制度"。
新军人政府在推动中央严格管制的计划经济向开放型的市场经济转变的过
程中，采取的政策和措施主要有 "放宽限制，搞活流通；鼓励私营经济
的发展，扩大私人经营范围；实行全面对外开放，开拓国际市场等"③。

---

① 《缅甸联邦共和国宪法》序言。
② 李晨阳：《军人政权与缅甸现代化进程研究》，博士学位论文，云南大学，2006 年，第
277 页。
③ 贺圣达等：《走向 21 世纪的东南亚与中国》，云南大学出版社 1998 年版，第 161 页。

　　虽然缅甸军政府没有明确地确立以建立和发展市场经济体制为总体思路和指导思想，但是出台了许多市场导向型经济法律、法规。据不完全统计，从 1988 年 9 月新军人政权上台到 2001 年，缅甸军政府颁布了 93 个具有市场导向型的经济法律、法规。① 为了搞活国内经济，促进市场经济的发展，缅甸政府采取了许多具体政策和措施，如承认边境贸易的合法性、鼓励私营经济的发展、实行对外开放、欢迎外国投资、允许私人从事进出口贸易、促进旅游业发展、允许私人开设银行、鼓励私人开垦荒地等政策。

　　缅甸军政府这一系列的经济政策和措施，打破了长期封闭的状况，对建立市场导向型经济体制起到了十分重要的作用。为了加快私有化进程，建立和发展市场经济体制，1995 年 1 月军政府发布命令，成立以钦纽中将为主席的"私有委员会"，决定除对国家安全和管理至关重要点企业、国家主要企业及根据政府政策由国家直接领导的企业外，其余所有国营企业将一律私有化。②

　　从陆续推出开放搞活的经济政策到确立市场经济体制，改革开放步伐不断加快，缅甸经济形势也逐渐好转。1988 年前三年起，缅甸经济呈负增长，年均负增长率为 - 5.6%，1989—1990 年度，缅甸经济开始恢复发展，年增长率 3.7%，1992—1993 年度，缅甸经济增长率高达 10.9%，其中农业增长率高达 15.2%。③ 缅甸经济 1995 年至 1999 年年均增长率为5%，2000 年增长率为 13.7%，2003 年至 2008 年年均增长率超过 5%。④根据国际货币基金组织的数据显示，缅甸 2010 年和 2011 年经济增长率均为 5.5%。⑤ 而根据缅甸国家计划与经济发展部的统计，2006 年至 2011 年缅甸经济年均增长率超过 10%，2010—2011 年财年缅甸经济增长率高达10.4%。⑥ 不论是参照国际货币基金组织的数据，还是参照缅甸国家计划

---

　　① 参见李晨阳《军人政权与缅甸现代化进程研究》，博士学位论文，云南大学，2006 年，第278 页。

　　② 参见覃主元《战后东南亚经济史（1945—2005 年）》，民族出版社 2007 年版，第 490页。

　　③ 参见滇云《缅甸经济：变化、现状、问题和前景》，《东南亚》1994 年第 2 期。

　　④ ASEAN Community in Figures-ACIF 2009, p. 4（http：//www. aseansec. org/wp-content/up-loads/2013/06/ACIF2009. pdf）.

　　⑤ 参见宋清润《缅甸经济改革的前景》，《东方早报》2012 年 7 月 31 日第 10 版。

　　⑥ 资料来源于缅甸计划与经济发展部，转引自李晨阳主编《缅甸国情报告（2011—2012）》，社会科学文献出版社 2013 年版，第 102 页。

与经济发展部的统计，都可以说明缅甸的经济正持续较快地发展。军人政府在向民选政府交权的最后时期，缅甸的宏观经济形势呈现良好的发展势头。

由此可见，自从缅甸军政府推行经济改革，推行市场化、私有化、自由化和开放化经济改革政策与措施，市场经济体制已初步形成，缅甸不但结束了经济发展滞缓的现象，而且还取得了经济发展的可喜成绩。当然，由于缅甸经济基础薄弱，基础设施落后，政府财政困难，资金相当匮乏，对经济发展的投入有限，不能对经济发展提供有力的支撑，可以说缅甸经济未来发展仍将是困难重重。然而，新军人政府通过推行的一系列经济改革措施，市场经济体制的建立已有成效。

缅甸市场体制的建立，促进了经济的较快发展，逐渐扭转了缅甸各族人民对政府不满的局面。少数民族地区的经济落后的状况，单靠民族地区和民族自身是无法得以解决的，必须要在整个国家国民经济发展的推动下，才能逐渐解决民族地区落后的问题。少数民族地区经济落后的问题，是缅甸整个国家国民经济发展总问题的一部分，并不是孤立存在的问题。少数民族地区的经济发展水平和发展质量，是影响族际关系的重要因素。新军人政府在推行经济改革伊始，就把边境民族地区的经济发展纳入整个国民经济发展的总体框架之中。缅甸市场经济体制的确立，对激活少数民族地区经济发展大有裨益，为族际关系经济协调发展、推动族际关系经济治理奠定了基础。

（二）开发民族地区经济

民族地区经济开发是指国家及民族自治地方针对民族地区经济发展采取的有针对性的开发战略及发展策略。民族地区经济开发既要考虑到国家经济发展的整体战略和总体思路，又要考虑到民族地区经济发展的特殊情况和具体问题。综观世界，美国、加拿大、中国等国家都采用了民族地区经济开发的方式，利用国内和国际两个市场、两种资源，推动民族国家经济总体发展与民族经济发展，消除影响族际关系发展的经济因素，推动族际关系良性运行。① 比如，中国政府根据云南的资源禀赋和地理优势，提出要把云南建设成面向西南开放的桥头堡，这个桥头堡战略就是一个民族

---

① 参见欧黎明《当代中国族际关系治理分析》，博士学位论文，云南大学，2011 年，第79 页。

地区经济开发战略的典型例子。民族地区经济开发已经成为当代民族国家普遍采用的族际关系经济治理的路径。

缅甸少数民族地区大部分为山区或半山区，交通不便，相当闭塞。长期以来，缅甸历任政府都倾向于采取自给自足的封闭式政策，特别是奈温政府推行的闭关锁国政策，加上中央政府与一些地方民族武装长期对抗，民族地区得不到有效开发，民族地区的经济发展几乎处于崩溃的边缘。民族地区边境贸易也一度被当作不合法贸易而加以禁止，从而也促使走私贩毒的猖獗。可以说，奈温政府缺乏对民族地区开发与发展的总体性和全局性战略，基本忽视少数民族地区经济的特殊情况和优势条件。新军人政府上台后，开始重视少数民族地区开发，并制定了少数民族地区开发的战略和具体政策。总体来说，新军人政府采取了以下策略来推动民族地区经济开发：

1. 边境地区对外开放战略

长期以来，由于缅甸国内商品短缺，加上中央政府与少数民族武装长期对抗，奈温政府担心开放边境贸易会增加不稳定因素，不利于民族边境地区的治理。边境贸易一度被奈温政府认定为非法贸易，因而边境自由贸易被禁止。如此一来，缅甸与泰国、印度和孟加拉等国之间的边境地区走私活动十分猖獗，国家关税流失严重。尤其是缅泰边境地区为甚，每年从缅甸走私到泰国的宝石及矿产品价值 64 亿泰铢（当时 1 美元约等于 20 泰铢），而从泰国走私进缅甸的纺织品及其他物品价值达 96 亿泰铢。① 对于走私和黑市，中央政府鞭长莫及，无法杜绝，也只能是"望边兴叹"。

新军人政权上台不久，就开始调整策略，开放边贸，制定和实施民族边境地区对外开放战略，并把民族边境地区对外开放战略作为国家对外开放整体战略的有机组成部分。民族边境地区对外开放战略既可以给民族经济发展注入活力，推动民族地区经济发展，也可以帮助缅甸打破西方国家的经济制裁造成的封锁局面，还可以增加政府收入、削弱反政府武装力量，可谓是一举多得。

新军人政府制定的民族边境地区对外开放战略很快得到实施。"新政府在自己控制的区域内公开设立通关口岸，使边境贸易合法化，加上较好的道路、储运、住宿条件，可吸引大量客商，从而起到削弱反政府武装地

---

① 参见陈明华《当代缅甸经济》，云南大学出版社 1997 年版，第 234 页。

区的走私活动、减少其经济来源的作用。"① 1988 年 10 月，新军人政权宣
布边境贸易为合法贸易，规定除了国家明令禁止的武器、毒品、易制毒化
学品和黄色淫秽制品外，其余商品都可以通过边境进行自由贸易，关税收
入随之迅速增加。② 为了使民族地区更好地实施对外开放战略，新军人政
府在"登尼以北 140 平方公里的地区划为边境贸易区"③，中缅、泰缅、
印缅和孟缅边境的诸多地方设立边贸办公室，作为管理边贸的政府管理机
构。1988 年 11 月，新军政府在中缅边境的棒赛、木姐、南坎设立了 3 个
边贸办公室；接着新军政府又在泰缅边境的妙瓦底（Myawaddy）、高当
（Kawthaung）设立了两个边贸办公室；同时新军政府还在印缅边界的德
穆（Tamu）和孟加拉国的孟都（Maungdaw）分别设立了边贸办公室。
1989 年 1 月，新军政又在泰缅边境的大其力（Thachilay）设立边贸办公
室。新军人政府对边境贸易的重视和开放，不仅使原来以走私和黑市形式
存在的非法贸易获得了合法性，而且大大促进了边境贸易的发展，边境商
品流通日趋活跃。"到 1992 年，缅甸国内市场上日用品的 2/3 是通过边贸
流入缅甸的，而缅甸大宗的农副产品也以边贸的方式销往周边国家。"④
靠近边境的少数民族地区，边贸地区给它们的民族经济发展注入了活力，
结束了这种孤立落后的经济发展模式。

　　由于民族边境地区对外开放战略的实施，给缅甸军政府带来了实实在
在的好处。1997 年 11 月，新军人政府对边贸政策做了重大调整，把边境
贸易纳入正常的国家贸易轨道。自开放边境贸易以来，边贸依然属于不正
常贸易范畴，一无配额，二无许可证。于是，1997 年 11 月底，军政府制
定了"以出定进、进出平衡和等值进出"的原则，开始实施边贸许可证
制度，并把邻国货币结算改为统一用美元。⑤ 以开放边贸为契机，新军人
政府努力扩大对外贸易规模，尤其是注重出口缓解贸易逆差问题，开始制
定并实施扩大出口、限制进口和发展替代产品进口等举措。

　　边境贸易的开展对缅甸民族地区经济，甚至整个国内经济都产生了重

① 陈明华：《当代缅甸经济》，云南大学出版社 1997 年版，第 234—235 页。
② 参见李晨阳《军人政权与缅甸现代化进程研究》，博士学位论文，云南大学，2006 年，第 282 页。
③ 余定邦等：《缅甸》，广西人民出版社 1994 年版，第 172 页。
④ 李晨阳：《军人政权与缅甸现代化进程研究》，博士学位论文，云南大学，2006 年，第 282 页。
⑤ 同上。

大影响。边境贸易对由此而形成的沿线区域的经济具有很大的刺激作用。英国《国家报告》曾作此评价："包括历史都城曼德勒在内的边贸通道沿线城镇迅速发展起来，这对军政府来说已成为一种经济发展模式。"① 缅甸新军人政府利用民族边境地区地处国境交界的地理优势，积极推动民族边境地区沿边对内、对外开放，大大促进了民族边境地区、民族地区的开发与发展。

2. 边境地区开发战略

缅甸边境地区基本上为少数民族聚居区，属于山区或半山区地貌，交通落后，信息闭塞，加之一些少数民族地方与中央政府长期对抗，边境地区的经济发展十分落后，与内地的经济发展水平差距日益拉大。为此，新军人政府上台后，采取了一系列措施对边境地区进行综合开发。随着各少数民族武装相继与政府达成和解，边境地区开发战略顺利实施，开发效果比较明显，不但有利于稳定政局，而且还进一步缩小了民族地区发展的差异，推动了民族地区经济发展，更为重要的是对缓和民族矛盾起到了重要的作用。

首先，新军人政府设立了边境地区开发的领导机构。1989 年 5 月，新军人政府设立了"边境与少数民族地区发展中央委员会"和"边境与少数民族地区发展工作委员会"，恢委会主席丹瑞和第一秘书钦纽分别担任这两个委员会的主席。从担任这两个委员会主席的人选，就可以看出军政府对这两个委员会的高度重视。边境与少数民族发展中央委员会下设 18 个"工作小组委员会"，分管交通、卫生、教育、农业、林业、畜牧业、贸易、能源、矿产、通信、住房、社会福利、宗教、内政、公共关系等方面，其中 14 个工作小组委员会的主席由中央各部的副部长担任。与此同时，该委员会还设置了地区小组委员会，协助委员会开展地区开发工作。由此可以看出，边境与少数民族发展中央委员会及其附属工作小组作为边境地区开发的领导机构，是一个从中央到地方，并且涵盖几乎所有行业的高级别的领导管理组织体系。

其次，新军人政府颁布《边境地区与少数民族发展法》为边境地区开发提供了法制保障。为了确保边境与少数民族地区开发工作顺利进行，并使之走上法制的轨道，新军人政府于 1993 年 8 月制定了《边境地区与

---

①　陈明华:《当代缅甸经济》，云南大学出版社 1997 年版，第 243 页。

少数民族发展法》（也称《边境地区与少数民族地区开发法》）。该法律为
边境地区开发制定了五项原则，即（1）促进边境少数民族地区的经济发
展；（2）重视并保存少数民族文化习俗；（3）增强各民族间的团结；
（4）通过兴建地方经济实业来彻底消除罂粟种植；（5）保持边境地区的
安全与和平及维护当地的法律和秩序。① 于是，这部法律对边境地区开发
提供了强有力的法制保障，边境地区开发被纳入法制轨道。

　　再次，新军人政府制订并实施《边境地区与少数民族地区发展总体
计划》。在1992年，中央政府开始组建边境与少数民族地区繁荣发展事务
部，负责管理边境与少数民族地区的开发管理组织体系。1993年初，边
境与少数民族地区发展中央委员会、边境与少数民族地区发展工作委员
会、边境与少数民族地区繁荣发展事务部、地区工作小组委员会及各省/
邦的负责人经过长达四个月的讨论，制订了《边境地区与少数民族地区
发展总体计划》，并由恢委会主席兼边境与少数民族地区发展中央委员会
主席丹瑞于1994年6月批准实施。该计划从1993年起到2004年止，为
期11年，分三个阶段实施。在此期间，政府将向边境地区拨专款127亿
缅元用于边境地区与少数民族地区的经济开发与发展。② 为保证该计划顺
利实施并能取得预期的效果，新军政府采取了诸多措施，如确保资金到
位；定期组织检查；改善政府与边民的关系，搞好边境地区民族关系；加
强舆论宣传报道；积极改善与周边国家关系，为边境开发创造良好的国际
大环境。③ 根据该计划，边境地区开发的主要地方集中在15个地区：
（1）实皆省的纳加人聚居区；（2）实皆省的卡邦谷地；（3）克钦第一特
区；（4）克钦第二特区；（5）崩龙族聚居区；（6）钦族聚居区；（7）若
开族聚居区；（8）德林达依山区；（9）克耶山区；（10）巴奥人聚居区；
（11）掸族聚居区；（12）孟邦山区；（13）佤族聚居区；（14）景栋东部
地区；（15）果敢地区。④ 这些开发集中的地区，基本上都是少数民族聚
居区。

　　边境地区开发取得了良好的效果，不但促进了边境地区与民族地区经
济的开发与发展，而且缓和了族际关系，加速了缅甸民族国家建设的历史

① 参见晓风《缅甸的边境地区开发战略》，《东南亚》1995年第4期。
② 同上。
③ 参见刘稚《缅甸边境民族地区开发计划》，《民族工作（今日民族）》1997年第6期。
④ 参见陈明华《当代缅甸经济》，云南大学出版社1997年版，第63页。

进程。从 1989 年到 1997 年，缅甸政府总共投入 85.4192 亿缅元，在近 20 万平方公里的 64 个镇区，519 万少数民族聚居的地区实施开发计划。[①] 边境地区开发战略的实施，使边境地区的基础设施、生产状况及民众生活水平得到了较大改善和提高，很大程度上缓和了族际矛盾与族际冲突，达到了军事手段无法达到的效果。据缅甸政府统计，截止到 2011 年底，先后有 40 余支少数民族反政府武装与中央政府达成了政治和解，有的签署了停火协议，有的完全放弃了武装对抗，有的被改编成民兵或编入中央政府的边防军。可以说，军政府的经济手段在化解族际矛盾、消除族际冲突及达成族际和解等方面可谓是功不可没。多数少数民族反政府武装与中央政府实现了政治和解，无疑对缅甸民族国家建设进程起到了重大的推动作用。以致后来民选政府总统吴登盛，在 2011 年 4 月 23 日主持召开的边境与少数民族地区发展中央委员会第一次会议上，呼吁新一届政府要采取措施促进边境发展，并指出："当前，落实边区开发和民族事务发展任务能够治疗像地方主义、种族主义这类目光短浅的毛病。"[②] 边境地区开发战略在推动族际关系正常化中的重大作用，从吴登盛的言辞中便可窥见一斑。

三　族际关系文化治理

作为历史文化共同体的民族，它的形成和维持的基础力量是共同的历史文化联系。有学者指出，"民族就是由一定的文化联结起来的人群共同体，每个民族都有自己的民族文化，一个民族失去自己的文化特征，丧失了自己的民族文化，也就丧失了自己的民族性，失去了民族自身"[③]。在多民族国家，有多少个民族，就有多少种文化，民族文化也是民族存续和发展的基础，各民族都把民族文化作为本民族区别于其他民族的标志，因而它们常常对各自的民族文化积极地进行维护。在多民族国家，族际文化治理是在尊重和发展各民族文化的基础之上，努力构建国族文化，进而提升国族认同的。族际关系文化治理成功的多民族国家往往能够锻造一个强健的国族，进而使国家能够持续保持稳定和统一的局面。而治理不成功的

---

①　参见钟智翔《缅甸武装力量研究》，军事谊文出版社 2004 年版，第 151 页。

②　《缅甸总统呼吁开发边疆》，新华网，2011 年 4 月 25 日（http://news.xinhuanet.com/world/2011—04/25/c_ 121342603. htm）。

③　周平：《民族政治学》（第 2 版），高等教育出版社 2007 年版，第 136 页。

多民族国家往往产生国族认同危机，民族分裂主义盛行，继而对多民族国家的统一和稳定构成实质性的威胁。可见，在多民族国家，族际关系文化治理是族际关系治理中一个极为重要的维度，也是最深层次的内容，族际关系文化治理对于多民族国家的意义不断彰显。

缅甸是一个多民族国家，民族成分复杂多样，各民族的民族文化也相去甚远。奈温政府摒弃吴努政府时期佛教国教化的政策，实施宗教信仰自由的政策，并推行一些有利于民族文化发展的措施，这些举措对于缓和族际矛盾具有重要的积极意义。然而，奈温政府实施这些举措的前提是捍卫作为国家领导核心的社会主义纲领党的地位，目标是实现国家统一和民族联合，一旦与此相悖，各民族人民宗教信仰自由的权利和发展本民族文化的权利就会被限制或取消。其实，吴努政府和奈温政府既没有处理好佛教与政治的关系，也没有处理好各民族文化发展的问题。新军人政府上台伊始，就继承了奈温的民族文化政策，效果可想而知。于是，新军人政府才开始调整民族文化政策。

（一）弘扬佛教与控制僧侣

缅甸佛教与政治的关系相当复杂。早在昂山统治时期，佛教对于个人的价值观是非常重要的，但昂山提倡宗教与政治分开。吴努上台后努力使佛教成为国家意识形态的核心，同时宣扬社会主义和民主。奈温在1962年上台后又恢复昂山的思想，主张政治与宗教分开，佛教不再是国家意识形态的核心。① 可以说，宗教与政治的关系问题一直困扰着缅甸的历届政府，吴努执政时努力扩大佛教影响的做法引发了严重的政治宗教争端。而奈温政府推行政治与宗教分开，严格禁止佛教参与政治事务，不仅激发了僧侣对政府的强烈反弹，而且宗教少数派与政府也产生了接二连三的冲突。

新军人政权上台后，基本上沿袭了奈温政府的佛教政策。1990年5月以昂山素季为首的全国民主同盟在举行的大选中取得了决定性的胜利，但作为最高国家权力机关的恢委会拒绝交出国家权力，此举引发了激烈的社会反弹，包括僧侣在内的社会各阶层对此强烈不满。1990年8月8日，在纪念"四个八运动"（1988年8月8日爆发的全国性示威游行运动）两

---

① 参见［印尼］冯德麦登《宗教与东南亚现代化》，张世红译，今日中国出版社1995年版，第231—232页。

周年上，学生和僧侣在曼德勒城市中心参加游行示威活动，抗议恢委会拒不交权，参加游行示威的僧侣大约有 1500 名。这次游行示威活动遭到了国家安全部队的压制，在冲突中有多名僧侣和学生被打死。于是，全国各族人民对恢委会的不满情绪迅速蔓延，僧侣在全国范围内掀起了一场宗教抵制运动。[①]

僧侣抵制运动影响十分大。1990 年 8 月 27 日，曼德勒 8000 多名僧侣拒绝为军人及其家属举行任何宗教仪式，并且拒绝接受他们的布施。[②] 此次宗教抵制运动波及许多城市，而且民众也加入抵制运动。抵制运动使军人处于一种尴尬地位，僧侣"不给军人做佛事就意味着开除了军人的佛教教籍，对军人的智慧和稳定极为不利"[③]。在抵制与压制、冲突与谈判中，军政府意识到采用奈温政府式的佛教政策，势必把僧侣推向自己的对立面，因而压制和削弱僧侣的做法得不偿失。于是，军政府开始大幅度调整佛教政策，既大力弘扬佛教，又加强对僧侣的控制，目的是维护军人政权的稳定和国家的统一。

在弘扬佛教方面，军政府积极主动争取与僧侣和佛教徒合作，推崇佛教文化。首先，军政府积极组织和参加佛事活动。恢委会主席丹瑞十分重视佛事活动，并且几乎每年都会参加每一次重要的佛事活动。其次，利用媒体大力宣扬佛教教义。军政府利用各种媒体，"报道政府领导人拜见高僧、布施物品消息等"[④]。再次，军政府积极调动僧侣的积极性，大幅度改善僧侣的待遇和生活条件，而且还建立了两所国家三藏经佛大学，派遣部分高僧去国外考察佛教教学，大规模地维修和新建佛教建筑，在边远地区推广佛教，并把寺庙教育纳入国民教育体现之中。[⑤] 由此可见，军政府通过大力弘扬佛教，推广佛教教义，试图以佛教精神来增强执政的合法性基础。

在大力弘扬佛教的同时，军政府也采用各种方式加强对僧侣的控制和管理。在缅甸历史中，不论是在缅甸民族国家构建的历史进程中，还是在缅甸民族国家建设的进程中，佛教在民族主义运动和民主运动中都发挥着

---

① 参见李晨阳《缅甸佛教的现状》，《东南亚研究》1998 年第 1 期。
② 参见贺圣达主编《当代缅甸》，四川人民出版社 1993 年版，第 166 页。
③ 李晨阳：《缅甸佛教的现状》，《东南亚研究》1998 年第 1 期。
④ 贺圣达、李晨阳：《列国志·缅甸》，社会科学文献出版社 2009 年版，第 90 页。
⑤ 同上。

关键性的作用。在缅甸民族国家构建的历史进程中，佛教在很大程度上加强了民族主义，对缅甸人民反抗外来侵略和争取民族解放发挥了巨大作用。这段时期，军政府把佛教当作民族主义者的新武器，对此，一位缅甸作家写道："因为它既为国家统一提供了手段，又为抵制外国统治提供了一种新的组织形式。"①　在缅甸民族国家建设进程中，佛教对于民主发展也做出了重大贡献。对此，一位外国学者指出，"任何真正领会到了佛教精神的人都知道民主是佛教给予缅甸的最好礼物"②。当军政府在竭力维护执政统治的情况下，就不得不对僧侣和佛教徒加强控制和管理，一旦僧侣和佛教徒参与政治，势必影响军政府的执政统治。

宗教对于现代民族国家的影响是相当大的，而且宗教与现代化的关系是相当复杂的。一般认为，宗教与社会相互影响；宗教影响信教者的思想和行为；宗教对外部环境能产生影响。③　在缅甸，信奉佛教的民众达到85%，政府对佛教的政策必然影响着绝大多数民众，这是一个关乎国家和社会稳定大局的问题。因此，新军人政府在大力弘扬佛教的同时，又规定政治事务与僧侣无关，认为"僧侣的工作对于信徒来说是要指导他们摆脱轮回，而不是获得民主；僧侣如果参见多党制的政治斗争，缅甸佛教就会分裂"④。于是，军政府进一步完善佛教管理机构和僧侣组织。"1991年5月9日缅甸政府成立了内政宗教部下属的佛教传播发展局，1992年3月20日又单独设立了宗教部，下设宗教管理局和佛教传播发展局，省（邦）和镇区恢委会设有对应的机构，以加强管理。"⑤　此外，军政府同时运用法律和暴力手段相结合的方式，规定禁止僧侣参加示威游行，不许俗人在寺院常住以防止反政府人员躲进寺院。虽然政府通过各种手段加强对僧侣的控制和管理，禁止僧侣参与民主运动，但事实证明，这些方式取得的效果并不是军政府所期望的那样，这从2007年9月爆发的"袈裟革命"就可以窥见一斑。缅甸爆发"袈裟革命"的直接原因是油价大幅上涨影响了普通民众的生活，但更为深层次的原因，是军人长期统治导致的

① ［缅］廷昂：《缅甸的独立斗争》，《新缅甸周刊》1959年1月。

② ［美］Melford Spiro, *Buddhism and Society*, New York, 1970, p. 431, 转引自［印尼］冯德麦登《宗教与东南亚现代化》，张世红译，今日中国出版社1995年版，第93页。

③ 参见［印尼］冯德麦登《宗教与东南亚现代化》，张世红译，今日中国出版社1995年版，第47页。

④ 李晨阳：《缅甸佛教的现状》，《东南亚研究》1998年第1期。

⑤ 同上。

社会压力需要释放以及军政府对民生问题的忽视。① 由此可见，不论军政府对僧侣如何进行控制和管理，僧侣依然能够在政治上发挥较大的影响力。在缅甸，佛教与民主似乎有一种天然的关系，因而"民主是佛教给予缅甸最好的礼物"的说法也就不足为奇了。

宗教与民族原本是两个不同领域、不同范畴的概念，正如安德森指出，"如果谁试图将'我的国家，无论对错'改成'我的宗教，无论对错'，他立即就能明白民族主义和宗教的分野之所在"②。尽管如此，宗教与民族在现实生活中的联系是密不可分的，"宗教是民族共同体得以产生的精神纽带，它对民族文化、民族意识、民族性格的发展起着重要的作用"③。有学者指出，"只因为现实生活中两者（宗教与民族）交织在一起，形成一种特别的关系，给人以宗教与民族总是分不开的感觉"④。事实上，宗教是民族的一个基本特征，也是民族分合的重要因素，"一个民族因信仰不同的宗教而发生分离，不同的民族也因信奉同一种宗教而聚合为新的民族"⑤。对于宗教与民族问题，引入政治学研究范式，就会发现宗教与民族在民族政治生活中的实质就是一个密切联系的统合体。因此，民族国家政府的宗教政策，必然对民族产生重大的影响。缅甸新军人政府大力弘扬佛教并努力控制僧侣的政策，其实质就是一种民族文化政策。军政府通过弘扬佛教，根本目的是维护各民族的团结并实现国家的统一。那么，军政府严格控制和管理僧侣，限制他们参与民主政治运动，就是防止宗教破坏民族团结和力避国家动乱。

这一点，从军政府大兴宗教建筑和大搞宗教仪式就可以得到有力印证。有学者指出，"宗教建筑和宗教仪式是加强社区团结和扩大村民眼界的一种方式。为建造、修理和维持宗教建筑以及举行宗教仪式所作的共同努力可以加强人们的团结"⑥。对于宗教仪式的功能和作用，还有学者认

---

① 参见李晨阳《"袈裟革命"后看缅甸军人政体》，《世界知识》2007 年第 21 期。

② ［美］本尼迪克特·安德森：《比较的幽灵——民族主义、东南亚与世界》，甘会斌译，译林出版社 2012 年版，第 459 页。

③ 陈纪、高永久：《论宗教与民族政治》，《新疆社会科学》2008 年第 5 期。

④ 吕建福：《论宗教与民族认同》，《陕西师范大学学报》（哲学社会科学版）2006 年第 5 期。

⑤ 同上。

⑥ ［印尼］冯德麦登：《宗教与东南亚现代化》，张世红译，今日中国出版社 1995 年版，第 155 页。

为，"从社会的角度看，宗教仪式有以下作用：加强社会联系和家族联系，巩固地位，提高威信，支持当权者，表示相互之间的义务"①。这些学者对于宗教建筑和宗教仪式的功能与作用的精彩阐释，用来描述军政府的宗教政策取向应该说是恰如其分、毫不夸张。可见，军政府弘扬佛教是一种族际关系治理有效的路径。

（二）保护民族文化遗产

保护民族文化遗产是事关一个民族国家未来的特殊工作。这是因为民族文化遗产镌刻着一个民族国家文化生命的密码，蕴含着民族特有的精神机制、思维方式、想象力和文化意识。② 民族文化遗产是民族文化的重要组成部分，是民族的根本特征之一，也是一个民族国家文化发展的基础力量。任何一个民族要客观、深刻地认识自我，既需要通过文化遗产来认识自我，也需要通过其他民族文化遗产来认识其他民族。一个民族国家的民族文化遗产能够让各族民众了解、认识本民族的历史，从中汲取创造的力量，提高民族自信心，增强民族自豪感，激发各族人民的爱国热情，有利于促进各民族的团结与进步。③ 毋庸置疑，保护民族文化遗产对于民族国家来说意义十分重大。民族文化遗产中蕴含的文化经验和文化智慧，对于民族国家文明体系的发展具有重大作用。保护民族文化遗产不但对构建多民族国家的国族文化有重要的作用，而且对多民族国家民族凝聚力的增强和民族团结的促进也有十分重要的意义。因此，保护民族文化对于民族国家建设的意义不彰自显。

在奈温时期，政府采取了一系列保护民族文化的政策，如保护民族语言、传统习俗和文化艺术等举措。缅甸社会主义纲领党在阐释民族政策时规定："要在纲领党的领导下，保护各个民族的宗教信仰和传统习俗，并以各种民族活动的形式付诸实践。"④ 奈温政府保护民族文化的前提条件是确保纲领党的领导，目的是促进民族联合和国家统一。事实上，这是一种自相矛盾的政策，后来的事实证明，奈温政府的民族文化政策存在很多弊端，这也就可以看出奈温政府对民族文化内涵及外延片面的理解。

①　H. 刘易斯：《伊利甘地稻农》，夏威夷大学出版社1971年版，第164页，转引自［印尼］冯德麦登《宗教与东南亚现代化》，张世红译，今日中国出版社1995年版，第155页。
②　参见魏华《保护民族文化遗产的思考》，《文物世界》2008年第4期。
③　同上。
④　林锡星：《揭开缅甸神秘的面纱》，广东人民出版社2006年版，第25页。

有一位缅甸学者钦貌纽博士对缅甸民族文化对于民族国家发展功能和作用阐释是独到而全面的，他认为"历史和文化是缅甸文明的源泉，它们铸就了缅甸的民族独立和民族特性；缅甸的存在因历史和文化而保持了她内在的适应力……在把缅甸建设成一个和平、繁荣、发达的现代化国家的过程中，民族文化都起着决定性的作用……所以必须保护文化遗产和民族特性"①。新军人政府执政20余年来，积极推动民族国家建设，尤其是努力推动国家的现代化进程。在推动现代化进程中，新军人政府认识到民族文化对国家现代化的作用，割裂各民族文化，无视民族文化遗产，不仅不利于缅甸各民族的团结，而且还会加剧各民族的隔阂。缅甸要建设成一个现代化国家，就必须保护各民族文化，尤其是要保护各民族的民族文化遗产，从而彰显民族特性。

四 族际关系社会治理

族际关系社会治理是指对多民族国家内影响族际关系的社会问题进行治理的行为和方式，也是民族国家社会公正得以实现的必由之路，当然它还是族际关系治理的重要维度。在当代民族国家，国家与社会的关系成为民族国家无法回避但又必须协调的一组重要关系。随着社会的发展，社会问题也随之不断凸显，国家与社会的张力呈现越发紧张的态势，族际关系社会治理的重大意义不断彰显。如果社会成员高度认同现行国家政治共同体，那么民族国家的制度框架的根基就会牢靠而稳固；如果社会成员对现行国家政治共同体产生认同危机，民族国家的制度框架无疑会面临松动或解构的危险。各民族社会成员对国家政治共同体的认同的程度，很大程度上由经济、政治和文化等各种权利在社会成员的分配中体现多大的公平程度。

自缅甸民族国家建立以来，由于各种原因造成了缅甸社会发育相当迟缓，社会治理水平极为低下。事实上，人们很难说清缅甸是否有一套社会公共服务体系，也很难确认是否存在一套社会保障机制，利益分配不均衡、权利义务不平等现象十分突出，这些社会问题在族际关系中都有不同程度的表现形式，已经成为严重影响缅甸族际关系的社会性因素。新军人

---

① 李晨阳：《军人政权与缅甸现代化进程研究》，博士学位论文，云南大学，2006年，第322页。

政府执掌国家政权后，面临着民族国家建设的迫切任务，提出了四项社会发展目标，即（1）全民族的行为准则和道德规范，振奋民族精神；（2）提高本国的国际声誉，弘扬缅甸的传统文化；（3）发扬爱国主义精神；（4）促进全民族教育卫生事业的发展。① 继而，新军人政府出台了各种举措，努力不断推动教育、卫生、体育等事业发展及禁毒工作的展开，这些对消除影响族际关系的社会性因素起到相当重要的作用。当然，由于族际关系社会治理需要一定的制度保障、物质基础和精神支撑，而这几个方面恰恰是新军人政府面临的巨大困难和挑战，因而缅甸族际关系社会治理依然任重而道远。

（一）推动少数民族地区教育事业发展

缅甸的文化教育事业一直都比较落后，识字率低下。早在吴努政府时期，为建设"缅甸式社会主义"，联邦革命委员会就对含有殖民统治色彩的教育制度和教育政策做了重大调整。奈温政府上台后，提出了要让国民接受最起码的读、写、算等基础教育，而且也开始重视各省/邦之间教育事业的平衡发展。在奈温政府时期，少数民族地区的小学、中学和大学得到了一定的发展，而且政府也培养了一批少数民族干部。但是，缅甸的教育事业总体还是相当落后，一是因为教育经费投入不足，二是因为关起门来搞教育的政策存在严重的弊端。更为严重的是，在大学招生和分配制度上的民族歧视政策，严重影响了高等教育的平衡发展，少数民族地区与缅甸本部的教育水平存在很大差距。

新军人政府上台后，十分重视缅甸教育事业的发展。1989 年 5 月，军政府设立"边境地区与少数民族发展委员会"，并下设 18 个工作小组，其中就有教育工作小组，专门负责边境地区与少数民族地区文化教育事业的发展。1992 年"边境地区与民族发展部"的成立，说明少数民族地区的教育事业发展被纳入该机构的管理之中。1993 年军政府成立了《边境与少数民族地区发展法》，表明少数民族地区教育事业发展被纳入法制轨道。1994 年《边境地区与民族发展总体计划》的出台，标志着少数民族地区教育事业发展被纳入边境地区长远且系统的发展规划之中。经过新军人政府的推动，缅甸少数民族地区的基础教育、职业教育、妇女教育都得到了较好较快的发展。

① 贺圣达：《走向 21 世纪的东南亚与中国》，云南大学出版社 1998 年版，第 165 页。

　　首先，在基础教育方面，少数民族地区取得了较快的发展。长期以来，缅甸少数民族地区，特别是边境地区，除了一些寺院教育之外，世俗基础教育相当缺乏，小学和中学教育都十分落后，以至于大部分边民都是文盲。虽然奈温政府时期推行了大规模的扫盲运动，但是少数民族地区的民众依然有很多文盲，尤其是边远山区，政府也是鞭长莫及。这种状况既不利于少数民族地区及边境地区社会经济的发展，也不利于中央政府政令的畅达，因而少数民族地区的基础教育给国家的边疆治理带来了巨大的挑战。有鉴于此，军政府就成立了"缅甸基础教育局"作为专司机构，并加大对少数民族地区基础教育的投入，"从 1989 年 4 月至 1995 年 3 月，政府共出资 1.78 亿缅元用于发展边境地区的基础教育。到 1994 年 12 月止，共兴建了 227 所公立小学、19 所公立初中和 2 所公立高中"①。为解决师资力量缺乏难题，缅甸基础教育局力争国际援助，与联合国教科文组织和联合国发展计划署合作，实施了一项为边境地区培养和输送教师的计划。联合国发展计划署出资 100.4 万美元，缅甸政府出资 4023.3 万缅元，用于改善现有师范院校的办学条件、开设新的培训课程，提高受训教师的授课水平。② 另外，还把 1964 年成立的联邦民族发展学院升格为联邦民族大学，培养少数民族干部的同时，兼顾培养边远地区各类师资，既培养小学教师，也培养初中教师。由于军政府的重视，少数民族地区和边境地区基础教育事业发展有了很大的改观。1989 年至 2004 年，少数民族地区和边境地区"新建了 65 所高中，58 所初中和 644 所小学。边境地区的高中生达到了 7381 人，初中生 32036 人，小学生 69204 人，共计 108621 人。与 1989 年的 1541 个小学生和 12 个初中生相比，边境地区的学生数量增加了 69 倍"③。由此可见，在军政府的推动下，少数民族地区及边境地区的基础教育已非昔日可比。

　　其次，在职业教育方面，少数民族地区及边境地区也得到了较好的发展。《边境地区与民族发展总体计划》是一个涵盖各方面、各领域发展的长远且系统的规划。根据规划，军政府必须加强少数民族地区和边境地区的基础设施建设，电力建设，通信建设，以及大力扶持农、林、牧、矿、工

---

　　① 晓风：《缅甸的边境地区开发战略》，《东南亚》1995 年第 4 期。

　　② 同上。

　　③ 李晨阳：《军人政权与缅甸现代化进程研究》，博士学位论文，云南大学，2006 年，第 300 页。

商业等方面。只有推动各方面的建设和发展，才能真正落实总体计划，边境地区和少数民族地区的发展才能全面推进。在这过程中，需要大量具备各种技术和技能的工人。为此，军政府十分重视职业教育，把职业教育与边境地区发展有机结合起来，既为边境地区发展提供各种专业人才，又可以拓宽边民的谋生渠道。军政府在少数民族地区及边境地区开办民族青年发展学校，向入学青年学员教授农业、林业、畜牧业、矿业、通信业、能源等各种生产和操作技能。据统计，1989 年至 2004 年，政府在滚弄、景栋、莱梅、哈卡、迪登等边境地方"开设了 19 所少数民族青年发展培训学校、16 所家政学校"，而且，还"在仰光和曼德勒分别设立了一所少数民族青年资源发展学位学院"[①]。自开设各种职业学校以来，一大批少数民族青年接受了职业教育，仅在 2003/2004 年度，就有 1749 名少数民族青年在这 19 所少数民族青年培训学校中学习，141 人在少数民族青年资源发展学位学院大学毕业或取得了学位。[②] 可见，少数民族地区和边境地区的职业教育发展势头良好，职业教育正沿着经济发展的轨道前进。

再次，在妇女教育方面，少数民族地区及边境地区也得到了较为可观的发展。少数民族地区及边境地区经济发展落后，妇女除了在家搞一些传统的工艺之外，并无其他收入。而缅甸的邻国，如泰国、中国经济发展较快，这些国家的边境地区的经济也随之较快发展。因此，很多少数民族地区及边境地区的青年妇女跨过边界前往泰国和中国等邻国谋生就业，而且这种现象日渐突出。为此，军政府在边境地区开办家政职业培训学校及举办各种职业培训班，"专门向青年妇女传授烹饪、缝纫等技能和医疗卫生常识；引导她们树立自尊意识以提高道德素质；鼓励她们用所学技能自食其力"[③]。这些家政职业培训学校，不但提高了青年妇女的技能，而且还增强了她们的职业道德，为她们出国谋生练好了基本功。据统计，从 1989 年到 2004 年，军政府一共开设了 16 所针对妇女的职业培训学校，共计有 12717 名青年妇女接受了培训。[④] 由于军政府的重视，少数民族地

① 李晨阳：《军人政权与缅甸现代化进程研究》，博士学位论文，云南大学，2006 年，第 300 页。

② 同上。

③ 晓风：《缅甸的边境地区开发战略》，《东南亚》1995 年第 4 期。

④ 李晨阳：《军人政权与缅甸现代化进程研究》，博士学位论文，云南大学，2006 年，第 300 页。

区和边境地区的妇女职业教育取得了较为可观的发展，既提高了青年妇女的文化素质，也提高了她们的职业技能，还增强了她们的职业道德感，她们的家庭收入也大大增加，可谓一举多得。

（二）推动少数民族地区卫生事业发展

在多民族国家，少数民族地区卫生事业的发展问题是事关民族素质、民族团结的大问题。如果少数民族地区卫生事业发展水平低下，势必影响少数民族地区的社会稳定和社会发展，因此而产生的负面影响必定波及多民族国家的稳定、统一和发展。推动少数民族地区卫生事业的发展，不但可以消除民族差异，还可以发展民族经济，进而有利于区域经济平衡发展与民族关系的和谐发展。因此，少数民族地区卫生事业的发展是事关多民族国家全局的重要问题。

自缅甸民族国家建立以来，吴努政府努力改变缅甸医疗卫生事业落后的情况，采取了两手抓的政策，既广泛运用西方医学和医药，也努力挖掘缅甸民族医学中的草药秘方，倡导缅医西医相结合的方法。但是缅甸的医疗卫生状况并无有效的改善，少数民族地区卫生事业发展水平依然低下。奈温政府上台后，制定了缅甸卫生事业发展的方针政策，加大对医疗卫生事业的投入，努力促进国民体质的提高。经过大力推动，缅甸医疗卫生事业发展取得了一定的成绩，少数民族地区医疗卫生事业发展水平也有所提高，但根本性问题依然难以解决。

新军人政府执政后，在发展经济的同时，相当重视发展缅甸的医疗卫生事业。军政府制定了新的国家卫生政策，主要内容有：（1）为实现使全体人民身心健康的"人人健康，2000 年"的目标，制订国家卫生计划，以初级卫生保健为基础做好卫生工作；（2）在国内培养熟练的卫生工作人员，以适应长期卫生发展计划的需要；（3）严格执行有关药物的现行法律；（4）开辟卫生经费和筹集基金的新渠道；（5）相关政府各部之间通力合作开展卫生工作；（6）为提高人民体质，鼓励人民群众积极参加体育活动，奖励杰出运动员，同时要发掘传统体育运动项目；（7）鼓励开展缅医研究，加强与国际合作。① 在推动整个国家卫生事业发展的同时，军政府也高度重视少数民族地区和边境地区医疗卫生事业的发展。

虽然经过历届政府的推动，但由于客观条件和历史原因的影响，缅甸

---

① 参见李谋、姜永仁《缅甸文化综论》，北京大学出版社 2002 年版，第 294 页。

少数民族地区和边境地区的民众严重缺医少药现象屡见不鲜，卫生条件依然很差，死亡率和发病率还是居高不下。根据联合国开发计划署统计，缅甸的婴儿死亡率为 8%，大部分发生在少数民族地区，而泰国的婴儿死亡率为 3%，整个发展中国家平均 6.4%。[①] 新军人政府设立"边境地区与少数民族发展委员"时，就设立卫生工作小组，并立法为少数民族地区卫生事业发展提供制度和法律保障。《边境地区与民族发展总体计划》的制订，少数民族地区和边境地区卫生事业发展才有整体和长远的规划。为了支持边境地区卫生事业发展，军政府派遣大量医务人前往边境地区服务。对于疟疾、腹泻等发病率较高的疾病，军政府在各地举办卫生防疫讲座。针对发病季节，政府还派遣医疗队到边区巡回医疗。[②] 为了进一步发展少数民族地区医疗卫生事业，军政府还争取世界卫生组织和联合国国际儿童急救基金组织的援助。1989 年至 2004 年，政府在边境地区新建 54 所医院、32 个农村医护中心、53 个健康分支机构和 81 个边境地区防治站。[③] 由于军人政府采取各种措施，少数民族地区和边境地区的卫生条件得到了较大改善。

缅甸少数民族地区医疗卫生事业发展工作是族际关系社会治理的重要路径之一。民族卫生事业发展工作"关系到民族地区各项建设事业的发展和各民族人民的身体健康，关系到增进民族团结、建设边疆和巩固国防的大事，是一件不容忽视而必须做好的工作"[④]。对于少数民族卫生事业，军人政府高度重视，采取了一系列举措，把少数民族地区及边境地区的卫生事业发展纳入国家整体发展的轨道中，民族卫生事业有了很大的改善和发展。缅甸少数民族地区及边境地区卫生事业发展工作的顺利展开，有利于缅甸的民族团结和边疆治理，有利于缩小族际差异，推动族际关系朝正常化方向发展。

（三）加强禁毒工作

毒品已经成为世界性的"瘟疫"，在全球迅速蔓延，严重危害着人类健康和国际社会的安宁，威胁着当代民族国家的安全和稳定。因而，毒品

---

① UNDP Human Development Report, 2000.

② 参见晓风《缅甸的边境地区开发战略》，《东南亚》1995 年第 4 期。

③ 参见李晨阳《军人政权与缅甸现代化进程研究》，博士学位论文，云南大学，2006 年，第 300 页。

④ 吴仕民主编：《民族问题概论》，四川人民出版社 2007 年版，第 273 页。

问题既成为全球治理的重要对象，也成为当代民族国家治理的重要内容。东南亚的"金三角"、西南亚的"金新月"、南美洲的"银新月"以及黎巴嫩的贝卡成为世界四大毒品产地。其中被冠称的"金三角"地区，主要包括缅甸北部的掸邦、克钦邦和泰国及老挝的几个府、省。缅甸既是毒品的主要生产基地，也是深受毒品危害的受害者。缅甸"国内毒品原植物的种植面积和毒品产量均居世界第一位"①，官方报道"全国正式登记的瘾君子有 3 万人"，非官方估计"约有 16 万人"，国外报道"有 60 万人"②。毒品问题已经成为缅甸面临的主要社会问题之一，也是影响族际关系的社会性因素之一。

缅甸掸邦和克钦邦是世界上最优质的鸦片产地，英国殖民者早在占领缅甸后就把罂粟种子带到了这两个邦区。后来，由于国民党残军逃窜到缅甸北部，大力鼓励当地少数民族种植鸦片。继而，毒枭坤沙和星罗汉等人率领的自卫队武装、缅甸共产党以及其他的少数民族反政府武装使缅北地区毒品更加泛滥。历经他们的种毒、制毒和贩毒活动，缅北地区罂粟的种植范围、种植面积在奈温政府时期呈扩大趋势，毒品贸易活动也越来越猖獗。毒品的产地，从原来的掸邦和克钦邦扩展到几乎整个缅北地区，以至于这块土地开满了鲜艳的罂粟之花。尽管奈温政府也曾对毒品贸易采取了一系列的军事打击，但收效甚微。

事实上，缅甸的毒品问题是一个多种因素综合作用的复杂问题，既有上述历史因素，也有民族因素、经济因素、政治因素，还有国际因素，多种因素相互交织在一起，难解难分。首先，对于少数民族农民众来说，特别是当地掸族、佤族、苗族、克伦族、瑶族和傈僳族等少数民族民众来说，种植罂粟是他们家庭的主要收入来源，而且种植因素的经济收益远高于种植其他农作物。因此，少数民族民众不愿意放弃罂粟种植，甚至阻挠政府的禁毒工作。其次，对于少数民族反政府武装来说，毒品是他们生产和发展的基础。面对政府的军事打击，少数民族反政府武装通过种植罂粟、制贩毒品获得维系其生产和发展所需的经费与武器装备，逐渐形成了"以毒养军、以军护毒"③ 的局面。正所谓贩毒与暴力活动乃一丘之貉，

---

① 刘博：《缅甸毒品问题及对我国构成的危害》，《东南亚南亚信息》1997 年第 16 期。

② 参见林锡星《缅甸"金三角"的人文地理与毒品贸易》，《东南亚研究》2001 年第 4 期。

③ 参见董泽林《"金三角"地区毒品问题令人堪忧》，《东南亚之窗》2012 年第 1 期。

这就是对"以毒养军、以军护毒"恶性循环局面的最佳诠释。再次，奈温政府曾采用"以夷制夷"的策略也在很大程度上助长了毒品的泛滥。由于政府为了打击缅甸共产党和少数民族反政府武装，往往与毒枭合作来达到打击缅共和反政府武装的目的。这样一来，政府就睁只眼、闭只眼默许毒枭制、贩毒品，这种不明朗的态度一度助长了制贩毒品活动的猖獗。最后，毒品问题已经朝制贩多样化和多渠化、产销一体化和国际化的方向发展。缅甸毒品问题不仅仅是缅甸国内的问题，它已经超越了国界成为一个国际性问题。毒品产销一体化和国际化使政府禁毒行动无法取得真正的效果。"在泰缅边境的海洛因提炼厂也在提炼从掸邦内地买来的鸦片，而提炼好的海洛因正在通过掸邦东部的缅甸大其力镇源源不断地流入国际毒品市场。"[1] 奈温政府对毒品贸易打击并不成功，制毒贩毒的国际化也是其原因之一。由此可见，缅甸毒品问题涉及历史、民族、经济、政治和国际等因素，且各种因素相互交织杂糅在一起，因而毒品问题已经成为缅甸一个相当复杂、屡禁难绝的问题。

　　缅甸毒品的泛滥不仅影响多民族国家的稳定，而且使缅甸面临着国际压力。缅甸毒品问题严重危害包括缅甸人民在内的世界各国人民，国际社会要求缅甸彻底禁绝毒品的呼声日渐高涨。新军人政府上台后，加大了禁毒力度，出台了一系列禁毒政策，采取了诸多禁毒举措，而且努力加强与国际社会合作，通过建立多轨禁毒机制，力图根绝罂粟种植与毒品制贩。

　　第一，加强控制毒品滥用宣传教育活动。新军人政府使 1975 年成立的缅甸中央控制毒品滥用委员会继续发挥重要作用。中央控制毒品滥用委员会作为对毒品滥用管制的机构，职能"制定政策、对有关毒品滥用控制进行指导，协调有关各部门的关系、对规划发展进行评估，并在必要时通过部长议会采取指导措施，执行中央委员会制定的有关毒品滥用控制的各种措施"[2]。为了让国民认识到毒品的危害，在中央委员会的倡导下，中央控制毒品滥用委员会会同卫生部、教育部等相关部门开展控制毒品滥用的宣传活动。此外，中央控制毒品滥用委员会还通过电台、电视台和报刊等媒体向民众进行宣传教育，号召民众远离毒品、珍爱生命。

　　第二，实施替代种植。军政府上台不久就制订替代种植计划。替代种

---

①　《缅甸毒品卷土重来》，《东南亚南亚信息》1996 年第 15 期。

②　董海云：《缅甸禁毒近况》，《东南亚研究》1991 年第 3 期。

植就是用农作物种植来代替罂粟种植，从而提高罂粟种植区少数民族民众的生活水平，促进社会经济良性发展。1989 年，军政府制订了一个为期 10 年的替代种植计划。1993 年军政府颁布《边境地区与民族发展法》，明确规定要通过发展经济实业来彻底铲除毒品生产。到 1994 年底，已在果敢地区、佤族地区进行了 1000 英亩的农作物替代种植。① 1999 年，军政府制订并实施了一项为期 15 年的长期禁毒计划，这项计划从 1999 年至 2014 年，预计耗资 2.55 亿美元。该项计划包括用水稻、甘蔗、棉花、橡胶等农林作物替代罂粟种植，从而提高罂粟种植地区少数民族民众的生活水平。通过替代种植计划的实施，罂粟种植面积"从 1996 年的 16.3 万公顷下降到了 2003 年的 4.7 万公顷"②。也有统计数字显示，缅甸罂粟种植面积从 1998 年的 13.03 万公顷下降到 2009 年的 3.17 万公顷。③ 如今，替代种植逐步向替代产业、替代经济和替代发展的更高层次转型，替代种植开始向养殖业、加工业、旅游业等领域深入发展。

第三，加大力度打击毒品犯罪活动。为了对制毒贩毒进行有效的打击，缅甸多个部门密切合作，取得了良好的效果。据缅甸中央禁毒委员会的统计，1988 年至 1999 年，在军队、警察和海关的通力合作下，缅甸共侦破各类毒品案件 5 万多起，抓捕毒品案犯 7 万余人，缴获鸦片 2.98 万公斤、海洛因 4448 公斤、大麻 6880 公斤、制造毒品用的化学添加剂 50 多万公斤、兴奋剂 5589 万片、捣毁海洛因提炼厂 110 家。此外，缅甸还捣毁 3.7 万多公顷的因素，从而使鸦片产量每年减少 400 吨。④ 军政府对于制毒贩毒活动，一直采取铁腕政策，进行坚决打击。据统计，2007 年缴获大麻 104 公斤，2008 年缴获 170 公斤，2009 年缴获 284 公斤，2010 年前 3 个月就缴获 61.3 公斤。⑤ 据官方统计，仅 2011 年，缅甸全年破获

---

① 参见刘稚《缅甸的边境民族地区开发计划》,《民族工作（今日民族）》1997 年第 6 期。

② 李晨阳：《军人政权与缅甸现代化进程研究》，博士学位论文，云南大学，2006 年，第 300 页。

③ 参见王娇、普艳梅《缅甸禁毒执法现状及国际合作》（编译），《云南警官学院学报》2011 年第 1 期。该文来源于缅甸内政部办公室副主任 Mr. Wai Zin Tun 参加"2010 年亚洲禁毒研修班"提交的缅甸禁毒报告。

④ 参见段廷常《缅甸禁毒成果显著》,《东南亚纵横》2000 年第 10 期。

⑤ 参见王娇、普艳梅《缅甸禁毒执法现状及国际合作》（编译），《云南警官学院学报》2011 年第 1 期。该文来源于缅甸内政部办公室副主任 Mr. Wai Zin Tun 参加"2010 年亚洲禁毒研修班"提交的缅甸禁毒报告。

涉毒案件 2617 起，追究了 3991 人的法律责任。① 可见，军政府打击毒品犯罪的决心和力度是很大的，也取得了可观的成效。

第四，加强禁毒的国际合作。缅甸毒品问题不仅仅是缅甸国内的问题，它还是一个国际性问题。为了取得更好的禁毒效果，缅甸政府的禁毒国际合作有三种类型，即区域合作、双边合作及跨境执法合作。首先，缅甸政府加强与联合国、东盟的禁毒合作。缅甸于 2003 年加入国际麻醉药品管制局，积极参加联合国禁毒委员会大会并于 2004 年加入委员会，加强与联合国毒品和犯罪问题办公室的合作，等等。另外，缅甸加强与东盟的禁毒合作，参与东盟"无毒区计划"，积极参加并承办东盟禁毒会议。其次，缅甸与相关国家开展双边禁毒合作。缅甸积极参加与中国、泰国、老挝、柬埔寨、越南、印度以及美国等西方国家的双边禁毒合作。与多国签署了双边合作协议来控制毒品贩运和滥用。其中，中缅双边禁毒合作成绩斐然，引人注目。仅在 2003 年，中国云南省与缅甸警方就联合开展 22次国际禁毒合作，其中有一次捣毁了一个最大规模的毒品加工厂，"当场击毙毒贩数名，抓获犯罪嫌疑人 37 名，缴获毒品 466 千克，枪支 31 支，地雷、拉雷、火箭弹等 147 枚，汽车 4 辆，运输骡马 13 匹"②。再次，缅甸积极开展跨境执法合作。缅甸与泰国经常开展跨境执法合作会议，开展边境地区联合行动和执法合作。缅甸与中国从 2001 年开始召开跨境执法合作会议，相互移交涉毒犯案人员。缅甸与印度早在 1993 年就签署了毒品控制合作协议，之后每半年就举行一次跨境执法会议。

由于历史和现实的原因，缅甸形成了"以毒养军、以军护毒"的恶性循环的境况。只有禁绝毒品、切断少数民族反政府武装的经济来源，才能迫使少数民族反政府武装就范，令其解除武装，向政府投诚，最终实现民族和解。为此，军政府通过采取各种措施，执行各种政策，积极开展禁毒工作，取得了良好的禁毒效果。1996 年，坤沙集团向政府的公开投诚，彰显了政府禁毒工作的良好成效。作为影响缅甸族际关系的社会性和经济性因素的毒品问题，目前虽然并不能彻底解决，短期内要实现无罂粟种植是不可能的，但是随着禁毒工作的积极开展和禁毒成效的显现，毒品问题

---

① 参见《缅甸宣布延长禁毒计划》，新华网，2012 年 10 月 6 日（http://news.xinhuanet.com/world/2012—10/06/c_ 113285667. htm）。

② 梁晋云：《缅甸禁毒现状研究与思考》，《东南亚纵横》2004 年第 8 期。

的危害逐渐下降，少数民族反政府武装的经济窘境也不断显现，因而越来越多的少数民族反政府武装开始向政府投诚。毫无疑问，通过解决毒品问题促进国内民族和解，从而实现族际关系正常化，是一条符合现实逻辑的路径。

第二节　新军人政府时期族际关系治理的价值取向

在多民族国家族际关系治理中，价值取向是根本问题和核心问题，决定着族际关系治理的总体走向或发展趋势。多民族国家族际关系治理的价值取向选择决定了族际关系治理的成功与否，关系到民族国家建设是否顺利进行。但是，族际关系价值取向作为一种价值底蕴，并不具备自我实现的能力，需要靠民族国家通过族际关系治理的各种维度或方式来进行具体实践。因此，多民族国家的族际关系治理是通过族际关系治理的价值取向与族际关系治理的维度或方式的具体互动中实现的。在缅甸，奈温政府时期的族际关系完全是一种片面的"国家主义"取向和强硬的"民族一体化"取向，而它们与族际关系治理维度和方式的具体互动中，族际关系进一步恶化，族际矛盾更加凸显。新军人政府执政后，族际关系的价值取向做了很大调整，秉承理性的"国家主义"，即民族国家建设取向，以及民主化取向。在价值取向的影响下，新军人政府采取了一系列治理方式，缅甸的族际关系逐渐朝正常化方向发展，长期困难缅甸的族际关系问题终于迎来了一线曙光。

一　民族国家建设取向

民族国家建设取向其本质上是一种"国家主义"取向，但这是一种建设性的、符合民族国家本质特征的价值取向，是对民族国家本质特征的内在要求和现实呼唤的有力回应。民族国家建设取向既能体现"民族属性"和"国家属性"，又能对"民族属性"和"国家属性"进行有效的整合。新军人政府时期的族际关系治理蕴含着民族国家建设取向，这种取向既尊重缅甸各民族生存和发展的要求，也重视维护多民族国家政治共同体的稳定、统一和发展。

（一）民族国家建设取向的本质内涵

在当代多民族国家，族际关系治理的"国家主义"取向比"民族主义"取向更加可取，因为"国家主义"取向是民族国家建设的内在要求。正如有学者指出，族际关系治理如果取向于民族，民族群体的利益就成为优先的选择，进而就会强调各个民族利益的多元化、分殊化和差异性，要求从民族群体利益的角度来调节族际关系；如果取向于国家，国家利益就成为优先的选择，就必然强调国家的整体性、各个民族群体的共同性和相互融合，从国家利益的角度来调节族际关系。① 当然，值得指出的是，"国家主义"取向并不是忽视或否定少数民族的特殊性和少数民族成员的族属关系，而是把国家的整体利益放置至上地位，始终把国家利益放在族际关系治理的出发点和追求的目标，这样就能牢牢抓住维护多民族国家统一和稳定这个主题，从而有利于筑牢民族国家制度架构的根基。② 在当代多民族国家中，族际关系治理的"国家主义"取向逐渐具体化、明朗化，更加具有建设性的意义。于是，民族国家建设取向便成为当代多民族国家族际关系治理秉承的最基本的价值取向。

民族国家建设取向本质上是一种"国家主义"取向，但这是一种建设性的、符合民族国家本质特征的价值取向。民族国家建设取向是对民族国家本质特征的内在要求和现实呼唤的有力回应。民族国家具有人民性、民族性和主权性等最基本的特征，因而民族国家就是民族对国家认同基础之上的主权国家。当代多民族国家的族际关系治理，涉及民族与民族国家这个相当复杂而又联系紧密的政治历史现象。因此，多民族国家的族际关系治理既要体现民族国家的"民族属性"，也要兼顾民族国家的"国家属性"。换言之，多民族国家的族际关系治理既要充分体现多民族国家各民族生存和发展的内在要求，又要维护多民族国家政治共同体的稳定和统一。令人欣慰的是，民族国家建设取向恰恰能够同时体现"民族属性"和"国家属性"，而且还能对"民族属性"和"国家属性"进行有效的整合。

民族国家建设取向作为一种最基本的价值取向，既充分涵盖了民族国

---

① 参见周平《论多民族国家民族问题的治理》，《晋阳学刊》2013 年第 3 期。

② 参见钟贵峰《论多民族国家的族际关系治理》，《湖北民族学院学报》（哲学与社会科学版）2013 年第 6 期。

家的人民性、民族性和主权性等基本特征，也包含了族际关系政治治理、经济治理、文化治理和社会治理等维度中所蕴含的人民性、民族性和主权性等特征的分向度。因而，秉承民族国家建设取向，多民族国家的族际关系治理便充分体现了人民性、民族性和主权性等特征向度。如果"离开了民族国家建设的向度，背离了维护多民族国家统一的价值取向，族际关系治理就会偏离正确轨道，破坏民族国家的存在"①。

　　综观世界，大多数民族国家处于民族国家建设时期，而且处于国家现代化的历史进程之中。塞缪尔·亨廷顿对于这些处于现代化的民族国家面临的问题有一段精彩的描述："这些现代化中的国家在第二次世界大战以后的政治演变状况具有下述基本特征：种族冲突与阶级冲突日益加剧，暴力事件迭起，军人政权频繁，反复无常的领导人物掌权并常常推行灾难性的经济改革和社会政策，内阁大臣与文职人员普遍而公开地贪污营私，任意侵犯公民的权利和自由，行政效率和效能日渐低下，都市政治集团的疏离感极为普遍，立法机构和法院皆丧失了自己的权威，社会基础庞杂的各政党发生分裂甚或完全解体。"② 有鉴于此，民族国家建设是围绕政治整合与政治统一、民族认同与国家认同整合、国族整合与国族建设、现代国家建设与发展等主题展开的。因此，民族国家建设的取向，必然包含上述几个重要的主题向度。

　　（二）族际关系治理中民族国家建设取向的体现

　　奈温政府时期族际关系治理的"国家主义"取向，忽视或否定了少数民族成员的族属关系和少数民族的特殊性。在这种价值取向的影响下，缅甸族际关系治理并没有取得良好的效果，族际关系并没有朝良性方向发展，而是严重恶化了族际关系，从而导致了少数民族对国家认同的进一步弱化，阻碍了民族国家建设的历史进程。新军人上台后的20余年中，族际关系的价值取向总体上发生了很大变化，逐渐秉承理性的、建设性的"国家主义"取向，即民族国家建设取向，不再忽视少数民族成员的族属关系和少数民族的特殊性，而是把"民族属性"和"国家属性"有效结合起来，既满足各民族生存和发展的要求，也重视维护多民族国家政治共

---

　　① 欧黎明：《当代中国族际关系治理分析》，博士学位论文，云南大学，2011年，内容摘要第Ⅳ页。

　　② ［美］塞缪尔·亨廷顿：《变革社会中的政治秩序》，李盛平等译，华夏出版社1988年版，第3页。

同体稳定、统一和发展的目标。

1988 年新军人政府上台后，采用了"两个拳头打人"的方针，不仅对少数民族武装进行坚决的军事打击，而且对民主势力采用强硬的政策，效果事与愿违。于是，军政府转而采用"剿抚并举、分化瓦解"的两手政策和软硬兼施的策略。随后，族际关系治理的民族国家建设取向逐渐明朗，表现在以下几个方面：第一，政治整合与政治统一向度。面对各种民族政治力量分散、分裂或分离的态势，军人政府试图对各种民族政治力量进行政治整合，从而实现政治统一，于是允许少数民族成立自己的政党，试图"把少数民族引入主流政治，通过合法渠道发挥政治作用"[①]。在政党政治的框架下，军政府就可以把各种民族性和地方性政治力量、社会力量纳入政治整合与政治统一的轨道当中。

第二，国族整合和国族建设及国家认同建设向度。为了增强少数民族的国族认同和国家认同，军政府采取了一些有益的举措，如把具有大缅族主要色彩的国名"Burma"改为更能代表缅甸的"Myanmar"，同时还对与中央政府实行和解的少数民族武装地区的居民发放居民身份证，使之成为合法的居民。[②] 军政府的这些举措无疑对缅甸的国族整合与国族建设，甚至对国家认同建设都有重要的促进作用。在步入现代化进程中的民族国家，"民族认同问题无疑是多民族国家内部离散化的重要因素"[③]。对于缅甸这样族际关系复杂、国家认同危机常态化的国家来说，民族认同与国家认同整合的意义更加重大，国族整合与国族建设的意义更加凸显。

第三，现代国家建设向度。现代国家建设要求国家政权的世俗化，公民社会的正常化，政府权力的有限化，国家治理的法制化。新军人政权在执政后半期，深刻认识到现代国家建设的重要性，这从马拉松式的制宪会议就窥见一斑。2008 年宪法的制定及 2011 年民选政府上台执掌国家政权，标志着缅甸朝现代国家方向迈出了坚实的一步。对于长期处于军人统治的缅甸来说，国家政权的运作方式完全是一种极权政体的模式，国家治理法制化只是海市蜃楼而已，公民社会只是一个缥缈的概念。如今，能够朝现代国家建设方向迈进，对于缅甸来说具有历史性的意义。

---

① 林锡星：《揭开缅甸神秘的面纱》，广东人民出版社 2006 年版，第 28 页。
② 参见钟贵峰《论缅甸民族政策的价值取向》，《赣南师范学院学报》2013 年第 1 期。
③ 高永久、朱军：《论多民族国家中的民族认同与国家认同》，《民族研究》2010 年第 2 期。

　　缅甸族际关系治理贯穿了整个民族国家建设的历史进程。族际关系政治治理、经济治理、文化治理和社会治理等维度中必然体现着人民性、民族性和主权性等特征向度，因而民族国家建设的价值取向必然给族际关系政治治理、经济治理、文化治理和社会治理等维度留下深刻的烙印，具体体现如下：

　　第一，在族际关系政治治理维度层面。首先，新军人政府上台后不久就废除了缅甸1974年宪法中关于"缅甸社会主义纲领党是唯一合法政党"的条款，颁布了《缅甸政党注册法》，允许少数民族组建自己的政党。同时，政府还把国名"缅甸社会主义共和国"改为"缅甸联邦"。其次，1990年缅甸举行了多党制大选，在200个政党中，有36个少数民族政党，这次大选不但缓和了主体民族与少数民族之间的对立情绪，还增强了少数民族群众参政议政的民主意识。而2010年的多党制大选则进一步推动了族际关系的和解，大大增强了少数民族群众参与政治的愿望和能力。少数民族发展党、联邦克伦族联盟、佤族民主党、果敢民主团结党、克钦邦进步党等少数民族政党在这次大选中表现突出，获得了中央及地方议会的一些议席，而且少数民族人士也将担任国家高层领导人。再次，2008年宪法的制定确立了民主政治制度，规定了各民族成员的权利和义务，增强了国家政治共同体的合法性，这对抑制民族的政治分离和维护多民族国家的稳定与统一提供了强有力的保障。由此可见，这些举措都充分体现了民族国家建设取向的人民性、民族性和主权性等特征向度。

　　第二，在族际关系经济治理维度层面。一直以来，经济发展落后、生活水平低下的状况让少数民族成员产生了严重的国家认同危机。新军人政府上台后推行经济改革，推行市场化、私有化、自由化和开放化的经济改革举措，很大程度上促进了国家经济的发展，逐渐扭转了缅甸各族人民对政府的不满情绪。此外，面对民族地区经济发展几乎处于崩溃边缘的严重状况，军政府开始重视少数民族地区开发，制定了少数民族地区开发和发展的战略和具体政策，大大促进了边境地区和少数民族地区经济的发展。这为缓和族际关系，促进少数民族的国家认同感起到了重要的作用。毫无疑问，族际关系经济治理维度也充分体现了民族国家建设取向的民族性和人民性等特征向度。

　　第三，在族际关系文化治理层面。缅甸是一个多民族国家，民族成分相当复杂，族际文化差异较大。缅甸各民族大多数民众都信奉佛教，军政府采取弘扬佛教的政策，可以维护各民族的团结和国家社会的稳定。另外，政府也相当重视民族文化遗产的保护和民族特性的彰显，这不仅有利于缅甸各民族的团结，缓和族际关系，还有利于国家现代化建设。这些措施和政策彰显了民族国家建设取向的民族性特征向度与现代国家建设的主题特征。

第四，在族际关系社会治理层面。长期以来，缅甸社会发育相当迟缓，公民利益分配不均衡、权利义务不平等现象相当突出，在少数民族地区尤其如此。新军人政府上台后，采取了一系列措施来治理影响族际关系的社会性问题。首先，政府采取措施，大力发展少数民族地区的基础教育、职业教育和妇女教育等。其次，政府十分重视少数民族地区卫生事业的发展，制定了发展少数民族地区卫生事业的政策，加大对少数民族地区卫生事业发展的资金投入，加强对少数民族地区医务人员素质的培养，争取国际援助来促进少数民族地区卫生事业发展。再次，政府加强禁毒工作。缅甸毒品问题是一个复杂的问题，各种因素相互交织。政府通过采取各种措施，争取禁绝毒品，切断少数民族反政府武装的经济来源，迫使他们就范向政府投诚，这不仅对于促进民族和解起到重要作用，维护了多民族国家的稳定，而且还有利于各民族民众的身体健康。由此可见，族际关系社会治理维度不仅体现了民族国家建设取向的人民性、民族性和主权性等特征向度，而且也体现了现代国家主题中的公民社会发展的分向度。

二　民主化取向

对于发展中民族国家而言，民主化就是从非民主政体向现代民主政体转变的过程。在当代多民族国家的族际关系治理中，民主化取向是一种基本的价值取向。民主化取向的族际关系治理，就是要力促多民族国家从极权政体或威权政体向现代民主政体转变，使民族国家的政治民主、经济民主、社会民主和文化民主同时推进，进而推动民族国家建设。新军人政府时期族际关系治理中蕴含的民主化取向与缅甸国内外形势的变化是密切相关的。这种民主取向对新军人政府时期的族际关系治理产生了重大的影响。

（一）民主化取向的本质内涵

民主发端于西方，经过不断发展，逐渐形成了具有全球示范效应的一种价值理念。在这发展的过程中，各种民主思想不断涌现，民主思想变得纷繁复杂，"形成了一道庞大的难以穿越的灌木屏障"①。尤其是随着第三次民主化浪潮的掀起，人们对民主的形式和民主的内涵的理解呈现空前争鸣的现象，"不同形式的民主之争取代了民主与专制的理论交锋，形成了正统与非正统民主之争，形式民主与实质民主之争，民主的不同释义之争等等"②。

美国学者罗伯特·达尔认为，民主的标准包括有效的参与、选票的平等、充分知情权、对议程的最终控制以及成年人的公民权等基本内容。③甚至达尔明确地提出，"民主是所有成年公民都可以广泛分享参与决策机会大政治体系"④。美国学者卡尔·科恩指出："民主是一种社会管理体制，在该体制中社会成员大体上能直接或间接地参与或可以参与影响全体成员的决策。"⑤科恩认为民主不仅仅是选举制或议会制，还需要一定的前提和条件，这样才是成熟的、有效的、真正的民主。对于民主的标准，塞缪尔·亨廷顿认为民主的实质是选举，这在他对于民主化的阐述中可窥见一斑，"民主化过程的关键点就是用在自由、公开和公平的选举中产生的政府来取代那些不是通过这种方法产生的政府"⑥。在民主学说上被学术界盛赞为"堪称我们时代最为强大的头脑"的乔万尼·萨托利，对民主的理解更为宽泛一些，他对政治民主、社会民主、工业民主和经济民主做了概念分析，与此同时，还对政治民主与非政治民主之间关系做了阐释。⑦萨托利认为民主作为一种政治形态，其核心始终在于政治权力问题，现代民主只能是一种"被统治的民主"，而非公民直接参与政治决策为基础的直接民主。

---

① ［美］罗伯特·A. 达尔：《论民主》，李风华译，中国人民大学出版社 2012 年版，第 33 页。

② 丛日云：《当代世界民主化浪潮》，天津人民出版社 1999 年版，第 25 页。

③ 参见［美］罗伯特·A. 达尔《论民主》，李风华译，中国人民大学出版社 2012 年版，第 33—34 页。

④ ［美］罗伯特·达尔：《现代政治分析》，王沪宁译，上海译文出版社 1987 年版，第 21 页。

⑤ ［美］卡尔·科恩：《论民主》，商务印书馆 2005 年版，第 10 页。

⑥ ［美］塞缪尔·亨廷顿：《第三波——20 世纪后期民主化的浪潮》，刘军宁译，上海三联书店 1998 年版，第 6 页。

⑦ 参见［美］乔万尼·萨托利《民主新论》，冯克利、阎克文译，上海人民出版社 2009 年版，第 20—23 页。

民主概念的多样化和民主标准的多元化，反映出民主价值理念具有深邃而宽泛的内涵。事实上，不同国家由于不同的政治文化和历史传统，人们对民主的理解不可避免地带有本民族和国家的天然特性和认知要素，因而当代民主国家对民主架构的设计也不尽相同，真可谓是一月三舟。然而，值得指出的是，虽然人们对民主形式和民主标准充满了争议，但是谈论民主无法绕开这几个维度：（1）定期、公平、竞争性的选举；（2）基本公民权利和政治权利，基本的公民自由和政治自由；（3）相当大程度的政治多元主义。① 当然，与政治民主有重要关联的社会民主和经济民主也是民主的重要的维度。民主的多维向度决定了民主价值必然对民族国家政治、经济、文化和社会能够产生重大的影响。

在厘清了民主价值理念的含义后，我们对民主化的解读就不会是管蠡窥测，而是将更加全面深入。随着全球化的发展，民主化成了全球化的一个政治维度，既有民族国家民主化纵向发展的特征向度，也有民族国家之间民主横向扩散的特征宽度。换言之，民主化不仅深刻改变着民族国家的政治、经济、文化和社会状况，而且对其他国家也会产生重大的示范效应。

何谓"民主化"？学界的认识和解读多种多样。一向以在政治发展理论研究闻名于世的美国政治学家塞缪尔·亨廷顿对当代世界民主化作了精彩透彻的描述，并且构建了一个新颖独到的民主化分析框架，这些都在他的巨制《第三波：20世纪后期的民主化》中有充分的展现。亨廷顿认为世界经历了三次明显的民主化浪潮，即第一次民主化浪潮从1828年持续到1926年、第二次民主化浪潮从1943年持续到1962年、第三次民主化浪潮从1974年开始。每一次民主化浪潮都建立了许多民主制国家，其间也发生了一些国家的民主制度被颠覆的现象。在亨廷顿看来，民主化就是非民主政体向民主政体转变。以亨廷顿为代表的民主化思想成为西方主流的民主化思想。大卫·波特认为民主化是"由较少负责的政府到较多负责的政府；由较少竞争的（或干脆没有竞争）的选举到较为自由和公正的竞争性选举；由严厉限制人权和政治权利到较好地保障这些权利；由公民社会自由微弱的（或干脆没有）自治团体到享有较充分自治和数量较

---

① 参见［美］霍华德·威亚尔达《民主与民主化比较研究》，北京大学出版社2004年版，第172页。

多的自治团体"①。在波特看来，民主化维度包括政府责任、竞争性选举、公民政治权利和公民社会四个维度。

中国的一些学者民主化也有一些类似的见解，如有学者认为民主化"就是由专制的政治体系向民主的政治体系发展和演变"②。丛日云教授认为民主化是"以民主为目的政治变革过程"③。另外，刘军宁教授认为"个人在社会和政治生活中的身份的根本改变，从臣民变成公民，把以前被排斥在外的社会成员纳入社会的政治生活中来，这意味着要把过去那种排斥性的制度架构转变成包容性的制度架构"④。

综观国内外学者对民主化的阐释，无非存在两种观点，一是认为民主化是一个非民主政体（极权政体和威权政体）向现代民主政体转变的过程；二是认为民主化也包括部分民主政体向更为成熟完备的民主政体迈进的过程。对于这两种观点，正如有学者指出的那样，"发展中国家面临政治发展问题……发达国家也面临政治发展问题"⑤。联合国前秘书长加利把两种观点合而为一概括为："民主化就是造就一个更加开放、更具参与性和更少威权的社会过程"⑥，此观点鞭辟入里、入木三分。

可见，对于当代发展中民族国家而言，民主化就是从非民主政体向现代民主政体转变的过程。因此，当代多民族国家的族际关系治理中，民主化取向是一种基本的价值取向。民主化取向的族际关系治理，就是要力促多民族国家从极权政体或威权政体向现代民主政体转变，使民族国家的政治民主、经济民主、社会民主和文化民主同时推进，推进民族国家建设。

不过，在考察当代民族国家建设时发现，民主化取向的族际关系治理与民族国家建设的关系相当微妙，民主化取向的族际关系治理由于其民主的本性不可避免地出现了一种悖论：民主化取向的族际关系治理有助于消

---

① David Potter, David Goldblatt, Marrgaret Kiloh, Paul Lewis, *Democratization*, Polity Press, 1997, p.6, 转引自丛日云《当代世界的民主化浪潮》，天津人民出版社 1999 年版，第 37 页。

② 徐宗勉、张亦工：《近代中国对民主的追求》，安徽人民出版社 1996 年版，前言第 13 页。

③ 丛日云：《当代世界的民主化浪潮》，天津人民出版社 1999 年版，第 88 页。

④ 刘军宁：《民主与民主化》，商务印书馆 1999 年版，第 7 页。

⑤ 王沪宁：《政治的逻辑——马克思主义政治学原理》，复旦大学出版社 1998 年版，第 535 页。

⑥ 刘军宁：《民主与民主化》，商务印书馆 1999 年版，第 305 页。

解民族主义，进而推动民族国家建设；然而，民主化取向的族际关系治理也可能推动民族主义的膨胀，从而阻碍民族国家建设。李安山教授在考察非洲民主化与国家民族建构时，把这种悖论剖析得相当精辟，他认为：（1）民主化将促进或阻碍民族一体化进程；（2）民主化将使各民族机会平等或使地域性民族的利益受到伤害；（3）民主化将可以减少或增加地域性民族之间的冲突；（4）民主化进程中的新闻自由将有助于民族和解或加剧民族冲突；（5）多党制选举将促进国家民族一体化或刺激地方民族主义；（6）民主化将可能促进国家建构或导致国家分裂。① 事实上，这种悖论或两难境地，不仅仅在非洲国家存在，世界诸多发展中民族国家也存在，比如东南亚的缅甸、马来西亚甚至泰国，这应该说是发展中民族国家面临的普遍性问题。

诚然，民主化取向的族际关系治理与民族国家建设之间存在这种悖论，但是如果族际关系治理主体能够通过采取正确合理的手段，是可以避绕悖论陷阱的。一旦时机成熟，政策得当，民主化取向的族际关系治理可以推动民族国家建设向前发展，不仅可以加强政治整合与政治统一，也可以有效整合民族认同与国家认同，还可以加强国族整合与国族建设，力促非民主政体向现代民主政体转变。

（二）族际关系治理中民主化取向的体现

自缅甸民族国家建立以来，民主建设步履蹒跚、困难重重。在政治制度层面，吴努政府时期虽然建立了议会民主制，但是由于缅甸缺乏历史、文化、经济和群众基础等方面的原因，最终失败了。奈温政府时期民主建设一度停滞，使族际关系朝恶性方向发展，以至于民族国家建设徘徊不前。新军人政府执政后，开启了民主建设的步伐，族际关系治理蕴含的民主化取向逐渐明朗，民族国家建设取得了良好的成效。

新军人政府时期族际关系治理中蕴含的民主化取向与缅甸国内外形势的变化是密切相关的。就国内层面来讲，由于缅甸民主化进程长期停滞不前给族际关系发展造成了相当严重的影响，少数民族与主体民族缅族之间存在严重的不平等现象，因而族际纷争层出不穷。从国外形势来讲，由于全球化浪潮的推动，民主化成了全球化极为重要的政治维度。民主与国家

---

① 参见李安山《非洲民主化与国家民族建构的悖论》，《世界民族》2003 年第 5 期。

整合成了当代民族国家政治现代化的重要目标之一。① 在全球化的浪潮中，世界一些国家还存在"腐蚀民主"、军人专制现象，"出现了频繁的政变和叛乱，却没有发展政治稳定；统一民族主义思想和建立民族国家的要求均未实现，却不断发生种族冲突和内战"②。这些国家面对着全球化浪潮，大部分采取了融入全球化浪潮的举措，开启了民主化的进程。在国内外形势发生如此变化的情况下，新军人政府时期的缅甸重启了长期停滞的民主建设，开始推动民主化进程。

从上面全球化化浪潮的叙述中可以发现，当代民族国家的政治发展与民主化的关系相当紧密。美国学者派伊指出，当代民族国家的政治发展面临五种危机：认同性危机、合法性危机、渗透性危机、参与性危机、一体化危机。③ 这些危机其实就是当代民族国家的政治发展问题，也是当代发展中国家面临的普遍性问题。解决民族国家这些危机的最佳途径，就是推动民主化进程。对于发展中民族国家而言，民主化就是从非民主政体向现代民主政体转变的过程。像缅甸这样的军人政权，一般被学界视为威权政体，军人执掌着国家的政治权力。对于军人政权在国家政治转型中的作用，亨廷顿曾指出"在从专制君主制或者执政寡头制向激进的执政官统治转化中，军队扮演了一个关键的角色"④，从执政官统治到公民秩序的转变中，军人依然发挥着制度建设者的重要作用。⑤ 缅甸由威权政体向现代民主政体转变，意味着缅甸能够举行定期、公平和具有竞争性的选举，公民的基本权利和政治自由能够得到很大程度的体现，意识形态不再是一元化，而是相当大程度的政治多元化主义。同时，也意味着，缅甸的经济民主、社会民主都能得到较大程度的体现。作为执掌国家政权的军人集团，在缅甸民主化的过程中，发挥着关键性的作用。

由于新军人政府的推动，缅甸威权政体逐渐向现代民主政体转变。新军人政权上台伊始，采用"两个拳头打人"的方针和策略，不仅对少数民

---

① 参见［美］塞缪尔·亨廷顿《变革社会中的政治秩序》，李盛平、杨玉生等译，华夏出版社 1988 年版，第 36 页。

② 同上。

③ 参见［美］鲁恂·派伊《政治发展面面观》，任晓、王元译，天津人民出版社 2009 年版，第 81 页。

④ ［美］塞缪尔·亨廷顿：《变革社会中的政治秩序》，李盛平、杨玉生等译，华夏出版社 1988 年版，第 196 页。

⑤ 同上书，第 231 页。

族武装力量进行军事围剿，还对国内民主势力采取强硬措施。由于效果并不理想，新军人政府开始调整策略，不但举行了多党制选举，还制定了七步民主路线图，最终制定了2008年宪法。新军人政府时期族际关系治理所蕴含的民主化取向越来越明显，民主化对族际关系治理产生了重大的影响。

第一，族际关系政治治理蕴含着强烈的民主化取向。由于新军人政府军事围剿的失败，加上国内民主的呼声高涨，恢委会宣布开放党禁，承诺多党民主选举。恢委会一改奈温政府时期取缔其他政党存在的做法，允许少数民族成立自己的政党。1990年缅甸举行多党制大选中，共有36个少数民族政党参选，占所有政党的1/5左右。民盟在这次大选中赢得了绝大多数选票，但由于军政府拒绝交权，造成了长时间的政坛纷争。然而，2010年缅甸再次举行大选，巩发党赢得了胜利，多党制选举终于顺利开展并圆满结束。可以说缅甸2010年多党制选举在缅甸民主化进程中具有十分重要的作用，虽然只有75%的民主，但也是缅甸有史以来最为公平和最具竞争性的一次选举。另外，新军人政府启动了制宪会议，制定了2008年宪法。新军人政府从1993年开始，开启了缅甸制宪会议，召开了多次国民大会。1993年国民大会大张旗鼓地召开了会议，目标是建立一个"公正、自由和平等的真正的多党民主国家"。这次国民大会的参会各方立场悬殊，但这次国民大会也为民主化进程发挥了重大作用。2003年"七步民主路线图计划"的出台，国民大会再次召开，虽然多次停停开开，但最终于2008年通过了《缅甸联邦共和国宪法》。新宪法的通过，是缅甸民主化进程中具有里程碑意义的标志性事件。

第二，族际关系经济治理蕴含着民主化取向。新军人政权上台后，立即着手改变以传统的自然经济为基础的社会经济体制，宣布废除缅甸式社会主义的计划经济体制，大力推行经济改革，努力建设真正的市场经济，推动各民族经济向前发展。新军人政府推行经济改革，出台了一系列重要的举措，如"放宽限制，搞活流通；鼓励私营经济的发展，扩大私人经营范围；实行全面对外开放，开拓国际市场等"[①]。这些改革举措，充分体现了市场化、私有化、自由化、开放化的特点。新军人政府时期，经济民主成为民主化进程中重要的经济维度。根据乔万尼·萨托利的理论，经济民主是政治民主的一个补充，也是政治民主的简单扩大，可以使经济机

---

① 　贺圣达等：《走向21世纪的东南亚与中国》，云南大学出版社1998年版，第161页。

会和状况平等化。① 新军人政府时期缅甸经济的市场化、私有化、自由化和开放化特点，很大程度上体现了经济机会和状况向平等化迈进，完全可以视之为政治民主的一个补充，或是政治民主的一种扩大。

第三，族际关系文化治理蕴含着民主化取向。缅甸是一个多民族国家，民族成分复杂多样，各民族的文化也存在较大差异。新军人政府在大力弘扬佛教的同时，也加强了保护各民族的文化遗产和民族特性，放弃了奈温政府时期强硬的民族一体化政策。一方面，新军人政府弘扬佛教的同时，也是在弘扬一种民主的精神，有学者指出，"任何真正领会到了佛教精神的人都知道民主是佛教给予缅甸的最好礼物"②。另一方面，倡导和鼓励保护民族文化遗产和民族特性，也是彰显民主精神。在多民族国家，有多少个民族，就有多少种文化，民族文化也是民族存续和发展的基础，各民族都把民族文化作为本民族区别于其他民族的标志，因而它们常常对各自的民族文化积极地进行维护。新军人政府努力倡导保护民族文化遗产和民族特性，从而增强多民族国家的民族凝聚力并促进民族团结。可以说，新军人政府的这些举措，充分体现了宗教信仰的自由度，增强了各民族文化发展的自主性。

第四，族际关系社会治理蕴含着民主化取向。新军人政府执政后，面对利益分配不均衡、权利义务不平等现象，制定并执行了一系列政策。首先，政府十分重视少数民族文化教育事业的发展。长期以来，少数民族地区的文化教育事业十分落后，政府大力发展少数民族地区基础教育、职业教育和妇女教育，努力推动少数民族地区文化教育事业的发展。其次，政府大力发展少数民族地区医疗卫生事业。少数民族地区的医疗卫生事业发展水平长期不高，政府为此出台了国家卫生政策，加大对少数民族地区的医疗卫生事业发展所需的资金投入、医务人员投入，并努力通过国际合作增加援助等举措来发展少数民族地区卫生事业。再次，政府加强禁毒工作。缅甸毒品问题严重影响了社会稳定和国人身体健康，为此政府采取各种措施加强禁毒工作。新军人政府通过解决毒品问题促进国内民族和解，从而实现族际关系正常化。作为一种社会状态的民主，是一种平等主义的

① 参见［美］乔万尼·萨托利《民主新论》，冯克利、阎克文译，上海人民出版社 2009 年版，第 22 页。

② Melford Spiro, *Buddhism and Society*, New York, 1970, p. 431, 转引自冯德麦登《宗教与东南亚现代化》，张世红译，今日中国出版社 1995 年版，第 93 页。

民族精神，它要求其社会成员认为自己有平等的社会地位。① 事实上，新
军人政府时期的族际关系的社会治理充分体现了这种社会民主的价值理
念，因为政府的举措旨在消除族际差异，推动全国各民族的教育和卫生事
业向平衡化或均衡化方向发展。

第三节　新军人政府时期族际关系治理的效度

缅甸自从民族国家建立后，族际关系长期处于非正常状态，族际矛盾
频频发生，族际冲突持续不断。新军人政府上台执政后，族际关系治理的
价值取向开始调整为民族国家建设取向和民主化取向，对族际关系政治治
理、经济治理、文化治理和社会治理等多个维度的治理路径和方法均做了
重大调整。由于族际关系治理理路和价值取向符合缅甸民族国家建设的理
论逻辑与现实境况，新军人政府时期族际关系逐渐朝正常化方向发展。总
体而言，新军人政府时期族际和解取得重大突破，族际平衡化发展取得重
大进展，少数民族的国家认同持续增强，缅甸多民族国家整合程度明显
提高。

一　族际和解取得重大突破

族际和解对于一个族际矛盾突出、族际冲突尖锐的多民族国家来说，
是族际关系治理的主要目标之一。族际和解能够有力地维护多民族国家的
稳定、统一和发展。对于缅甸多民族国家来说，族际和解无疑是一大福
音。长期困扰缅甸的族际关系问题，使缅甸民族国家建设长期处于蹒跚不
前的状态。新军人政权上台后，族际和解取得了重大突破，有力地推动族
际关系不断朝良性方向发展，同时也使民族国家建设迈出了坚实的一步。

回顾历史可以发现，在奈温政府时期政府对少数民族反政府武装实行
坚决军事镇压的政策。后来迫于形势，转而采取军事打击为主，政治、外
交手段为辅导手段，试图取得邻国放弃对少数民族反政府武装的支援的目
的。尽管如此，族际关系仍然持续恶化，少数民族武装纷纷兴起，1989 年 3
月缅甸共产党分裂前，缅甸共有 29 支少数民族反政府武装（参见表 4）。

---

① 参见［美］乔万尼·萨托利《民主新论》，冯克利、阎克文译，上海人民出版社 2009 年
版，第 21 页。

表4 1989 年 3 月缅共分裂前的少数民族武装

	武装名称	主要领导	人数	民族构成	主要活动区域
若开民族联合阵线	若开独立组织	觉拉	30	若开	若开邦北部
	若开解放党	坎耶坎	70	若开	若开邦、克伦邦
	若开民族解放党	貌盛纽	30	若开	若开邦北部
	若开共产党	貌汉	100	若开	若开邦
	部落民族党	帕迪皮鲁	30	钦族和若开族分支	若开山区
	若开罗兴伽穆斯林阵线	理查德巴貌	150	罗兴伽穆斯林	若开北部
钦民族阵线		J. K. K. 唐	200	钦族	钦族北部、克钦邦
钦民族解放党		温貌	20	钦族	钦族北部、若开邦
缅甸共产党		巴登顶	15000	领导主要是缅族，部队主要是佤、克钦、汉等少数民族	掸邦、克钦邦、若开邦、德林达依省
红旗共产党		杜达	30	缅、钦、若开等	若开邦北部
克钦独立军		布朗森	8000	景颇、玛育、拉希、傈僳	克钦邦、掸邦北部
克伦民族联盟		波妙	6000	色郭、波、勃欧	克伦邦、土瓦、直通、东吁
克伦尼民族进步党		苏摩耶	500	克耶、克洋、巴叶、掸	克耶邦
克伦尼各民族解放阵线		涅貌梅	150	同上	同上
新克洋邦党		瑞埃	200	克耶、克洋、勃欧	克耶邦、掸邦西南部、彬文那
拉祜民族组织		帕雅加吴	100	拉祜族的三个支系	掸邦东南部（孟萨）
拉祜民族组织阿比派		登敏	100	同上	同上
那加民族社会主义者委员会		穆瓦	400	那加	那加山脉、印度
那加民族委员会		A. N. 皮佐	200	那加	同上
孟民族民主组织		奈博古曼	100	孟族	丹老
新孟邦党		奈瑞景	1500	孟族	孟邦、克伦邦
崩龙邦解放党		觉拉	500	崩龙族	掸邦西北部（南散）
勃欧民族组织		昂坎迪	500	勃欧族	掸邦西南部
人民爱国党		吴顿	70	缅族	克伦邦
掸邦各民族解放组织		达卡莱	500	勃欧、掸、克洋	掸邦西南部
掸邦进步党		赛雷	2500	掸、崩龙等	掸邦北部和中部
泰国革命委员会		坤沙	3000	掸族和各种山民	掸邦南部、西南部、乐可
佤民族组织		麻哈三	200	佤族	掸邦西南部
佤民族委员会		岩小石	500	佤族	掸邦南部
合计			40680		

资料来源：Martin Smith，*Burma：Insurgency and the Politics of Ethnicity*，Bangkok：White Lotus，1999，Chart 1。

　　新军人政府上台执政伊始，很大程度上延续了奈温政府时期的民族政策，采取"两个拳头打人"的策略，对少数民族反政府武装进行坚决的军事打击，试图迫使它们就范。事与愿违的是，少数民族反政府武装与政府的武装对抗一度激烈异常，政府军队目标不但没有达到，而且族际矛盾进一步加深，族际关系持续恶化。鉴于此，新军人政府开始转变以往策略，采取以政治和谈为主，军事打击为辅的策略，"放弃了以往一贯坚持的和谈先决条件——即少数民族武装必须先放下武器，而是允许其保留部分武装和对原控制区的部分统治权，并承诺在经济上给予支持"①。

　　策略和政策的调整，也意味着新军人政府时期族际关系治理的路径和价值取向发生了重大转变。在族际关系政治治理中，军政府举行了多党制选举，试图把少数民族政党引入国家治理的框架下，而且还制定宪法确定未来民主政治制度；在族际关系经济治理中，军政府努力构建市场经济体制，大力发展经济，并且加大对边境和少数民族地区经济开发，推动这些地区经济发展；在族际关系文化治理中，大力弘扬佛教并高度重视民族文化遗产的保护；在族际关系社会治理中，大力发展少数民族地区文化教育和医疗卫生事业，以及加强禁毒工作。另外，新军人政府时期族际关系治理价值取向也调整为民族国家建设取向和民主化取向。新军人政府时期的族际关系治理取得了明显的效果，族际和解取得了重大进展，先后有掸族、佤族、克钦族、克耶族、孟族、波欧族、阿卡族、崩龙族、果敢族等民族的 17 支少数民族反政府武装与缅甸政府达成了政治和解或停火协议（见表 5）。虽然克伦族、若开族、掸族等一些民族的武装继续与军政府对抗，但缅甸政府与众多少数民族反政府武装达成的政治和解或停火协议，意味着缅甸族际关系朝正常化方向发展。

表 5　　　　　　　截至 1999 年与缅甸军政府和解的少数民族地方武装

武装和辖区名称	主要领导	力量		和解时间	总部所在地	英文名称主要民族
		人数	枪支			
缅甸民族民主同盟军掸邦北部第一特区	彭家声彭家富	2706	1345	31/3/1989	老街	MDNAA果敢族
缅甸民族团结军掸邦北部第二特区	鲍有祥魏学刚	9994	7564	9/5/1989	邦康	MNSA佤族

---

①　李晨阳主编：《缅甸国情报告（2011—2012）》，社会科学文献出版社 2013 年版，第 81 页。

续表

武装和辖区名称	主要领导	力量		和解时间	总部所在地	英文名称主要民族
		人数	枪支			
民族民主同盟军掸邦东部第四特区	林明贤蒋志明	3300	2650	30/6/1989	勐拉	NDAA阿卡族
掸邦军掸邦北部第三特区	色廷	2130	1340	24/5/1989	盛加	SSA掸族
克钦新民主军克钦邦第一特区	吴色空登银（丁英）	1286	1150	15/12/1989	板瓦	NDA克钦族
克钦保卫军掸邦北部第五特区	木吐诺	2000	2009	11/1/1990	17岗卡	KDA克钦族
勃欧民族组织掸邦南部第六特区	昂坎迪	1400	1320	18/2/1991	椒得龙	PNO白勃欧
崩龙邦解放军掸邦北部第七特区	吴埃孟	1404	1257	21/4/1991	楠玛都	PSLA崩龙族
克洋民族保卫军克耶邦第一特区	给巴耶邦	80	80	27/2/1992	孟别/佩孔	KNG克耶族
克钦独立军克钦邦第二特区	昭迈（现为宗卡）	6050	5600	24/2/1994	勒新	KIA克钦族
克伦尼民族解放阵线克耶邦第二特区	吴桑达吴吞觉	1615	1236	9/5/1994	霍雅/比亚	KNLF克耶族
新克洋邦党克耶邦第三特区	吴瑞埃吴丹梭奈	1496	801	26/7/1994	彬泷	KPP克耶族
掸邦各民族人民解放组织	吴达格雷	3148	752	9/10/1994	瑙都	SSNPLO红勃欧
克伦尼民族进步党	昂丹雷吴库帖布佩	7790	8936	21/3/1995	多达玛基梯波格罗	KNPP克耶族
新孟邦党	奈瑞景	7860	8346	29/6/1995	耶羌帕	NMSP孟族
蒙泰军	坤沙	14000	9000	5/1/1996	贺蒙/莱浪/莱栋/孟都	MTA
若开共产党	吴沙吞吴	298	61	6/4/1997	布帝洞/貌夺	CPB
总计		66557	53447			

　　资料来源：［缅］《军政府重建民族团结的措施》附录，仰光，1999年缅文版，转引自李晨阳主编《缅甸国情报告2011—2012》，社会科学文献出版社2013年版，第82页。

　　此外，边防军的改变取得了一定的成效，推动族际和解步伐向前迈进。根据2008年宪法的规定，缅甸军队在国家中依然处于领导地位，"全国范围内的武装力量统一归国防军指挥"。虽然绝大多数少数民族反政府武装与缅甸政府达成了政治和解与停火协议，但"各方对停火协议理解上存在随意性和不确定性"①，因而"拥兵自立、占地自管"的现象依然没有改变，"国中有国、一国多军"的局面依然存在。新军人政府根据宪法规定的"一个国家、一种军队"原则精神，提出了把少数民族地方武装改变成为国家国防军统一领导、统一指挥和统一管理下的边防军改编计划。该改编计划的具体内容是：将各少数民族武装以营为单位进行整编，每营编制326人，其中营长和1名副营长由少数民族武装成员担任，另1名副营长由缅国防军军官出任，每个边防营有30名国防军官兵，改编后待遇按照缅军标准执行。② 此外，该计划也规定了各少数民族地方武装改编后的员额标准。该计划分三步完成，第一步，在2009年6月底以前完成武装人员和武器装备的登记工作；第二步，在7—10月进行整编；第三步，自10月起按新编制对改编后的部队进行训练。③ 此举遭到了各少数民族地方武装的强烈反弹，交出军队无异于使少数民族地方武装在与政府谈判中完全丧失了讨价还价的最重要筹码。

不过，在政府的强大压力下，克钦新民主军、克伦尼民族解放阵线、果敢同盟军以及民主克伦佛教军部分武装等9支民族地方武装接受了缅甸政府的改编成为边防军（见表6）。

表6　　　　　　　　　　　缅甸政府已组建的边防军④

边防军番号（营）	原少数民族地方武装名称
1001—3 边防营	克钦新民主军
1004—5 边防营	克伦尼各民族人民解放阵线
1006 边防营	缅甸民族民主同盟军（果敢同盟军）
1007 边防营	拉祜民兵（驻掸邦曼同）
1008 边防营	阿卡民兵（驻掸邦曼育）
1009 边防营	拉祜民兵（驻掸邦达其力）
1010 边防营	佤族民兵（驻掸邦曼康）
1011—22 边防营	民主克伦佛教军
1023 边防营	克伦和平力量（前克伦民族联盟第16营）

　　① N. Ganesan, Kyaw Yin Hlaing, *Myanmar: State, Society and Ethnicity*, Institute of Southeast Asian Studies, 2007, p. 192.

　　② http://www.mizzima.com/towards-elections/security-threats/bgf-developments.html.

　　③ 李晨阳、卢光盛：《缅甸：2009年回顾与2010年展望》，《东南亚纵横》2010年第4期。

　　④ Transnational Institute, *Ethnic Politics in Burma: The Time for Solution*, Burma Policy Briefing, No. 5, February 2011, p. 10.

　　虽然缅北的佤联军、克钦独立军、孟解放军等一些少数民族地方武装拒绝改编，但新军人政府对他们进行改编导决心是相当坚定的，而且越来越主动。政府军加强对少数民族武装辖区的封锁，试图从军事、政治尤其是经济上围困少数民族武装，以迫使少数民族武装不得不接受政府的改编。[①] 在将来，少数民族地方武装能否成功改编，考验着新政府的智慧和能力。

　　总体而言，新军人政府时期，族际和解取得了重大突破。奈温政府时期，少数民族武装纷纷兴起，一度发展到有多少个民族就有多少支反政府武装力量的境况。然而，新军人政权通过族际关系治理，改变了几乎所有少数民族武装反政府的局面，有数十支武装在此期间与政府达成了政治和解或停战协议，甚至也为后来民选政府执政初期的族际和解取得的成就奠定了坚实的基础。可以说，新军人政府时期族际和解取得的重大成就，有效地推动了缅甸民族国家建设的历史进程（见表7）。

表7　新军人政府时期族际和解取得的重大成就（含民选政府执政初期部分）[②]

	军事组织	政党	活动时间	是否与政府达成和解或和平协议
1	掸邦军（SSA）	掸邦进步党（SSPP）	1964—1993	1993年和解
2	掸邦联合革命军（SU-RA）	掸邦联合革命阵线（SURF）	1967—2003	
3	蒙泰军（MTA）		1989年至今	1996年和解
4	南掸邦军（SSA-S）	掸邦复兴委员会（RCSS）	2003年至今	2012年1月初步和解
5	北掸邦军、掸邦进步党（SSNA-North, SSPP）	北掸邦军、掸邦军（SS-NA-North, SSA）	1996年至今	2010年主体被改编，2012年再签停火协议
6	掸邦民族军（SSNA）		1995年至今	2006年向政府交枪
7	缅甸民族民主同盟军（MNDAA）	缅甸民族民主同盟党（MNDAP）	1989年至今	1989年和解 2009年被改编
8	缅甸国家勐古保卫军		1995—2000	1997年和解
9	缅甸民族团结军（MN-SA）	缅甸民族团结党（MNSP）	1989年至今	1989年和解 2011年再次和解
10	崩龙民族解放军（PS-LA）	崩龙民族解放组织（PS-LO）	1970年至今	1991年和解、2005年实现以武器换和平

---

　　① 参见李晨阳《缅甸：2010—2011年回顾与展望》，《东南亚纵横》2011年第4期。
　　② 参见本表根据刘务《缅甸1988年以来的民族国家构建研究》，博士学位论文，云南大学，2013年，第113—115页，表2—13改编而成。

续表

	军事组织	政党	活动时间	是否与政府达成和解或和平协议
11	崩龙邦解放军（PSLA）	崩龙解放阵线（PSLF）	1992 年至今	1991 年和解
12	勃欧民族军（PNA）	勃欧民族组织（PNO）	1976 年至今	1991 年和解 2010 年被改编
13	掸邦人民解放军（SPLA）	掸邦各族人民解放组织（SNPLO）	1970 年至今	1994 年和解
14	掸邦东部同盟军	缅甸民族民主同盟军军政委员会	1989 年至今	1989 年和解
15	克伦民族解放军（KN-LA）	克伦民族联盟（KIO）	1947 年至今	2012 年和解
16		联邦克伦族联盟（UKL）	1948 年至今	
17	民主克伦佛教军（DK-BA）	民主克伦佛教组织（DKBO）	1994 年至今	2010 年主体被改编
18	若开解放军（ALA）	若开解放党（ALP）	1973 年至今	2012 年与政府达成和平协议
19		全若开学生联合会（AASU）	1988 年至今	
20	人民军	若开共产党（CPB）	1963 年至今	1997 年和解
21		若开学生大会（ASC）	1994 年至今	
22	若开新生代军（AN-GA）	若开新生代军（ANGA）	20 世纪 90 年代中期	
23	若开军（AA）	若开民族联合党（NU-PA）	1997—消失时间不详	
24	孟邦民族解放军（MN-LA）	新孟邦党（NSMP）	1958 年至今	1995 年和解 2012 年达成初步和平协议
25	孟族复兴军（MRA）	孟族民族复兴党（HRA/MNRP）	1995—2003、2007 年至今	
26		孟族团结联盟（MUL）	1996	
27	丹老地区孟族军（MAMD）		1996—1997	
28	罗摩衍复兴军（RRA）		1996 年至今	
29	克钦独立军（KIA）	克钦独立组织（KIO）	1959 年至今	1993 年和解，1994 年达成和平协议，2010 年腊萨翁分裂部被改编
30	克钦新民主军（KDA）		1989 年至今	1989 年和解、2009 年被改编
31	克钦民族发展与繁荣军（克钦保卫军，KDA）	克钦民族进步党（KN-PP）	1991 年至今	1991 年和解、2010 年被改编

续表

	军事组织	政党	活动时间	是否与政府达成和解或和平协议
32	钦族民族解放党（CNLP）	钦族民族解放党（CNLP）	20 世纪 60 年代早期至今	
33	钦民族军（CNA）	钦民族阵线（CNF）	1987 年至今	2012 年 1 月、5 月分别达成和解及签署和平协议
34	克耶解放军（KLA）	克耶民族进步党（KN-PP）	1949 年至今	1995 年和解 2012 年和平协议
35	新克洋邦军（KNLA）	新克洋邦党（KNLP）	1964 年至今	1994 年和解
36	克伦尼各民族解放军（KNLA）	克耶各民族人民解放阵线（KNPLF）	1980 年至今	1994 年和解、2009 年被改编
37	克洋保卫军（KNG）	克洋民族组织（KNO）	1991 年至今	1991 年和解

二 少数民族国家认同有所增强

在多民族国家，国家认同是一种相当特殊的政治文化现象，而且常常以民族问题的形式凸显。由于多民族国家的民族成分复杂、地方性民族主义旺盛、族际关系治理适当等问题，国家认同往往面临着严峻的挑战。国家认同问题的产生源于多民族国家政治共同体的民族群体之中，是一种"集体忠诚冲突"[1]。事实上，这种"集体忠诚冲突"的实质是"各个民族群体对自身的认同与对国家的认同之间的矛盾"[2]。可以说，国家认同建设，是民族国家建设的重要维度，关系到民族国家根基的坚实与牢固，也关系到民族国家制度框架的稳定与牢靠。

长期以来，缅甸的国家认同问题，主要是少数民族对国家常常处于一种认同弱化的状态，甚至产生相当严重的认同危机。这对于缅甸民族国家建设来说，无疑是一个巨大的绊脚石。新军人政权时期，由于族际关系治理的多维向度和价值取向更具建设性，也更符合民族国家建设的理论与现实逻辑，少数民族对国家认同呈有所增强的态势。

（一）掸邦主要民族国家认同的增强

1. 掸族国家认同的增强

掸族对国家认同增强的重要表现在于掸族主要组织与政府达成了和

---

[1] 参见［美］加布里埃尔·A. 阿尔蒙德、小 G. 宾厄姆·鲍威尔《比较政治学：体系、过程和政策》，上海译文出版社 1987 年版，第 39 页。

[2] 周平：《多民族国家的国家认同问题分析》，《政治学研究》2013 年第 1 期。

解，放弃了各种"独立建国"的要求。首先，色廷率领的掸邦军大部于
1989 年 9 月与缅甸政府签署了停战和解协议，交出武装，其辖区被政府
划分为掸邦第三特区。1993 年，掸邦军的两个旅也与政府达成了和解协
议。可以说掸邦军放弃了建立"掸邦独立国"的主张，逐渐承认中央政
府，尽管还有掸邦军分裂出来的小部分队伍继续与政府作对，但不再有独
立建国的政治主张。其次，南掸邦军放弃了"反缅反共，争取掸邦独
立"① 的政治主张。由掸邦联合革命军发展而来的南掸邦军，已不再有建
立"掸邦独立国"的政治目标，只提出了"维护掸族利益""为掸族生存
而战""为收复掸邦国土而努力"等口号。② 随着实力的下降和政府的压
力，南掸邦军及其政治组织掸邦复兴委员会便与刚刚执政的民选政府达成
了初步和解，并最终承认缅甸中央政府。在与政府达成和解之前，2011
年 5 月北掸邦军与南掸邦军宣布合并，共同承认国家和政府。再次，蒙泰
军于 1995 年向缅甸中央政府投诚。蒙泰军曾是掸邦军和掸邦联合革命军
合并后组成的，是当时一支最大的反政府武装。蒙泰军领导人坤沙，一直
利用该军进行制毒贩毒，遭到国内外一致痛恨和反对。由于政府的打击力
度大，再加上内部的分裂，坤沙被迫向政府投降，宣布蒙泰军放弃抵抗，
放弃独立建国的政治主张。最后，掸邦民族军于 2006 年与缅甸政府达成
和解。掸邦军曾于 1985 年加入蒙泰军，后在 1995 年脱离蒙泰军，一贯的
政治目标是反对缅甸政府和保护掸族人民利益。掸邦军与政府进行多年谈
判后，最终向政府投诚。

2. 果敢族国家认同的转变

1989 年缅甸共产党分裂后，彭家声组建果敢同盟军及其政治组织缅
甸民族民主同盟党。随后该组织就与政府达成和解，其辖区成为掸邦第一
特区。2009 年政府推出把果敢同盟军的武装力量改编为边防军，由于其
中的几支力量反对政府的改编计划，酿成了"果敢事件"，此事件发生的
原因并非是果敢同盟军有"独立建国"的诉求。另外，果敢族的另一组
织勐古保卫军在 1997 年被政府收编，政治目标是："维护缅甸国家的统
一、民族团结……并表示绝对服从政府的领导，维护边境地区的稳定。"③

① 参见钟智翔、李晨阳《缅甸武装力量研究》，军事谊文出版社 2004 年版，第 195 页。
② 参见刘务《缅甸 1988 年以来的民族国家构建研究》，博士学位论文，云南大学，2013
年，第 70 页。
③ 钟智翔、李晨阳：《缅甸武装力量研究》，军事谊文出版社 2004 年版，第 236 页。

由于内部矛盾而产生的"勐古兵变"和缅军对勐古保卫军进行阴谋镇压的"勐古事变",最终使政府军全面控制了整个勐古地区。可以说,果敢同盟军不再有建国的政治诉求。

3. 崩龙族国家认同的增强

1963 年,崩龙族成立了自己的民族主义组织,即崩龙民族阵线(后改为崩龙民族解放党)及其武装力量崩龙解放军。成立之初该组织的政治主张是"武装争取崩龙族更大的自治权和自决权"①。1991 年,崩龙民族解放党加入与政府谈判和解的潮流,与政府实现了和解,放弃武装斗争路线,回到法律范围内活动。该部被政府收编为第七特区特别警察部队,其辖区被承认为掸邦北部第七特区,还参加了缅军政府主导的国民大会。2005 年 4 月,遵照缅军政府以武器换和平的命令向缅军交出了武器。② 由此表明,崩龙族民族组织承认缅甸中央政府,认可缅甸联邦国家,而不再通过武装斗争争取自治权和自决权。

4. 勃欧族国家认同的增强

勃欧族的民族主义组织是波欧民族组织及其勃欧民族军的政治主张主要是反抗政府和保卫波欧,但在 2010 年时宣布:"维护缅甸的永存和团结,发展与各民族的政治、经济、社会和文化交流。"③ 1991 年勃欧族民族组织与政府达成和解,其辖区成为掸邦南部第六特区。在政府推行边防军改编计划后,勃欧民族武装力量于 2010 年成为国家边防军。

(二)克伦族国家认同的增强

克伦族与缅族的矛盾贯穿了缅甸整个民族国家构建及民族国家建设的历史进程。"克伦族与缅族间对立情结,已由历史上封建时期奴役统治、英国殖民时期宗教信仰变迁,扩张至独立后缺乏国家认同的政治立场对立"④,克伦族与缅族的根本分歧在于它们对缅甸民族国家的认同

---

① Palaung State Liberation Front(PSLF)'s Analysis on Palaung Political Situation,http://www.palaungland.org/eng/news/1126.html.

② 参见刘务《缅甸 1988 年以来的民族国家构建研究》,博士学位论文,云南大学,2013 年,第 75 页。

③ Pa-o National Organization(PNO)Presents Policy,Stance and Work Programmes,http://www.altsean.org/Docs/2010% 20Elections% 20Campaign% 20Messages/PaO% 20National% 20 Organization.pdf.

④ 徐鸿馨:《缅甸之族群冲突:克伦族个案研究》,硕士学位论文,台湾淡江大学,2001 年,第 75—76 页。

层面，它们对缅甸联邦的认同是截然相反的。正如学者指出，"缅族与克伦族的这一根本分歧（国家认同分歧）形成于缅甸争取独立的过程，强化于缅甸独立建国之后的国家整合过程当中"①。克伦族从缅甸民族国家建立后，就开始了民族分离运动。事实上，克伦族的分离运动是其与主体民族缅族激烈碰撞的突出表现。克伦族的主要反政府武装力量的克伦民族解放军随着分离运动的展开，逐渐壮大并发展成为缅甸第二大反政府武装力量，缅共解体后遂成为第一大反政府武装力量。"到 80 年代中期……克伦民族解放军已有 5 个旅、16 个作战营，总兵力达到5000 余人，成为缅甸当时仅次于缅甸共产党的第二大反政府武装。"②由此可见，克伦族对国家根本上是不予认同的，而且随着实力的增强，已成为缅甸族际关系治理和民族国家建设中最为棘手的问题之一。

　　新军人政府上台后，缅甸共产党分裂的十多支少数民族反政府武装力量先后与政府达成政治和解。由于克伦民族联盟的主要政治目标是坚持以武力对抗政府来实现民族独立，于是，克伦民族联盟遂成了军政府主要打击的对象。"1992 年 4 月 28 日，缅甸军政府为加快国内民族和解进程，曾单方面宣布全面停止对克伦民族联盟的进攻，克伦民族联盟也做出了一定反应，表示愿意同军政府进行谈判，但双方均未有大的实际行动。"③直到 1995 年，缅甸军政府与克伦民族联盟之间重新举行正式或非正式的会谈，但是由于双方谈判的条件存在巨大悬殊，依然未果。军政府对克伦民族联盟要求放下"武装叛乱政策"，"进入法律框架"进行谈判，"在新宪法出台后放下武器"④。而"作为回应，政府则承诺在克伦民族联盟控制区实施发展计划"⑤。而克伦民族联盟对此表示拒绝，并反对新宪法通过后未来政府由军人主导国家政权。"军政府回应说，'恢委会'只是一个过渡性政府，没有资格和任何一个反政府组织进行政治对话……只有民选政府才能与反政府组织举行这种有意义的对话"，最后，双方"谈判无

---

①　陈衍德主编：《多民族共存与民族分离运动——东南亚民族关系的两个侧面》，厦门大学出版社 2009 年版，第 118 页。

②　李晨阳：《缅甸的克伦人与克伦人分离运动》，《世界民族》2004 年第 1 期。

③　同上。

④　Ardeth Maung Thawnghmung, *The Karen Revolution in Burma*: *Diverse*, *Voices*, *Uncertain Ends*, Singapore: Institute of Southeast Asian Studies, 2008, p. 30.

⑤　Ibid.

果而终"①。

1997年，军政府对克伦民族联盟在丹老一带的第四旅和第六旅发动了军事围剿，并占领了克伦民族联盟控制的最后一块领土。② 于是，克伦民族联盟提出与政府再次和谈，但缅甸政府要求克伦民族联盟承认国民大会等条件，此举再次遭到了克伦民族联盟的拒绝。由于军政府对克伦民族联盟致力于分化瓦解，同时克伦民族联盟的处境越发困难，克伦民族联盟内部开始分化，并不断有人向政府投诚。

2003年，为了表明克伦民族联盟"正在进入法律框架"③，军政府同意与克伦民族联盟谈判。克伦民族联盟的代表与军政府在谈判中达成了口头停火协议（君子协议）。该协议同意继续讨论关于解决四处流浪的克伦难民问题以及和谈期间出现的一系列问题。④ 2004年，克伦民族联盟领导人波妙带领20个代表前往仰光与政府就停火事宜进行谈判，但由于力主和解的钦纽总理的下台，双方谈判戛然停止，战火随即重开。不久，政府军对克伦民族联盟控制区域的克伦族人发动了一系列大规模的军事围剿活动，克伦民族联盟节节败退，处境越来越糟糕，部分成员逃往泰国难民营。之后，克伦民族联盟的部队对政府军只能采用游击战术。

事实上，克伦族反政府武装力量向来不是铁板一块，"并非所有克伦人都支持反政府，也并非所有人都自愿反政府"⑤。克伦民族联盟内部存在严重的矛盾和冲突，尤其是宗教矛盾和冲突极为尖锐。1994年12月，克伦族民族联盟内部信奉佛教的中下层官兵与信奉基督教的上层之间因宗教矛盾发生了内讧。⑥ 于是，由佛教徒官兵组成的一支武装力量从克伦民族联盟中分裂出来，组建了民主克伦佛教徒组织（DKBO）及其武装力量民族克伦佛教徒军（DKBA）。在1995年军政府大规模围剿克伦民族联盟时，民主克伦佛教徒组织转而协助军政府，并在1997年与政府达成了政治和解，从而获得了自治区和一定的自治权。2010年，民主克伦佛教徒军大部分被政府改编为边防军。

① Ardeth Maung Thawnghmung, *The Karen Revolution in Burma*: *Diverse*, *Voices*, *Uncertain Ends*, Singapore: Institute of Southeast Asian Studies, 2008, p. 31.

② Ibid.

③ Ibid.

④ Ibid.

⑤ Ibid. , p. 9.

⑥ 李晨阳:《缅甸的克伦人与克伦人分离运动》,《世界民族》2004年第1期。

由于形势的转变，克伦民族联盟的生存越来越艰难，克伦民族联盟再次转向与军政府接触和谈判。2008年宪法的制定，意味着民选政府即将在多党制大选后产生，克伦民族联盟如果选择继续反对政府，其前途则更加渺茫，这是克伦民族联盟领导人不得不深思的严肃问题。于是，克伦民族联盟领导人与民选政府最终于2012年初签署了和谈纪要，这标志着克伦族与缅族的历史恩怨告一段落，也意味着克伦族对缅甸民族国家认同的增强。

（三）孟族国家认同的增强

早在缅甸民族国家历史构建的进程中，孟族与缅族等其他民族一道反抗殖民统治争取国家独立，其民族主义运动未曾体现出独立建国的政治主张。但在国家独立前，孟族在议会选举中并未获得任何席位，而且孟族提出来的各种权利被吴努拒绝。自此，孟族与缅族的关系骤然冰冻，孟族人开始走上了反对政府的武装斗争道路。奈温政府时期，孟族的主要武装力量新孟邦党以独立建邦为政治斗争目标，加入了缅共支持的"民族民主阵线"，其反政府武装斗争活动相当活跃。

新军人政府上台后，政府军对新孟邦党所在地三塔口进行了军事打击。1990年缅军攻克了新孟邦党总部南角，新孟邦党总部被迫迁到临近罗洛（Loh Loe）孟族难民营的瑞伽（Ri Gah），失去三塔口边境贸易路线的新孟邦党也失去最主要的收入来源。[1] 新孟邦党的处境日益艰难，武装力量减小。1993年7月，缅甸恢委会第一秘书钦纽视察孟邦、克伦邦和克耶邦时，曾与当地居民代表会面，呼吁为了国家和平，少数民族武装与政府应该实现政治和解。于是，新孟邦党与军政府开始接触并数次和谈，但因控制区划分和实现自治等问题双方存在较大分歧，没有达成任何协议。[2] 但在1995年6月，新孟邦党与军政府双方各自让步的情况下，最终达成了政治和解，新孟邦党宣布放弃反对政府的武装斗争。

事实上，新孟邦党内部存在较大矛盾，加上其与政府达成政治和解后，军政府对其并不信任，"其组织并未从恢委会所列的非法组织名单中

---

① 参见刘务《缅甸1988年以来的民族国家构建研究》，博士学位论文，云南大学，2013年，第97页。

② 参见钟智翔、李晨阳《缅甸武装力量研究》，军事谊文出版社2004年版，第294页。

被划掉"①，因而，1996 年新孟邦党开始分裂。然而，新孟邦党分裂并没有给该党带来严重的负面影响。1998 年，由于军政府对孟族地区实行同化政策，引起了孟族人民的严重不满，新孟邦党与军政府的关系一度紧张。但随着时局的发展，新孟邦党还是选择了与政府进行和平谈判，最终于 2012 年 2 月与政府签订了和平协议，取代了 1995 年的和解协议，这标志着孟族地区影响力最大的组织及其武装力量回归到民族国家建设的框架之中。

除了新孟邦党，孟族地区还存在其他组织。当新孟邦党与军政府于 1995 年达成政治和解后，孟族地区出现了数支有一定影响力的民族组织和武装力量，有的向政府投诚，达成了政治和解，有的虽然没有与政府达成和解，但影响力不大。第一，孟族团结联盟的成立及其政治主张的变化。1996 年 3 月，新孟邦党会议召开后，孟族事务大会接着召开，成立了一个新的组织——"雨伞团体"（umbrella group），由来自缅甸和泰国的 14 个不同的孟族民族主义组织组成。② 其实，这是一个泛孟族联盟——孟族团结联盟（MUL），它的政治主张是呼吁加强孟族的团结，为"孟族人民生活的改善"和"孟邦的光复"而工作。③ 后来，孟族团结联盟又经过分化组合，政治主张由为国为民开始转向为底层孟族人民而工作。第二，孟族军队组建与投诚。孟族军（MAMD）于 1996 年底组建，一开始反对新孟邦党与政府达成政治和解，但在 1997 年该组织大部分士兵向政府投诚。第三，孟邦回归军队组建与其影响力。孟邦回归军（MRA）也在新孟邦党与政府达成和解的时候组建的，但人数不多，实力不强，影响有限。第四，孟族保卫军队组建与其影响力。1998 年该组织成立，并与克伦民族联盟合作，武装反对军政府，但随着克伦民族联盟与民选政府签订和谈纪要，孟族保卫军前途不明。此外，2001 年孟族地区成立了一个名为孟族复兴党的组织，后来影响力越来越小。

总之，孟族各民族组织对国家认同呈持续增强的态势，虽然有一些武装力量还在与政府武装周旋，但活动空间越来越小。这些尚未与政府达成

---

① 刘务：《缅甸 1988 年以来的民族国家构建研究》，博士学位论文，云南大学，2013 年，第 98 页。

② Ashley South, *Mon Nationalism And Civil War in Burma: the Golden Sheldrake*, New York: Routledge Curzon, 2003. p. 240.

③ Ibid.

政治和解的民族组织或武装力量，前景并不乐观，与政府达成和解，应该是它们未来的无奈选择，也是最佳选择。

（四）克钦族国家认同的增强

自从缅甸民族国家建立开始，克钦族与缅族的关系就相当紧张。吴努政府后期，克钦族成立了克钦独立军（KIA），其政治主张是"反对大缅族主义，建立主权独立的克钦共和国"。在奈温政府前期，克钦独立军的军事实力发展迅速，成为克钦族最大的反政府武装力量。事实上，克钦族反政府武装力量比较单一，主要是克钦独立军。奈温政府后期，政府军对克钦独立军发动了猛烈进攻，克钦独立军力量受损严重。缅共解体后，政府采用了武器换和平的政策并加大对少数民族地区的建设，一部分热爱和平的克钦族人呼吁克钦独立军的领导人与政府和谈。随后，克钦独立军与政府进行了几番接触，由于政府要求克钦独立军先放下武器再举行双边谈判，此举遭到克钦独立军拒绝，因而双边谈判失败。

两年后的 1992 年，克钦独立军再次与政府进行了谈判，后来又进行了数次谈判，最终于 1993 年达成了双边停火协议。次年，克钦独立军与政府最终达成了和平协议。"缅甸政府承认克钦独立组织的合法地位，决定在密支那东北部设立'克钦邦自治区'（克钦邦第二特区），允许该武装在仰光、曼德勒、密支那等地设立办事处。"[①] 而克钦独立军宣布放弃武装反叛，同意进入国家法律框架内处理其他问题。这次和平协议的签订，标志着克钦独立军与政府军 30 多年的武装斗争宣告结束。当然，由于双方还存在一些问题尚未解决，如控制区面积问题，因而双方的矛盾一时难以一劳永逸地解决，甚至有时也发展到剑拔弩张的地步。当缅甸政府推出边防军改编计划后，克钦独立军表示反对，由此而促发了极为紧张的关系，最终导致了军事冲突。虽然如此，克钦独立军自与政府签订和平协议后，就再也没有独立建国的主张。

（五）若开族国家认同的增强

在缅甸民族国家建立之前，若开族独立建邦的政治要求遭到拒绝后，激起了若开族人的强烈反对，若开族武装力量也开始了为民族利益的武装斗争。于是，若开族与缅族的关系骤然紧张。在吴努政府时期和奈温政府时期，若开族武装组织纷纷兴起，反政府斗争此起彼伏。军政府也曾对若

---

① 钟智翔、李晨阳：《缅甸武装力量研究》，军事谊文出版社 2004 年版，第 260 页。

开族武装力量进行了毁灭性的军事围剿，使若开族众多武装组织不得不退到印缅和孟缅边境。

新军人政府上台后，若开民主联盟（ALD）参加了1990年多党制大选，并赢得了若开邦绝大多数议席，仅次于民盟和掸邦民族民主联盟的第三大政党。但是由于若开民主联盟领导人得不到军政府的认可，被迫流亡海外，这导致了若开族与政府的矛盾进一步加深。尽管如此，若开族各组织和武装力量一直没有明显的独立建国的政治主张，更多的是反对军政府的独裁和捍卫民族利益。新军人政府上台后，若开族诞生了许多民族组织，如全若开学生联合会、若开学生大会、若开新生代军、若开民族联合党，这些新兴组织的政治主张大多是武装反抗军政府和实现民族自治，或是维护民族利益。2004年，由若开解放党、若开民主联盟、洛克民主党、若开民族联合党、全若学生青年大会、若开妇女福利协会和若开妇女联盟等组织组成了若开民族委员会，该委员会的宗旨是：若开全体人民的团结、清除军事独裁；在真正联邦原则的基础上实现各邦的政治平等和自决；建立强大不可分裂的若开邦。①

由此可见，若开族众组织或武装力量已经并无独立建国的要求，更多的是反抗军政府独裁，争取民族平等，以及建立若开邦。民选政府的成立，给若开族与政府关系的改善带来了契机。2012年4月，若开族与政府签订了初步的和平协议，这应该说是新军人政府放弃军事独裁、推动民主化进程的结果，只不过最终在民选政府执政初期才显出成效。

（六）钦族国家认同的增强

在缅甸民族构建的历史进程中，钦族素有反抗外来侵略的光荣传统，与缅族的摩擦和矛盾素来较少。应该说，钦族对于刚刚建立的缅甸民族国家的国家认同感是比较强烈的。吴努政府时期，钦族先锋党（CNVP）曾经有独立建国的政治诉求，其他组织并没有明显的独立建国主张。20世纪60年代初开始，钦族的一些组织也没有独立建国的政治诉求，但钦族民族解放党（CNLP）和钦民主组织（CDO）有反对军政府并提倡恢复民主制度的民族政治目标。

1987年成立的钦民族阵线（CNF）在钦族地区有较大的影响力，在

---

① 参见刘务《缅甸1988年以来的民族国家构建研究》，博士学位论文，云南大学，2011年，第91页。

新军人政府时期，它的政治主张是在联邦制度的框架下，实行民族自决与民主联邦，并无独立建国的政治诉求。在民选政府成立不久，2012 年 1 月钦族民族阵线便与政府达成了停火协议，随后双方签署了"遵守和解，避免军事冲突，推动和平进程向前发展，双方共同努力以实现缅甸长期冲突永久性政治解决"的协议。①

2010 年，依据缅甸新宪法，钦族地区组建成立了两个合法政党，即钦民族党（CNP）和钦进步党（CPP）。两个党的政治目标都关注于钦邦地区的民主和民生问题，区别在于前者着重关注缅甸族际和解的推动，而后者则关注钦邦地区经济、社会和文化教育事业等方面的发展。钦民族党和钦进步党的成功、合法组建，以及它们对多党制大选的参加，标志着钦族政治已经被纳入缅甸国家主流政治的框架当中，也意味着钦族国家认同的进一步增强。

（七）克耶族国家认同的增强

缅甸民族国家建立之前，克耶族与缅族没有历史仇隙，民族国家构建历史进程中彼此联系并不多。在吴努政府时期，克耶族曾联合克伦族、孟族一道成立了民族民主团结阵线，并在其中发挥了比较重要的作用。在奈温政府时期，克耶族武装力量反政府斗争一直持续不断。新军人政府执掌国家政权后，克耶族反军人独裁和反大缅族主义的立场一贯较为坚定。

克耶民族进步党（KNPP）及其武装力量克耶解放军（KLA）反对奈温政府和大缅族主义的立场比较鲜明。1993 年 6 月，该组织发表和平宣言，表示愿意与新军人政府谈判实现克耶邦地区的和平。在 1994 年双方达成了政治和解，克耶进步党表示同意放弃反政府武装斗争政策。但一年后，克耶解放军与军政府的关系趋于紧张，随后酿成了军事冲突。1999年克耶解放军分裂的一部分军队向政府投诚，受到了和发委第一秘书钦纽的热烈欢迎。2012 年 6 月，该组织最终与民选政府签署了永久和平协议，同意放弃武装斗争，推动和平发展。

克耶民族进步党于 1978 年分裂成红党和白党两派，红党加入缅共，另一部于 1980 年组建为克耶民族人民解放阵线。1994 年，克耶民族人民解放阵线正式向政府投诚，其辖区被政府定位克耶邦第二特区。2009 年，

---

① 刘务：《缅甸 1988 年以来的民族国家构建研究》，博士学位论文，云南大学，2011 年，第 107 页。

该组织接受政府的边防军改编计划。此外，1964 年成立的新克洋党及其武装力量新克洋邦军，一向以建立"克耶自治邦"为政治主张。随着缅共的解体，该组织不断分化组合，最终于 1994 年达成了政治和解，同意放弃反政府武装斗争，其辖区被政府定位克耶邦第三特区。1991 年，由于新克洋邦党发生分裂，有一部分成立了克洋民族组织（KNO）及其武装力量克洋民族保卫军（KNG），这支力量不大的组织在 1994 年向政府投降，同意以武器换取和平，其辖区被政府定位克耶邦第一特区。后来，政府为了克耶邦地区的稳定与安全，对该组织及其辖区发展提供了较大援助。

　　总之，克耶邦的各政党及其武装力量在新军人政府时期放弃了独立建国的政治诉求，大都在 20 世纪 90 年代就与政府达成了政治和解，宣布放弃反政府武装斗争路线。可以说，新军人政府时期，克耶族国家认同感持续增强。与其他民族相比，克耶族较早地回到了国家法律框架之中。

三　多民族国家整合程度明显提高

　　作为一种基本的国家形态，多民族国家就是多个民族共同体共处或共建一个国家政治共同体的形态。共处于一个国家政治共同体屋顶下的各民族，在长期的历史发展过程中，它们之间存在着较大的差异，每一个民族的政治结构、经济基础、文化特质和社会发展都不尽相同。各民族在政治、经济、文化和社会的交往和互动过程中，往往会产生利益的冲突和价值的相左，这时各种民族问题就会以不同的形式出现。正如有学者指出的那样，多民族国家"政治层面的民族问题表现为民族政治参与能力与效果等方面的不对等；经济层面的民族问题表现为各民族在资源配置和经济利益分享中的非均衡、不公平；文化层面的民族问题表现为不同民族之间因为文化的差异性而产生的文化歧视、文化抵制、文化冲突等不协调关系；社会层面的民族问题表现为不同民族成员在社会交往中发生的影响民族群体关系的纠纷、摩擦、冲突等"①。当这些民族问题一再凸显的情况下，民族分离主义就会抬头，从而危及多民族国家的维持并侵蚀民族国家

---

　　① 　青觉、严庆：《科学发展：解决当代中国民族问题的理性选择》，《中国特色社会主义研究》2009 年第 3 期。

制度框架的根基。可以说，"实现国家整合是任何一个民族国家建设的必然"①。

民族国家肇始于西欧国家，这种原生性民族国家大都是单一民族国家，国家整合的意义很大程度上体现在民族整合的维度上。然而，当民族国家向全球扩张成为世界性国家演变和国家建设的典型目标形态时，模仿性民族国家的民族成分不再单一，有的民族成分还甚为复杂。当代民族国家绝大部分是多民族国家，有些多民族国家内部的族际差异相当悬殊，这种状况严重影响着多民族国家的统一、稳定和发展。"即使是一些完成了国家建构任务的西方发达国家，也面临着国内一些族类共同体要求文化权利、领土自治乃至分离建国的挑战"②，遑论是处于民族国家建设时期的发展中多民族国家。因而，多民族国家普遍面临着把国内各民族共同体整合到统一多民族国家中的重大任务，对处于民族国家建设时期的多民族国家来说，国家整合的重大意义更加突出。可以说，多民族国家整合是多民族国家面临的一个重大的理论和现实课题，它关乎多民族国家的统一、稳定和发展，关系到民族国家制度框架的稳定和维持。由此，所谓多民族国家整合，其实就是国家治理的主体，基于国家主权至上性和国家结构整体性的基础上，从政治、经济、文化和社会等维度将多元民族构成的国家有机整合为一个具有内在统一性的多民族国家的历史过程。事实上，多民族国家整合是对国家内各民族分散、分化、分离、无序和冲突等态势的根本性否定，在这个多民族国家整合的过程中，各民族向均衡化和平化等方向发展。

缅甸是一个多民族国家，民族成分极为复杂多元，由于族际摩擦、矛盾和冲突的长期性、剧烈性和复杂性，并且国家处于现代化进程之中，多民族国家整合难度可想而知。处于现代化进程中的民族国家，多民族国家整合的阵痛常常难以避免。从族际关系角度考察，常常是主体民族不顾少数民族发展的滞后，强行将其纳入国家现代化的快速轨道之中。法国学者阿兰·图雷纳指出："我们惯于成为现代性、人道主义或民主的东西，请许可我重复一句，其特征乃是整合，决不是如某些人所声称的那种一分子对

---

① 付春：《民主权利与国家整合——以中国西南少数民族社会形态变迁为研究对象》，博士学位论文，复旦大学，2005 年，第 127 页。
② 高永久、朱军：《论多民族国家中的民族认同与国家认同》，《民族研究》2010 年第 2 期。

另一分子的侵略和胜利。"① 然而，也有学者认为，"在东南亚国家，整合却往往意味着主体民族对少数民族的剥夺和同化，它们的实质是'侵略和胜利'的代名词"②。东南亚国家"与那些拥有公民权利的强大国家的形象不同，东南亚的现实是，面对政治不稳、经济停滞和社会混乱的时代挑战，东南亚国家仍停留在脆弱与开放的状态"③。事实上，缅甸面对的不仅仅是政治不稳、经济停滞、社会混乱的挑战，还面临着更为严峻的族际纷争的挑战。在这种状况下，缅甸多民族国家整合的难度是相当巨大的，可以说缅甸多民族国家内在的统一性基础是比较薄弱的，甚至呈"碎片化"态势。不过，令人欣慰的是，新军人政府通过族际关系治理，缅甸多民族国家整合的程度有了明显的提高，这主要体现在政治整合、经济整合、文化整合和社会整合等维度上。

首先，政治整合程度明显增强。政治整合是多民族国家政治的核心命题之一。其目标就是要把多民族国家内涌现的各种政治力量，整合在统一的政治共同体中，从而维护多民族国家的统一和稳定。④ 缅甸新军人政府上台后，面对各种少数民族政治势力及其武装力量，首先开放了党禁，举行了多党制选举，通过多种方式试图把少数民族政治势力纳入国家主流政治的框架之中。在新军人政府时期，先后有 19 支（见表 7）少数民族政治组织及其武装力量与政府达成了政治和解，有的签署了永久和平协议，进入国家法律框架之内，回归到统一的国家政治共同体之中。长期以来，缅甸多元政治势力和社会力量呈分散、分化、分裂或分离的态势，一度与中央政权分庭抗礼，成为多民族国家统一和稳定的消解性与解构性力量，对多民族国家统一、稳定和发展构成了实质性的威胁。经过新军人政府时期的族际关系治理，绝大部分少数民族政治势力及其武装力量与政府达成了和解，放弃武装斗争，甚至接受政府的边防军改编计划。可见，缅甸多民族国家的政治整合水平明显提高了。

其次，经济整合水平有所提高。多民族国家内部的各民族由于发展条

---

① ［法］阿兰·图雷纳：《现代性与文化特殊性》，中国社会科学杂志社编《社会转型：多文化多民族社会》，社会科学文献出版社 2000 年版，第 12 页。

② 陈衍德主编：《多民族共存与民族分离运动——东南亚民族关系的两个侧面》，厦门大学出版社 2009 年版，第 6 页。

③ Barry Desker, *Islam and Society in Southeast Asia after September 11*, IDSS Working Paper No. 33, September 2002, Institute of Defense and Strategic Studies Singapore, p. 15.

④ 参见钟贵峰、张会龙《民族国家建设的多维向度》，《广西民族研究》2013 年第 3 期。

件、发展能力和所处环境存在较大差异，在民族国家建设时期它们的发展速度和发展质量不尽相同。在族际经济竞争和博弈的过程中，各民族的资源配置和经济利益分配呈非均衡化趋势，从而导致了它们的民族经济地位发生了较大变化，由此而引发了一些族际关系问题。① 缅甸少数密支那地区大部分为山区或半山区，交通不便，信息闭塞，加上缅甸历届政府都倾向于采取自给自足的封闭政策，尤其是奈温政府的闭关锁国政策，使少数民族地区经济发展相当滞后。与此同时，少数民族地方武装与政府的长期对抗，使少数民族地区得不到有效的开发，少数民族地区的经济处于崩溃的边缘。在新军人政府时期，政府开始重视少数民族地区开发，制定并实施了一系列少数民族地区开发的战略和政策，有效促进了少数民族地区经济的发展，进一步缩小了族际经济差异。尽管少数民族地区与缅族地区的经济还存在较大差异，而且短期内还无法达到区域经济的平衡发展，但不可否认的是，缅甸各民族的经济整合水平与之前相比有了一定的提高。

再次，文化整合效果明显提升。多民族国家文化的整合是多民族国家将国内各种民族的文化锻造成具有同质性的国民文化，这成为多民族国家文化整合的总体目标和发展方向。事实上，民族本身就是以共同的文化为纽带联结在一起的稳定的人群共同体，民族之间的差异归根结底是文化的差异。在一个多民族国家，有多少个民族就有多少种民族文化。由于每一种民族文化的价值偏好、思维方式、风俗习惯、生活方式都不尽相同，每个民族都打上了特有的民族文化的深深烙印。② 由于不同文化的各民族共处于同一个国家政治共同体之中，文化差异往往造成族际冲突，因此建立同质性的国民文化对于维护多民族国家的统一和稳定具有十分重要的意义。缅甸是一个拥有 8 大族群、135 个民族的多民族国家，民族文化多种多样，文化差异和文化冲突难以避免。在新军人政府时期，政府通过弘扬佛教、保护少数民族文化遗产和特征，对多民族国家的文化进行了整合。这种文化整合的路径，是以弘扬佛教为基础的，进而尊重和保护各少数民族自己的特质文化。缅甸虽然是一个民族成分相当复杂的多民族国家，但是 85% 的国民信仰佛教，可以说佛教文化是主流文化。新军人政府既没

---

① 参见钟贵峰《论多民族国家的族际关系治理》，《湖北民族学院学报》（哲学社会科学版）2013 年第 6 期。

② 参见钟贵峰、张会龙《民族国家建设的多维向度》，《广西民族研究》2013 年第 3 期。

有采取佛教国教化的政策，也没有忽视少数民族的文化，而是采用弘扬佛教和保护少数民族文化并举的政策。毫无疑问，这种举措是符合缅甸多民族国家的文化整合的理论与现实逻辑的，必然能够推动缅甸同质性国民文化的构建。

最后，社会整合程度有所提高。帕森斯从社会学的视角对社会整合作出过这样的含义：一是社会体系内各部门的和谐关系，使体系达到平衡状态，避免变迁；二是体系内已有成分的维持，以对抗外来的压力。[①] 多民族国家的社会整合体现在多民族国家内部各民族社会关系的和谐及各民族地位和权利的平等。多民族国家的社会整合对于少数民族地区社会的稳定和发展具有重要的意义。在一些多民族国家，各民族之间的权利不平等、利益分配不均衡现象相当突出，少数民族地区社会发育程度往往低于主体民族地区社会发展水平，这些现象和问题常常给多民族国家的族际关系形成相当大的张力。缅甸多民族国家的民族社会发展长期处于非均衡状态，少数民族地区的教育卫生事业发展水平向来落后。新军人政府上台执政后，加大了对少数民族地区教育和卫生事业发展的力度，很大程度上推动了少数民族地区教育卫生事业的发展。此外，新军人政府通过向少数民族地区群众发放身份证、开展多党制选举并举行宪法公投等方式，可以推动少数民族成员的民族认同逐渐过渡到公民身份的认同，进而促进多民族国家的社会整合。

总之，新军人政府时期，政府通过族际关系治理，缅甸多民族国家整合的程度明显提高，不论是政治整合、经济整合，还是文化整合、社会整合，都获得了不同程度的增强。长期以来，缅甸多民族国家的内在统一性基础是相当薄弱的，各民族一度呈现碎片化的态势，这对于多民族国家的统一和稳定构成了实质性的威胁。族际关系治理的效度，决定了多民族国家整合的程度。新军人政府时期的族际关系政治治理、经济治理、文化治理和社会治理等方面逐渐改变了各民族呈碎片化的局面，多民族国家整合水平有了明显的提高。当然，缅甸多民族国家要达到政治一体化、经济一体化、文化多元一体化和社会一体化的程度，还须跋千山涉万水。

---

① 转引自中国大百科全书编委会编《中国大百科全书·社会学卷》，中国大百科全书出版社 2004 年版，第 351 页。

第五章

登盛政府时期的族际关系治理
（2011—2015）

根据新宪法及大选结果，2011 年 3 月缅甸民选政府（登盛政府）正式上台执掌国家政权，执政 22 年之久的和发委（含恢委会时期）随即宣告解散，这标志着民选政府时期的族际关系治理开启了新的历史进程。登盛政府在很大程度上延续了前政府时期的政治框架，族际关系治理坚持民主化取向和民族国家建设取向（现代国家建设取向），族际和解取得了历史性突破，各少数民族地方武装纷纷回到国家法律框架之内，族际关系及其治理将继续朝着正常化方向发展。

第一节　登盛政府时期族际关系治理的多维向度

缅甸登盛政府执政后，族际和解问题成为国内稳定的最主要问题，推动族际和解便成为登盛政府执政的重大历史任务。正如荷兰学者指出的："缅甸自独立以来的动乱表明，解决民族冲突问题仍是政府的当务之急和最困难的任务。"[①] 登盛总统一直致力于推动缅甸族际关系的和解进程，他在宣誓就职演说中就强调："新政府将继续努力完成国家和平与发展委员会确定的国家三大任务，即联邦不分裂、民族团结不破裂、主权稳定。并且强调这三大任务不仅是国家和新政府的责任，而且是子孙后代都必须承担的历史重任。国家需要三种力量去成功完成这三大任务，他们是政治力量、经济力量和国防力量。民族团结就是所谓的政治力量。对于一个有

---

① ［荷兰］跨国研究所：《缅甸民族和平的前景》，何楠摘译，《国际资料信息》2012 年第 4 期。

100 多个民族聚居的国家来说，民族团结尤为重要。如果民族统一解体，国家就会分裂。因此，必须将民族团结放在首位。"① 登盛政府为推动族际和解，把治理民族问题当成执政的首要任务，族际关系治理也由此展开。

一　族际关系政治治理

在族际关系政治治理上，登盛政府根据新宪法设立了缅甸联邦议会。联邦议会由人民院和民族院组成，根据 2010 年大选的结果，少数民族政党在联邦议会及地方议会中占有一定的议席（见表 8）。其中，掸族民族民主联盟、民族团结党、若开民族发展党等少数民族民族党不仅在地区、州议会议席中占有较大的比例，而且还在联邦议会的人民院和民族院的议席中占有一定的比例。联邦议会制度及地区、州议会制度作为缅甸联邦共和国的民主政治的根本政治制度，对于维护和稳定各民族地区的社会秩序、巩固各民族地区的人民民主政权、促进民族地区的民主建设及增强民族团结发挥了重大的作用。首先，联邦议会制度和地区、州议会对各民族地区的民主政治建设具有重大的推动作用，为缅甸族际关系治理提供了强有力的且必不可少的制度保障。其次，联邦议会作为最高国家权力机关，在选举工作等方面体现和保障了少数民族行使民主的权利，这对维护少数民族地区的政治稳定、促进经济发展和民族团结发挥了积极的作用。再次，根据缅甸联邦宪法，联邦议会和各地区、州议会做了大量的工作，出台或修改了 30 多部法律，这对加强少数民族地区的民主建设和法制建设具有重大的意义。最后，各级议会按照民主法制规定正常运转，对议员讨论采取自由和公开的态度，议员对国家和各民族事务向政府提出质询，如议员对掸族政治犯大赦和民族歧视等敏感问题提出询问和质询，开展了经常性的监督活动，这些有力地推动着缅甸各民族地区的民主政治建设。另外，登盛总统释放了民盟领导人昂山素季并与其对话，并且他公开表示"如果人民接受她（当选总统），我也必须接受她"②，这被誉为"朝着民族和解和更加开放迈出了重要一步"。为了加快族际和解进程，登盛政府成立了两个和平

① President U Thein Sein Delivers Inaugural Address to Pyidaungsu, *The New Light of Myanmar*, March 31ˢᵗ, 2011.

② Myanmar Leader Would "Accept" Aung San Suu Kyi as President, *The Nation* (Thailand), October 1ˢᵗ, 2012.

谈判小组，专门负责与少数民族地方武装进行会谈。通过相关制度和机制，登盛政府力求推动族际大和解。此外，登盛政府上台以来，对内阁进行多次改组，"不仅首次任命一名反对派人士担任部长一职，被提名的五名副部长中，有三人具有平民背景，这次改组被认为是推动缅甸民主化进程的重要一步。与此同时，缅甸政府近期还宣布将成立一个委员会，负责评估释放在押的数百名政治犯"①。登盛政府的这些举措，必将推动缅甸民主化进程的快速发展，正如缅甸政府表示，"此举是为了确保国家的和平与稳定，推进民族和解和提高民族的政治凝聚力"。

表8　　　　　　　　　　　　　缅甸各政党议席数

政党名称	联邦议会				14个地区、州议会	
	人民院	民族院	联邦议会议席数	联邦议会构成比（%）	议席数	地区、州议会构成比（%）
联邦巩固与发展党（USDP）	259	129	388	78.7	495	74.9
掸族民族民主联盟（SNDP）	18	3	21	4.3	36	5.4
民族团结党（NUP）	12	5	17	3.4	46	7.0
若开民族发展党（RNDP）	9	7	16	3.2	19	2.9
全国民主力量（NDF）	8	4	12	2.4	4	0.6
全孟族地区民主党（AMRDP）	3	4	7	1.4	9	1.4
钦进步党（CPP）	2	4	6	1.2	6	0.9
帕隆·萨沃民民主党（PSDP）	2	3	5	1.0	4	0.6
勃欧民族组织（PNO）	3	1	4	0.8	6	0.9
钦族民族党（CNP）	2	2	4	0.8	5	0.8
佤族民主党（WDP）	2	1	3	0.6	3	0.5
克伦族人民党（KPP）	1	1	2	0.4	4	0.6
达安（崩龙）民族党（T<P>NP）	1	1	2	0.4	4	0.6
团结民主党（克钦邦）（UDP）	1	1	2	0.4	2	0.3
茵民族发展党（INDP）	1	0	1	0.2	3	0.5
克伦邦民主与发展党（KSDDP）	0	1	1	0.2	1	0.2
缅甸民主党（DP<Myanmar>）	0	0	0	0.0	3	0.5
克洋民族党（KNP）	0	0	0	0.0	2	0.3

① 《吴登盛吸纳反对派与平民背景人士入阁》，《东方早报》2013年2月8日。

续表

政党名称	联邦议会				14 个地区、州议会	
	人民院	民族院	联邦议会议席数	联邦议会构成比（%）	议席数	地区、州议会构成比（%）
民族民主发展党（NDPD）	0	0	0	0.0	2	0.3
88 代学生组织（88 Generation）	0	0	0	0.0	1	0.2
少数民族发展党（ENDP）	0	0	0	0.0	1	0.2
拉祜民族发展党（LNDP）	0	0	0	0.0	1	0.2
无党派	1	1	2	0.4	4	0.6
合计	325	168	493	99.8	662	100.6

资料来源：［日］工藤年博：《2010 年的缅甸——时隔 20 年的大选时隔 7 年的昂山素季解放》，载亚洲经济研究所《亚洲动向年报》，2011 年，第 401 页，转引自［日］西口清胜《转换为民政后的缅甸——以探讨"民主化"与国际关系为中心》，邵鸣译，《南洋资料译丛》2012 年第 3 期。

据掸邦新闻社报道，新的"缅甸联邦和平对话研究院"于 2014 年 2 月 26 日成立。该机构总部设在清迈，主要由掸族和克伦族的政治家组成，目的是与民族武装、政党、社团、政府组织及国际组织等一些和平组织一起，共同推动实现全国全面停火并举行政治对话。[①] 在族际关系政治治理层面，以及展现出多组织的多维互动，这对推动缅甸族际关系的正常化发展具有十分重要的意义。

二　族际关系经济治理

为缓和族际关系，推动族际和解，登盛政府上台后大力发展经济，试图通过推动经济改革和加快经济发展来消除影响族际关系的经济因素。吴登盛总统就职演说中指出："口头说说和正式会谈对于实现民族团结是不够的。因此需要通过修建公路、铁路和桥梁来打破各民族地区之间的天然屏障……打好经济基础，提高民族的社会经济地位……公路、铁路、桥梁越多，地区之间的交通越便利，民族之间的关系将会越好。加上物质文明的发展，我们将尽力保证在民族团结的基础上发扬

---

① New Center for Peace in Burma Opens Tomorrow, *Shan Herald Agency for News*, February 26th, 2014.

联邦精神。"① 为此，登盛政府大力调整和升级经济发展战略，调整或颁布一系列新的法规和条例以扩大对外开放水平，着力推动缅甸经济均衡发展和可持续发展。对于少数民族贫困和落后等问题，登盛政府更加注重边境地区及少数民族地区的开发和发展，吴登盛总统指出，"当前，落实边区开发和民族事务发展任务能够治疗像地方主义、种族主义这类目光短浅的毛病"，"联邦政府需要使边区人民感受到政府促进和平、稳定与发展的善意，使他们与联邦政府、省政府和边区政府合作"，以开发边区来"提高少数民族对国家的认同感，减少在经济等领域对外界的依赖"②。为了促进区域经济均衡发展，缩小族际经济差异，吴登盛总统亲自出席农村地区发展和减少贫困国家级会议，而且多次视察伊洛瓦底省、若开邦等贫困地区，强调加快农村地区的发展是减少贫困的根本途径。③

在登盛政府大力推动发展少数民族地区经济的环境下，若开邦也积极谋求自身发展。2012 年 12 月召开的若开邦第一届第五次会议上，一位若开邦议会代表向大会提交了一份关于加快若开邦崩那工业区的提案，并在大会上以全票通过。据 2013 年 1 月 8 日的《缅甸新光报》报道，这个提案若能真正实施，将可为当地人民创造就业机会近 1 万个。这对若开邦的经济发展和人民生活水平的提高，无疑具有非常重要的意义。

据缅甸媒体报道，缅甸经济特区中央工作组会议于 2014 年 2 月 13 日在内比都举行，这次会议旨在推动缅甸经济特区建设，从而增加就业机会并推动国民经济发展。早在 2011 年 1 月，缅甸就颁布了《经济特区法》和《土瓦经济特区法》。④ 为了推动特区工作发展，2014 年 1 月 23 日缅甸修订出台了新的《经济特区法》。这个文件显示，缅甸正在推进"土瓦经济特区""迪洛瓦经济特区"以及"皎漂经济特区"三个特区的建设。⑤ 其中，

---

① President U Thein Sein Delivers Inaugural Address to Pyidaungsu, *The New Light of Myanmar*, March 31st, 2011.

② 《缅甸总统呼吁开发边疆》，2011 年 4 月 25 日，新华网（http://news. xinhuanet. com/world/2011—04/25/c_ 121342603. htm）。

③ Rural production and economic growth engine of national economic development Data of UNDP and relevant department, shows poverty falling in Myanmar, *The New Light of Myanmar*, May 21st, 2011, p. 1.

④ *The Myanmar Special Economic Zone Law*, The State Peace and Development Council Law, No. 8, 2011.

⑤ 参见《缅甸 3 个经济特区建设进展情况》，中华人民共和国驻缅甸联邦共和国大使馆经济商务参赞处网站（http://mm. mofcom. gov. cn/article/jmxw/201402/20140200490689. shtml）。

"土瓦经济特区"的建设，将对位于德林达依省的缅族、克伦族、孟族、木雷族和斯龙族的经济发展起到重要的作用。"皎漂经济特区"位于若开邦境内，这个经济特区的设立和建设，必将有力地推动若开族经济的发展。

登盛政府通过推行经济改革大力发展经济，加强边区少数民族地区经济开发，努力推动经济特区建设，必将进一步消除影响族际关系的经济因素，缩小族际经济差异，从而推动族际关系良性发展。

三　族际关系文化治理

登盛政府在族际关系治理中，当前是以政治治理和经济治理为中心，以文化治理和社会治理为补充。随着政治改革与经济改革的推行，文化深层次矛盾开始浮出水面，"以往穆斯林被压抑的要求被激发，进而引发民族之间的矛盾乃至流血冲突，引起国际社会对缅甸改革的关注和担忧"[1]。宗教文化的冲突与政治有着紧密的联系，其实也是主体民族缅族与少数民族矛盾的反映，佛教徒与穆斯林之间的冲突是宗教认同问题凸显的结果。消除或减少影响族际关系中的文化因素，是摆在登盛政府面前的一大难题。登盛政府既要发展少数民族的文化教育事业，也要消除文化和社会冲突的内在根源，当改革引发政治和经济层面的诸多问题时，要解决文化层面的这些问题不可谓不艰巨。

在多民族国家，族际关系文化治理就是在尊重和发展各民族文化的基础上，构建国族文化，增强民族的自豪感，进而提升国族认同。弘扬民族文化，对增强民族自豪感具有重要的作用。登盛政府利用举行东南亚运动会之机，展现了缅甸的各民族的传统文化，很大程度上增强了民族自豪感。2013 年 12 月 11 日，第 27 届东南亚运动会在缅甸内比都温娜迪体育场隆重开幕，"近 500 人演出的缅甸古代宫廷歌舞《伟大的民族文化遗产——蒲甘》开启大型文艺表演，《鲜花盛开》《金色国度欢迎您》《缅甸藤球》和《年轻人的力量》等 8 个章节有万人参与表演"[2]。这是一次展现缅甸传统民族文化的盛大场景，对于促进民族团结具有重要的意义。

为了加强弘扬民族文化和保护民族文化遗产的工作，登盛政府改组了

---

[1]　Burma Unrest, *UN body says* 90000 *displaced by violence*, BBC News, June 20th, 2012.

[2]　《第 27 届东南亚运动会在缅甸内比都隆重开幕》，2013 年 12 月 18 日，中华人民共和国驻缅甸联邦共和国大使馆经济商务参赞处网站（http://mm.mofcom.gov.cn/article/jmxw/201312/20131200429102.shtml）。

国家文化中央委员会。2013 年 1 月 9 日，吴登盛总统签发了 2013/13 号令公告，改组缅甸国家文化中央委员会。该委员会的主要职责有 17 款，主要有负责划定国家文化遗址，收集整理有关国家文化遗址、文化遗迹的数据，管理文化遗迹周边的住宅交通商业等情况，起草历史文化遗产保护法律法规和实施细则，制定与国际社会开展文化遗产合作的保护政策，开展保护和挖掘文化遗产的科研工作，起草和实施国家非物质文化遗产的政策等。[1] 通过改组国家文化中央委员会，充分表明了新政府对民族文化遗产保护和开发的高度重视，这对缅甸民族国家建设来说意义十分重大。保护民族文化遗产不但对缅甸构建国族文化具有重要的意义，而且对增强缅甸多民族国家的民族凝聚力和促进民族团结也有十分重要的积极作用。

四 族际关系社会治理

在新军人政府时期，由于政府在推动少数民族地区教育事业发展和医疗卫生事业发展方面做了不少工作，因而取得了较为明显的成就。然而，要真正消除影响族际关系的社会因素，需要一定的制度保障、物质基础和精神支柱，而这几方面正是新军人政府面临的重大挑战。吴登盛政府上台后，推动了一系列改革，但由于登盛政府改革的总体布局是先整体后局部，顺序则是先政治、后经济、继而是文化社会问题。即便如此，吴登盛政府也在族际关系的社会治理方面做了不少工作。

吴登盛总统在就职演说中就强调，要推进民族和解，改善国民的基本公民权及社会、经济、教育、卫生等状况。[2] 为了改善教育和卫生条件，吴登盛总统不仅强调联邦精神的作用，而且也十分重视通过加强国际合作来改善和提升教育与卫生水平。

吴登盛总统在 2013 年 3 月 15 日访问新西兰时表示，"缅甸政治进行重大政治和经济变革，急需提高高等教育质量。新西兰可以在卫生、人力资源、先进科学技术等领域向缅甸提供帮助"[3]。而吴登盛总统于

---

[1] Reconstitution of Myanmar National Culture Central Committee, *The New Light of Myanmar*, January 10th, 2013.

[2] President U Thein Sein Delivers Inaugural Address to Pyidaungsu, *The New Light of Myanmar*, March 31st, 2011.

[3] 《缅甸总统吴登盛与新西兰总理举行会谈》，2013 年 3 月 16 日，新华网（http://news. xinhuanet. com/2013—03/16/c_ 124465509. htm）。

2013 年 3 月 5 日在比利时首都布鲁塞尔对欧盟进行历史性访问时就曾坦承，"在当前的转型时期，缅甸还需要外部世界在教育、医疗和民生，特别是为民众提供技能培训和重建基础设施方面提供帮助"①。吴登盛总统对推动教育、卫生和民生事业发展的愿望是相当迫切的，他这种迫切的愿望得到了国际社会的积极响应，新西兰、澳大利亚、欧盟等对此都表现出积极支持的态度。2013 年 6 月 6 日，世界经济论坛首次在缅甸召开，作为这届世界经济论坛东亚会议联合主席之一，联合国开发计划署署长海伦·克拉克认为经济发展必须以社会发展为目标，"我想缅甸将迎来工业化的大发展，不过从全球经验来看，工业的增长和消除贫困并没有直接的关系。我们必须非常谨慎地引导工业增长的过程，在缅甸获得的利益必须能够反哺这里的教育、健康、社会保障、职业技能训练等等"②。此外，缅甸登盛政府也非常重视本国民族医药的发展，由此来提高国内卫生水平。2013 年底，登盛政府副总统宰茂坎出席第 14 届民族医药专家代表大会，联邦各部长级副部长也出席参加，宰茂坎表示"缅甸大力提倡发展民族医药"。

由此可见，在改善和提升国内教育、卫生及民生事业方面，新政府做了不少工作，特别是与国际社会形成了多维互动联动，这对于缅甸的族际关系社会治理来说无疑是一大福音。缅甸站在新的历史起点上，登盛政府在消除影响族际关系的社会因素方面的努力是值得肯定的，这也必然有力地推动缅甸的社会发展，随之而来的是各民族社会成员对国家政治共同体认同度的不断增强。

第二节　登盛政府时期族际关系治理的价值取向

随着现代化和全球化的持续进行并不断深化，民族国家内部发生了深刻的变化。"民族国家主权范围、主权转移、主权行使方式、主权性权利"，"国家的构成要素、组织架构、运行方式"等都发生了巨大的变化，还导致了"国家民族构成状况的复杂化"及"族际政治日益普遍化"，由

---

① 《缅甸总统吴登盛密集出访　为缅经济发展寻求动力》，《光明日报》2013 年 3 月 20 日。

② 《世界经济论坛东亚会议关注缅甸发展　吴登盛吁保持信心》，2013 年 6 月 6 日，国际在线网站（http：//gb. cri. cn/42071/2013/06/06/6611s4139917. htm）。

此"国家认同面临着严峻挑战"①。因此，在现代化和全球化时代的民族国家，其族际关系治理的价值取向必然有所调整，如此才能适应已经发生变化的环境。缅甸登盛政府上台后，在族际关系治理价值取向方面，不仅继续秉持民主化取向，而且还秉承民族国家建设的更高定位，即现代国家建设取向。新政府的族际关系治理的价值取向完全符合缅甸国情和族际关系状况，这必然促使新政府对族际关系治理路径进行调整，缅甸族际关系也将继续朝着正常化方向发展。

一　民主化取向

登盛政府上台后，其族际关系治理延续和秉承了民主化取向。登盛政府上台伊始就显示出超乎人们预料的大胆的民主化动态，如任命与昂山素季关系密切的敏博士为总统经济顾问、大幅度放开对媒体的限制、号召逃往海外的缅甸人回国、呼吁各少数民族武装与政府和谈、吴登盛与昂山素季进行会谈、实施《和平游行集会法》和《劳动团体法》、修改《政党登记法》等民主化举措。② 而且，登盛政府还大规模释放政治犯，甚至吸纳反对派分子进入政府任职。登盛政府的这些举措充分体现了民主化取向。因而，登盛政府上台后的族际关系治理也必然深刻蕴含着民主化取向，这从族际关系治理的理路中就可以看出。从族际关系政治治理看，联邦议会制度和地方议会制度在政治框架中的地位凸显，两院均鼓励议员自由、公开辩论，并积极倡导民主改革。具体的方式方法中也同样蕴含着强烈的民主化取向，这从上面的民主化举措即可窥见一斑。在族际关系经济治理中，登盛政府倡导私有化、自由化和开放化，以此通过发展民族经济来消除影响族际关系的经济因素，这些都含有强烈的民主化取向。

二　现代国家建设取向

登盛政府族际关系治理蕴含着强烈的民主化取向的同时，也蕴含着民族国家建设取向，而且是民族国家建设取向的更高定位，即现代国家建设取向。民族国家建设取向本质上是一种"国家主义"取向，是符合民

---

① 周平：《全球化时代的民族与国家》，《学术探索》2013 年第 10 期。
② 参见［日］西口清胜《转换为民政后的缅甸——以探讨"民主化"与国际关系为中心》，邵鸣译，《南洋资料译丛》2012 年第 3 期。

国家本质特征的取向，既体现民族国家的"国家属性"，也兼顾了民族国家的"民族属性"。随着缅甸现代化进程的推进和全球化的影响，缅甸民族国家必然要进行现代国家建设。当前，缅甸正在推进国家权力结构、国家制度架构、国家权力运作方式、国家与社会关系等方面向现代水平方向发展。缅甸的民主政治建设、宪政制度建设、公民社会建设和政党政治构建正在全方位推进。吴登盛强调缅甸的改革都应该在宪法的框架下进行，他还指出，"宪政民主转型已有条不紊地踏上了一条和平之路"。① 换个角度而言，民主政治建设、公民社会建设和政党政治构建也都应该在宪法的总体框架下进行。由此可见，缅甸登盛政府时期的族际关系治理必然蕴含着现代国家建设取向，而且从目前的族际关系治理的多维向度考察，其现代国家建设取向日渐明朗。

第三节　登盛政府时期族际关系治理的效度

登盛政府上台至今虽然只有短短两三年时间，但族际关系治理却取得了可喜的成效。登盛政府秉承民主化取向和民族国家建设取向（现代国家建设取向），族际关系治理顺利开展。登盛政府执政一年内，就与 11 支少数民族地方武装达成了新一轮和解协议，如佤联军、掸东同盟军、民主克伦佛教军、南掸邦军、钦民族阵线、克伦民族联盟、新孟邦党和克伦尼民族进步党等与新政府签订了初步和平协议。其中，勐腊军与缅政府于 2011 年 12 月 27 日签订了第三次协议，协议内容中有四点是关于联络和发展，有两点是政治内容，即支持吴登盛政府和捍卫国家主权完整。② 登盛政府也积极与一些少数民族地方武装进行和平谈判，如 2011 年 11 月 23 日，缅甸总统和平特使昂明与勃欧民族解放组织主席昆欧嘎举行了第一次非正式和平谈判。③

更为重要的是，随后吴登盛总统与克伦民族联盟的主要代表在首都内比都进行了历史性会谈，这次会谈达成了许多共识，如逐步实现全国停火

---

① Address Delivered by President of the Republic of the Union of Myanmar U Thein Sein, *The New Light of Myanmar*, March 2nd, 2012.

② Shan Herald Agency for News, December 29st, 2011.

③ Gov't peace team and PNLO chairman meet, December 26th, 2011, Aye Le News-Mizzima News.

计划、制定并遵守停火规则、建立和平监督机制、计划重新安顿国内流离失所的人民等，最后双方签署了和谈纪要。作为缅甸境内最大的少数民族地方武装——克伦民族联盟，长期与政府进行激烈的对抗，与缅族的矛盾和隔阂一直根深蒂固，难以化解。克伦民族联盟与政府签署和谈纪要，标志着克伦族国家认同的确立。

2012 年是缅甸族际和解取得重大突破的一年，米兹玛新闻社发布了缅甸 2012 年十大新闻中的第五大新闻，即缅甸"民族停火扩大"[①]。2012 年 12 月 6 日，钦民族阵线（CNF）与联邦和平工作委员会（UPWC）经过三天的谈判，双方签署了《钦族和平协议》，该协议被认为是缅甸政府给少数民族武装树立的和谈标杆。[②] 甚至在 2012 年底，连全缅学生民主阵线对民族和解都充满了期待，他们在仰光高谈阔论和平进程。[③] 88 代学生组织在 2012 年 2 月发表四点声明，表示愿意调解克钦独立军与缅甸政府关系，呼吁双方尽快举行政治对话，停止内战，实现国内和平。[④]

更令人欣慰的是，在 2013 年，佤邦和第四特区积极推行缅文普及教育，加强与缅军举行定期会晤沟通机制，致力于为本特区的经济建设创造良好的缅甸国内环境。2013 年底，南掸邦军表示，只要其他方面准备就绪，就准备签署"全国全面停火协议"[⑤]。

2014 年 3 月 9 日，缅甸联邦和平工作委员会与民族武装全国停火协调委员会就全国全面停火问题举行会谈，并发表了联合新闻公报，双方一致同意通过"全国全面停火协议草案"。3 月 10 日，缅甸政府、民族武装与缅甸军队三方组成了新的联合委员会，此举是为了更好地推进和平谈判，各方同意一起起草停火协议。[⑥]

---

① The Expansion of Ethnic Ceasefires, TOP 10 Events of 2012—No 5, December 27th, 2012, Mizzima News.

② Chin Agreement Shows What Rebel Peace Makers Can Do, December 20th, 2012, Shan Herald Agency for News.

③ All Burma Students' Democratic Front Talks Peace in Rangoon, December 20th, 2012, The IRRAWADDy.

④ 88 – Generation Students Volunteer to Help end Kachin Conflict, February 28th, 2012, Mizzima News.

⑤ RCSS Ready to Sign the NCA if Others Are, December 25th, 2013, Shan Herald Agency for News.

⑥ Government, Ethnic Rebels Form New Committee to Push Peace Talks Forward, March 10th, 2014, The Irrawaddy.

3 月 24 日至 26 日，掸邦民族民主联盟（虎头党）在掸邦首府栋吉举行了为期三天的本年度会议，该组织承诺"在缅甸要真正建立合众联邦"①。

综上所述，自缅甸登盛政府上台以来，族际和解取得了历史性突破，各少数民族地方武装及少数民族政党基本上都回归到国家法律的框架下，它们的国家认同感显著增强，目前族际关系正朝着正常化方向发展，多民族国家的整合程度显著提高，这一切都归功于登盛政府与各方的共同努力。登盛政府的族际关系治理始终秉承着民主化取向和现代国家建设取向，其族际关系治理路径基本体现了主权性路径、民族性路径、法制性路径、现代性路径和整体性路径，总体上符合民族国家的本质特征和建设方向，也符合多民族国家的特殊属性和内在要求。

展望未来，民盟时代下的政府的族际关系治理还面临着诸多挑战。新政府的族际关系治理与缅甸政治转型密切相关，而缅甸的政治发展面临着一系列挑战，一是民主化基础还比较薄弱，经济发展水平低下、现代民主政治文化缺失和军队对政治的影响依然存在等原因必然严重影响缅甸民主化进程；二是民族宗教矛盾根深蒂固，影响族际关系深层次的问题不可能一劳永逸解决，这需要相当长的过程，而且政府军与克钦独立军、佤联军等民族地方武装之间爆发冲突的可能性依然存在，如近些年来克钦独立军多次与缅军发生激战；三是民盟时代下的登盛政府执政经验较为缺乏，这必将影响国家治理的效果；四是宪法中是否能充分体现少数民族的权益，缅甸是否能实现真正的合众联邦，少数民族武装力量如何处置以及其上层的安置等问题都是影响族际关系走向的重大问题。上述四点不仅是影响缅甸未来政治发展的主要因素，也构成了新政府未来族际关系治理的主要挑战。如果新政府依然秉持民主化取向和现代国家建设取向，选取符合民族国家本质特征和建设方向与多民族国家特殊属性及内在要求的族际关系治理路径，缅甸未来族际关系治理才能有效应对这些挑战，从而推动民族国家建设向前发展。

---

① Tiger Head Party Pledges to Build Genuine Federal Union in Burma, March 27th, 2014, Shan Herald Agency for News.

第六章

缅甸族际关系治理的逻辑诠解

缅甸族际关系治理贯穿了整个民族国家建设的历史进程，历经吴努政府、奈温政府、新军人政府及新政府。每个阶段的族际关系治理的方式和路径、价值取向既有大不同之处，也有一些相似之处。从整体而言，缅甸族际关系治理对民族国家建设产生了重大而深远的影响。当前，缅甸新政府的族际关系治理站在了新的起点上，如何继承推动族际关系治理的发展，是新政府面临的重大任务。展望未来，新政府的族际关系治理将面临诸多挑战。

第一节　缅甸族际关系治理的取向与路径

自从缅甸民族国家建立后，历届政府在开展族际关系治理，不同时期的族际关系治理中所采取的路径与方式各具特点，族际关系治理中蕴含的价值取向也不尽相同，族际关系治理中面临的主要挑战和问题却有许多相似之处。对缅甸族际关系治理的价值取向与治理路径做一个纵向的考察，将有助于我们对缅甸族际关系治理的整体性和全局性的把握，也有助于我们对缅甸族际关系治理的阶段性实践的理解。

一　价值取向的选取与调整

在多民族国家族际关系治理中，价值取向是一个根本问题和核心问题，它决定着族际关系治理的总体走向和发展趋势。族际关系治理的价值取向的选取不仅决定了族际关系治理的成功与否，而且关乎民族国家建设是否可以成功实现。从族际关系治理与民族国家建设互动中不难发现，族际关系治理的价值取向在族际关系治理的整个过程中都发挥着根本性的作用，甚至在民族国家建设的整个过程中都发挥着重大的作用。

为了防范族际关系问题对民族国家的存续与发展带来不良的影响，民族国家在族际关系治理中就必然要选取合适的价值取向，推动族际关系治理的良性发展，进而维护民族国家稳定并推动民族国家建设。在当代多民族国家，族际关系治理如果取向于民族，民族群体的利益就成为优先的选择，进而就会强调各个民族利益的多元化、分殊化和差异性，要求从民族群体利益的角度来调节族际关系；如果取向于国家，国家利益就成为优先的选择，就必然强调国家的整体性、各个民族群体的共同性和相互融合，从国家利益的角度来调节族际关系。① 因而，"国家主义"取向的族际关系治理始终把国家利益放在族际关系治理的出发点和追求的目标上，如此就能牢牢抓住维护民族国家制度框架的主题。当然，鉴于民族与民族国家的复杂关系，民族国家的族际关系治理不仅要体现民族国家的"国家属性"，也要兼顾民族国家的"民族属性"，这样才符合民族国家的本质特征。而民族国家建设取向的族际关系治理，不仅能够有效维护多民族国家的统一、稳定和发展，还能够充分体现各民族生存和发展的内在要求。

纵观缅甸吴努政府时期、奈温政府时期及新军人政府时期的族际关系治理，价值取向的选取和调整影响着族际关系治理的整个历史进程。不同历史时期的族际关系治理，因选取不同的价值取向，族际关系的走向与态势相去甚远。当族际关系失序或者恶化时，缅甸民族国家的存续和发展存在极大的隐患；当族际关系朝良性方向发展时，缅甸民族国家建设就能取得可喜的成效。因此，剖析不同时期的族际关系治理价值取向，就可以管窥缅甸族际关系治理与民族国家建设的互动情况。

吴努政府时期，"大缅族主义"和中央集权是族际关系治理的基本价值取向，始终影响甚至支配着吴努政府对族际关系治理的整个过程。因而，吴努政府时期的少数民族分离运动的兴起、少数民族国家认同危机的产生、国内多重矛盾的交织和恶化，族际关系治理的"大缅族主义"取向及中央集权取向是"功不可没"的。一者，"大缅族主义"取向使吴努政府在族际关系政治治理、经济治理、文化治理和社会治理维度中，采取了不恰当的治理方式，如议会民主制只是徒其民主外表，以缅族为主的执政集团与少数民族存在着极大分歧；民族自治邦形同虚设，它违背了民族

---

① 参见周平《论多民族国家民族问题的治理》，《晋阳学刊》2013 年第 3 期。

平等的原则；民族同化政策是典型的"缅人沙文主义"政策，妄图彻底改变少数民族根深蒂固的民族价值和生活方式，甚至摧毁他们的民族尊严和自我标识，等等。在"大缅族主义"取向贯彻了吴努政府时期的族际关系治理的整个过程时，最终催动着少数民族分离主义的兴盛，阻碍着民族国家建设进程。二者，中央集权取向也是吴努政府时期族际关系治理的价值底蕴。吴努政府为了加强中央集权，国家政治权力不断深入各少数民族地区，派遣忠于政府的民族人士担任当地行政官员，强制性限制土司和上层人士的土地数量，这样不断剥夺少数民族传统的上层人士的特权。此外，为了进一步加强中央集权，吴努政府还采用了武力打击反政府武装势力，不仅军事打击缅甸共产党，还打击克伦族、孟族、若开族、克伦尼族和克钦族的反政府武装。因此，缅甸族际关系失序、少数民族分离运动的兴起、民族认同与国家认同的矛盾难以避免了。

　　奈温政府时期，民族一体化取向和国家主义取向是族际关系治理的基本价值底蕴。在民族一体化取向和国家主义取向的族际关系治理下，奈温政府时期缅甸走上了社会主义道路，但是这种社会主义与其他思想糅杂在一起。在"缅甸式社会主义"的指导思想或制度安排下，缅甸社会主义纲领党为了联合全国各民族以建立一个政治统一和民族一体化的民族国家，试图建立超民族的工农联盟，加强了对各少数民族邦的控制，甚至还推行缅族化的经济发展方式。奈温政府虽然推崇宗教信仰自由并维护各民族文化的多样性，但前提是捍卫国家领导核心的缅甸社会主义纲领党，在实践生活中宗教信仰和民族文化发展要与国家统一及社会主义目标相一致。在族际关系社会治理中，一度采用了民族歧视的政策，违背了民族平等原则。可见，奈温政府时期的民族一体化取向具有强烈的民族同化色彩，很大程度上体现了"大缅族主义"倾向；而其国家主义取向则完全忽视民族属性，否定少数民族成员的族属关系，甚至否定少数民族的特殊性及其相应的地位和权利。在这种具有强烈民族同化色彩的民族一体化取向和片面的国家主义取向的指引下，奈温政府时期的族际关系治理出现了严重的问题，最终酿成了"缅甸有多少少数民族就有多少支反政府武装"的严峻局面，族际关系进一步恶化。

　　新军人政府时期，政府对族际关系治理的价值取向做了很大调整，民族国家建设取向与民主化取向构成了奈温政府时期族际关系治理的基本价值向度。民族国家建设取向与民主化取向的族际关系治理，推动了缅甸族际关系正常化发展，长期困扰缅甸的族际关系失序问题终于迎来了一线曙光。民族国家建设取向充分体现了民族国家的"民族属性"和"国家属性"。新军人政府允许少数民族成立自己的政党，逐渐把少数民族地区各种民族性与地方性政治力量和社会力量纳入国家政治整合及政治统一的框架之中。此外，新军人政府还努力推动民族认同与国家认同的整合、推动国族整合并进行现代国家建设。而民主化取向则开启了缅甸民主建设的步伐，推动了缅甸民主化进程。新军人政府不但举行了多党制选举，还制定了七步民主路线图，进行了宪法公投，最终产生了民选政府，这些都蕴含着强烈的民主化取向。族际关系治理价值取向的转变，新军人政府调整了族际关系治理的方式和路径，族际和解取得了重大突破，少数民族的国家认同有所增强，多民族国家整合程度明显提高。

登盛政府上台后，其族际关系治理的价值取向基本上延续和秉承了新军人政府时期的族际关系治理的价值取向，即民主化取向和民族国家建设取向。由于登盛政府站在新的历史起点上，并处在全球化和现代化进程的关键时刻，其民族国家建设越来越朝现代国家建设取向转变，而且这种取向日渐明朗。

由此可见，缅甸民族国家建设的历史进程中，族际关系治理的价值取向的转变，是族际关系态势发生转变的深层次原因。有什么样的族际关系治理的价值取向，就有什么样的族际关系治理方式，也就会有什么样的族际关系治理的效果。吴努政府时期的"大缅族主义"取向和中央集权取向、奈温政府时期具有强烈民族同化色彩的民族一体化取向和片面的国家主义取向，都不符合缅甸族际关系治理的现实逻辑，必然不利于族际关系治理的发展。新军人政府时期，族际关系治理价值取向的调整，族际关系治理有了明显的成效，从而有力地推动了民族国家建设的历史进程。新政府虽然上台才短短两三年，但由于价值取向符合现阶段民族国家的本质特征和多民族国家的特殊属性，因而其族际关系治理取得了长足的发展。总体而言，在缅甸民族国家建设不同时期，族际关系治理价值取向的转变与调整，产生了不同的族际关系治理的方式和路径，族际关系治理的效果呈"U形曲线"走向。具体言之，由于各时期的族际关系治理的价值取向不同，吴努政府时期的族际关系治理的效应呈下降趋势，奈温政府时期的族际关系治理的效应处于最低状态，新军人政府时期的族际关系治理的积极成效逐渐显现，新政府继续推动着族际关系治理的良性发展。

二　治理路径的选择与运用

族际关系治理的路径是族际关系治理框架中的一个重要组成部分，是达到族际关系治理目标的关键因素。没有选取一定的族际关系治理路径，族际关系治理便无从谈起，因而也不可能实现族际关系治理的目标。在民族国家时代的多民族国家，族际关系治理的路径选择至关重要。族际关系治理路径的选择既要体现治理的逻辑，也要符合民族国家的本质特征，更要考虑多民族国家的民族成分的复杂性和多样性。民族国家具有主权性、人民性和民族性等本质特征，而当代一些多民族国家民族成分相当复杂。因此，族际关系治理路径的选择，考验着族际关系治理主体的智慧和水平。选取符合民族国家及多民族国家理论逻辑和现实状况的族际关系治理路径，才能保证族际关系治理的效果。根据民族国家的本质特征和多民族国家的内在要求，族际关系治理的路径要符合族际关系维度和向度互动的原则，一般有主权性、民族性、现代性、法制性和整体性等具体治理路径。

第一，主权性路径。主权性路径是民族国家的本质特征的重要体现。民族国家是主权国家，拥有主权是民族国家的前提条件，没有主权的民族国家并不能称为民族国家。因此，民族国家首先要维护国家的主权。民族分离主义的存在，对民族国家的稳定和发展是严重的危险，对民族国家主权完整性是严峻的挑战和严重的损害。对于民族分离主义的抑制或打击，是民族国家维护主权的重要方式和手段。因此，民族国家的族际关系治理必然要选取主权性路径，以此来维护民族国家的主权，抑制或消除民族的政治分离。

第二，民族性路径。民族性路径既是民族国家本质特征的重要体现，也是多民族国家内在要求的反映。"民族国家以民族来命名这一事实表明，民族国家的根本特征就是它的民族性。"① 因而，民族性路径是民族国家的民族问题治理的最基本的路径之一。族际关系治理虽然是民族国家的国家或政府行为，但必须充分体现民族利益、维护民族权利、彰显民族特性并反映民族诉求。唯有如此，民族才能认同国家，民族才会将国家视为自己的国家，才能使民族认同与国家认同相统一。对于多民族国家而

---

① 周平：《对民族国家的再认识》，《政治学研究》2009 年第 4 期。

言，既要反映各民族的共同意志，也要体现各民族的自我诉求。

第三，现代性路径。现代性是考察当代民族国家的一个重要维度，民族国家建设的重要主题之一就是围绕现代国家建设展开。现代性是现代化追求的价值向度，处于民族国家建设的大部分民族国家都处于现代化进程之中，最终要达到现代性。很多处于民族国家建设时期的多民族国家，民族发展状况的非平衡性和民族权利的不平等现象还相当突出，一方面各民族的经济、文化和社会发展水平存在很大的悬殊，另一方面各民族的经济、文化和社会发展水平相当滞后。因此，当代民族国家的族际关系治理应该秉承现代性治理路径，努力消除影响族际关系的政治、经济、文化和社会等因素，推动各民族政治、经济、文化和社会的横向发展与纵向发展。

第四，法制性路径。实现宪政是现代民族国家政治发展的根本标志，是民族国家制度框架有效维持的基本理路。民族国家的建立与宪政制度是密切相关的，可以说没有国家政权的宪政化改造，就无法保障民族国家制度架构。一些处于民族国家建设时期的国家，虽然采用了宪政制度，但是由于历史和客观原因，宪政制度并不完善，宪政制度的本质和原则并没有很好地体现出来，宪法的权威没有得到有效的彰显。[1] 族际关系治理只有在宪法的框架下进行，才具有合法性的意义，才能保证族际关系治理的效果。法制性路径不仅可以依法保障各民族的平等，维护各民族的权利，同时也为族际关系治理提供法律支撑和法制保障，如此则可以巩固国家政治共同体的合法性基础，增强各民族对国家的认同感。

第五，整体性路径。多民族国家族际关系治理是一个复杂的系统工程，涉及的范围很广、内容很多。多民族国家运行之中，影响族际关系的政治、经济、文化和社会等各方面的因素很多，而且这些因素又相互交织、相互作用，导致了族际关系治理的复杂性。可见，族际关系治理应该坚持整体性路径，政治治理要考虑到对经济、文化和社会的影响，经济治理要考虑到对政治、文化和社会的影响，文化治理也要考虑到对政治、经济和社会的影响，而社会治理也牵涉政治、经济、文化方面。因此，族际关系治理是牵一发而动全身的复杂的系统工程，必须考虑到政治、经济、文化和社会的多重联系，单一的治理路径无法有效治理复杂的族际关系问

---

[1]　参见钟贵峰、张会龙《民族国家建设的多维向度》，《广西民族研究》2013 年第 3 期。

题，只有坚持整体性路径，才能取得预期的治理效果。

缅甸民族国家不同时期的族际关系治理路径，有的符合并反映民族国家的本质特征和多民族国家的内在要求，有的与民族国家和多民族国家的本质要求存在很大差距。缅甸民族国家建立以来，历届政府的族际关系治理都选取了主权性治理路径，它们都十分重视维护民族国家的主权。至于民族性治理路径、现代性治理路径、整体性治理路径和法制性治理路径等方面，历届政府则各有选取，甚至忽视或无视其中的若干治理路径。

吴努政府时期的族际关系治理始终坚持主权性路径，基于历史、政治、经济、文化和地域等因素的考虑，缅甸民族国家便以缅甸联邦的形式出现。议会民主制和民族邦的设置，其中也是考虑到维护缅甸多民族国家的统一。联邦政府对地方政府的打击，基于加强中央集权和维护国家主权的考量。尽管吴努政府采取了主权性路径，由于策略欠妥，缅甸民族国家主权始终受到内部少数民族分离主义的严重挑战。而且，吴努政府时期的族际关系治理忽视或忽略了民族性、现代性、法制性和整体性等路径，最终导致了少数民族分离运动的此起彼伏，少数民族国家认同产生了严重的危机，其族际关系治理相当失败。

在奈温政府时期，族际关系治理也是始终坚持主权性路径。为了维护国家主权的完整性，军政府不惜一切代价对少数民族武装进行坚决的军事打击，在平原地区和勃固山区还一度实施了臭名昭著的"四光"政策。诚然，维护国家主权是必需的，但是不讲策略，奉行片面的国家主义取向，效果只能适得其反。奈温政府在执政前期曾采取过民族性路径，但是由于其具有强烈的民族同化色彩的民族一体化取向，民族性路径有效性也是大打折扣，无法达到既体现各民族的共同意志又反映各民族自我诉求的目的。至于现代性路径、法制性路径和整体性路径，奈温政府与吴努政府一样基本上都忽视了这些治理路径的运用。因此，奈温政府时期族际关系治理非常失败，最终催动了少数民族武装的纷纷兴起，从而造成了族际关系的进一步恶化。可以说，在族际关系治理路径方面，奈温政府与吴努政府均采取了主权性路径。

在新军人政府时期，族际关系治理比前面两个历史时期有很大不同，尤其是在族际关系治理路径方面做了很大的调整。新军人政府时期族际关系治理不仅始终坚持主权性路径，还在一定程度上坚持了民族性、现代性、法制性和整体性治理路径，尤其是在执政后期，这些路径的综合运用尤为明显。为了维护民族国家主权，新军人政府采取了"剿抚并举、分化瓦解"的两手政策和软硬兼施的策略，比奈温一味追求军事打击的做法有很大不同。新军人政府时期族际关系治理的民族性路径在政治治理、经济治理、文化治理和社会治理各个方面都有具体的体现，比如通过举行多党制选举把少数民族政治纳入国家政治中，既体现了国家政治共同体的目标，也照顾了少数民族的各自的政治诉求。其现代性路径在族际关系经济治理和社会治理方面尤其突出，军政府推动了少数民族地区经济开发以发展少数民族经济和缩小族际经济差异，同时努力推动少数民族地区文化教育事业和医疗卫生事业的发展。现代性路径则体现在军政府努力推动政治、经济、文化和社会发展方面。法制性路径体现在军政府通过宪法公投，努力推动民主化进程并保障各民族权利平等方面。新军人政府时期的族际关系治理总体上还体现了整体性路径的运用，族际关系治理很大程度上对影响族际关系治理的政治、经济、文化和社会等因素采取了整体性治理的理路，从政治治理、经济治理、文化治理和社会治理的方式或方法上则可知一二。

在族际关系治理价值取向的调整下，登盛政府上台后的族际关系治理路径充分体现了主权性、民族性、现代性、法制性和整体性路径的综合运用。吴登盛总统在宣誓就职时就强调要完成国家的三大任务，即联邦不分裂、民族团结不破裂、主权稳定，这充分说明新政府在族际关系治理的路径方面必然体现主权性路径，在具体的治理实践过程中也确实如此。登盛政府一直重视发展少数民族经济，充分尊重少数民族的特殊性，强调在国家法律的框架下来解决族际纷争问题，努力推动缅甸的现代化进程，等等，这些都充分体现了主权性、民族性、现代性、法制性和整体性路径综合运用的特点。

第二节　缅甸族际关系治理中的主要挑战与问题

自缅甸民族国家建立以来，历经政府时期的族际关系治理都面临着一些普遍性的问题和具有共性的挑战。政治局势不稳定、族际差异悬殊化及少数民族问题的特殊性、族际关系国际化等都是影响缅甸民族国家不同时期有效治理族际关系的重要因素。其中一些问题和挑战在当代一些民族国家中也会以不同的形式或面貌出现，但更多的是具有缅甸民族国家的特殊性。

一 政权更迭频繁化

在民族国家,族际关系治理需要一个稳定的政治环境,只有良好的政治环境才能够保证族际关系治理的效果。政权稳定是政治环境稳定的前提,如果一个民族国家的政权更迭频繁,势必影响族际关系治理的效果。每个政权的族际关系治理的价值取向、路径选择、实践逻辑基本上难以一致,如此必然影响族际关系治理的连续性和稳定性。在第三世界国家政治发展的进程中,军人通过发动政变建立军人政权是一个相当普遍的现象。政权更迭往往造成政治纲领经常性变换,甚至导致政局长期不稳和社会持续动乱,继而对族际关系治理造成负面的影响。

自缅甸1948年建立民族国家以来,在短短的60多年中,就先后经历了吴努政府、奈温政府、新军人政府及现政府。可以说,缅甸民族国家建立以来政权更迭相当频繁,这种状况对缅甸的族际关系治理的连续性、稳定性及有效性都造成了相当不良的影响。在缅甸整个民族国家建设的历史进程中,历届政府的族际关系治理的价值取向、方式方法、路径选择等方面都存在一些不同,有的甚至相去甚远。因此,族际关系治理随着政权的更迭而变化。当然,如果政权的更迭能够带来较长时期的稳定环境,这当然会有利于族际关系治理的连续性和稳定性,但从整体上看,缅甸每一次的政权更迭几乎都没有带来相对稳定的政治环境。假如缅甸从民族国家建立开始就有一个相对稳定的政治环境,国家是通过政府的改革来提高政府的合法性及其组织运作的有效性,而不是通过政权更迭的方式来解决政治、经济和社会危机,也许缅甸的族际关系治理能够得到良性健康的发展。

在吴努政府时期,族际关系治理蕴含着强烈的"大缅族主义"取向和中央集权取向。在族际关系治理的实践中,吴努政府出台的大部分政策和法规虽然乏善可陈,但也有一些政策是合乎时宜的,只因操作层面和现实情况等原因,才未达到预期的效果,比如实行议会民主制,出台重视教育的政策,推动医疗卫生事业的发展,等等。在社会秩序混乱不堪、联邦政府危机四伏的情况下,奈温军人集团宣布接管国家政权。

奈温集团执掌国家政权后,族际关系治理也发生了变化,族际关系治理的价值取向做了调整,族际关系治理的路径也有很大不同,族际关系治理的方式方法也不尽相同。可以说，奈温时期的族际关系治理完全是重新开始的，其族际关系的政治治理、经济治理、文化治理和社会治理的路径和方式与吴努政府时期的并不存在连续性，完全是"另起炉灶"，只是族际关系治理的效果与前政府相比更加糟糕了。

当奈温政权被迫辞职后，政权几经变换，最终以苏貌为首的军人集团上台执掌国家政权。新军人政府的族际关系治理的价值取向再一次做了调整，其族际关系的政治治理、经济治理、文化治理和社会治理的路径和方式与奈温政府时期的也不存在连续性，完全是一种全新的族际关系治理框架。值得指出的是，新军人政府时期的族际关系治理逐渐走向了一条较为正常的道路，其族际关系治理的成效逐渐显现。

自 2011 年民选政府执政以来，其族际关系治理一定程度上继承了新军人政府时期的价值取向和路径方式。从这个时期开始，族际关系治理才有了一定程度的连续性和稳定性。

在缅甸整个民族国家建设的进程中，每次政权更迭都对政局造成了不同程度的影响。政权更迭主要是通过发动军事政变的方式实现的，因此带来了不同程度的政治动荡和社会不稳。因此，从缅甸民族国家建设中的族际关系治理的进程来看，政权更迭对族际关系治理的负面影响是相当大的。这是缅甸历届政府族际关系治理存在的一个主要问题。值得一提的是，2011 年民选政府并不是通过发动政变上台执政的，而是通过和平选举的方式实现的，因而民选政府上台不能说是政权更迭，这属于正常的政权交接。可以说，这次政权的交接，政局总体比较稳定，因而族际关系治理具有连续性和稳定性的特征。

二　族际差异分殊化

多民族国家的族际差异，往往给族际关系治理带来巨大的挑战。在多民族国家，一个民族的发展水平是由这个民族的政治、经济、文化、社会等方面决定的，而生产力水平和人口数量是一个民族发展水平的最为重要的两个维度。当然，一个民族的生存环境，包括自然环境和族际环境，也对民族的发展水平发挥着相当重要的作用。一个民族发展程度的高低和力量的强弱，受该民族发展水平的支配。在多民族国家，由于各民族存在方方面面的不同，民族与民族之间必然还存在较大的差异，这势必给多民族国家的族际关系治理带来较大的挑战。正如有学者指出的那样，"多民族国家普遍面临着把诸多语言、文化、种族、宗教等存在差异的族类共同体整合到统一的多民族国家中的任务。即使是一些完成了国家建构任务的西方发达国家，也面临着国内一些族类共同体要求文化权利、领土自治乃至分离建国的挑战"①。

从政治层面考察，当代多民族国家基本上都处于民族国家建设时期，族际政治整合是多民族国家面临的根本性政治问题。然而，很多民族国家建立伊始，原有的各种民族政治力量尚未整合与统一，各种带有民族色彩或宗教色彩的政治力量和社会力量又开始涌现，往往还呈离散化的态势，从而引发了族际政治关系的一系列变化。面对新生民族国家的建立，主体民族的成员往往对国家的认同感比较高，但也有非主体民族的成员对国家的认识还比较朦胧，政治参与的意识也比较薄弱。从经济层面观照，一些多民族国家内部的各个民族由于发展能力、发展条件和所处环境等存在较大差异，在民族国家建设时期它们的发展速度和发展质量不尽相同，在经济竞争和博弈的过程中，资源配置和经济利益分配呈非均衡化趋势，从而导致它们的民族经济地位发生了较大变化，由此而引发出新态势的族际关系问题。从文化层面探察，各民族文化的差异，对族际关系治理造成的影响相当深刻。在一个多民族国家内部，有多少个民族，就有多少种民族文化，每一个民族都打上了各自特有的民族文化的烙印，每个民族的价值偏好、风俗习惯、生活方式都各有千秋。② 在族际交往中，各民族之间文化上既会相互借鉴、相互吸收、相互接近或相互融合，也会相互碰撞、相互冲突。族际文化碰撞和冲突往往给族际关系治理带来较大的挑战。因此，在族际关系治理中，民族国家既要尊重、保护和发展各民族独特的优秀文化，也要进行族际文化整合，尽量避免和化解民族文化碰撞与冲突带来的消极影响。从社会层面考量，一些多民族国家内部的各个民族的社会发育或发展水平存在较大悬殊，公共服务非均衡化现象比较严重，这势必使处于弱势的民族社会人群丧失发展机会，引发他们的对抗与反抗情绪，进一步催生族际冲突，继而成为多民族国家的统一和稳定的隐忧，阻碍民族国家建设的总体进程。

---

① 高永久、朱军：《论多民族国家中的民族认同与国家认同》，《民族研究》2010 年第2 期。

② 参见钟贵峰、张会龙《民族国家建设的多维向度》，《广西民族研究》2013 年第 3 期。

　　缅甸族际关系问题，其实主要是主体民族缅族与少数民族之间的关系问题，而缅族与少数民族之间的差异相当大。缅甸少数民族的特点是"边""远""杂""贫""特"，这些特点是族际差异悬殊的重要体现，是影响族际关系的重要因素。"边"是指缅甸一些少数民族基本上生活于缅甸的边疆地带，甚至是边界相邻的地方。如克钦族大部分生活在与中国相邻的"缅甸北大门"，钦族生活在与印度交界的西部边疆地带。"远"是指缅甸少数民族基本上远离国家政治、经济和文化的中心，处于能量与信息传播的末梢地方。"杂"是指缅甸少数民族构成比较复杂，有些少数民族与其他民族杂居，而且还有许多跨境民族，使族际关系复杂多样。如克钦族与中国云南省的景颇族属同一民族，钦族则是一个横跨缅、印、孟三国国境的民族。"贫"是指缅甸少数民族的经济、文化贫困现象相当突出。由于大部分少数民族地区的自然条件恶劣、资源匮乏、交通不便、信息闭塞等原因，因而少数民族经济和文化贫困现象极为普遍、相当突出。"特"是指缅甸少数民族地区的社会机制、社会发育、社会文化、社会问题等方面相当特殊，与缅甸中部地区有很大不同。由于少数民族具有上述诸多特点，使得族际差异相当悬殊。这些问题在缅甸民族国家建立后的不同时期一直存在，因而族际差异悬殊给不同时期的族际关系治理带来了极大的挑战和困难。

三　族际关系国际化

　　当代民族国家世界体系，是一个权力和权利非对称性与非平衡性的体系，在这个体系中西方国家依然占据主导地位。西方国家对发展中民族国家的各种影响不仅存在，而且深入各个领域，其中西方国家对发展中民族国家的族际关系问题的影响不容忽视。此外，一个民族国家的族际关系问题往往也牵涉周边国家，其周边国家出于各种考量，往往会对该民族国家的族际关系问题采取相关政策，因而这个民族国家的族际关系问题往往也受到周边国家不同程度的影响。

　　一般来说，多民族国家的族际关系问题只有与自己有利害关系的国家才关注，无利害关系的国家对此往往并不关心或漠然视之。因而多民族国家内部复杂的族际关系，常常被别有用心的国家和境外势力利用，有的出于意识形态因素的考虑，有的出于各种利益博弈之考量，总之是有利害关系的。于是，多民族国家的民族分裂势力便于国外敌对势力相勾结，并在他们的支持和资助下，进行分裂国家的破坏活动。可以说，民族国家时代的多民族国家内部的族际关系问题，如族际冲突或民族分裂主义，它们的形成、演变和激化，常常都与复杂的国际关系有着千丝万缕的联系，相互交织，难解难分。一旦族际关系与国际关系交织在一起，多民族国家的民族问题便变得复杂多变，常常会出现始料未及的后果。因此，民族国家的世界体系与族际问题的交织，不可避免地成为当代多民族国家族际关系治理的重大挑战。

缅甸自民族国家建立后，历届政府时期的族际关系问题与国际关系交织在一起，使原本就复杂的族际关系变得更加繁杂，因而族际关系治理常常受到他国因素的影响。缅甸独立后，不同时期的族际关系问题受到周边国家的影响，包括宗教的（东巴基斯坦及后来的孟加拉国）、国内族际冲突的（印度）、意识形态的（中国）和建立永久政治缓冲地带的（泰国）等各种因素。[①]

（一）中国对缅政策的转变及其对缅甸族际关系治理的影响

中国对缅甸政策及双边关系对缅甸的族际关系治理有着相当大的影响。在吴努政府时期，中缅关系处于友好时期。毛泽东与周恩来曾多次向缅甸表明，"我们坚持不干涉内政，各个国家怎样办事，由各国自己决定"[②]，"我们反对大国沙文主义的主张"[③]。1960年，中缅两国签订了《中缅友好和互不侵犯条约》，随着中缅边界问题的解决，两国关系正式进入友好时期。奈温政府时期，中国对外政策受"左"倾思想的干扰，公开支持缅甸共产党的斗争。[④] 中国改革开放后对对外政策进行了调整，1985年停止对缅共进行物质援助。新军人政府时期，中国奉行和平共处五项原则，不干涉缅甸内部事务，随着缅共的分裂，中国对缅共余部的道

---

① 参见 David I. Steinberg, *Turmoil In Burma: Contested Legitimacies in Myanmar*, EastBridge Press, 2006, p. 221。

② 《毛泽东主席接见缅甸驻华大使貌貌觉温谈话记录》，中华人民共和国外交部档案，档号：105—00381—03（1），转引自范宏伟《冷战时期中缅关系研究（1955—1966）——以外交部解密档案为中心的考察》，《南洋问题研究》2008年第2期。

③ 《周恩来总理在缅甸仰光华侨大会的讲话》，中华人民共和国外交部档案，档号：105—00512—08（1），转引自范宏伟《冷战时期中缅关系研究（1955—1966）——以外交部解密档案为中心的考察》，《南洋问题研究》2008年第2期。

④ 参见 Bertil Lintner, *Burma in Revolt: Opium and Insurgency since* 1948, Westview Press, 1994, p. 203。

义支持也随之停止。1990 年 8 月，中国出台了《关于对缅甸少数民族武装组织若干具体政策问题的规定》，明确了中国对缅甸少数民族反政府武装的"三不"政策，即政治上不承认、军事上不支持、经济上不援助。此后，在处理与缅甸政府和少数民族武装的关系上，中国主张各方通过政治和谈方式解决族际和解问题，而非通过军事方式来解决。"不过，中国的立场并未获得缅甸政府及少数民族武装的赞同，他们都希望中国在此过程中能够发挥更积极的作用。"① 可见，中国对缅甸各历史时期的族际关系治理的影响不仅存在，而且还相当重要，不论是缅甸政府，还是少数民族反政府武装，都希望中国在其中能够发挥积极作用，因而中国对缅甸族际关系治理的影响是不容忽视的。

（二）泰国对缅政策的转变及其对缅甸族际关系治理的影响

作为缅甸邻国中实力较大的泰国，对缅甸的政策对缅甸族际关系治理的影响也不小。吴努政府时期，由于两国领土争端问题，泰缅关系处于紧张状态。出于边境安全的考虑，泰国试图把边境地区当成缓冲地带，因而泰国采取了与克伦民族联盟发展友好关系的政策，同时也支持掸邦的反政府武装，这给吴努政府时期的族际关系治理带来较大的挑战。奈温政府时期，泰缅关系有所回升，但是因为泰国对缅甸反政府武装支持问题没有得到解决，使两国关系一度恶化，进而促使泰国积极支持缅甸少数民族反政府武装。新军人政府时期，泰缅两国政府进行了和谈，泰国表示不再支持缅甸少数民族反政府武装，开始把发展与缅甸政府的关系作为对缅政策的重点。尽管如此，但影响泰缅关系的毒品问题、难民问题、边界问题等因素相互交织，泰缅关系一直不稳定，因而泰国对缅甸少数民族反政府武装的态度和立场常常发生改变。可以说，若泰缅关系正常，泰国对缅甸少数民族反政府武装一般不持支持态度，一旦泰缅关系出现波动，泰国往往会支持少数民族反政府武装，比如泰国会为被政府军事打击的少数民族武装人员和难民提供临时住所，甚至会对缅甸政府在外交和道义上进行谴责。2009 年时任泰国总理阿披实谴责道，"缅甸仍然是亚洲版图上令人可怕的蛮荒之地"②。由此看来，由于泰缅关系存在的一些问题尚未解决，泰国对缅

---

① 刘务：《缅甸 1988 年以来的民族国家构建研究》，博士学位论文，云南大学，2013 年，第 142 页。

② Inge Brees, *Burden or Boon: The Impact of Burmese Refugees on Thailand*, *the Whitehead Journal of Diplomacy and International Relations*, Winter/Spring 2010, p. 39.

甸族际关系治理的影响比较大，缅甸族际关系治理不能不考虑泰国因素。

（三）美国对缅政策的演变及其对缅甸族际关系治理的影响

由于缅甸在东南亚的特殊地位及其蕴含着丰富的自然资源，以及出于军事战略和政治利益考虑，美国一向对缅甸国内事务特别感兴趣。美国国家计划委员会哈根曾在一份报告中直言不讳，虽然缅甸对美国有着巨大的经济利益，但它在美国的"政治上更为重要得多"①。美国为了拉拢缅甸，曾向吴努政府提出军事援助，但遭到吴努政府的拒绝，因而美国诱使缅甸落入自己势力范围的计划失败。对此，为了迫使缅甸让步，美国利用了缅甸的封建主、地主以及资产阶级和知识界的反动分子，煽起掸邦和克伦邦一部分封建上层分子的分离主义情绪，并帮助他们在掸邦和克伦邦掀起破坏活动，力图达到其分裂缅甸的目的。② 这对吴努政府时期的族际关系治理造成了很大的困难和挑战。奈温政府时期，缅甸政府奉行"中立"和"不结盟"的政策，此期美国对缅甸在经济、军事和禁毒等方面进行了援助，可以说美缅总体上保持了合作关系。然而，新军人政府上台后，美国一改对缅政策，长期实行了经济制裁措施和孤立政策，不仅对缅实行武器禁运，而且停止了其他各方面的援助，因而美缅关系也长期处于紧张状态。美国要求军政府停止压制民主党派，释放昂山素季，将政权交还给民盟。美国对缅甸的制裁主要是出于人权和民主的考虑，但对缅甸族际关系治理的影响是相当大的。作为影响力重大的民盟和具有"民主斗士"形象的昂山素季，涉及的不仅仅是政治问题，也关系到族际和解的问题。民盟的宗旨是"通过和平的手段建立一个真正民主的政府，承认各民族的平等，和平解决各民族存在的问题，维护国内和平"③。民盟关于民族问题的立场和态度，对各民族还是很有吸引力和影响力的，而美国对民盟及昂山素季的力挺也必然会影响少数民族武装对中央政府的态度。随着奥巴马政府对缅政策的调整和昂山素季的释放，美缅关系逐渐回暖并不断升温，这无疑将推动新军人政府时期族际关系治理的发展。

---

① E. 哈根：《缅甸的经济发展》，纽约，1956 年，第 2 页，转引自［苏］А. П. 穆兰诺娃《美国对缅甸的政策》，《东南亚研究资料》1963 年第 2 期；陈树森节译自《美国对南亚国家的政策》第二章《缅甸》，莫斯科，1961 年。

② 参见［苏］А. П. 穆兰诺娃《美国对缅甸的政策》，《东南亚研究资料》1963 年第 2 期；陈树森节译自《美国对南亚国家的政策》第二章《缅甸》，莫斯科，1961 年。

③ 贺圣达、李晨阳：《列国志·缅甸》，社会科学文献出版社 2009 年版，第 229 页。

第三节　缅甸族际关系治理的基本特点

通过对缅甸不同历史时期的族际关系治理进行考察之后，再从总体上提炼缅甸族际关系治理的基本特点，对我们进一步从宏观上把握缅甸族际关系治理的整个体系不无裨益。从总体和整体上看，缅甸族际关系治理呈现着治理主体的一元化、治理环境的封闭化、治理取向的同质化、治理进路的单向化等基本特点。

一　治理主体一元化

族际关系治理的主体是族际关系治理活动的领导者、组织者、实施者和参与者。一般而言，不同的时代，不同的国家，不同的时期，族际关系治理的主体是不同的，往往存在不同程度的差异和变化。多民族国家的族际关系问题向来比较复杂，涉及政治、经济、文化和社会等因素。处于民族国家建设中的族际关系治理，主要是国家及政权组织机构，当然也包括其他一些相关的形形色色的组织，通过政治、经济、文化和社会等方式与手段对影响族际关系的各种因素进行管理、控制及协调。在当代民族国家，存在一种普遍性的趋势，那就是族际关系治理主体的一元化逐渐向多元化转变。在当代发达的民族国家中，族际关系治理主体基本上实现了多元化，如美国、加拿大等国，除了国家及政府各种机构外，各种政党、社会组织都共同参与族际关系治理，一些非政府组织（NGO）参与热情也相当高。族际关系治理主体从一元化转变为多元化，是民族国家建设的内在要求。可以说，族际关系问题仅仅靠国家及政府组织进行治理，治理效果不一定很理想，如果相关的一些社会组织共同参与，族际关系治理可以实现互动联动，从而推动族际关系治理的良性发展。

缅甸历届政府时期的族际关系治理，其主体都是国家及政府组织机构，很少由其他相关组织共同参与族际关系治理。诚然，由国家及政府组织机构对影响族际关系的各种因素进行管理、控制和协调，很大程度上可以利用政治权力的特殊性和垄断性来维护国家的统一与各民族的团结。但是，从治理的本质上来讲，这种管理、控制和协调不是完全意义上的治理，一定程度上具有统治意义。正如让－皮埃尔·戈丹指出，"统治意味着要确知自己走向何方，并且相信自己的方向，至少是让他人相信这个方向"①。当然，这种管理、控制和协调尽管还不能视为"（治理）对旧式统治风格而言的一种前景光明的现代化"②，但毕竟有了治理的内涵。在缅甸民族国家现代化进程中，族际关系治理的一元化无疑与民族国家政治、经济、文化和社会发展的逻辑并不一致。

不论是吴努政府时期，还是奈温政府时期，或者是新军人政府时期，族际关系治理的主体基本上只有国家及政府组织机构，完全忽略或忽视其他社会组织的作用。因此，缅甸族际关系治理主体的一元化对族际关系治理的有效性大打折扣。新军人政府时期的族际关系治理虽然取得了较为可观的成效，但是这种一元化治理主体、线性治理向度，显然与处于现代化进程中的缅甸民族国家的现实需求并不相符。新政府上台后，治理主体才开始呈现出向多元化发展的趋势，不仅是政府，社会组织和一些民族精英也积极参与到族际关系治理当中。

综观世界，在许多当代多民族国家，族际关系治理主体已经呈现出多元化，政党、中央和地方各级政府、政治社团与民间组织以及政治人（主要是民族精英）等，在族际关系治理中发挥着各自不同的功能。以中国为例，在族际关系治理中，中国共产党在深化与完善民族理论、提出和制定民族政策、领导民族工作及培养民族干部中发挥着重大的作用；国务院和各级地方政府在具体的族际关系治理实践活动中发挥着重要的作用；政治社团和民间组织（如妇联、工会、中国扶贫基金会等）在协助执政党和政府宣传民族政策的工作中，参与少数民族地区的扶贫开发工作中，以及推动少数民族地区卫生事业发展中都发挥了重要的作用；中国民主党派、宗教团体和民族精英在族际关系治理中也发挥着各自特有的功能。

再如美国，作为世界上典型的移民国家，美国在族际关系治理方面取得了相当的成功，因而也常常被许多国家的学者奉为研究、借鉴的对象。美国族际关系治理得相对成功，与族际关系治理主体多元化是有重要关联的。美国建国之后，其族际关系治理主体起初主要是联邦政府和州政府，

---

① ［法］让－皮埃尔·戈丹：《何谓治理》，钟震宇译，社会科学文献出版社2010年版，第3页。

② 同上书，前言第3页。

但是随着全球化和现代化的推进，形形色色的政治团体、社会组织、NGO组织以及独立个体纷纷参与到族际关系治理中。如今，美国已经形成了族际关系治理主体完全呈多元化的态势，这对美国族际关系治理的发展发挥着相当重要的作用。

因此，与世界许多国家相比，缅甸族际关系治理主体显得单一，治理向度线条化。从整体上看，作为一个军人政权长期统治下的缅甸，民族问题的治理基本上是失败的，这种失败恰恰与军人政权的族际关系治理主体一元化有着莫大的关联。可见，族际关系治理主体的单一化是缅甸民族国家建设中族际关系治理的一个基本特点。

二　治理环境封闭化

多民族国家的族际关系治理是在一定的环境中进行的，不同的治理环境往往产生不同的治理效果。"军人政权是一种政治不发达的产物，一种阶段性的政治现象。"[1] 以军事管制方式管理或治理国家，以军队的结构性特征规范各民族，以军队的思维特性来治理族际关系，这迟早会与族际关系发展的内在逻辑形成尖锐的冲突。从根本上讲，军人政权合法性资源的不足使其无力治理好族际关系问题。

军人政权统治下的国家，基本上存在"军事化社会"，这是一种封闭的社会，这个国家的族际关系治理环境必然是封闭的。缅甸奈温政府、新军人政府时期是典型的军人政权时期。在奈温集团上台执政后，长期推行闭关锁国的政策，使整个国家处于封闭状态。在这段时期，缅甸与外部世界的联系基本隔绝，形成一个闭关锁国的生态环境，其实这是"军事社会化"管理的内在要求。在这样一个封闭的社会，缅甸经济基本上是自给自足的自然经济，"商品交换是一种偶然的行为，社会利益结构分化程度低下，自由流动资源极为稀缺"[2]。在这种环境下，缅甸奈温政府时期的族际关系治理带有明显的封闭性。在族际关系治理的路径中，奈温政府通过联邦委员会制度加大了对少数民族领导人的控制力度，通过一党制来加强对各少数民族邦控制，推行偏激的国有化政

---

[1]　陈明明：《所有子弹都有归宿——发展中国家军人政治研究》，天津人民出版社 2003 年版，第 8 页。

[2]　同上书，第 293 页。

策试图消除影响族际关系的经济因素，忽视面向现代化和面向世界而关起门来办教育，等等，都进一步加深了族际关系治理环境的封闭性。在新军人政府时期，军政府通过边疆地区对外开放战略，力争国际援助解决师资力量缺乏难题，加强国际合作推动少数民族地区卫生事业发展以及加强国际禁毒合作等举措，在一定程度上加强了对外开放。可以说，新军人政府时期的族际关系治理的环境与之前相比，已经较为宽松和开放，然而整个国家封闭的状态并没有发生根本性的改变，族际关系治理环境依然处于较为封闭的状态。

在一个封闭的政治生态下，军人政府以军事独裁的方式来治理族际关系是一种非正常、极端的、反民主的方式。这种族际关系治理模式的背后，可能隐藏和积累着更深的危机，正如有学者指出："军人干政和军人政权也可能加重而不是减轻更不是治愈社会的病症。"① 基于这样的逻辑，在军人政权统治下的封闭国家，无法消除影响族际关系的各种因素，可以说其族际关系治理不可能走上良性的轨道，也不可能达到理想的族际关系治理效果。

缅甸奈温政府时期，整个国家处于一种完全封闭的状态，族际关系治理不仅没有达到理想的状态。相反的是，少数民族反政府武装纷纷兴起并迅速发展，造成了"缅甸有多少个少数民族，就有多少支反政府武装"的奈温式悲叹，最后促使族际关系全面恶化。新军人政府时期，族际关系治理环境有所开放，族际关系治理的效果也随之变好，族际关系治理也逐渐走上良性发展的轨道。在此时期，族际和解取得了重大突破，少数民族的国家认同持续增强，多民族国家整合程度明显提高。然而，新军人政府时期毕竟是军人政府，整个国家的封闭状态依然没有发生根本性转变，族际关系治理环境的封闭性并没有本质上的改变，封闭性治理环境并没有转变为开放性治理环境。直到新政府上台，族际关系治理环境封闭化的状态正逐渐打破，并越来越朝开放化方向发展，这从新政府的族际关系治理的多维向度中即可窥知一二。

三　治理取向同质化

在多民族国家，具体的族际关系治理总是体现出强烈的目的性，并在

---

① 陈明明：《所有子弹都有归宿——发展中国家军人政治研究》，天津人民出版社2003年版，第26页。

具体的治理实践中自觉或不自觉地形成某种价值取向，进而对族际关系治理实践活动发挥着重要的作用。族际关系治理的总体目标是维持多民族国家的统一和稳定，推动族际关系和谐化，然而在具体目标或阶段性目标，抑或在具体实践中，往往存在很大的差异性。综观当代多民族国家，族际关系治理的价值取向存在着"求同论""公民化""文化化""和谐论""民主论"五种主张。在极权政体或威权政体下，尤其是在军人政权下，族际关系治理的求同取向较为普遍。

　　纵观缅甸民族国家建设中的族际关系治理，虽然在吴努政府时期、奈温政府时期、新军人政府时期，它们的族际关系治理的价值取向有很大的不同，但是同质化取向十分明显，始终都有"大缅族化"的深刻烙印。缅甸多民族国家在长期的历史发展过程中，各民族形成了各自的民族文化，而且宗教信仰多样。吴努政府面对复杂多样的民族文化，采取了各民族文化与缅族文化进行统合的政策，而这种统合的政策就是强行推行缅族文化，抹去各少数民族文化的多样性。吴努政府不仅在少数民族地区强行推行缅语，歧视和贬低其他少数民族的语言与文字，硬性规定民族学校从三年级起必须使用缅语作为教学语言，而且还在少数民族群体中强行传播佛教，强硬实施佛教国教化政策，试图改变少数民族的风俗习惯和宗教信仰。可以说在吴努政府时期，族际关系治理的同质化取向极为强烈，其实质就是"大缅族化"。

　　在奈温政府时期，族际关系治理蕴含着民族一体化和国家主义取向，而民族一体化和国家取向却带有强烈的民族同化色彩，其实质也是"大缅族化"。缅甸联邦革命委员会执掌国家政权后，在政治—意识形态方面，特别重视缅甸及其各民族的统一，奈温曾指出，"为了取得这样的兄弟般的团结，克钦族、克耶族、克伦族、钦族、缅族、掸族及其他土著民族必须和睦相处……才能消除过去'主体民族'与'少数民族'之间的猜疑以及对紧张民族关系的错误理解"①。事实上，奈温这段话已经初步体现了民族同化的色彩，后来被描绘成民族联合成为单一民族共同体的目标。此后，奈温政府努力构建一个军人统治下的民族一体化的民族国家，试图建立超民族联盟，不断加强对少数民族各邦的控制，强调各民族的团

---

① Josef Silverstein, *Ethnic Protect in Burma: Its Causes and Solutions*, *Protect Movements in South and South-east Asia*, edited by Rajeshwari Ghose, University of Hongkong, 1987, p. 88.

结与结合。在族际关系治理的路径中，奈温政府强调维护国家的独立和统一。诚然，维护强调国家利益至上，维护国家统一与民族联合是值得称道的，但完全忽视民族属性及否定少数民族成员的族属关系是一种偏激的主张，可以说这完全体现了"大缅族"同化取向。

在新军人政府时期，族际关系治理的民族国家建设取向与民主化取向相当明显，而民族国家建设与民主化取向则充分体现了求同取向，不同的是求同取向则表现为"求同存异"。可以说，这段历史时期的族际关系治理，是以"同"为主，"求同"是出发点和目标，同时也承认少数民族的多样性和差异性，但不扩大和强化民族之间的差异。因此，从某种角度而言，新军人政府时期的族际关系治理也体现了价值取向的同质化倾向。从新政府上台后的族际关系治理实践来看，也体现了较为强烈的"求同存异"取向。

四　治理进路单向化

从族际关系治理的理想图景来看，族际关系治理不但要注重族际环境与政治系统的内外呼应，也要注重族际关系治理体系内部的上下互动。族际关系治理体系中主体与客体的相向互动是族际关系治理成效得以保证的重要条件。"构建平等、团结、互助、和谐的族际关系需要政府、社会组织和族员共同来完成，这三者成为族际政治整合实践活动主要参与者。它们之间相互作用、相互影响，在很大程度上决定着族际关系的性质、特点、内容等。"[1] 在这个治理主体互动问题上，不仅族际政治整合如此，族际关系治理更是如此，政府、社会组织、族员之间的多维互动对于族际关系治理的重要性更加凸显。面对复杂的族际关系问题，族际关系治理主体在互动联动中更为有效地把握族际关系的性质、特点和内容，同时也可以更加了解少数民族的利益诉求和关切，从而在具体的族际关系治理实践中调整治理路径与策略，更加有效地协调基于民族利益互动而产生的族际纷争，从而推动族际互动良性发展。在族际关系治理互动角色中，政府处于主导地位，如果政府能够发挥互动联动的主导作用，那么族际关系治理的互动角色将实现互动联动的良好效应，势必增强族际关系治理的效果。在族际关系治理主体角色的互动中，族员自下而上的互动对族际关系治理有积极

---

① 陈纪：《多维互动：族际政治整合机制研究》，《广西民族研究》2007 年第 3 期。

的推动作用，"（族员）在互动中逐渐调适自己的互动行为，逐步形成对政府、社会组织、其他族员行为的了解、认知、包容、认同等。在多次互动中，少数民族族员将会淡化族别意识，增强互动角色意识，从而实现由民族认同到国家认同的转向"①。由此可见，政府、社会组织、族员自上而下和自下而上的互动联动是族际关系治理的有效进路，这样可以形成族际关系治理内部的多维度互动，从而推动族际关系治理的良性发展。

　　然而，纵观缅甸民族国家建设中的族际关系治理，其进路完全呈单向化和线条化。不论是吴努政府还是奈温政府，抑或是新军人政府，其权力结构体系决定了缅甸族际关系治理，在权力运作上，是一种自上而下的单向度的运行过程。在吴努政府时期的族际关系治理中，吴努政府设立民族自治邦，但宪法规定各邦只拥有一部分权力，其余的大部分权力都属于中央政府，而且在克钦邦、钦族地区和克伦族地区并没有像克伦尼邦和掸邦一样有脱离联邦的权利，甚至若开人和孟人根本没有获得自治地位。在文化方面，吴努政府推行了强硬的同化政策。这些都充分表明了吴努政府时期的族际关系治理，在权力运作方面，完全是一种自上而下的单向运行过程。在奈温政府时期，族际关系治理进路的单向化表现更加突出。为了维护国家统一并推动民族联合，奈温政府断然实行一党制政策，不断加强对各少数民族邦的控制，完全忽视少数民族成员的族属关系，否定少数民族的特殊性。奈温政府的这些举措，充分体现了军人政权统治下权力运作的单向度，完全忽视少数民族的情感、思想及利益诉求。在新军人政府时期，族际关系治理开始有了一定的主体角色互动内容，但是这种互动是十分有限的。新军人政府在治理族际关系中，依然是一种自上而下的权力运作模式，政府与社会组织、少数民族之间的互动联动是零星的、寂寥的。新政府上台后，族际关系治理进路开始向多维互动联动方向演进，正逐渐形成从上至下、从下至上、国际互动的族际关系治理进路的良性局面。

第四节　缅甸族际关系治理对民族
国家建设的影响

　　缅甸族际关系治理对民族国家建设有重要的影响，不仅影响着民族国

---

　　①　陈纪：《多维互动：族际政治整合机制研究》，《广西民族研究》2007 年第 3 期。

家政治整合，也影响着国族建设，还影响着国家认同建设和现代民族国家建设。吴努政府时期、奈温政府时期、新军人政府时期及新政府上台执政期间等几个历史时期的族际关系治理对民族国家建设产生了不同的影响。

一　政治整合：从离散到聚合

"政治整合"在政治学研究中经常作为描述性和分析性的重要概念工具。《布莱克维尔政治学百科全书》作如此解释："政治整合或政治现代化，意指若干个政治单位结合成一个整体。这些政治单位在原则上不一定是按照地理划定的，但这一术语通常是指几个独立的国家结合。"[①]《政治学分析词典》则把"政治整合"解释为"两个或更多的政治单位扩大他们彼此的合作与联系的过程。先前两个单位在政治上的结合常被看成现代化过程中符合需要或符合逻辑的最终产物"[②]。从这个角度而言，"政治整合"被当成不同政治单位走向合作并结合为一个整体的过程，主要体现在国际政治联合层面，这属于国际关系或国际政治的范畴。而多民族国家的政治整合，着眼的是把多民族国家内部各种民族政治力量整合在统一的多民族国家政治共同体当中。多民族国家政治整合的价值向度则体现在维持多民族国家的统一和稳定上。

在民族国家，尤其是在民族成分较为复杂的多民族国家，政治整合是民族国家建设中的重大问题，也是民族国家政治的核心命题之一。模仿性民族国家构建的进程和演进的路径，不像欧洲原生性民族国家那样从王朝国家顺承演变而来，而是在帝国的残酷侵略和殖民统治下做出的权变选择。一些模仿性民族国家是在非常特殊的环境和历史背景下进行民族国家构建的，族际纷争、族际冲突及外来势力的影响使这些民族国家建立伊始就面临着各种政治力量和社会力量不断涌现的局面。这种分散、分离或分裂的政治局面，给多民族国家的统一带来了严峻的挑战。一些部落势力、宗教势力、民族势力和地方势力甚至挑战中央权威，与中央政权分庭抗礼，这显然成为多民族国家统一和稳定的消解性与解构性力量，对多民族

---

① 邓正来主编：《布莱克威尔政治学百科全书》，中国政法大学出版社 2002 年版，第 604 页。

② ［美］杰克·普拉诺等：《政治学分析词典》，胡杰译，中国社会科学出版社 1986 年版，第 114 页。

国家的统一、稳定和发展构成了实质性的威胁。① 民族国家制度的存续和运转，必然要求民族国家对国内各种政治力量进行整合，尤其是民族政治势力，从而防范民族国家制度的崩溃。而族际关系治理对多民族国家的政治整合发挥着十分重大的作用，这从"多民族国家内部族际关系与国家政治整合成为当代西方政治学界讨论的焦点"② 的论调中即可窥知。在民族国家建设的历史进程中，族际关系治理的效度决定了多民族国家政治整合的程度。如果族际关系治理成功，多民族国家政治整合水平就高，但如果族际关系治理失败，多民族国家就不可避免地面临国内各种民族政治力量分散、分离或分裂的混乱局面，民族国家的制度也将难以存续。

纵览缅甸民族国家建设的历史进程，族际关系治理对缅甸多民族国家政治整合产生了深刻的影响。第一，吴努政府时期的族际关系治理是相当失败的，此期的多民族国家民族政治势力开始呈分散、分离或分离态势。吴努政府上台伊始，面临的一个主要问题就是如何治理国内的民族问题。而民族问题中的一个重要问题就是"大缅族主义"的兴盛和地方民族主义的旺盛。不论是"大缅族主义"还是地方性民族主义，都是一种褊狭心理和极端民族情绪，并且两者不可避免地存在难以调和的矛盾。当"大缅族主义"和地方性民族主义之间的张力达到一定程度的时候，缅族与少数民族之间的矛盾就难以避免。对此，吴努政府采用了"缅化"政策。吴努政府采用议会民主制，但是执政集团与少数民族对如何在同一的政治屋顶下建设多民族国家并确保少数民族权利方面存在巨大的分歧。吴努政府设立民族自治邦，但厚此薄彼，人为制造少数民族政治权利不平等现象。吴努政府推动土地改革等措施，但无法从经济上、社会上消除地方民族主义的基础，却力图推行"缅化"政策，消除少数民族本身的民族特性，强制实行民族同化政策。于是，少数民族分离运动纷纷兴起，反政府武装斗争风起云涌，这种极端混乱的国家政治局面，使缅甸多民族国家面临着分裂的危险。

第二，奈温政府时期的族际关系治理的失败导致缅甸多民族国家完全呈分离或分散的政治局面。奈温政府时期的族际关系治理秉承片面的国家

---

① 参见钟贵峰、张会龙《民族国家建设的多维向度》，《广西民族研究》2013 年第 3 期。

② 常士䛫：《民族政治与多民族国家的政治整合——当代西方族群政治论局限与中国和谐民族观的意义》，《中共福建省委党校学报》2006 年第 3 期。

主义取向，并具有强烈同化色彩的民族一体化取向，因而其族际关系治理在很大程度上依然体现了大缅族主义倾向。于是，奈温政府时期的族际关系治理的方式和路径并不符合族际关系的现实状况，不论是政治治理、经济治理、文化治理，还是社会治理，都存在严重的问题，甚至现实操作层面往往与指导思想相冲突。因此，在奈温政府时期，缅甸多民族国家不仅没有摒弃民族分离主义，还催动了民族分离主义的高涨。到奈温执政后期，少数民族政治势力纷纷反对奈温政府，最终出现了"缅甸有多少个民族，就有多少支反政府武装"的奈温式悲叹。奈温政府为了维护多民族国家统一，对各民族政治分离势力不惜动用军事力量进行坚决镇压，这种镇压与分离运动之间夹杂着令人不寒而栗的血雨腥风。可以说，奈温政府时期的族际关系治理的失败，缅甸多民族国家的政治整合受到了严峻的挑战，整个国家呈现出分离或分裂的政治局面。

第三，新军人政府时期族际关系治理逐渐取得成效，缅甸多民族国家的政治整合程度也随之提高。随着新军人政府对族际关系的进一步认识，族际关系治理的价值取向做了调整，族际关系治理的理路也随之转变。新军人政府推动的多党制大选和制宪会议，不仅使少数民族政治势力以合法性政党的面貌出现，而且还让它们参与国家政治活动，"把少数民族引入主流政治，通过合法渠道发挥政治作用"。少数民族发展党、联邦克伦族联盟、佤族民主党、果敢民主团结党、克钦邦进步党等少数民族政党在中央和地方议会中取得了一定的议席，甚至国家副总统由掸族的赛貌康担任。在族际关系经济治理、文化治理和社会治理维度上，新军人政府都采取了一些具体的举措消除影响族际关系的经济、文化和社会因素，从而为缅甸多民族国家的政治整合奠定了基础。当然，缅甸多民族国家的政治整合程度的增强，聚合程度明显提高，是与前面历届政府时期的政治整合水平相比较而言的，要从根本上改变少数民族政治势力分散、分离或分裂的政治局面，还需要继续推动族际关系治理不断发展。

第四，登盛政府上台后，族际关系治理不断发展，族际关系治理的成效越发凸显，继续巩固新军人政府时期政治整合的局面，多民族国家政治整合水平明显提升。在登盛政府上台后不久，佤联军、掸东同盟军、钦民族阵线、克伦民族进步党等众多少数民族政治或军事势力纷纷与政府达成了停火计划，逐渐回到国家法律的框架之中，少数民族势力分散、分离或分裂的政治局面有了质的改变。

二 国族建设：从涣散到融集

在民族国家构建的历史进程中创造了国族，没有民族国家就不存在国族，而国族又支撑着民族国家的制度架构的维持。民族国家构建与国族构建彼此互为条件、相伴相生，国族构建贯穿于民族国家构建的整个历史进程。一个国家要建立民族国家，必然要把国内各民族整合成为统一的民族共同体。一般来说，当民族国家建立后，由于民族成分较为复杂，加之民族国家制度优势一时难以充分发挥，各民族在统一的国家政治共同体当中的地位往往存在较大差异，甚至民族与民族、民族与国家之间常常存在较大的张力，因而常常会造成国族涣散的现象。

综观世界民族国家，"国族的整体性（认同）程度高的国家，就不存在民族分裂主义或发生民族分裂主义的可能性很小，国家统一和稳定的基础就牢固。相反，国族涣散、衰弱的国家，常常发生民族分裂主义运动"[1]。美国因国族整体性程度高，民族分裂主义现象并不明显，多民族国家统一的基础比较坚实。而苏联和南斯拉夫的解体，国族涣散是其根本原因。因此，民族国家必须进行国族建设，通过国族建设来保障民族国家的制度的存续，筑牢多民族国家统一和稳定的社会基础，有效抵制民族分离主义或分裂主义的滋生、蔓延。由此可见，国族建设是民族国家建设中重大的理论与现实课题，是一项关乎民族国家政治安全根基的基础性工程。

多民族国家国族建设是一个复杂的系统工程，不可能一蹴而就，更不可能一劳永逸，它随着族际关系的变化而深受影响。国族建设的过程是要把多民族国家内部各民族共同体凝聚为一体的过程，国族建设的内容就是要始终围绕增强国族的同质性与维护少数民族的族属身份及权益的关系而展开。在多民族国家，主体民族与国族、少数民族与国族、主体民族与少数民族之间往往存在结构性张力，因此民族国家就必须增强国族的同质性，并以"求同存异"作为国族建设的基本价值取向。协调主体民族与国族、少数民族与国族以及主体民族和少数民族关系的最基本的路径就是族际关系治理。通过族际关系治理，才能有效处理多民族国家增强国族的同质性与维护少数民族族属身份及权益的关系问题，因此，"求同存异"

---

① 周平：《多民族国家的族际政治整合》，中央编译出版社2012年版，第232页。

必须通过族际关系治理来实现，尤其是通过族际关系政治治理和文化治理理路来实现。丹尼尔·帕特里克·莫伊尼汉指出："保守地说，真理的中心在于，对一个社会的成功起决定作用的，是文化，而不是政治。开明地说，真理的中心在于，政治可以改变文化，使文化免于沉沦。"[①] 对于社会发展，丹尼尔强调文化的重大作用，但也肯定政治的重要性。事实上，国族建设与社会建设在这点上具有某种天然的相似性，国族建设既要运用文化力量，也要运用政治力量，二者的有效结合是国族建设的最为有效的方式。

族际关系治理与国族建设密切相关，有效的族际关系治理，不仅可以加强国族建设，增强国族的同质性，提高国族的整体性，也可以维护少数民族的特殊性，从而有力地维护多民族国家的统一和稳定，夯实民族国家制度架构的根基；失败的族际关系治理，必然造成国族认同危机，出现国族涣散现象，从而危及多民族国家的统一和稳定，动摇民族国家制度架构的根基。

缅甸自民族国家建立后，历届政府时期的族际关系治理的成败得失就深刻影响着缅甸多民族国家的国族建设。第一，吴努政府时期族际关系治理的失败，严重阻碍了国族建设。在吴努政府时期族际关系治理中设立了议会民主制作为缅甸联邦的根本政治制度，力图使国家走向民主、繁荣和富强的同时，也为各民族的团结联合创造一种机制，然而议会民主制的破产，各民族团结联合成为泡影，因而通过政治方式增强国族同质性便无从谈起。吴努政府虽然设立民族自治邦，但违背了民族平等原则，并没有真正做到维护少数民族权益并照顾少数民族特殊性。吴努政府虽然想通过佛教国教化的政策来构建同质性国民文化，但是强迫同化色彩十分浓厚，既没有考虑各民族文化的特殊性，也忽视了各民族文化中存在的共性。随着吴努政府时期族际关系治理的失败，缅甸多民族国家的国族涣散现象十分严重，既没有构建国族文化，也没有增强各民族的国族意识，甚至一些少数民族原有的一定程度的国族认同也产生了严重危机。

第二，在奈温政府时期，族际关系治理的完败严重破坏了缅甸多民族国家的国族建设。奈温政府为了国家统一和民族联合，在族际关系治理中

[①] 转引自［美］塞缪尔·亨廷顿、劳伦斯·哈里斯《文化的重要价值——价值观如何影响人类进步》，程克雄译，新华出版社2002年版，前言第3页。

采取了蕴含着强烈的国家主义和民族一体化取向的治理理路。奈温政府把"缅甸式社会主义"不仅作为一种国家政治制度安排，还把它当成一种政治经济实践，其目的是要建立一个军人统治下的政治统一和民族一体化的民族国家，其民族同化色彩相当强烈。为实现这个目标，奈温政府实行了一些具体举措，如试图构建一个超越民族的工农联盟，加强对各邦的政治控制，以及取消民族院，等等。奈温政府的族际关系政治治理理路基本上忽视了少数民族的特殊性并大力削弱了少数民族自治的权利。奈温政府的族际关系经济治理理路中，不论是实施国有化政策或是实行民族经济政策，都在强调国家统一和民族联合。奈温政府时期虽然取消了佛教国教化政策并强调宗教信仰自由，但其前提是不能违背国家统一和社会主义的目标。由此可见，奈温政府对增强国族同质性并维护少数民族权益关系的处理上是相当失败的，因而奈温极力推崇的"各民族融合成单一民族共同体"的目标只能是海市蜃楼。在整个奈温政府时期，由于族际关系治理的完败，缅甸多民族国家的国族涣散现象进一步加剧，少数民族的国族意识相当淡漠，政治文化和社会文化冲突十分严重，国族认同危机持续恶化。

第三，在新军人政府时期，族际关系治理逐渐取得了一定的成效，有力推动了缅甸多民族国家的国族建设。新军人政府时期的族际关系治理坚持民族国家建设取向和民主化取向，从族际关系治理的政治治理、经济治理、文化治理和社会治理等维度上不断推动着国族建设，其中政治治理和文化治理对国族建设的积极作用最为明显。新军人政府把具有"大缅族主义"色彩的英文国名名称"Burma"改为能够体现各民族意思的"Myanmar"，同时也给予中央政府达成和解的少数民族武装地区的居民发放居民身份证，使之成为合法的居民，强化他们是"缅甸人"的国族意识，从而增强他们的国族认同。多民族国家有效的族际关系文化治理是在尊重和发展各民族文化的基础上，努力构建国族文化，进而提升国族认同。新军人政府在弘扬佛教的同时，也十分重视保护各民族的文化遗产，彰显民族特性。缅甸88%的国民都信奉佛教，不仅缅族人民信奉佛教，其他一些少数民族群众也信奉佛教，可以说佛教对各民族文化联系发挥着十分重要的纽带作用。从现实逻辑来看，以佛教文化为基础的各民族文化共同发展是缅甸国族文化构建的总体目标。新军人政府族际关系文化治理维度中，充分体现了缅甸国族文化构建的目标向度。由此可见，新军人政府时期，对于增强国族的同质性和维护少数民族利益的关系处理上，族际关系文化治理发挥了积极作用。总之，在新军人政府时期，由于族际关系治理取得了一定的成效，缅甸多民族国家的国族建设取得了可喜的进步。

第四，登盛政府上台后的族际关系治理有力地促进了缅甸多民族国家的国族建设。登盛政府上台后，其族际关系治理蕴含着民主化和现代国家建设取向，治理路径呈多元化趋势，方式方法更加灵活多样，国族建设取得了很大进展。在民族团结的大事上，新政府十分重视推动民族和解、促进民族团结的工作，吴登盛总统在就职演说中一再强调要维护民族团结。在这种指导思想的指引下，整个国家和社会营造了前所未有的民族团结的氛围，这对推动国族建设发挥了重大的作用。

三　国家认同建设：从弱化到强化

民族国家是在民族对国家认同基础之上的主权国家，民族国家建立的根本标志就在于民族对国家认同的实现。没有民族一定程度上的国家认同，一个国家不可能建立民族国家，国家认同是民族国家形成的基本条件。可以说，国家认同是支撑民族国家制度框架的心理基石，也是维持国家政治共同体合法性的基础性来源。加布里埃尔·A. 阿尔蒙德曾指出："人们过去的经历中形成的态度类型对未来的政治行为有着重要的强制作用……我们把这些态度看作是可能影响他们未来行为的倾向性……态度类型影响政治生活的正在进行中的活动，构成这些活动的基础。"[1] 在阿尔蒙德看来，国家认同是政治文化体系中的核心内容，它对民族国家具有重大的影响。

国家认同问题是当代多民族国家面临的重大问题。鲁恂·W. 派伊认为，政治发展中会碰到六大危机，其中"第一个也是最根本的一个危机是由认同感的获得引发的。一个新国家中的人民必须把他们的国家领土视为家园，他们必须认识到作为个人，他们的人格在某种程度上是被其按领土划界的国家的认同定义的。在大多数新国家中，传统的认同方式都是从部族或种姓集团转到族群和语言集团的，而这种方式是与更大的国家认同

---

① ［美］加布里埃尔·A. 阿尔蒙德、小 G. 宾厄姆·鲍威尔：《比较政治学：体系、过程和政策》，上海译文出版社 1987 年版，第 29 页。

感相抵触的"①。于是，国家认同危机产生了。事实上，当代多民族国家的国家认同问题的形成和凸显，必须具备两个基本条件："一是存在一个多民族国家的国家政治共同体，即统一的国家政治共同体由多个民族群体组成；二是多民族国家政治共同体的合法性以一定程度的国家认同为基础，多民族国家必须正视并采取适当政策加以应对。"② 在当代民族国家时代的多民族国家，基本上都存在上述两个基本条件，于是国家认同问题常常难以避免。

多民族国家的国家认同面临的挑战来自多个方面。一是民族成分的复杂性。"国家的多民族结构是人类社会发展过程中形成的既有社会现实。一国多族既是当代民族问题产生的主要渊薮，又是解决这些问题不可更移的社会条件。"③ 由于构成国族的各民族共同体之间存在较大的差异，国族的整体性和同质性不高，常常导致一些民族群体的国家认同感下降。二是民族意识与国家意识的失调。在多民族国家，一些民族的民族意识趋于旺盛，甚至超越国家意识，导致二者的失调与失衡，最终推动民族认同的迅速膨胀。三是多元文化主义的挑战。多元文化主义的兴起，不仅影响着多民族国家的族际关系，也对多民族国家的国家认同造成了直接的挑战。塞缪尔·亨廷顿指出，克林顿总统挑起的"多元文化论和多样性理路的意识形态"，以及"鼓吹群体利益高于个人权利的运动，损害了美国的国民身份和国家认同的中心内容"④。四是民族政策的失当。多民族国家治理民族问题常常通过民族政策理路，民族政策制定的主体因价值取向问题的影响往往造成民族政策的适当，这必然会损害多民族国家内部有关民族群体的权益，进而危及这些民族的国家认同。其他如政治腐败诟病及政府治理能力低下、外国势力的干预等都会对多民族国家的国家认同构成严峻的挑战。

当多民族国家的国家认同问题不断凸显的情况下，国家认同建设就成了多民族国家面临的重大历史任务，因而国家认同建设自然也成为民族国

---

① ［美］鲁恂·W. 派伊：《政治发展面面观》，任晓、王元译，天津人民出版社 2009 年版，第 81 页。

② 周平：《多民族国家的国家认同问题分析》，《政治学研究》2013 年第 1 期。

③ 王希恩：《多民族国家和谐稳定的基本要素及其形成》，《民族研究》1999 年第 1 期。

④ ［美］塞缪尔·亨廷顿：《我们是谁？——美国国家特性面临的挑战》，程克雄译，新华出版社 2005 年版，第 16—17 页。

家建设的重大课题。详察影响多民族国家的国家认同的各种因素和挑战，基本上都与族际关系有着千丝万缕的联系。一般而言，"多民族国家的族际关系，主要是主体民族与少数民族的关系"①，因而族际矛盾、族际摩擦和族际冲突往往是主体民族与少数民族之间发生的现象。在多民族国家政治共同体中，主体民族往往执掌着国家政治权力。因此，多民族国家的族际矛盾、族际摩擦和族际冲突，必然会造成少数民族的国家认同危机。可见，多民族国家的族际关系治理对国家认同建设有着十分重要的作用，有效的族际关系治理能够推动国家认同建设，失败的族际关系治理则会阻碍国家认同建设。

　　缅甸民族国家是一个民族成分极其复杂的多民族国家，其国家认同建设随着族际关系治理的变化而变化。第一，吴努政府时期的族际关系治理造成了严重的国家认同危机。缅甸民族国家是在复杂的国内外环境下构建起来的，它本质上相当脆弱，民族国家建立伊始国家认同问题就开始出现。在反抗殖民侵略、争取民族解放和实现国家独立的进程中，缅甸少数民族地区逐渐形成了较为完整的政治权力体系，有的甚至相当强大，对于这些民族政治权力体系来说，"国家政治权力始终是一种排斥性和消解性力量"。吴努政府上台后面临的重要任务就是要推动族体忠诚向国家忠诚转变、民族认同向国家认同转变。对于如何治理民族问题及族际关系，吴努坚持"大缅族主义"取向和中央集权取向，选择了用各民族的统一性来淡化各民族的差异性。由于"大缅族主义"取向是一种沙文主义，完全违背民族平等原则，吴努政府的族际关系治理注定无法实现民族认同向国家认同转变的目标。加强中央集权取向，对于加强中央权威和削弱地方势力确实是一种最基本的价值底蕴，但是在现实操作层面不讲究策略往往会适得其反。缅甸自古以来就没有形成一个强大而有力的中央集权国家，中央政权与少数民族政权体系之间长期处于松散的联系状态。独立前夕，由于昂山等领导人承诺给少数民族各种权利，少数民族才最终加入缅甸联邦。

　　在这种联邦框架下加强中央集权，不论是理论上还是现实上都会出现矛盾和冲突，必定会遭到少数民族地方势力的反抗。"大缅族主义"取向和中央集权取向使吴努政府的族际关系治理出现偏颇。在政治治理维度

---

① 黄岩：《国家认同——民族发展政治的目标建构》，民族出版社 2011 年版，第 73 页。

上，议会民主制和民族自治邦的设置并没有增强少数民族的国家认同，相反，独立不久"缅甸就遭受着国内剧烈的动荡，政府面临着共产党和众多少数民族的叛乱，这既是对这个新兴国家的国家认同的挑战，也是对联邦宪法的挑战"①。在经济治理维度上，吴努政府推行土地改革的目的是改造封建经济，缓和各民族内部的阶层关系，调动各民族的农民的积极性，提高生产效率并推动农业经济发展，提高农民生活水平，以此来增强各民族对国家的认同感。然而，令人遗憾的是，土地改革失败了，此举并没有收到预期的效果。在文化治理维度上，吴努政府实施了佛教国教化政策，但缅甸各民族的宗教信仰各不相同，宗教强迫同化政策必然遭到非佛教信仰少数民族的强烈抵触。此外，吴努政府在教育方面的强迫同化政策，同样也会遭到少数民族的反抗。吴努政府族际关系治理的后果是，少数民族分离运动此起彼伏，族际冲突接二连三。各少数民族反抗政府、独立建国的运动对联邦国家的合法性直接构成了严重的挑战，民族认同与国家认同的矛盾日益凸显、难以调和。可以说，吴努政府时期的族际关系治理严重阻碍了缅甸多民族国家的国家认同建设。

第二，奈温政府时期的族际关系治理使多民族国家的国家认同危机进一步恶化。奈温政府上台后面临国家认同的严重危机，为了解决一个影响多民族国家稳定和统一的根本性问题，奈温政府秉承民族一体化取向和国家主义取向，开展了族际关系治理。在民族一体化取向指导下，奈温政府强调各民族的团结和联合，试图力促各民族认同与统一的国家政治共同体。但由于奈温政府的民族一体化取向含有强烈的"大缅族主义"色彩和民族同化色彩，族际关系治理不可避免地出现问题。奈温政府的国家主义取向是一种片面的国家主义价值底蕴，忽视了少数民族的族属关系和特殊性，否定少数民族的切身权利，族际关系治理注定是失败的。

在族际关系政治治理维度上，奈温政府试图建立一个"缅甸式社会主义"制度，加强对各民族邦的控制，从而构建一个军人统治下的政治统一和民族一体化国家。然而，由于民族同化色彩相当强烈，遭到了少数民族的强烈反弹。在经济治理维度上，奈温政府开展了轰轰烈烈的国有化

---

① Michael Leifer, *Dictionary of the Modern Politics of South-East Asia*, London：Routledge, 1995, p. 5.

运动，试图通过这种方式来提高经济发展水平，从而消除各民族对政府及国家的不满情绪。同时也实施协调省邦经济发展的方针政策。然而，偏激的国有化政策和盲目的闭关锁国政策，使缅甸经济发展滞缓，甚至出现倒退现象，一度处于崩溃的边缘。连年的物价飞涨，到处的黑市猖獗，人民生活水平严重下降，最终引发了各族人民更为严重的不满情绪，尤其是少数民族对政府和国家的不满情绪到处迅速蔓延，他们不得不通过武装割据来维持生存和生活。在文化治理维度上，奈温政府虽然推崇各民族宗教信仰自由，但是宗教信仰不能违背社会主义原则，实施中常常存在自相矛盾的现象。在社会治理中，教育政策存在严重的民族歧视倾向，严重违背民族平等，而且少数民族的医疗卫生发展水平长期居低不上。这些导致了少数民族对政府及国家极为严重的不满，继之而来的是少数民族反政府武装的全面兴起，武装斗争活动随之全面展开，政府和国家合法性基础几乎丧失殆尽。奈温政府的族际关系治理不仅没有协调民族认同与国家认同的矛盾，而且国家认同危机进一步恶化，严重威胁着民族国家制度框架的稳定。可以说，奈温政府时期族际关系治理的彻底失败，严重破坏了多民族国家的国家认同建设，各少数民族的国家认同危机处于空前状态，民族国家制度框架摇摇欲坠。

第三，新军人政府时期的族际关系治理推动着多民族国家的国家认同建设。新军人政府时期，国内外环境发生了重大变化，国内族际关系恶化，国家认同危机甚为严重，而国外全球化和民主化掀起阵阵浪潮。在这种环境下，新军人政府开始调整了族际关系治理的价值取向，开始以民族国家建设取向和民主化取向作为族际关系治理的基本价值底蕴。民族国家建设取向的基本内涵之一就是加强民族的国家认同感，这种取向既照顾到缅甸民族国家的"民族属性"，又考虑到"国家属性"，能够有效地整合民族认同与国家认同。民主化取向是力促非民主政体向民主政体转变，这符合缅甸各少数民族的政治期望和诉求。正是秉承民族国家建设取向和民主化取向，新军人政府时期的族际关系治理基本上符合族际关系的现实状况和民族国家建设的内在逻辑。

在族际关系政治治理维度上，新军人政府举行多党制大选，试图把少数民族政治力量引入国家政治法律的框架之中，增强少数民族对国家政治共同体的认同度。另外，新军人政府开展制宪会议并举行宪法公投，进一步增强了少数民族对现行国家政治共同体的认同感。在经济治理维度上，新军人政府推行经济改革，倡导市场化、私有化、自由化和开放化，以此推动经济发展，尤为重要的是加大力度推动民族地区经济开发。这些举措促进了少数民族地区经济的发展，缓和了族际关系，使少数民族对现行国家政治共同体的认同感持续增强。在文化治理维度上，新军人政府大力弘扬佛教的同时也努力保护各民族文化。文化认同是国家认同的精神支柱，新军人政府通过保护各民族文化多样性，弘扬各民族传统文化，夯实认同基础，从而增强了缅甸民族国家的凝聚力，促进民族认同与国家认同相统一。在社会治理维度上，新军人政府大力推动少数民族地区教育和医疗卫生事业的发展。在少数民族地区教育和医疗卫生事业不断改善与发展的情况下，族际差异有所缩小，从而推动少数民族对国家政治共同体认同的增强。总之，新军人政府时期族际关系治理取得了较好的成效，有力地推动了多民族国家的国家认同建设，掸族、果敢族、崩龙族、勃欧族、克伦族、孟族、克钦族、若开族、钦族和克耶族等民族的武装力量及政党组织纷纷与政府达成和解，回到国家法律框架之内，这些民族的国家认同感有所增强。可以说，新军人政府时期的族际关系治理的成效，有力地推动着缅甸多民族国家的国家认同建设。

第四，登盛政府上台后，族际关系治理的发展有力地增强了少数民族的国家认同感。新政府上台一年之内，十几支少数民族反政府武装纷纷回到国家法律的框架之中。2012—2014 年，越来越多的少数民族反政府武装与政府开展政治对话或签署和平协议。值得一提的是，2014 年 3 月 24 日至 26 日，掸邦民族民主联盟（虎头党）在掸邦首府栋吉举行了为期 3 天的本年度会议，该组织承诺"在缅甸要真正建立合众联邦"①。事实上，大部分少数民族组织都期望建立一个真正的缅甸联邦。这些都充分表明，少数民族的国家认同感越发强烈。

四　现代国家建设：从停滞到开启

民族国家建立后，尤其是模仿性国家普遍通过采取民族主义运动方式，动员社会力量争取民族解放和实现国家独立后，它们除了面临着整合涌现的各种政治力量和社会力量之外，还面临着国家现代化的历史重任，

---

① Tiger Head Party Pledges to Build Genuine Federal Union in Burma, March 27th, 2014, Shan Herald Agency for News.

即建立一个现代民族国家。综观世界国家之林，现代国家是一种值得称道的国家类型和价值理念，是模仿性民族国家政治发展的目标形态。模仿性民族国家由于客观的历史原因，基本上都未达到现代国家的水平，都面临着现代国家建设的重大任务。从这个角度来说，现代国家建设就是在民族国家建设的框架下展开的，现代国家建设自然成为民族国家建设的重大历史任务。现代国家建设的思想是抽象的，但是现代国家建设的实践却需要具体的价值与制度作为支撑。在政治学的范式下，现代国家的基本特征体现为国家权力结构、国家制度架构、国家权力运作方式、国家与社会关系都能达到现代水平。政治学界对于国家权力结构、国家制度架构、国家权力运作方式、国家与社会关系的讨论，为现代国家的具体价值和制度设计，提供了清晰的理路。那么，在民族国家建设的视域中，现代国家建设的维度主要体现在民主政治建设、公民社会建设、宪政制度建设和政党政治构建等方面。

族际关系与现代国家建设有着紧密的联系，一个民族国家的族际关系问题深刻影响着现代国家建设的进程。民族国家时代的多民族国家，是民族共同体与国家共同体胶着的产物。民族是最为持久也最为稳定的人群共同体，而国家则是最为持久也最为稳定的政治共同体。① 民族共同体与国家共同体紧密地结合就产生了民族国家，两大共同体相互给对方造成了深刻的影响并打上了深深的烙印。在当代民族国家，民族对国家发展的影响是重大而深远的。各民族自身状况的差异、民族之间的竞争、民族的离散运动等方面都会深刻影响着民族国家的建设。要建立现代国家，民族国家就不能不考虑上述因素，而要治理这些民族问题，族际关系治理是最为基本的路径。可以说，族际关系治理深刻影响着现代国家建设，不仅影响民主政治建设和公民社会建设，也深刻影响宪政制度建设和政党政治构建。

缅甸族际关系治理深刻影响着其现代国家建设，现代国家建设随着族际关系的变化而起伏。第一，吴努政府时期的族际关系治理阻碍了缅甸现代国家建设。在吴努政府时期，族际关系治理中采用了议会民主制度。议会民主制度就是代议民主制，议会在国家政治生活中发挥关键性的作用，能够充分反映民族国家各阶层、各民族、各党派、各集团等政治主体的利益诉求和关切。缅甸议会民主制度作为缅甸联邦的根本政治制度，是缅甸

---

① 参见周平《多民族国家的族际政治整合》，中央编译出版社 2012 年版，第 17 页。

民主政治制度的重要组成部分。从理论层面和制度设计上而言，缅甸议会民主制能够推动国家的民主政治建设，有利于各民族的团结，还有助于公民社会的建设。但是由于各种原因，议会民主制只是徒其外表，而且它最终破产崩溃，缅甸的民主政治建设和公民社会建设戛然而止。族际关系治理中蕴含的"大缅族主义"取向，本身就违背了公民社会的平等价值理念。族际关系治理的失败，导致了少数民族分离运动的纷纷兴起，少数民族的国家认同问题不断凸显，缅甸阶级矛盾、党派矛盾、族际矛盾等各种矛盾的相互交织，这些后果最终使缅甸民主政治建设、公民社会建设、宪政制度建设和政党政治构建成为泡影，现代国家建设戛然而止。

第二，奈温政府时期的族际关系治理使缅甸现代国家建设成为镜中之花或水中之月。奈温政府时期，族际关系政治治理上，试图实施"缅甸式社会主义"制度作为根本的政治制度，以此来建立一个政令统一、民族一体的民族国家。奈温政府为了实现"缅甸式社会主义"国家，取消了各民族一切政党，规定革命委员会领导的社会主义纲领党是唯一的政党。这些举措无疑是对民主政治建设、公民社会建设、宪政制度建设和政党政治构建的严重破坏。随着族际关系治理的完败，族际关系全面恶化，少数民族反政府武装与政府之间的武装斗争充满着血雨腥风，现代国家建设根本无从谈起，只能是镜中之花或水中之月。

第三，新军人政府时期的族际关系治理开启了缅甸现代国家建设的历史进程。新军人政府时期，族际关系治理价值取向的调整及治理理路的重构，缅甸现代国家建设才真正开始。新军人政府改变了奈温政府时期取缔其他政党存在的做法，颁布了《缅甸多党制大选》，允许少数民族成立自己的政党，以此把少数民族政党引入国家政治生活的框架之中。军政府成功举行多党制大选，对缅甸构建现代政党政治制度发挥了重大的推动作用，而且还刺激了公民的参政意识，对构建公民社会具有重要的意义。另外，经过长期的制宪会议，最终举行了宪法公投，并根据宪法选举产生了新政府，这对缅甸宪政制度建设和公民社会建设具有积极的推动作用。至此，才真正开启了缅甸现代国家建设的历史进程，虽历经筚路蓝缕之艰辛，却已有以启山林之成效。

第四，登盛政府上台后，族际关系治理的积极成效有力地推动着缅甸现代国家建设的发展。登盛政府已经意识到缅甸处于全球化和现代化进程中的关键时刻，推动缅甸现代国家建设已经成为政府面临的重大历史任务。缅甸族际和解取得历史性突破、少数民族国家认同持续增强及多民族国家整合程度明显提高，为现代国家建设创造了良好的环境。

综上所述，缅甸族际关系治理对民族国家建设产生了重要的影响。吴努政府时期的族际关系治理阻碍了民族国家建设的历史进程，奈温政府时期的族际关系治理使民族国家建设的步伐戛然而止，新军人政府的族际关系治理开启了民族国家建设的历史进程，登盛政府的族际关系治理进一步推动民族国家建设向前发展。

结　　语

　　缅甸是一个多民族国家，民族成分相当复杂，其族际纷争在东南亚地区可谓独一无二，在世界民族国家之林也实属罕见。在当代多民族国家中，对缅甸族际关系治理的分析具有典型性和代表性意义。族际关系治理对多民族国家具有重大的意义，如果族际关系治理成功就能有效维护多民族国家的稳定和统一，能够有力推动民族国家建设；如果族际关系治理失败便会使多民族国家陷入族际纷争的泥沼当中，甚至有濒临解体的危险。通过考察缅甸吴努政府时期、奈温政府时期、新军人政府时期及新政府时期的族际关系治理，可以洞悉缅甸各时期族际关系发展的态势，也可以管窥族际关系治理对民族国家建设的影响。通过对"缅甸民族国家建设中的族际关系治理"的研究，可以从中提炼出多民族国家族际关系治理的一些普遍性规律。如多民族国家族际关系治理的成功与否，取决于族际关系治理价值取向的选择及族际关系治理路径的选取；多民族国家的族际关系治理决定了民族国家建设的高度和多民族国家整合的程度。此外，通过对缅甸族际关系治理的个案研究，引发了一个令人深思的问题：多民族国家的族际关系治理究竟是用民主的方式还是用威权的方式？

　　第一，多民族国家的族际关系治理的成功与否，取决于族际关系治理价值取向的选择及族际关系路径的选取。在多民族国家族际关系治理中，价值取向是一个根本问题和核心问题。它决定着多民族国家族际关系治理的总体走向和发展趋势。从族际关系治理与民族国家建设的互动中可以发现，族际关系治理的价值取向在族际关系治理的整个过程中都发挥着根本性的作用。在民族构建时期，民族主义作为一种以共同的历史和文化传统为基础的群体意识，把分散在不同地区和国家的同一民族凝聚到一起，在民族国家构建中发挥着重大的积极作用，"许多民族国家的开创者都是把民族主义作为思想工具，以民族和国家前途这类崇高的口号进行动员，唤起和激励本民族的成员为建立主权独立的民族而作出尽可能大的物质和精神奉献，从而把民族情绪和意识形态化为诉求国家权力的政治运动，整合民族群体，构建民族国家"[①]。可以说，民族主义在维护民族独立自主、反对外部势力或外族势力对民族利益的干涉和侵犯及构建民族国家中，确实有"那种呼风唤雨的神效"[②]。

　　然而，对于处在民族国家建设进程中的多民族国家来说，如果在族际关系治理中选择民族主义作为价值取向，无疑有很大的政治风险，往往会催生"大民族主义"或增强少数民族的"民族主义"意识，这样就会增强主体民族与少数民族之间的张力，势必给族际关系造成严重的后果。因而，如果民族国家建设中的族际关系治理采取民族主义价值取向，必然会对民族国家建设产生重大的消极影响。但是，如果把国家整体利益放置于至上地位，始终把国家利益放在族际关系治理的出发点和追求的目标，就能够牢牢抓住维护多民族国家统一和稳定这个主题，从而有利于筑牢民族国家制度架构的根基。在秉持"国家主义"取向的原则下，多民族国家在族际关系治理中也要遵循"求同存异"向度，以"同"为主，"求同"是出发点和目标，同时承认差异，但不扩大和强化差异。[③] 多民族国家的族际关系治理秉持"国家主义"取向，并不是忽视或否定少数民族的族属关系和特殊性，而是把"民族属性"和"国家属性"有效统一起来，这样既能满足各民族生产和发展的要求，也能维护多民族国家政治共同体的稳定和统一的目标，这就是"国家主义"取向的更高定位——民族国家建设取向。总之，处于民族国家建设中的多民族国家，族际关系治理需要秉持民族国家建设取向。唯有如此，才能有效化解主体民族与少数民族之间的张力，才能有效避免忽视少数民族的族属关系和特殊性的行为，才能有效推动族际关系的正常化。这从缅甸吴努政府时期、奈温政府时期和新军人政府时期的族际关系治理的价值取向的选取中就可窥见一斑。

---

　　① 吴功荣：《民族主义：国际政治舞台的一把双刃利剑》，《山西高等学校社会科学学报》2003年第1期。

　　② ［英］埃里克·霍布斯鲍姆：《民族与民族主义》，李金梅译，上海世纪出版集团2006年版，第164页。

　　③ 参见钟贵峰《论多民族国家的族际关系治理》，《湖北民族学院学报》（哲学社会科学版）2013年第6期。

此外，族际关系治理路径的选择对族际关系治理的成效具有重大的作用。族际关系治理的路径是族际关系治理框架中的一个重要组成部分，是实现族际关系治理目标的关键性因素。没有选取一定的族际关系治理路径，族际关系治理便无从谈起，因而也不可能实现族际关系的目标。处于民族国家建设中的多民族国家，其族际关系治理路径的选择既要体现治理的逻辑，也要有符合民族国家建设的本质特征和内在要求，还要考虑到多民族国家的特殊属性和民族成分的复杂性、多样性。根据民族国家的主权性、民族性和人民性等最基本的本质特征，以及多民族国家的多民族特性，族际关系治理的具体路径要符合族际关系维度和向度互动的原则，一般有主权性路径、民族性路径、法制性路径、现代性路径和整体性路径，这五种具体治理路径是一个有机的整体。在族际关系治理中，只有把这五种具体治理路径结合起来，才能符合民族国家和多民族国家的理论逻辑与现实状况，才能保证族际关系治理的效果，才能实现族际关系治理的目标。这从缅甸民族国家不同时期的族际关系治理路径的选择与运用中就显而易见。

第二，多民族国家的族际关系治理的效度决定了民族国家建设的高度和多民族国家整合的程度。在政治学的视域中，多民族国家族际关系治理的实质，其实就是"多民族国家运用国家权力，将国内各民族结合成一个统一的政治共同体，以及维护这个共同体的政治过程"①。那么，族际关系治理主要就是多民族国家运用国家权力调动一切社会资源，对族际关系进行控制、管理和协调，解决影响族际关系正常化的各种因素，构建和谐族际关系。族际关系治理成功，族际关系就能正常化发展；族际关系治理失败，族际关系问题就会不断凸显。族际关系正常化发展，能够推动民族国家建设；族际关系恶化，就会阻碍民族国家建设。民族国家建设始终围绕政治整合或政治统一、国族建设、国家认同建设和现代国家建设等多个维度进行。族际关系治理成功，就能避免多民族国家的分散、分离或分裂的政治局面，可以把各种民族性政治力量整合到同一的国家政治共同体当中，从而提高多民族国家的政治整合或政治统一的水平。族际关系治理成功，可以有效化解民族与民族、民族与国家之间存在的张力，避免国族

---

① 周平：《论构建我国完善的族际政治整合模式》，载黄卫平、汪永成主编《当代中国政治研究报告》，社会科学文献出版社 2005 年版，第 210 页。

涣散的现象，提高国族的整体性和同质性，从而避免或减少民族分离主义，维护民族国家的制度架构。族际关系治理成功，可以推动族际关系正常化发展，而主体民族与少数民族之间的良性互动，可以有效避免"大民族主义"和地方性民族主义的兴起，从而可以有效整合民族认同与国家认同。族际关系治理成功，可以推动民族国家的现代国家建设，正常化的族际关系或和谐族际关系对民主政治建设、宪政制度建设、公民社会建设和政党政治构建都有重大的推动作用。反之亦然，族际关系治理失败，造成族际关系问题凸显，族际关系持续恶化，就会阻碍多民族国家的政治整合、国族建设、国家认同建设和现代国家建设。

　　另外，族际关系治理的效度决定了多民族国家整合的程度。民族国家时代的多民族国家，在发展的向度层面，既要体现横向发展，也要体现纵向发展。横向发展体现在民族国家各民族的政治、经济、文化和社会的全面、均衡、协调与合理发展上，让四者齐头并进，这是民族国家制度优势的体现，也是民族国家存续和发展的支撑。由于历史和现实原因，当代民族国家建设中存在的最大问题是各民族在政治、经济、文化和社会发展的差异性和非均衡性。纵向发展则体现在民族国家的各民族的政治、经济、文化和社会发展的延续性和有效性上，这是消除民族国家内民族差距，保证各民族平等的必要条件和根本保证，进而有效维护多民族国家的稳定与统一。① 那么，多民族国家的政治、经济、文化和社会发展的差异性、分均衡性、延续性等方面决定族际关系的复杂性，必然要求族际关系治理的方式和手段是多维度的，即政治治理、经济治理、文化治理和社会治理。

　　族际关系的政治治理主要体现在多民族国家通过政治制度设计来维护国家政治共同体的稳定。族际关系经济治理是民族国家通过制定经济制度、出台发展策略、实施优抚政策等方式对民族经济地位和利益关系进行调节的行为方式。族际关系文化治理是多民族国家在尊重民族意识、发展民族文化、抑制大民族主义或地方民族主义、摒弃强迫民族同化取向的基础上，为培养国族意识、构建国族文化、巩固国族认同而采取的一系列政策、措施和方式。族际关系社会治理是指对多民族国家内影响族际关系的社会性因素进行治理的行为，是社会公正得以实现的必由之路。族际关系

---

　　① 参见钟贵峰《论多民族国家的族际关系治理》，《湖北民族学院学报》（哲学社会科学版）2013 年第 6 期。

治理通过政治治理、经济治理、文化治理和社会治理，遵循"求同存异"的原则，逐渐消除多民族国家整合的差异性因素，增强多民族国家整合水平。当然，失败的族际关系治理，无疑会破坏多民族国家的整合。

第三，多民族国家的族际关系治理究竟是用民主的方式还是用威权的方式？在当代多民族国家中，族际关系是用民主治理还是用威权治理是民族政治学一个全新的命题。处于民族国家建设进程中的多民族国家，面临着现代化和全球化的压力，急需一种机制对社会进行整合以推进国内的经济建设，威权政体就是在这样一种历史背景下产生并不断强化的。如果一个民族国家的制度根基很牢固，制度架构比较成熟，那么族际关系治理采取民主的方式是比较可取的，因为承载着民族国家制度架构的国族比较强健，采取族际民主治理的方式在很大程度上不会动摇民族国家制度的根基。如美国等西方国家在族际关系治理方面，基本上采取民主治理的方式，而且取得了较好的治理效果，实现了民族与国家较高程度的认同，构建了比较强健的国族，正是如此才推动了差异政治理论的迅速扩散和族际政治民主化的遍地横行。

然而，处于发展中的民族国家，民主政治的欠缺或民主机制的不完善是它们面临的重大挑战。这些国家的公民社会发育程度低，公民文化缺乏，国民往往缺乏一种开放包容的气度和多元文化的价值取向，在政治参与方面往往会表现出非理性的行为。而且，在民族成分多元及民族问题复杂的多民族国家，政治参与的非理性行为更为普遍，民族与民族及民族与国家的张力往往难以消解。如果在这些多民族国家的族际关系治理中采用民主治理的方式，势必会出现始料未及的后果。2014 年 2 月发生的乌克兰危机就是一个典型的例子，这次危机导致了克里米亚脱离乌克兰并最终加入俄罗斯联邦，这次危机是各种因素综合作用的结果，但乌克兰通过民主方式进行族际关系治理是其重要原因之一。而新加坡是一个典型的通过威权方式进行族际关系治理的国家，而且取得了举世瞩目的成就。像南非和埃塞尔比亚等非洲国家，经历了一个族际关系由乱到治的发展历程，其中强大的威权政体发挥了重大的作用。从这些国家的例子中不难发现，对处于民族国家建设进程中的多民族国家，在族际关系治理中采用威权的方式是比较符合现实逻辑的，而且族际治理需要一个开明的威权政体。只有威权国家通过自上而下的方式推进民主政治发展，在民主制度架构比较完备的情况下，族际关系治理才能逐渐采用民主的方式，否则结果往往会适得其反。

　　总之，在当代多民族国家，族际关系问题不断凸显，族际关系治理对维护多民族国家的统一和稳定、筑牢民族国家制度架构的根基有着重大而深远的意义。族际关系治理是民族国家建设的根本任务，它贯穿了整个民族国家建设的历史进程。多民族国家的族际关系治理应该从政治治理、经济治理、文化治理和社会治理等多维向度展开，秉承民族国家建设取向，遵循"求同存异"的向度原则，在民主与威权治理方式的采用方面必须与国情相结合。多民族国家族际关系治理中，还面临着诸多挑战和亟待解决的问题，比如族际关系治理主体一元化、族际差异分殊化、民族分离主义盛行、族际关系国际化等。对此，多民族国家应该给予高度重视，必须积极应对，妥善治理，从而夯实多民族国家统一和稳定的基础，筑牢民族国家制度的根基。毋庸置疑，族际关系治理是当前一个重大的理论和现实的课题，对于这一课题有必要深入研究和理性思考，这样才有利于构建多民族国家族际关系治理的理论框架和分析框架。另外，民族国家建设也是模仿性民族国家面临的一个重大的理论与现实课题，构建一个民族国家建设的理论体系和分析框架已是迫在眉睫、刻不容缓。

参考文献

中文著作

［澳］约翰·芬斯顿主编：《东南亚政府与政治》，张锡镇等译，北京大学出版社 2007 年版。

［德］《哈贝马斯在华讲演集》，张慎译，人民出版社 2002 年版。

［德］尤尔根·哈贝马斯：《合法化危机》，刘北成等译，上海世纪出版集团 2009 年版。

［法］让－皮埃尔·戈丹：《何谓治理》，钟震宇译，社会科学文献出版社 2010 年版。

［美］塞缪尔·亨廷顿：《我们是谁？——美国国家特性面临的挑战》，程克雄译，新华出版社 2005 年版。

［美］阿尔温·托夫勒：《第三次浪潮》，生活·读书·新知三联书店 1984 年版。

［美］本尼迪克特·安德森：《比较的幽灵——民族主义、东南亚与世界》，甘会斌译，译林出版社 2012 年版。

［美］本尼迪克特·安德森：《想象的共同体——民族主义的起源与散布》，吴叡人译，上海人民出版社 2003 年版。

［美］戴维·伊斯顿：《政治生活的系统分析》，王浦劬译，华夏出版社 1999 年版。

［美］杜赞奇：《从民族国家拯救历史》，王宪明等译，江苏人民出版社 2009 年版。

［美］菲利克斯·格罗斯：《公民与国家——民族、部族和族属身份》，王建娥等译，新华出版社 2003 年版。

［美］冯德麦登：《东南亚的宗教与现代化》，张世红译，今日中国出版社 1995 年版。

［美］霍华德·威亚尔达：《民主与民主化比较研究》，北京大学出版社 2004 年版。

［美］加布里埃尔·A. 阿尔蒙德、小 G. 宾厄姆·鲍威尔：《比较政治学：体系、过程、政策》，曹沛林等译，上海译文出版社 1987 年版。

［美］加布里埃尔·A. 阿尔蒙德等：《发展中地区的政治》，任晓晋等译，上海人民出版社 2012 年版。

［美］杰克·普拉诺等：《政治学分析词典》，胡杰译，中国社会科学出版社 1986 年版。

［美］卡尔·科恩：《论民主》，商务印书馆 2005 年版。

［美］莱斯利·里普森：《政治学的重大问题——政治学导论》，刘晓译，华夏出版社 2001 年版。

［美］赖特·米尔斯：《权力精英》，浙江人民出版社 1988 年版。

［美］鲁恂·W. 派伊：《政治发展面面观》，任晓、王元译，天津人民出版社 2009 年版。

［美］罗伯特·A. 达尔：《论民主》，李风华译，中国人民大学出版社 2012 年版。

［美］罗伯特·达尔：《现代政治分析》，王沪宁译，上海译文出版社 1987 年版。

［美］迈克尔·罗金斯等：《政治科学》，林震等译，华夏出版社 2001 年版。

［美］乔万尼·萨托利：《民主新论》，冯克利、阎克文译，上海人民出版社 2009 年版。

［美］塞缪尔·亨廷顿等：《现代化：理论与历史经验的再探讨》，上海译文出版社 1995 年版。

［美］塞缪尔·亨廷顿、劳伦斯·哈里斯：《文化的重要价值——价值观如何影响人类进步》，程克雄译，新华出版社 2002 年版。

［美］塞缪尔·亨廷顿：《变革社会中的政治秩序》，李盛平、杨玉生译，华夏出版社 1988 年版。

［美］塞缪尔·亨廷顿：《第三波——20 世纪后期民主化的浪潮》，刘军宁译，上海三联书店 1998 年版。

［美］斯蒂芬・范埃弗拉等：《政治学研究方法指南》，北京大学出版社 2006 年版。

［美］约翰・F. 卡迪：《战后东南亚史》，姚南译，上海译文出版社 1984 年版。

［美］兹比格涅夫・布热津斯基：《大失控与大混乱》，潘嘉玢等译，中国社会科学出版社 1995 年版。

［缅］波巴信：《缅甸史》，陈炎译，商务印书馆 1965 年版。

［缅］貌貌：《缅甸政治与奈温将军》，赵维扬等译，云南省东南亚研究所，1982 年。

［日］外务省协作局编：《缅甸自力更生的经济建设路线和日本的经济合作》，云南省历史研究所译，1979 年。

［苏］苏联科学院世界经济和国际关系研究所编：《亚洲不发达独立国家的土地农民问题（印度、缅甸、印度尼西亚）》，范锡鑫等译，世界知识出版社 1963 年版。

［苏］瓦西里耶夫：《缅甸史纲》，中山大学历史系东南亚历史研究室与外语系编译组合译，商务印书馆 1975 年版。

［新］尼古拉斯・塔林主编：《剑桥东南亚史》（上、下），贺圣达等译，云南人民出版社 2003 年版。

［意］诺伯特・波比奥：《民主与独裁：国家权力的性质与限度》，梁晓君译，吉林人民出版社 2011 年版。

［英］埃里・杜里：《民族主义》，张明明译，中央编译出版社 2002 年版。

［英］埃里克・霍布斯鲍姆：《民族与民族主义》，李金梅译，上海人民出版社 2000 年版。

［英］安东尼・D. 斯密斯：《全球化时代的民族与民族主义》，龚维斌等译，中央编译出版社 2002 年版。

［英］安东尼・吉登斯：《民族—国家与暴力》，胡宗泽等译，生活・读书・新知三联书店 1998 年版。

［英］厄内斯特・盖尔纳：《民族与民族主义》，韩红译，中央编译出版社 2002 年版。

［英］哈威：《缅甸史》，商务印书馆 1974 年版。

［英］休・希顿－沃森：《民族与国家：对民族起源与民族主义政治的探讨》，中央民族大学出版社 2009 年版。

陈明华：《当代缅甸经济》，云南大学出版社 1997 年版。

陈明明：《所有子弹都有归宿——发展中国家军人政治研究》，天津人民出版社 2003 年版。

陈衍德：《对抗、适应与融合：东南亚的民族主义与族际关系》，岳麓书社 2004 年版。

陈衍德：《多民族共存与民族分离运动——东南亚民族关系的两个侧面》，厦门大学出版社 2009 年版。

陈衍德等：《全球化进程中的东南亚民族问题研究——以少数民族的边缘化和分离主义运动为中心》，厦门大学出版社 2008 年版。

丛日云：《当代世界民主化浪潮》，天津人民出版社 1999 年版。

关凯：《族群政治》，中央民族大学出版社 2007 年版。

郭少川：《民族国家与国际秩序》，首都师范大学出版社 1998 年版。

贺圣达、李晨阳编著：《列国志·缅甸》，社会科学文献出版社 2009 年版。

贺圣达、王文良、何平：《战后东南亚历史发展（1945—1994）》，云南大学出版社 1995 年版。

贺圣达：《缅甸史》，人民出版社 1992 年版。

贺圣达等：《走向 21 世纪的东南亚与中国》，云南大学出版社 1998 年版。

贺圣达主编：《当代缅甸》，四川人民出版社 1993 年版。

黄岩：《国家认同——民族发展政治的目标建构》，民族出版社 2011 年版。

黄祖文、朱钦源编译：《缅甸史译丛》，新加坡南洋学会出版社 1984 年版。

姜守明：《从民族国家走向帝国之路》，南京师范大学出版社 2000 年版。

金涛、孙运来主编：《世界民族关系概论》，中央民族大学出版社 1996 年版。

李晨阳：《军人政权与缅甸现代化进程研究（1962—2006）》，香港社会科学出版社有限公司 2009 年版。

李晨阳主编：《缅甸国情报告（2011—2012）》，社会科学文献出版社 2013 年版。

李谋、姜永仁：《缅甸文化综论》，北京大学出版社 2002 年版。

李文主编：《东亚：宪政和民主》，中国社会科学出版社 2005 年版。

梁晋云：《东南亚"金三角"地区与云南省禁毒问题》，中国人民公安大学出版社 2006 年版。

梁英明、梁志明等：《东南亚近现代史》（上、下册），昆仑出版社 2005
　　年版。

梁英明、梁志明等：《近现代东南亚（1511—1992）》，北京大学出版社
　　1994 年版。

林锡星：《揭开缅甸神秘的面纱》，广东人民出版社 2006 年版。

刘鸿武：《从部族社会到民族国家：尼日利亚国家发展史纲》，云南大学
　　出版社 2000 年版。

刘军宁：《民主与民主化》，商务印书馆 1999 年版。

罗康隆：《族际关系论》，贵州民族出版社 1998 年版。

罗荣渠：《现代化新论》，北京大学出版社 1993 年版。

马戎：《民族与社会发展》，民族出版社 2001 年版。

马维良、梁多俊主编：《民族理论与民族政策》，云南教育出版社 1990
　　年版。

倪世雄等：《当代西方国际关系理论》，复旦大学出版社 2001 年版。

宁骚：《民族与国家：民族关系与民族政策的国际比较》，北京大学出版
　　社 1995 年版。

蒲岛郁夫：《政治参与》，经济日报出版社 1989 年版。

史晋五：《缅甸经济基本情况》，世界知识出版社 1961 年版。

史晋五：《缅甸少数民族地区的政治经济情况》，世界知识出版社 1960
　　年版。

孙关宏等主编：《政治学概论》，复旦大学出版社 2004 年版。

覃圣敏主编：《东南亚民族》，广西民族出版社 2006 年版。

王浦劬等：《政治学基础》，北京大学出版社 2006 年版。

王希恩：《全球化中的民族过程》，社会科学文献出版社 2009 年版。

韦红：《东南亚五国民族问题研究》，民族出版社 2003 年版。

吴仕民主编：《民族问题概论》，四川人民出版社 2007 年版。

杨长源：《缅甸概览》，中国社会科学出版社 1990 年版。

余定邦：《东南亚近代史》（第 2 版），贵州人民出版社 2003 年版。

余定邦等：《缅甸》，广西人民出版社 2000 年版。

俞正梁：《当代国际关系学导论》，复旦大学出版社 1996 年版。

张锡镇：《当代东南亚政治》，广西人民出版社 1995 年版。

中国现代国际关系研究所民族与宗教研究中心编著：《周边地区民族宗教问题透视》，时事出版社 2002 年版。

中山大学东南亚历史研究所：《缅甸简史》，商务印书馆 1979 年版。

钟智翔、李晨阳：《缅甸武装力量研究》，军事谊文出版社 2004 年版。

钟智翔主编：《缅甸研究》，军事谊文出版社 2000 年版。

周平：《多民族国家的族际政治整合》，中央编译出版社 2012 年版。

周平：《民族政治学》（第 2 版），高等教育出版社 2007 年版。

周平：《民族政治学导论》，中国社会科学出版社 2001 年版。

周平主编：《政治学导论》，云南大学出版社 2002 年版。

祝湘辉：《山区少数民族与现代缅甸联邦的建立》，世界图书出版公司 2010 年版。

中文论文

［法］阿兰·图雷纳：《现代性与文化特殊性》，载中国社会科学杂志社编《社会转型：多文化多民族社会》，社会科学文献出版社 2000 年版。

［荷兰］跨国研究所：《缅甸民族和平的前景》，何楠摘译，《国际资料信息》2012 年第 4 期。

［美］阿里夫·德里克：《殖民主义再思索：全球化、后殖民主义与民族》，胡玉昆译，《中国学术》2004 年第 2 期。

［日］生野善应：《缅甸佛教（下）》，罗晃潮摘译，《东南亚研究资料》1985 年第 1 期。

［日］西口清胜：《转换为民政后的缅甸——以探讨"民主化"与国际关系为中心》，邵鸣译，《南洋资料译丛》2012 年第 3 期。

［日］西泽信善：《奈温统治时期的经济开发政策及其后果——1962—1974 年缅甸经济停滞的原因分析》，汪慕恒摘译自日本《亚洲经济》1985 年 6 月号，《南洋资料译丛》1986 年第 2 期。

［日］中头纯：《缅甸少数民族武装反对政府的斗争》，郭梁译，《南洋资料译丛》1978 年第 1 期，原载日本《亚洲》月刊 1977 年 5 月号。

［苏］Г. Н. 克里姆科：《缅甸民族自治邦土地关系的一些问题》，《东南亚研究》1965 年第 2 期。思亮摘译于《缅甸独立后的土地问题》，莫斯科，1964 年。

［苏］瓦西里耶夫：《缅甸的民族问题》，陈鹏译，《民族译丛》1991 年第
　4 期。

［新加坡］ D. 布朗：《从周边共同体到民族国家——东南亚的民族分裂主
　义》，马宁摘译，《民族译丛》1990 年第 4 期。

［英］安东尼·吉登斯：《全球化时代的民族国家》，郭忠华、何莉君译，
　《中山大学学报》（社会科学版）2008 年第 1 期。

［英］哈塞勒：《民族国家完了吗？——欧洲一体化与国家主权问题》，屠
　启宁译，《现代外国哲学社会科学文摘》1993 年第 11 期。

艾四林、曲伟杰：《民族国家是否已经过时——对全球正义的一种批判性
　考察》，《清华大学学报》（哲学社会科学版）2012 年第 2 期。

曹云华：《缅甸政治体制：特点、根源及趋势》，《东南亚研究》1988 年
　第 2 期。

陈纪、高永久：《论宗教与民族政治》，《新疆社会科学》2008 年第 5 期。

陈沫：《缅甸重视扫盲工作》，《世界知识》1986 年第 20 期。

陈显泗：《第二次世界大战期间缅甸的民族解放运动》，《历史教学》1984
　年第 6 期。

陈衍德：《从国际化到全球化：东南亚民族问题的时代转型》，《东南亚研
　究》2006 年第 1 期。

陈衍德：《从民族解放运动到民族分离浪潮——20 世纪东南亚民族主义的
　角色转换》，《东南亚学术》2003 年第 5 期。

陈衍德：《再论东南亚的民族文化与民族主义》，《东南亚研究》2004 年
　第 5 期。

滇云：《缅甸经济：变化、现状、问题和前景》，《东南亚》1994 年第
　2 期。

董泽林：《"金三角"地区毒品问题令人堪忧》，《东南亚之窗》2012 年第
　1 期。

范宏伟：《冷战时期中缅关系研究（1955—1966）——以外交部解密档案
　为中心的考察》，《南洋问题研究》2008 年第 2 期。

范宏伟：《奈温军政府时期缅甸华人的政治地位》，《厦门大学学报》（哲
　学社会科学版）2003 年第 2 期。

傅新球：《缅甸佛教的历史沿革》，《东南亚纵横》2002 年第 5 期。

高金和：《缅甸克钦族的山官制》，《边疆经济与文化》2009 年第 6 期。

高永久、朱军：《论多民族国家中的民族认同与国家认同》，《民族研究》
　　2010 年第 2 期。

贺圣达、李晨阳：《缅甸民族的种类和各民族现有人口》，《广西民族大学
　　学报》（哲学社会科学版）2007 年第 1 期。

贺圣达、辛竞：《英国入侵前的缅甸经济》，《东南亚》1986 年第 4 期。

贺圣达：《军人执政十年（1988—1998）的政治经济和外交》，《东南亚》
　　1998 年第 4 期。

贺圣达：《缅甸：军人执政的 20 年（1988—2008）的政治发展及趋势》，
　　《东南亚纵横》2008 年第 8 期。

胡一声、陈乔之：《二十世纪前半期缅甸华侨教育事业概述》，《暨南大学
　　学报》（哲学社会科学版）1980 年第 4 期。

姜守仁：《论佛教与缅甸现代化进程》，《东南亚》2001 年第 3 期。

李安山：《非洲民主化与国家民族建构的悖论》，《世界民族》2003 年第
　　5 期。

李晨阳、卢光盛：《缅甸：2009 年回顾与 2010 年展望》，《东南亚纵横》
　　2010 年第 4 期。

李晨阳：《独立前缅甸民族主义精英对国家发展道路的探索》，《南洋问题
　　研究》2006 年第 4 期。

李晨阳：《缅甸：2010—2011 年回顾与展望》，《东南亚纵横》2011 年第
　　4 期。

李晨阳：《缅甸的克伦人与克伦人分离运动》，《世界民族》2004 年第
　　1 期。

李晨阳：《缅甸独立后民族政策的演变》，载方铁、肖宪主编《亚洲民族
　　论坛》（1），云南大学出版社 2003 年版。

李晨阳：《缅甸民族问题的现状与发展趋势》，载陈乔之主编《面向 21 世
　　纪的东南亚：改革与发展》，暨南大学出版社 2000 年版。

李晨阳：《缅甸新军人政权长期存在的原因探析》，《北大亚太研究》
　　（8），2008 年 3 月。

李晨阳：《缅甸有现代化进程吗？——兼论第三世界国家现代化进程的起
　　点》，《南洋问题研究》2006 年第 1 期。

李晨阳：《缅甸政局现状及发展趋势评析》，载梁志明主编《面向新世纪
　　的中国东南亚学研究：回顾与展望》，香港社会科学出版社 2002 年版。

李晨阳：《影响缅甸民主化进程的主要政治势力》，《当代亚太》2006 年第 4 期。

李红杰：《论民族国家及其选择的多向性》，《民族研究》2003 年第 5 期。

李佳：《缅甸的语言政策和语言教育》，《东南亚南亚研究》2009 年第 2 期。

李一平：《英国对缅甸殖民政策》，《世界历史》1994 年第 4 期。

梁晋云：《缅甸果敢的历史与现状》，《中国边疆史地研究》2001 年第 2 期。

林锡星：《缅甸"金三角"的人文地理与毒品贸易》，《东南亚研究》2001 年第 4 期。

林锡星：《缅甸华人与当地民族关系研究》，《东南亚研究》2002 年第 2 期。

林锡星：《一九六四年以来的缅甸教育情况》，《东南亚研究资料》1985 年第 1 期。

刘利民：《试论英国殖民统治对缅甸教育的影响》，《云南师范大学学报》（哲学社会科学版）2007 年第 4 期。

刘稚：《缅甸边境民族地区开发计划》，《民族工作（今日民族）》1997 年第 6 期。

刘稚：《缅甸民族问题的由来与发展》，《世界民族》1997 年第 2 期。

吕建福：《论宗教与民族认同》，《陕西师范大学学报》（哲学社会科学版）2006 年第 5 期。

梅学惠：《缅甸民族问题探析》，《云南师范大学学报》2003 年第 5 期。

施雪琴：《战后东南亚民族分离主义运动评述》，《世界历史》2002 年第 6 期。

宋清润：《缅甸大选及新政府成立对未来政局及中缅关系的影响》，《东南亚纵横》2011 年第 7 期。

宋清润：《缅甸经济改革的前景》，《东方早报》2012 年 7 月 31 日第 10 版。

田兴利：《试析奈温时期缅甸民族矛盾激化的原因》，《东南大学学报》（哲学社会科学版）2001 年第 2A 期。

王昌树：《论哈贝马斯的"民族国家"思想》，《世界民族》2009 年第 1 期。

王锋:《论缅甸独立前克伦民族问题》,《东南亚》2005 年第 3 期。

王文奇:《民族主义与民族国家构建析论》,《史学集刊》2011 年第 3 期。

王希恩:《多民族国家和谐稳定的基本要素及其形成》,《民族研究》1999 年第 1 期。

王宇博:《〈从民族国家走向帝国之路〉评介》,《世界历史》2003 年第 1 期。

王子昌:《政治发展理论观照下的缅甸 2009》,《东南亚研究》2010 年第 2 期。

韦承二:《影响缅甸民族关系诸因素探讨》,《世界民族研究》1990 年第 2 期。

韦红:《对奈温统治时期缅甸民族政策的反思》,《东南亚纵横》2002 年第 5 期。

韦红:《缅甸政府在民族问题上的策略调整》,《当代亚太》2001 年第 9 期。

吴功荣:《民族主义:国际政治舞台的一把双刃利剑》,《山西高等学校社会科学学报》2003 年第 1 期。

吴志成:《西方治理理论评述》,《教学与研究》2004 年第 6 期。

晓风:《缅甸的边境地区开发战略》,《东南亚》1995 年第 4 期。

许清章:《缅甸民族生活习俗与民族性格》,《东南亚纵横》2004 年第 7 期。

严庆:《概说民族整合》,《广西民族研究》2006 年第 2 期。

俞可平:《当代西方政治思潮概述》,《教学与研究》2004 年第 6 期。

张旭东:《试论殖民地时期缅甸国内的两次缅、印人冲突》,《世界民族》2004 年第 6 期。

张友国:《民族国家:理论与现实》,《北京行政学院学报》2009 年第 1 期。

张泽森、张宝瑞:《缅甸纲领党社会主义的特点及其阶级性质》,《社会主义研究》1985 年第 3 期。

赵维扬:《缅甸民族英雄昂山将军》,《东南亚》1986 年第 4 期。

赵序:《浅析缅甸少数民族反政府武装长期存在的原因》,《中南民族大学学报》(人文社会科学版)2003 年第 3 期。

钟贵峰、张会龙:《民族国家建设的多维向度》,《广西民族研究》2013

年第 3 期。

钟贵峰:《论多民族国家的族际关系治理》,《湖北民族学院学报》(哲学社会科学版) 2013 年第 6 期。

钟贵峰:《论缅甸民族政策的价值取向》,《赣南师范学院学报》2013 年第 1 期。

钟智翔:《缅甸的佛教及其发展》,《东南亚研究》2001 年第 2 期。

周平、贺琳凯:《论多民族国家族际政治整合》,《思想战线》2005 年第 2 期。

周平:《对民族国家的再认识》,《政治学研究》2009 年第 4 期。

周平:《多民族国家的国家认同问题分析》,《政治学研究》2013 年第 1 期。

周平:《多民族国家的政党与族际政治整合》,《西南民族大学学报》(人文社会科学版) 2011 年第 5 期。

周平:《论多民族国家民族问题的治理》,《晋阳学刊》2013 年第 3 期。

周平:《论族际政治及族际政治研究》,《民族研究》2010 年第 2 期。

周平:《民族国家与国族建设》,《政治学研究》2010 年第 3 期。

周平:《民族政治学:研究对象、性质、特点及发展》,《政治学研究》2003 年第 2 期。

周平:《我国的边疆与边疆治理》,《政治学研究》2008 年第 2 期。

周平:《中国民族政策的价值取向分析》,《当代世界与社会主义》2010 年第 2 期。

周平:《全球化时代的民族与国家》,《学术探索》2013 年第 10 期。

朱伦:《论"民族—国家"与"多民族国家"》,《世界民族》1997 年第 3 期。

英文著作

Alden T. Royce, *Burma in Turmoil*, Nova Science Publishers, Silkworm Books, 2006.

Ashley South, *Ethnic Politics in Burma*, New York: Routledge, 2009.

Ashley South, *Mon Nationalism and Civil War in Burma*, the Golden Sheldrake, New York: Routledge Curzon, 2003.

Bertil Lintner, *Burma in Revolt: Opium and Insurgency since 1948*, Chiang

Mai: Silkworm Books, 1999.

Christina Fink, *Living Silence in Burma: Surviving under Military Rule*, Chiang Mai: Silkworm Books, 2009.

Christina Fink, *Living Silence: Burma under Military Rule*, White Lotus Company Ltd. , 2001.

Cliver J. Christie, *Southeast Asia in the Twentieth Century, A Reader*, London & New York: I. B. Tauris Publishers, 1998.

David Brown, *The State and Ethnic Politics in Southeast Asia*, London & New York: Routledge, 1994.

David I. Steinberg, *Burma: A Socialist Nation of Southeast*, Boulder: Westview Press, 1998.

David I. Steinberg, *Burma: The State of Myanmar*, Washington D. C. : Georgetown University Press, 2001.

Helen James, *Security and Sustainability Development in Myanmar*, New York: Routledge, 2006.

J. A. Berlie, *The Burmanization of Myanmar's Muslims*, White Lotus Company Ltd. , 2008.

John F. Cady, *A History of Modern Burma*, Cornell University Press, 1958.

Josef Silverstein, *Burma: Military Rule and the Politics of Stagnation*, Cornell University Press, 1977.

Julian Thompson, *Forgotten Voices of Burma*, Ebury Press, 2009.

Kees Koonings and Dirk Kruijt, eds. , *Political Armies: The Military and Nation Building in the Age of Democracy*, London and New York: Zed Books, 2002.

Lex Rieffel, *Myanmar/Burma inside Challenges outside Interest*, Brookings Institution Press, 2010.

Lucian W. Pye, *Personality, and Nation Building: Burma's search for Identity*, New Haven and London: Yale University Press, 1963.

Martin Smith, *Burma: Insurgency and the Politics of Ethnicity*, Bangkok: White Lotus, 1999.

Martin Smith, *State of Strife: The Dynamics of Ethnic Confict in Burma*, Institute of Southeast Asian Studies, Singapore, 2007.

Mikael Gravers, *Nationalism as Political Paranoia in Burma: an Essay on the Historical Practice of Power*, Biddles Ltd. , 1999.

Peter Carey, *Burma: The Challenge of Change in a Divided Society*, New York: St. Martin's Press, 1997.

Robert H. Taylor, *The State in Burma*, London: C. Hurst & Co. Ltd. , 2009.

San C. Po, *Burma and the Karens*, White Lotus Press, 2001.

Shelby Tucker, *Among Insurgents Walking through Burma*, The Radcliffe Press, 2000.

Thant Myint-U, *The Making of Modern Burma*, New York: Cambridge University Press, 2001.

英文论文和研究报告

"Myanmar: A New Peace Initiative", *Asia Report*, N214—30 November 2011.

Alexander Dukalskis, "Stateness Problems or Regime Unification? Explaining Obstacles to Democratization in Burma/Myanmar", *Democratization*, Vol. 16, No. 5, October 2009.

Ananda Rajah, "A Nation of Intent in Burma: Karen Ethno-Nationalism, Nationalism and Narrations of Nation", *The Pacific Review*, Vol. 15, No. 4, 2002.

Ashley South, "Karen Nationalist Communities: The 'Problem' of Diversity", *Contemporary Southeast Asia*, Vol. 29, No. 1, 2007.

David I. Steinberg, "Myanmar: The Anomalies of Politics and Economics, The Asia Foundation Working Paper Series", *Working Paper* 5, November 1997.

Deedar Hussain Shah, "Specific Economic Highlights of Myanmar", *Asian Pacific*, *Research Journal*, Vol. 24, 2006.

Hak Yin Li, Yongnian Zheng, "Re-interpreting China's Non-intervention Policy towards Myanmar: Leverage, Interest and Intervention", *Journal of Contemporary China*, 2009, September.

Helen James, Hans-Bernd Zollner Saw Tun, Jessica Harricen, *The Journal of Burma Studies*, Vol. 7, 2002.

Jessica Harriden, "Making A Name for Themselves: Karen Identity and the Politicization of Ethnicity in Burma", *The Journal of Burma Studies*, Vol. 17, 2002.

Kyaw Yin Hlaing, Robert H. Taylor, Tin Maung Maung Than, "Myanmar: Beyond Politics to Social Imperatives, Institute of Southeast Asian Studies", Singapore: Institute of Southeast Asian Studies, 2006.

Lan Holliday, "Nation Unity Struggle in Myanmar: A Degenerate Case of Governance for Harmony in Asia", *Asian Survey*, Vol. 47, Issue 3, 2007.

Marie Lall, "Ethnic Conflict and the 2010 Elections in Burma", *Asian Programme Paper*, ASP PP 2009/4.

Marja-Leena Heikkila-Horn, "Imagining 'Burma': A Historical Overview", *Asian Ethnicity*, Vol. 10, No. 2, June 2009, pp. 145 – 154.

Martin Smith, "Burma (Myanmar): The Time for Change", Minority Rights Group International, May, 2002.

Martin Smith, "Ethnic Groups in Burma—Development, Democracy and Human Rights", *ASI's Human Rights Series*, No. 8, 1994.

Martin Smith, "Ethnic Politics in Myanmar: A Year of Tension and Anticipation", *Southeast Asian Affairs*, 2010.

Martin Smith, State of Strife: The Dynamics of Ethnic Conflict in Burma.

Mary P. Callahan, "Making Enemies: War and State in Burma", Institute of Southeast Asian Studies, 2004.

N. Ganesan, Kyaw Yin Hlaing, "Myanmar: State, Society and Ethnicity", Institute of Southeast Asian Studies, 2004.

Nehginpao Kpgen, "Burmese Politics Post-NLD's Electoral Victory", The Jerusalem Post, April 16, 2012.

Nick Cheesman, "Seeing 'Karen' in the Union of Myanmar", *Asian Ethnicity*, Vol. 3, No. 2, September 2002.

Richard Humphries, "International Displacement in Eastern Burma: Dynamics and Dilemmas", *Asia Journal of Global Studies* 1/1, 2007.

Richard Humphries, "Myanmar's Ethnic Patchwork: An Anthropologists Dream, but A Political Nightmare", *The Japan Time*, 2005 – 05 – 31.

Sean Turnell, "Fundamentals of Myanmar's Macro-economy: A Political Economy Perspective", *Asian Economic Policy Review*, 2011 (6).

Stephen Mccarthy, "Legitimacy under Military Rule: Burma", *Politics & Policy*, Vol. 38, No. 3, 2010.

Sue Wyman, "Impressions of Myanmar (Burma)", *Contemporary Review*, Vol. 292, Winter 2010.

Timo Kivimaki & Paul Pasch, "The Dynamics of Conflict in the Multiethnic Union of Myanmar", *PCIA-Country Conflict-Analysis Study*, Friedrich Ebert Stiftung, Octerber 2009.

Tin Soe, "Political Economy of Myanmar: A Few Notes on the Linkage between the Past and the Present", *Journal of International Cooperation Studies*, Vol. 16, No. 1, 2008.

Trevor Wilson, "Myanmar's Long Road to National Reconciliation", Singapore: Institute of Southeast Asian Studies, 2006.

学位论文

李宜融:《论缅甸联邦政府对殖民地经济的改造 (1948—1962)》,硕士学位论文,云南省社会科学院,1991 年。

曾庆轲:《试论缅甸的大缅族主义与地方民族主义》,硕士学位论文,云南大学,1998 年。

李红英:《缅甸少数民族反政府武装问题研究》,硕士学位论文,云南师范大学,1999 年。

徐鸿馨:《缅甸之族群冲突:克伦族个案研究》,硕士学位论文,台湾淡江大学,2001 年。

张旭东:《缅甸近代民族主义运动研究》,博士学位论文,北京大学,2002 年。

祝湘辉:《山区少数民族与现代缅甸联邦的建立》,博士学位论文,北京大学,2004 年。

李晨阳:《军人政权与缅甸现代化进程研究》,博士学位论文,云南大学,2006 年。

陈真波:《独立以来缅甸民族关系研究 (1948—1988)》,博士学位论文,云南大学,2008 年。

张学志:《缅甸克伦族分离运动的兴起与衰落》,硕士学位论文,厦门大学，2008 年。

朱碧波：《苏联族际政治整合模式研究》，博士学位论文，云南大学，
　　2011 年。

欧黎明：《当代中国族际关系治理分析》，博士学位论文，云南大学，
　　2011 年。

张会龙：《当代中国族际政治整合研究》，博士学位论文，云南大学，
　　2012 年。

刘务：《缅甸 1988 年以来的民族国家构建研究》，博士学位论文，云南大
　　学，2013 年。

Chao-Tzang Yawnghwe, "The Politics of Authoritarianism: the State and Political Soldiers in Burma, Indonesia and Thailand", a thesis submitted in partial fulfillment of the requirement for the degree of doctor of philosophy of the University of British Columbia, 1997.

Elizabeth Brown, "The Necessity for an Integrated International Approach to Address the Humanitarian Crises in Burma/Myanmar", a thesis for master degree, Central European University, Hungary, 2008.

Inga Gruss, "An Examination of the State of Nation-Building in Myanmar", a thesis for master degree, National University of Singapore, 2008.

Oh Yoon Ah, "Ethnic Consciousness and Allegiance to the State: Weak State, Weak (Ethnic) Society and the Question of Dual Loyalties in Myanmar", a thesis for the master degree, National University of Singapore, 2003.

索　引

昂山素季　188,189,192,203,254,
　256,261,279

昂山　32,53,56－58,74,77－80,
　83－85,89－91,104,112,115,120,
　121,125,203,295,317

彬龙会议　59,74,78－80,83,122

大缅族主义　27,49,50,84,86,103,
　105,106,108,111,114－119,122,
　124,128,138,151,161,164－166,
　187,188,245,247,266－268,273,
　288,289,292,295,296,300,322

丹瑞　193,200,201,204

单一民族国家　8,12,13,15,35,
　141,249

掸邦军　176,234,236,239,262,263

登盛政府　42,253－262,264,268,
　272,289,293,298,300,301

多党制大选　183,186－188,222,
　229,243,246,247,289,297,300

多民族国家　1,2,5,6,8,9,13,15,
　20－22,26,33－38,40,44,50,58,
　68,72,86,88,90,92,101,102,106,
　108,109,112,113,117－119,121,

125,127－129,141,148,151,153,
　161－163,166－169,171,175,183,
　185,193,194,202,203,207,208,
　212,215,218－223,226,230,231,
　238,248－252,258,259,264－266,
　268－271,274－277,280－284,
　287－299,301－307,313,315,
　317,318

佛教国教化　103－105,148－150,
　165,171,203,252,284,291,
　292,296

公民社会　24,39,221,223,225,
　226,262,299,300,305,306

国家和平与发展委员会　183,
　186,253

国家恢复法律与秩序委员会　183

国家认同建设　38,50,221,238,
　287,293－298,304,305

国家认同　2,5,7,12,19,20,22,24,
　25,27,34,38,40,52,58,59,86,90,
　101,106,117,125,127－129,153,
　163,168,171,187,219－222,227,
　231,238－241,243－249,261,263,

264,267 - 269,275,283,286,293 -
298,300,305,311,315,318

国家政治共同体　35,37,88,164,
168,171,194,208,222,248,250,
251,260,270,272,290,293,294,
296 - 298,304,305

国家主义　161,166 - 172,182,
218 - 220,261,266 - 268,271,284,
289,292,296,303

国有化政策　98 - 100,136,143 -
146,148,170,172,282,292,297

国族建设　12,13,19,38,39,50,
106,108,161,163,220,221,227,
287,289 - 293,304,305,318

果敢同盟军　235,239,240

禁毒　209,213 - 217,223,230,233,
279,283,311

经济发展规划　94,96,147,148

克伦民族联盟　83,84,125,180,
232,235,237,241 - 244,262,
263,278

克钦独立军　105,174,175,232,
234,236,237,245,263,264

客籍公民　158,159

联邦革命委员会　133 - 139,142,
143,153,164,170,209,284

联邦巩固与发展党　189,255

缅甸公民　89,98,158,159

缅甸共产党　85,90,99,124 - 126,
130,137,148,170,173,174,177,
178,180,214,215,231,232,239,
241,267,277

缅甸联邦共和国宪法　186,192 -

195,229

缅甸联邦议会　89,118,254

缅甸全国民主联盟　188

缅甸社会主义纲领党　133,134,
138 - 141,147,150,156,160,169,
170,183,184,187,188,190,207,
222,267

民主化取向　182,218,223,226,
227,229 - 231,233,253,261,262,
264,267,268,285,292,297

民族国家的本质特征　12,38,52,
58,264,266,268,269,271

民族国家构建　3,7,8,16 - 18,23,
24,27,37,43,50 - 52,54,57 - 60,
101,104,114,116,117,127,192,
193,204,205,236,239,240,243,
244,246,247,278,287,289,290,
302,317,323

民族国家建设　1,3 - 8,18,19,23 -
25,28,29,31 - 33,35 - 38,43,44,
48 - 50,59,60,65 - 68,70,81,82,
86,100,101,117 - 119,122,133,
151,153,166,168,181 - 183,189,
201,202,204,205,207 - 209,218 -
220,222,223,226,227,231,236,
238,240,241,244,249 - 251,259,
261,264 - 268,270,273 - 275,280,
282,284 - 288,290,295,297,299,
301 - 307,317

民族国家建设取向　182,218 - 223,
231,233,253,261,262,266 - 268,
285,292,297,303,307

民族国家制度　12,39,127,183,

219,238,249,266,270,288,290,291,293,297,303,305 – 307

民主化　31,95,96,99,130,189,223 – 229,246,255,256,261,264,268,272,293,297,306,309,311 – 313,315,316

民族冲突　108,121,227,253

民族国家　1 – 3,5 – 19,21 – 25,28,29,32 – 39,43,49 – 52,54,58,60,68,70,80,81,86 – 90,93,94,96,100 – 104,106,107,109,114,117 – 120,122,127 – 129,136,140,141,146,150,151,153,162 – 168,170 – 172,178,189,194,197,198,205 – 208,212 – 214,218 – 221,223,225 – 228,231,238,240,241,243,245 – 247,249,260 – 262,264 – 273,275 – 277,280,281,284,286 – 295,297 – 306,308,311,312,314,316 – 318

民族和解　59,217,218,223,227,230,241,254,255,259,263,293

民族民主阵线　172 – 177,243

民族认同　5,7,12,22,27,34,38,58 – 60,70,74,101,106,117,119,127 – 129,153,163,164,206,220,221,227,249,252,267 – 269,275,286,294 – 298,305,315,316

民族文化工作　106 – 108,119,148,150,151,153,166,171

民族文化政策　102,103,105 – 107,119,128,149,203,206,207

民族性　34,48,58,102,202,206,

219 – 223,264,268,269,271,272,304,317

民族一体化　43,140,141,161 – 166,170 – 172,218,227,230,267,268,271,284,289,292,296

民族政策　9,10,26,43,51,92,103,114,116,137,150,161,162,168,170,181,187,207,221,233,281,294,312,315,317,318

民族主义　3,9,11,15 – 17,19,21,26,27,34,37,39,51 – 58,67,70,74 – 77,82,84,86,89,101,103 – 107,114 – 117,125,127,128,131,139,140,143,145,158,161,163 – 165,167,175,195,204 – 206,218,227,228,238,240,243,244,288,298,302,303,305,308,310,311,314,315,317,322

民族自治邦　87,90 – 93,99,100,113,117 – 119,128 – 130,266,286,288,291,296,313

模仿性民族国家　36,37,39,51,88,119,249,287,299,307

奈温政府时期　42,133,151,152,157,161,163,166,171,172,175,177,178,180 – 182,187,190,194,195,209,210,214,218,220,227,229 – 231,233,236,243,245,247,266 – 268,271,274,277 – 279,281 – 284,286 – 289,291,292,296,297,300 – 303

钦纽　189,192,196,200,242,243,247

人民性　34,100,219,220,222,223,
　269,304

少数民族分离运动　86,125,128,
　266,267,271,288,296,300

市场经济体制　195 - 197,233

土地改革政策　97,99,144

我缅人协会　56,57,114,115,131

吴努政府　31,42,50,86,94 - 96,
　98,101,103 - 114,116 - 119,122 -
　131,133 - 136,143,148 - 150,153,
　160,161,165,169,174,175,177 -
　179,189,194,195,203,209,212,
　227,245 - 247,265 - 268,271,273,
　274,277 - 279,281,284,286 - 288,
　291,295,296,299,301 - 303

现代国家建设　17,24,39,220,221,
　223,253,261,262,264,268,270,
　293,298 - 301,304,305

新军人政府　24,77,182 - 185,187,
　188,190,195,197 - 201,203,205,
　206,208,209,212,213,215,218,
　221 - 223,227 - 231,233,235,236,
　241,243,246 - 248,250 - 252,259,
　265 - 268,271 - 274,277 - 279,
　281 - 287,289,292,293,297,298,
　300 - 303

议会民主制　87 - 90,118,119,131,
　143,169,227,266,271,273,288,
　291,296,299,300

原生性民族国家　36,37,51,88,
　120,249,287

政治统一　19,25,140,141,170,
　220, 221, 227, 267, 268, 292,
　296,304

政治整合　19, 37, 118, 141, 220,
　221,227,250,252,268,287 - 289,
　304,305

制宪会议　57,60,79 - 81,83,89 -
　92,95,104,116,121,122,189,190,
　192,221,229,289,297,300

治理环境封闭化　282

治理进路单向化　285

治理取向同质化　283

治理主体一元化　280

中央集权取向　86,119,120,122,
　124,171,266 - 268,273,295

主权性　34,54,219,220,222,223,
　260,264,269,271,272,304

准入籍公民　158,159

族际关系经济治理　42,93,94,142,
　146,165,195,197,198,222,229,
　233,256,261,272,289,292,305

族际关系类型　43,68,72

族际关系社会治理　42,109,113,
　153,166,208,209,213,223,230,
　233,259,260,267,305

族际关系文化治理　42,101,102,
　108,111,148,149,165,171,202,
　203, 222, 230, 233, 258, 292,
　293,305

族际关系政治治理　42,86,87,118,
　134,183,220,222,229,231,233,
　252,254,256,261,266,291,292,
　296,297,300

族际关系治理　1,3 - 7,19,21 - 23,
　26 - 33,35,36,39,41 - 43,50,66,

68,70,76,82,85 - 87,91,93,96,
100 - 102,106,112 - 114,116 -
120,122,124,125,129,131,133,
134,151,157,161,163,166 - 168,
171,172,175,182,183,185,186,
189,192 - 195,197,203,207,208,
218 - 223,226,227,229,231,233,
236,238,241,250 - 254,258,260 -
262,264 - 293,295 - 307,318,323
族际关系   4 - 7,19 - 22,25 - 27,
29 - 32,35,38 - 41,43,44,48,50,
59,66,68,72 - 74,81,86,87,90,
93,94,99,101 - 104,106,108 -
112,114,117 - 119,125,133,134,
140,145,146,150,151,153,157,
158,161,163,165,166,170 - 172,
175,178,181 - 183,187,188,195,
197,201,202,208,209,213,214,
217 - 223,227,230,231,233,249,
251 - 253,256,258 - 261,264,
266 - 272,274 - 277,280,282 -
286,288 - 290,294,295,297 - 300,
302 - 307,311,312
族际和解   25,193,195,202,231,
233,234,236,247,253,254,256,
263,264,268,278,279,283,301
族际政治整合   2,5,20 - 22,26,34,
35,37,38,40,50,88,92,128,194,
275,285,286,290,299,304,313,
318,323

后　记

　　本书乃本人博士学位论文基础上修改而成，如今博士学位论文能付梓，且在出版之际，能够获得"云南省优秀博士学位论文"称号，我百感交集。时光匆匆，惊鸿一瞥，懵懂冠童转眼而立，青涩少年日渐成熟。回首往事，过往种种，不思量、自难忘……

　　赣南会昌，我之家乡。长征前夕，毛泽东健步登上会昌山——岚山，目睹眼前群山之晨景，想到当前危急之形势，顿生感慨，于是挥毫写下壮丽诗篇——《清平乐·会昌》，盛赞会昌"风景这边独好"！诗曰："东方欲晓，莫道君行早。踏遍青山人未老，风景这边独好。会昌城外高峰，颠连直接东溟。战士指看南粤，更加郁郁葱葱。"会昌风景虽独好，却乃一僻壤穷乡也。生于斯，长于斯，我亲历家乡生活之贫穷、观念之陈旧、信息之闭塞，由此荡起了我以求学来改变命运的少年情怀。正因如此，少时放牧南山而不忘耕读，并在工作三年后，再次走上了曲折艰辛、坎坷如斯的求学之路。自十八岁执教于江西会昌实验学校，后求学辗转于赣滇，尔来一十有二年矣。十年时光，锦瑟年华，弹指一挥，然往事历历，宛如昨日，心中感慨颇多。惊流光之飞逝，觉求学之不易，叹人事之沧桑，感聚散之无常，惜来去之何太匆忙，然亲历艰辛而赤子之心犹在，少时豪情今未减！虽历经筚路蓝缕之艰辛，却有以启山林之成效！虽有曲折之泪水，亦得丰收之喜悦！

　　博士学位论文拙论初成之际，回想博士生涯之受业历程，不胜感慨，三载悠悠，斯年流流。今毕业旋即将至，三年间之所感所悟、所思所想却历历在目、深刻无比。过往三载，金榜题名，可谓人生之大喜事。然学业之完成、家庭之维系、关系之协调，业业似网，事事如芒。我乃一介书生，面对诸多压力，时常使我顾此失彼，疲于应付，究竟穿越几许，才能飞渡关山？

　　三年来，寒窗苦守，翻典合籍，故纸穷理，推文敲字，黄卷搜搜，思辨堪堪，几近五内出喉！时常告诫自己，唯沉潜东陆，忧勤惕厉，方能解疾开慧，峰回路转，守得云开见月明。庆幸之，求学途中频得高人开悟、贵人相助、友人鼓舞、家人支持，在我处于孤陋浅薄之境，思想涣散之况，思路混乱之余，毅力松散之日，经济拮据之时，才免遭学业变波之痛楚！正是诸位亲友，博我思想之开明，拓我胸襟之宽阔，助我生活之希望，消我心中之块垒，解我后顾之烦忧。师尊之恩、高朋之谊、众人之惠、亲人之情，我无法忘怀，铭记于心，无众人襄助则事难以成。在此，心中千言化作数语，切以为记。

首谢恩师周平先生。先生乃教育部长江学者特聘教授，被学界誉为中国民族政治学学科的创建者和奠基人。其人其名在我入滇之时便如雷贯耳，慕先生之名，欣然报考。先生不以我资质愚钝，收为弟子，对我而言，拜于先生门下，可谓幸焉福焉，此乃我人生之再造，思想之脱胎。遥想先生首次授课于我等入学弟子，便阐释做人之道理，解读从学之品格，教授治学之理路，可谓字字珠玑，句句经典，至今我依然历历在心，毋敢忘焉。先生关于"对博士学位需常怀敬畏之心""好博士是如何炼成的""博士要养成自己提问自己回答之独立品格""对问题之再提问""问题网络之构建"等问题之博识超见，如维摩之言，闻之如甘露洒心，饮之似醍醐灌顶。于是，我便以此作为学研生涯中自我鼓励、催己奋进之格言。先生创立民族政治学之理论框架及理论体系，完整而成熟，新颖而深邃，常常使我晨参暮省，每每我在东南亚民族问题研究中处于钝刀破竹之时，思之往往让我豁然开朗，加之屡得先生金石珠玉之点拨，我常感如沐春风，自信自适。自此，我便找到了一块研究的新领域——东南亚民族政治，此乃学界一处女地，需努力开垦与大力拓展。本论文之撰写，自题目敲定至疑难处理，自研究方法至理论运用，自分析框架至细枝末节，自背景分析至逻辑诠解，无一不悉得先生之点化，无一不渗透先生之心血。先生承担数项国家级重大科研项目，科研繁重之至，然亦次次拨冗浏览审阅我论文之初稿、二稿、三稿……举凡我学术论文修改及科研项目申报之事宜，先生无不金针度人，妙语点化，让我恍然大悟，受益良多，有师如此，弟子之大幸也！先生学术造诣之深厚、学术积累之广博、学术视野之宽广，常常把博大精深之理论以抽丝剥茧般语言娓娓道来，字里行间体现他高屋建瓴、思想深邃、蔚为大观。先生由博返约，建树一流，创立一家之说之大气魄，常常令弟子不胜叹服！先生对国家社会之深切关注与创立学问以求经国济世之胸襟，莫不让弟子高山仰止！当前，中国之西南，先生正开政治学之一流派——民族政治与边疆治理，我等弟子虽千里也必上下而求索！先生对我人生之再造，学品之教诲，学研之点化，生活之关心，我一一铭刻于心，师恩长念，谢无疆焉！

二谢诸师。感谢硕士生导师瞿健文副教授，他引我于学术研究之领域，教我于科学研究之方法，领我于社会各界之名士，拓我于人际关系之脉络，增我于社会闻路之见识，其对我未来人生成长之功不可抹也！崔运武教授、王文光教授、何明教授、和少英教授、段尔熠教授、方盛举教授、张晓松教授等诸位专家在我论文开题及写作和修改中，都提出了诸多宝贵意见和建议，我条条记之，一一思之，尽我之能修改之。三年来，倾听各位专家对师兄师姐博士论文开题、预答辩及答辩之精到点评十余次，我每次触动很大，获益颇多。在此，谨向各位专家致以崇高诚挚之谢意！我硕士授课老师中国缅甸问题研究首席专家李晨阳教授，对我题目确定之点拨、资料借阅之倾囊、未来工作之关心、科研生涯之领引可谓大也，敬诚谢之！赣南师范大学魏炜教授助我解决未来工作中诸多现实生活问题，如今我即将毕业走向工作岗位之际，亦不敢忘其热心之助也！王燕飞老师如大姐般的关心，常令我感动不已。感谢布小萍老师数年来辛苦之付出，使我等才能顺利完成学业！宋向杰博士引我认识了江西老乡中一批有识人士，其关心帮助甚多，在此深表谢意！东南亚（缅甸）研究的青年才俊祝湘辉博士、刘务博士、李涛博士，对我学业之完成，均费心颇多，尤其李涛博士，自我入云大读硕士以来，他一如兄长般关心我，在此诚挚感谢！感谢西华师范大学李仕桦老师对我人生、学业及生活之关心，她谆谆教诲之开导，总是充满智慧，布满阳光，常如春阳化雨之温润，使我经常能够保持一种乐观淡然处世之心态。

三谢师门与高朋。师兄师姐对我关爱之情切切，待我如小弟；众师弟对我帮助甚多，待我如兄弟，我莫敢稍忘。当我学术上大雾迷江，生活上关山重重，正是他们的帮助，才得以顺利过关！借此机会，感谢诸君，他们是：刘强、刘荣、杨顺清、王丽华、王传发、欧黎明、种发琼、贺琳凯、闫柏、吴剑明、付明喜、张会龙、屈万红、廖林燕、汤法远、朱碧波、陆海发、黄沙、白利友、张健、郑莹岗、李朝辉、张辉、孙保全、夏文贵、吉凯、刘永刚、丁忠毅等！其中，张会龙师兄、白利友师兄、孙保全师弟对我学业与生活帮助之热心，尤其大也！同门情义，永托于心！感谢帮助过我的兄弟姐妹们，尤其是胡鹏刚、师磊、苏伟、任华、吕平兵、邵永春、池小花、刘忆南等！感谢孙现朴博士和钟瑞华博士对我学业与生活的帮助！博士生柯尊清对我在学院之各种繁杂事宜费心甚多，一并感谢！朋友之交，贵在于诚！

四谢家人。他们虽不甚了解读博士之个中痛楚，然期盼之情殷殷切切！父母亲数十年来养育之恩，至今无以为报一二，思之愧疚难当！弟弟十余年来对我求学及生活之付出，难以用言语表述之，每每思此，感激涕零！

五谢出版支助诸位。在本书出版过程中，特别感谢中国社会科学出版社刘志兵先生真诚、耐心、细致和热心的帮助，宋燕鹏博士在本书的校对中提出了许多宝贵的修改意见和建议，在此致谢！我的学生刘悦、宋海群、郭峰同学为我校稿，甚是辛苦，在此感谢！感谢我工作单位赣南师范大学对此书出版的资助！感谢赣南师范大学历史文化与旅游学院林晓平院长对此书出版的帮助！感谢饶运洪老师对此书出版的关心！感谢刘海金先生对此书出版的热心帮助！

最后，感谢母校云南大学及其公共管理学院与国际关系研究院。我在东陆六七载，长期深受一校两院之恩惠。云大校歌气魄之宏大，意境之高远，格调之庄重，足可表我之心迹，歌曰："太华巍巍，拔海千寻；滇池淼淼，万山为襟。卓哉吾校，其与同高深。北极低悬赤道近，节候宜物复宜人。四时读书好，探研境界更无垠。努力求新，以作我民；努力求真，文明允臻。以作我民，文明允臻。"巍巍西山傲然卓立，森森滇池胸襟广阔，云南大学与之同高深！正是丁亥年之夏，我独爱之三角梅在云大校园争相竞艳，一枝点燃一束，一束点燃一丛。那时初来乍到，便感校园之美丽，氛围之浓厚。自云大读硕士以来，我才接受大学正规教育。母校给予我一个理想的平台，让我走上了学术科研道路。

我的博士论文《缅甸民族国家建设中的族际关系治理研究》，拙论初成时已逾三十三万字，虽一孔之见，纰漏谬误颇多，然我之心血。学术命题相当庞大，我犹如驾一叶小舟航行于汪洋大海之中，掌舵之艰，驾驭之难，难以言述。选择"缅甸民族国家建设中的族际关系治理"作为我博士论文研究之范本，是结合个人学科背景、研究兴趣、研究经历及恩师周平先生在该领域的前沿理论研究和深厚学术造诣的强大示范效应下逐渐形成并最终确定下来的。

先生以极大的开拓勇气和学术睿智创建了民族政治学学科体系，他从民族政治学的角度对民族国家理论的哲理性阐释，学术解释力之强大，引起学术界强烈的反响。对于民族国家建设这一重大的理论和现实问题，先生在《论中国民族国家的构建》《对民族国家的再认识》《论中华民族建设》等系列文章中，多有论及，他认为亚非拉民族国家建立后"必须把民族国家建设的任务与国家现代化的任务结合起来"，并提出民族国家建设的主题面临着四个无法回避的历史主题，即政治统一、政治整合、国家认同和现代国家。先生提出了民族国家建设的总体方向和历史主题，细致研究则我等弟子应不断跟进梳理并推进拓展。于是，在结合我曾经从事东南亚研究的基础之上，我便有了探讨缅甸民族国家建设的想法。

另外，先生在《多民族国家的族际政治整合》一书及相关论文中，多次论及族际关系治理，这是一个全新的学术概念。在先生的指导下，欧黎明完成了他的博士学位论文《当代中国族际关系治理》，此一创新性力作。用"族际关系治理"来表述国家运用国家权力对族际关系处理、协调的过程，意味着政治学研究范式的引入，此乃族际关系内涵和本质特征的必然要求。理论本身具有普遍适用性，而且来源于诸多实践的提炼和概括，仅仅以中国作为个案，并不能构建族际关系治理理论，即使形成一定的理论，也不能充分体现出理论的普适性。鉴于此，我选择了缅族族际关系治理作为研究对象。于是，"缅甸民族国家建设中的族际关系治理研究"为本人博士学位论文研究之范本。

论文所论对象时间跨度长，内容多，所用概念新，因而论文撰写难度大。研究过程中，我似乎被一张巨大的族际关系治理网网住，这张网既涉及历时性问题，也涉及共时性问题，使我常常难以解脱，越挣扎，网越紧，心越沉。当我初稿已成，先生拨冗审阅后，对我言之"把论文扔掉，再思考"，我才跳出族际关系治理这一张大网的藩篱，顷刻如释重负，自在劲情！

要应天下之务，必先审天下之势。东南亚民族政治研究目前尚未有学者做过专门、系统的研究，此正是我学术奋斗之方向。历史学对东南亚民族问题的研究往往侧重民族问题演变的历史梳理，民族学对该领域的研究常常善于民族问题的探源考述，国际关系学者则重视民族问题外溢影响的现实解读。在民族政治学的视域下探讨东南亚民族问题，从国家治理的角度进行东南亚民族问题研究，既有全新的理论透视，也有完整的分析框架，还有行之有效的研究方法，如此势必能对东南亚民族问题做出令人信服的理论阐述和逻辑诠解。

东南亚国家民族国家建立后，各国民族不平等、民族发展差异现象的凸显，促使一些少数民族再次掀起以民族自决为口号的地方民族主义运动，甚至提出脱离多民族国家单独建国的要求，缅甸的克伦族、菲律宾的摩洛人、印尼的亚齐人等都在民族国家建立后要求实行民族自决原则谋求独立建国。这些国家都不承认民族的对外自决，反对利用民族自决原则进行民族的政治分离。在血雨腥风的武装斗争博弈下，在维护多民族国家的统一和稳定与兼顾少数民族的特殊诉求的权衡下，在政治统一与民族和文化的多元之间的张力下，对于这些搞民族分离主义的民族最终都给予了不同程度的民族自治权，以此消解政治统一与民族和文化多元存在的张力。一些东南亚国家在推行多元文化的同时，仍然积极推进国家民族的构建，注重培养国民的国族意识。新加坡独立时，就倡导"一个国家、一个民族、一种命运"，努力构建一个复合的国族——"新加坡人"。历经数十年，新加坡民族问题治理取得了举世瞩目的成功，有力地推进了国族建设、国家认同建设及现代民族国家建设。马来西亚提出了"马来西亚民族"的新概念，此后政府试图建立一个超越民族又不超越国家范畴的新民族——马来西亚国族。马来西亚在国族整合与国族建设的进程中，秉持多元文化主义价值取向，族际关系逐渐缓和，朝着各民族相互容忍、共存共荣的方向不断迈进。当前，在东南亚各国中，马来西亚的族际关系可以说是较为和谐的，而且发展势头也相当乐观。因此，对上述东南亚民族国家民族问题的研究，民族政治学的理论阐释和国家治理的研究视域正适其时。这不仅是运用民族政治学理论对现实之解读，也是丰富民族政治学理论体系的必由之路。展望未来，东南亚民族政治研究空间巨大，前景广阔！

蒲柳之姿，望秋而零；松柏之质，经霜弥茂。不论顺境，抑或逆境，经历是人生之财富，穿越乃人生之感悟。胸有千丘壑，心地一平原，心宽则事顺，心顺则路宽。学术之路，艰巨而漫长。古人云：大其心而容天下之物；虚其心而受天下之善；平其心而论天下之事；潜其心而观天下之理；定其心而应天下之变。我当自勉之！

是为记！

钟贵峰
2016 年春于赣南师范大学北苑